Nachtrag.

Durch die nach Vollendung des Druckes erschienene „Gerichtsentlastungsnovelle" (Kais. Verordnung vom 1. Juni 1914, RGBl. Nr. 118) ergeben sich einzelne Modifikationen, so:

Zu Seite 11.

Die Erledigung von Gesuchen in Amortisations- und Grundbuchsachen ist fortan immer obligatorisch vom Vorsteher des Gerichtshofes einem hiezu bestellten Mitgliede des Gerichtes als Einzelrichter zu übertragen. Dies gilt auch für Exekutionsbewilligungen (Art. IV der Novelle).

§ 1 des Gesetzes vom 24. Februar 1907, RGBl. Nr. 41, wird aufgehoben. § 2 hat fortan zu lauten:

„Der Oberste Gerichts- und Kassationshof entscheidet in bürgerlichen Rechtssachen, Verwaltungsangelegenheiten und Strafsachen in Senaten von fünf Richtern, von denen einer den Vorsitz führt."

Nach Artikel IV der Gerichtsentlastungsnovelle ist dem § 8, Abs. 1 JN. anzufügen:

„Die Oberlandesgerichte entscheiden jedoch über Rekurse und Beschwerden in bürgerlichen Rechtssachen und in Verwaltungsangelegenheiten der Advokaten und Notare, ferner über Berufungen gegen Urteile der Gerichtshöfe erster Instanz, die von einem Mitgliede des Gerichtshofes als Einzelrichter gefällt wurden, in Senaten von drei Richtern, von denen einer den Vorsitz führt."

Zu Seite 13. § 45, Abs. 1 JN. hat fortan zu lauten:

„Entscheidungen eines Gerichtshofes erster Instanz über seine sachliche Zuständigkeit können nicht deshalb angefochten werden, weil für die Rechtssache die Zuständigkeit eines anderen Gerichtshofes oder eines Bezirksgerichtes begründet ist."

Zu Seite 13. Der zweite Satz des § 31, Abs. 1 JN. hat fortan zu lauten:

„Die Abhandlung einer Verlassenschaft oder die Besorgung der vormundschafts- oder kuratelsbehördlichen Geschäfte kann überdies unter der gleichen Voraussetzung auf Antrag einer Partei oder des bisher zuständigen Gerichtes an ein Gericht gleicher Gattung oder von einem Bezirksgericht an einen Gerichtshof erster Instanz oder von einem Gerichtshof erster Instanz an ein Bezirksgericht übertragen werden."

Es kann also der Antrag auf Delegation auch von dem bisher zuständigen Gerichte gestellt werden, ferner kann die Übertragung in den obbezeichneten Fällen fortan auch von einem Gerichtshofe erster Instanz an ein Bezirksgericht erfolgen (vgl. hierzu auch JMErl. vom 2. Juni 1914, JMVBl. Nr. 43).

Zu Seite 14. § 111 JN. hat fortan zu lauten:

„Wenn dies im Interesse eines Mündels oder Pflegebefohlenen gelegen erscheint und namentlich wenn dadurch die wirksame Handhabung des dem Pflegebefohlenen zugedachten vormundschafts- oder kuratelsbehördlichen Schutzes voraussichtlich befördert wird, kann das zur Besorgung der vormundschafts- oder kuratelsbehördlichen Geschäfte zuständige Gericht von Amts wegen oder auf Antrag seine Zuständigkeit zur Gänze oder die Aufsicht und Fürsorge über die Person des Pflegebefohlenen oder die Ausübung der dem Gerichte in Ansehung der Vermögensangelegenheiten des Pflegebefohlenen zukommenden Obliegenheiten ganz oder zum Teile einem anderen Gerichte übertragen.

Die Übertragung wird wirksam, wenn das andere Gericht die Zuständigkeit oder die ihm übertragenen Geschäfte übernimmt. Im Falle der Weigerung des anderen Gerichtes bedarf die Übertragung zu ihrer Wirksamkeit der Genehmigung des beiden Gerichten gemeinsamen Oberlandesgerichtes und, wenn die Übertragung an ein Gericht eines anderen Oberlandesgerichtssprengels stattfinden soll, der Genehmigung des Obersten Gerichtshofes.

Die Übertragung der Zuständigkeit oder einzelner Geschäfte des zuständigen Gerichtes an ein ausländisches Gericht bedarf stets der Genehmigung des Obersten Gerichtshofes. Für die Ausfertigung des Ersuchens an das ausländische Gericht gelten die Bestimmungen des § 36, letzter Absatz."

Damit ist entschieden, daß die Übertragung der Zuständigkeit nach § 111 zur Gänze oder teilweise erfolgen kann. Die Zustimmung des Oberlandesgerichtes bzw. des Obersten Gerichtshofes ist, abgesehen von der Übertragung an ein ausländisches Gericht, nur erforderlich, wenn das angerufene Gericht die Übernahme der ihm übertragenen Zuständigkeit bzw. der ihm übertragenen Geschäfte verweigert (vgl. hiezu auch JME. vom 2. Juni 1914, JMVBl. Nr. 43).

Zu Seite 14. Dem § 37 JN. wird als vierter Absatz beigefügt:

„Für Orte, wo sich mehrere Bezirksgerichte befinden, kann die Zuständigkeit zur Durchführung von Rechtshilfeersuchen durch Verordnung einem oder mehreren dieser Gerichte übertragen werden."

Zu Seite 38. Dem § 14 des kais. Patentes vom 9. August 1354, RGBl. Nr. 208, ist nach Artikel X der Gerichtsentlastungsnovelle als zweiter Absatz anzufügen:

„Rekurse gegen die Entscheidung der zweiten Instanz über den Kostenpunkt oder über Gebühren der Sachverständigen sind unzulässig. Unzulässige Rekurse gegen Entscheidungen der zweiten Instanz sind vom Gerichte erster Instanz zurückzuweisen."

Zu Seite 43. Geändert sind die hier behandelten Bestimmungen über die Zuständigkeit zur Bewilligung der Exekution insoferne, als der letzte Absatz des § 4 EO. fortan zu lauten hat:

„In den Fällen der Z. 1, 3 und 4 des vorhergehenden Absatzes kann um die Bewilligung der Exekution auch beim Exekutionsgerichte angesucht werden, wenn dem Antrage eine mit der Bestätigung der Vollstreckbarkeit versehene Ausfertigung des Exekutionstitels angeschlossen ist."

Für die Exekutionstitel des § 4 Z. 6 EO. ist fortan das in den §§ 18 und 19 bezeichnete Exekutionsgericht zur Bewilligung kompetent.

Zu Seite 88 und Seite 14. In § 109, Abs. 1 JN., ist nach dem ersten Satz einzufügen:

„Zur Bestellung des Vormundes für einen Inländer, für den im Inlande ein allgemeiner Gerichtsstand in Streitsachen nicht besteht, ist das Bezirksgericht zuständig, in dessen Sprengel der Vater oder die uneheliche Mutter ihren letzten inländischen Gerichtsstand oder Aufenthalt gehabt haben."

Zu Seite 103 f. sei darauf hingewiesen, daß die Gerichtsentlastungsnovelle für die Zuständigkeit von Klagen, die von einer Berufsvormundschaft in Vertretung ihrer Mündel zu erheben sind, für den Fall, daß am Amtssitze einer Berufsvormundschaft (Anstalts-, General-, Sammel-Vormundschaft) mehrere Bezirksgerichte bestellt sind, ein Bezirksgericht an diesem Orte vom Justizminister für diese Klagen allgemein als zuständig erklärt werden kann.

* * *

Diese Bestimmungen treten mit 1. Juli 1914 in Kraft.

Grundriß

des

Österreichischen Rechts

in systematischer Bearbeitung.

Unter Mitwirkung von

Dr. J. Freiherr von Anders, Professor in Graz, Dr. P. Ritter Beck von Mannagetta, Geheimer Rat, Sektionschef und Vorstand des Patentamtes in Wien, Dr. E. Demelius, weiland Professor in Innsbruck, Geheimer Justizrat Dr. A. Finger, Professor in Halle a. S., Dr. O. Frankl, Professor in Prag, Dr. C. S. Grünhut, Hofrat und Professor in Wien, Dr. F. Hauke, Hofrat und Professor in Graz, Dr. F. Hilscher, Oberinspektor in Wien, Dr. M. Ritter von Hussarek, Geheimer Rat und Minister in Wien, Dr. A. Krasny, Ministerialrat in Wien, Dr. H. Lammasch, Hofrat und Professor in Wien, Major-Auditor Dr. G. Lelewer, Professor in Wien, Dr. V. von Mataja, Geheimer Rat, Sektionschef und Professor in Wien, Dr. F. Freiherr von Myrbach-Rheinfeld, Professor in Innsbruck, Dr. E. Pfersche, Hofrat und Professor in Prag, Dr. A. Rintelen, Professor in Graz, Dr. W. Schiff, Sektionsrat und Professor in Wien, Dr. Emil Schrutka Edler von Rechtenstamm, Hofrat und Professor in Wien, Dr. H. M. Schuster, weiland Hofrat und Professor in Prag, Dr. M. Schuster von Bonnott, Senatspräsident in Wien, Dr. L. Spiegel, Professor in Prag, Dr. L. Szalay, Sektionschef im Reichsfinanzministerium in Wien, Dr. D. Ullmann, weiland Hofrat und Professor in Prag, Dr. G. Walker, Sektionsrat und Professor in Wien,

herausgegeben von

Professor Dr. A. Finger und Professor Dr. O. Frankl.

In drei Bänden.

Zweiter Band, zweite Abteilung.

Verlag von Duncker & Humblot.
München und Leipzig 1914.

Grundriß

des

Verfahrens außer Streitsachen.

Von

Dr. Anton Rintelen,
Professor an der Universität Graz.

Verlag von Duncker & Humblot.
München und Leipzig 1914.

Altenburg
Piererſche Hofbuchdruckerei
Stephan Geibel & Co.

Inhaltsverzeichnis.

Allgemeiner Teil.

Erster Abschnitt.

		Seite
1.	Einleitung	1
2.	Die Quellen des Rechtsfürsorgeverfahrens	5
3.	Literatur des Verfahrens außer Streitsachen	6
4.	Die Grundsätze des Rechtsfürsorgeverfahrens	6

Zweiter Abschnitt.

Die Subjekte des Rechtsfürsorgeverfahrens.

5.	Allgemeines	9
6.	Die Gerichte und ihre Organisation	9
7.	Die Verteilung der Zuständigkeit im Rechtsfürsorgeverfahren	12
8.	Das Notariat	15
9.	Die sonstigen Organe des Rechtsfürsorgeverfahrens	17
10.	Die Parteien des Rechtsfürsorgeverfahrens	18
11.	Die Verfahrensvollmacht	20
12.	Verfahrenskosten und Armenrecht	21

Dritter Abschnitt.

Die Formen des Verfahrens.

13.	Die Einleitung des Rechtsfürsorgeverfahrens	25
14.	Das Ermittlungsverfahren	26
15.	Das Beweisrecht	27
16.	Die gerichtliche Entscheidung oder Verfügung	30
17.	Die Rechtsmittel der freiwilligen Gerichtsbarkeit	32
18.	Das Wirksamwerden der Verfügung und Entscheidung. Formelle und materielle Rechtskraft	39
19.	Die Durchsetzung der Verfügungen der freiwilligen Gerichtsbarkeit	41
20.	Ort- und Zeitbestimmung im Rechtsfürsorgeverfahren	44

Besonderer Teil.

Erster Abschnitt.

Die Verlassenschaftsabhandlung.

21.	Allgemeines	47
22.	Die Zuständigkeit im Verlassenschaftsverfahren	48
23.	Gegenstand der Verlassenschaftsabhandlung	49
24.	Fortsetzung. Verhältnis zum Ausland	51
25.	Die Todfallsaufnahme	53
26.	Iure crediti Einantwortung und Konkurseröffnung	55
27.	Erhebung und Kundmachung der letzten Willenserklärung	56
28.	Verfügungen zur Realisierung der Erbfolge	58
29.	Die Erklärung der Erben	61
30.	Verfahren bei einander widersprechenden Erbserklärungen	63
31.	Die Inventur	65
32.	Die Verwaltung und Vertretung des Nachlasses	68
33.	Fortsetzung. Die Vertretung des Nachlasses in Prozessen	70
34.	Testamentsvollstrecker und „Abhandlungspfleger“	71
35.	Die verfahrensrechtliche Stellung der Verlassenschaftsgläubiger	73
36.	Die rechtliche Stellung der Pflichtteilsberechtigten	77
37.	Die Stellung der Legatare	77
38.	Die rechtliche Stellung der Nacherben im Verlassenschaftsverfahren	80
39.	Die Einantwortung des Nachlasses	81
40.	Erbteilung und Endausweis	83

Seite
§ 41. Nachträgliche Auffindung von Nachlaßvermögen 84
§ 42. Nachträgliche Auffindung einer letzten Willenserklärung 85
§ 43. Die formelle Behandlung des erblosen Nachlasses 86

Zweiter Abschnitt.

Fürsorge für schutzbedürftige Personen

§ 44. Allgemeines 87
§ 45. Die Zuständigkeit im persönlichen Rechtsfürsorgeverfahren 88
§ 46. Die Vormundschaft, ihre Einleitung 90
§ 47. Die rechtliche Stellung des Vormundes 91
§ 48. Die Aufgaben des Vormundschaftsgerichtes: A. Persönliche Fürsorge für den Pflegebefohlenen 94
§ 49. B. Vermögensrechtliche Fürsorge. Sicherstellung des Vermögens 97
§ 50. Fortsetzung. Die Anlage und Verwaltung des Pupillarvermögens 97
§ 51. Gerichtliche Mitwirkung bei Rechtsgeschäften 99
§ 52. Die Rechnungslegung 100
§ 53. Beendigung der Vormundschaft 102
§ 54. Berufsvormundschaft 103
§ 55. Fürsorgeverfahren für Kinder in väterlicher Gewalt 104
§ 56. Kuratelsverfahren 106
§ 57. Fortsetzung. Der Kurator für unbekannte Teilnehmer eines Geschäftes . . 110

Dritter Abschnitt.

Sonstige familienrechtliche Verfügungen.

§ 58. Allgemeines 114
§ 59. Die einverständliche Scheidung von Tisch und Bett und die Wiedervereinigung geschiedener Ehegatten 114
§ 60. Einverständliche Trennung von Judenehen 115
§ 61. Verfügungen wegen der Kinder geschiedener oder getrennter Ehegatten . . 116
§ 62. Festsetzung des Heiratsgutes und der Ausstattung 117
§ 63. Die Kündigung der Vermögensverwaltung des Mannes durch die Frau . . . 118
§ 64. Der Zuspruch der Alimentation an die Ehegattin und die ehelichen Kinder. Der Auftrag zur Wiederaufnahme bzw. Wiederkehr in die Hausgemeinschaft 118
§ 65. Das Verfahren nach § 6 des Einf.Ges. zum Handelsgesetzbuche 119
§ 66. Mitwirkung bei der Legitimation 119
§ 67. Die Mitwirkung bei der Adoption 121

Vierter Abschnitt.

Aufgebotsverfahren.

§ 68. Allgemeines 123
§ 69. Beweis des Todes und die Todeserklärung 123
§ 70. Amortisation von Wertpapieren 127

Fünfter Abschnitt.

Die Beurkundung von Rechtsverhältnissen im Verfahren außer Streitsachen.

§ 71. Allgemeines 130
§ 72. Legalisierung, Vidimierung und Beglaubigung von Übersetzungen 131
§ 73. Die Errichtung von Notariatsakten 133
§ 74. Urkundenerneuerung 134

Sechster Abschnitt.

Außerstreitige Fideikommißgerichtsbarkeit.

§ 75. Die Errichtung des Fideikommisses. Zuständigkeit. Die Parteien des Fideikommißverfahrens 134
§ 76. Verfügungen in Ausübung der Fideikommißgerichtsbarkeit 136

Siebenter Abschnitt.

Sonstige Zweige der freiwilligen Gerichtsbarkeit.

§ 77. Grenzerneuerung 139
§ 78. Mitwirkung freiwilliger Gerichtsbarkeit bei der Enteignung 140
§ 79. Gerichtliche Schätzung und Versteigerung im Verfahren außer Streitsachen . 143
§ 80. Die gerichtliche Verwahrung und Verwaltung 145

Allgemeiner Teil.

Erster Abschnitt.

§ 1. Einleitung.

I. Die Abgrenzung des Begriffes „Freiwillige Gerichtsbarkeit" gehört zu den bestrittensten Fragen der Literatur des zivilgerichtlichen Verfahrens. Während wir es im Prozesse mit einem inhaltlich abgeschlossenen, durch die Einheitlichkeit des Zweckes nnd die Gegebenheit bestimmter Parteirollen charakterisierten Verfahren zu tun haben, ist der Zweck jener Verfahrenstypen, welche unter dem Begriffe des „Verfahrens außer Streitsachen" zusammengefaßt werden, ein so mannigfaltiger und divergierender, daß sich ein gemeinsames Moment kaum finden läßt, sei es, um diese Verfahrensformen nach innen zu verbinden, sei es, um sie vom Prozesse abzugrenzen. Das hat dann auch zur Folge, daß die Versuche, welche in der Verschiedenartigkeit des Zweckes den wesentlichen Gegensatz zwischen freiwilliger und streitiger Gerichtsbarkeit finden, zu abschließenden Ergebnissen nicht gekommen sind. Von dieser Betonung des Zweckmomentes geht Menger (System des Zivilprozeßrechts S. 20 ff.) aus, wenn er in der außerstreitigen Tätigkeit Präventivrechtspflege erblickt, also Gerichtsbarkeit, welche den Zweck hat, zur Verhütung zukünftigen Zivilunrechtes zu dienen, während der Prozeß Repressivtätigkeit entwickle, indem er der konkreten, bereits in Erscheinung getretenen Störung von Privatrechten entgegentritt. Dem wird mit Recht entgegengehalten, daß auch eine Reihe von Privatrechtsverletzungen der freiwilligen Gerichtsbarkeit zugewiesen sind, so nach österreichischem Rechte z. B. manche Familienrechtsstreitigkeiten. Wetzell (System 3. Aufl. S. 513 f.) legt das Schwergewicht darauf, daß die außerstreitige Gerichtsbarkeit auf die Begründung neuer Rechtsverhältnisse gerichtet sei, demgegenüber Wach (Handbuch I S. 53) wieder betont, daß nicht nur die Begründung, sondern auch die Fortentwicklung und Veränderung von Rechtsverhältnissen in Betracht komme. Wach legt das Schwergewicht daher auf die rechtsgestaltende Funktion der freiwilligen Gerichtsbarkeit. Aber es gibt wichtige Typen des außerstreitigen Verfahrens, denen dieses Kriterium fehlt, so wie es ja auch Prozesse gibt, deren Zweck es ist, rechtsgestaltende Urteile herbeizuführen.

Bedenkt man also, daß selbst Privatrechts-Streitigkeiten im „Verfahren außer Streitsachen" verhandelt werden, so zeigt sich, daß die Mannigfaltigkeit der Materien, welche der freiwilligen Gerichtsbarkeit vom Gesetzgeber, vielfach aus Zweckmäßigkeitsgründen, zugewiesen sind, einer einheitlichen, begrifflichen Zusammenfassung entgegensteht und so ist auch der Gegensatz zum Prozesse mehr in den Formen und den Mitteln des Verfahrens zum Ausdrucke gebracht. Das hat wohl Nußbaum (freiwillige Gerichtsbarkeit im Reiche und in Preußen) und Josef (Lehrbuch des Verfahrens der freiwilligen Gerichtsbarkeit im Deutschen Reich und in Preußen) veranlaßt, auf eine Heranziehung begrifflicher Kriterien für die Scheidung zwischen Prozeß unb freiwilliger Gerichtsbarkeit zu verzichten und das Schwergewicht auf den Standpunkt zu legen, den die positive Gesetzgebung im einzelnen Falle einnimmt und diese Ansicht scheint jetzt in der Literatur allmählich immer mehr zur Geltung zu kommen.

Eine eingehende Erörterung der Literatur dieser Frage findet sich in Otts grundlegendem Werke: Geschichte und Grundlehren des österreichischen Rechtsfürsorgeverfahrens, S. 56 ff.)

II. Der Weg, den die positive Gesetzgebung bei dieser Abgrenzung geht, ist naturgemäß ein verschiedener: § 1 des österreichischen Patentes vom 9. August 1854 RGBl. Nr. 208 ordnet ganz allgemein an, die Gerichte haben in nicht streitigen Rechtsangelegenheiten „nur insofern vorzugehen, als es die Gesetze anordnen". Das erwähnte Patent, welches auch die allgemeinen Normen des Verfahrens außer Streitsachen für das österreichische Recht enthält (§§ 1—19), regelt die wichtigsten, der freiwilligen Gerichtsbarkeit zugewiesenen Materien, so vor allem die Verlassenschaftsabhandlung und das Vormundschaftsverfahren. Andere Rechtsgebiete, die in besonderen, oft vorwiegend materiellrechtlichen Rechtsquellen geregelt erscheinen, sind wieder durch spezielle Normen ausdrücklich den Grundsätzen freiwilliger Gerichtsbarkeit unterworfen; so die Ermittlung der Entschädigung bei der Expropriation für den Bau von Eisenbahnen (§ 24 des Gesetzes vom 18. Februar 1878, RGBl. Nr. 30), die Entscheidung über das Ansuchen auf Zuerkennung eines Notweges (§ 9 des Gesetzes vom 7. Juli 1896, RGBl. Nr. 140), die Verhängung einer Ordnungsstrafe nach § 23 des Scheckgesetzes. In manchen Fällen schließt das Gesetz ausdrücklich (z. B. § 142 ABGB.) oder indirekt (z. B. § 1221 ABGB.) zur Erledigung von Streitigkeiten privatrechtlicher Natur den Prozeßweg aus, und verweist die Sache damit in das Gebiet der freiwilligen Gerichtsbarkeit. In manchen Fällen fehlt es überhaupt an einer Norm und gleichwohl wird die Rechtssache, aus der erkennbaren Tendenz des Gesetzes heraus, die Sache im offiziösen Verfahren zu erledigen, von der Praxis in den Formen des Verfahrens außer Streitsachen verhandelt.

Siehe auch Némethy, Ger.Z. 1899, S. 387; Pollak, Zivilprozeßrecht S. 13 f.

III. Schwierigkeiten in der Abgrenzung des Prozesses und der freiwilligen Gerichtsbarkeit können sich auch ergeben, wenn im Laufe eines außerstreitigen Verfahrens Präjudizialpunkte streitig werden, deren Entscheidung regelmäßig dem Prozeßverfahren vorbehalten ist (vgl. darüber auch Ott S. 164 f.). Auf solche Fälle ist wohl § 2 Z. 7 des Patentes anwendbar. Das Gesetz bestimmt hier, daß das Gericht in den Fällen, in welchen die der freiwilligen Gerichtsbarkeit vorbehaltenen Verfügungen „von der Erörterung streitiger Rechtsfragen oder von Tatumständen abhängen, die sich nur durch ein förmliches Beweisverfahren ins Klare setzen lassen", über die Rechte der Parteien „nicht voreilig" entscheiden, sondern „entweder sogleich die rechtliche Verhandlung einleiten oder die Beteiligten auf den Rechtsweg verweisen" soll.

Die Fassung des Gesetzes ist unklar (siehe auch Schrutka, Ger.Z. 1912, Nr. 8 und 13). Schrutka ist der Meinung, daß das Gericht, wenn die Tatfrage streitig ist, die Sache unter allen Umständen auf den Rechtsweg verweisen muß. Handle es sich aber um bloße Rechtsfragen, so könne das Gericht eventuell die „rechtliche Verhandlung" darüber im Verfahren außer Streitsachen einleiten, wobei es an bestimmte Formen bei dieser Verhandlung nicht gebunden sei. Es könne ein mündliches Protokollverfahren durchgeführt werden.

Meines Erachtens ist hier zwischen der Tat- und der Rechtsfrage kein Unterschied zu machen, da das Gesetz beide gleich behandelt. Gerade im Fürsorgeverfahren, wo dem Gerichte eine intensive Ermittlungspflicht zukommt, sind alle Garantien erschöpfender Wahrheitsfindung gegeben. § 2 Z. 7 P. bezieht sich wohl auf Fälle, in denen im Laufe des Prozesses ein Privatrechtsverhältnis streitig wird, dessen Entscheidung an sich dem ordentlichen Prozeßwege vorbehalten ist. Erscheint ein solches Rechtsverhältnis streitig, so ist es entweder in tatsächlicher Beziehung oder in der Rechtsfrage oder nach beiden Richtungen bestritten. Das Gesetz hat hier die Bestrittenheit der Vorfrage nur indirekt zum Ausdruck gebracht, indem es das Moment der Bestreitung in seine Eventualitäten aufgelöst hat: Bestrittenheit der Tatfrage oder Bestrittenheit der Rechtsfrage. Die eigentliche Verfügung, die zu treffen ist, erscheint als eine Verfügung freiwilliger Gerichtsbarkeit. Zur Erlassung dieser Verfügung ist das Gericht unter allen

Umständen kompetent. Es handelt sich nur darum, ob das Gericht bei der Erlassung dieser Entscheidung die Vorfrage mit den Erkenntnismitteln und in den Verfahrensformen der freiwilligen Gerichtsbarkeit lösen will, oder ob es das anhängige Verfahren außer Streitsachen unterbricht und unter Anordnung der nötigen Sicherungsmittel die Entscheidung des Prozeßrichters abwartet. So ist zum Beispiel die Frage, inwieweit die Sicherstellung des Pflichtteils eines Minderjährigen vor der Erlassung der Einantwortung zu fordern ist, eine Frage, die durch Verfügung der freiwilligen Gerichtsbarkeit zu entscheiden ist. Sie hängt aber naturgemäß mit der Frage zusammen, inwieweit im einzelnen Falle ein Pflichtteilsrecht besteht. Dies ist eine Frage, deren Entscheidung dem Zivilprozesse vorbehalten ist. Wenn daher in einem solchen Falle der Zivilprozeß vor der Einantwortung noch nicht erledigt ist, so hat das Gericht sich darüber klar zu werden, ob es die Entscheidung über das Ausmaß der sicherzustellenden Summe im Verfahren außer Streitsachen trifft oder die Entscheidung über die Einantwortung hinausschiebt und den Ausgang des hinsichtlich des Pflichtteiles eingeleiteten Prozeßes abwartet. Entschließt sich das Gericht, den Prozeß nicht abzuwarten, so hat es die Vorfrage, inwieweit ein Pflichtteil voraussichtlich gebührt, selbst zu lösen und dabei sich der Mittel des Verfahrens außer Streitsachen zu bedienen. Natürlich wird die im außerstreitigen Verfahren ergehende Entscheidung nicht dahin lauten, ob der Pflichtteilsanspruch zu Recht besteht und in welchem Umfange; das Gericht wird vielmehr lediglich das Ausmaß der Sicherstellung festsetzen, denn nur diese Entscheidung ist der freiwilligen Gerichtsbarkeit vorbehalten, während die Frage, inwieweit ein Pflichtteilsanspruch besteht, nur in den Gründen dieser Entscheidung und unverbindlich für den zukünftigen Prozeß gelöst wird. Wir haben hier einen Fall, wo eine außerstreitige Verfügung nur unter dem Vorbehalte weiterer rechtlicher Erörterung ergehen kann (§ 18 P.).

Vgl. zur Frage auch Hantsch, Ger.Z. 1914, S. 74.

Die Stellung des Gerichtes zu den Vorfragen, deren dezisive Lösung dem ordentlichen Prozesse vorbehalten ist, dürfte also wohl dahin aufzufassen sein, daß es vom Ermessen des Gerichtes abhängt, ob das Verfahren außer Streitsachen zur Einholung der Entscheidung über die Vorfrage zu unterbrechen ist, oder ob die Vorfrage im Verfahren außer Streitsachen selbst gelöst wird. Der Rechtszustand ist analog dem des § 190 ZPO. Löst das Gericht die Vorfrage selbständig im Verfahren außer Streitsachen, so darf darunter die dadurch berührte Partei nicht leiden, es muß beiden Teilen Gelegenheit gegeben werden, zum gesamten Prozeßmaterial, zur Tat- wie zur Rechtsfrage Stellung zu nehmen und es ist dann „rechtliche Verhandlung" nach Analogie des Prozeßverfahrens anzuordnen. Das Schwergewicht liegt in der Wahrung des Prinzips der Zweiseitigkeit, wobei die einzelnen Formen dieser Verhandlung allerdings vielfach dem richterlichen Ermessen überlassen bleiben (siehe auch Schrutka a. a. O.).

Die Spruchpraxis hinsichtlich der Auslegung des § 2 Z. 7 ist eine ungemein schwankende und sich vielfach widersprechende. Vgl. die Entscheidungen GUNF. 4611, ferner (hinsichtlich der Auslegung eines Testamentes) die Entscheidungen GUNF. 4207, 3434, 3337 und die E. vom 28. Jänner 1913, Geller 1913 S. 353. Die Entscheidung vom 19. März 1912 R. III 112/12 Jur.Bl. 1912 S. 348 erwähnt, daß die Frage, ob ein Legat ein „frommes", daher sofort fälliges ist, durch „Einleitung der rechtlichen Verhandlung nach § 2 Z. 7 Verlassenschafts-Patent", also im außerstreitigen Verfahren zu lösen sei, wenn es sich um eine reine Rechtsfrage, nicht um bestrittene Tatbestände handelt. Doch betont die in derselben Verlaßsache ergangene Entscheidung vom 18. Jänner 1912, R. III 227/12 Jur.Bl. 1912 S. 433, daß das Gericht, wenn es auch zu diesem Ausspruche berufen sei, doch nicht berechtigt erscheine, eine diesbezügliche Zahlungspflicht aufzuerlegen; dies bleibe dem ordentlichen Rechtswege vorbehalten. Die Entscheidung geht eben mit Recht davon aus, daß die im Verlassenschaftsverfahren selbst ergangene Verfügung die Frage nur für dieses Verfahren regeln könne.

In manchen Fällen ist das Verhältnis zwischen freiwilliger Gerichtsbarkeit und Zivilprozeß durch konkrete Normen abgesondert geregelt; so zum Beispiel, wenn bestimmt wird, wie bei widersprechenden Erbserklärungen vorzugehen ist. Manchmal liegt es in der Natur der Sache, daß das Gericht bei einer außerstreitigen Verfügung den Prozeßweg abwarten muß: wenn zum Beispiel infolge eines zwischen den Beteiligten bestehenden Streites eine gerichtliche Hinterlegung der Schuld nach § 1425 ABGB. stattfinden mußte (vgl. auch GUNF. 4611).

IV. Wenn nun im Folgenden die wichtigsten Gebiete angeführt werden, welche im österreichischen Rechte der freiwilligen Gerichtsbarkeit zugewiesen sind, so liegt es bei der Mannigfaltigkeit der in Betracht kommenden Normen nahe, daß in einem Grundrisse von einer erschöpfenden Behandlung sämtlicher Fälle abgesehen werden muß und nur die Hervorhebung der wichtigsten Materien erfolgen kann:

1. Der freiwilligen Gerichtsbarkeit ist vor allem zugewiesen die Fürsorge für bestimmte, dem besonderen Schutze des Gesetzes unterstehende Rechtssubjekte, so für Minderjährige, Geisteskranke, Verschwender, Abwesende, juristische Personen und für gewisse, das öffentliche Interesse berührende Rechtsverhältnisse. In Betracht kommt dabei auch die Verwaltung des Vermögens solcher Rechtssubjekte, ferner die Mitwirkung an Rechtsgeschäften, sowie die Erledigung einschlägiger, der freiwilligen Gerichtsbarkeit vorbehaltener Streitigkeiten. Von den Rechtsverhältnissen, die dem besonderen Schutze der Gesetze unterstehen, sind vor allem die Ehe und die sonstigen familienrechtlichen Verhältnisse zu erwähnen, so z. B. die nach den Grundsätzen des Fürsorgeverfahrens stattfindende Mitwirkung der Gerichte an der einverständlichen Scheidung usw.

Die Tätigkeit der Gerichte ist hier eine fürsorgende, verwaltende, vielfach auch (z. B. beim Abschlusse von Rechtsgeschäften) eine rechtsgestaltende, häufig aber auch eine dezisive.

2. Die Fürsorge für bestimmte Vermögensmassen; hierher gehören das Verlassenschaftsvermögen, Fideikommisse, Substitutionen.

3. Gewisse Streitigkeiten aus Gemeinschaftsverhältnissen sind mit Rücksicht auf die zwischen den Parteien bestehende Verbindung und die Mannigfaltigkeit der dadurch berührten Verhältnisse zur Entscheidung der freiwilligen Gerichtsbarkeit zugewiesen, teilweise mit, häufig aber ohne Vorbehalt des ordentlichen Rechtsweges. Hierher gehören gewisse Streitigkeiten zwischen Miteigentümern (die §§ 850 f. ABGB.), zwischen Gesellschaftern (z. B. Artikel 133 f., 145, 160, 246 HGB., die §§ 43, 45 ff. 68, 77, des Gesetzes vom 6. März 1906, RGBl. 58), ferner Streitigkeiten aus dem Genossenschaftsverhältnisse (siehe auch Gesetz vom 10. Juni 1903, RGBl. Nr. 133).

4. Die Evidenzhaltung der sich auf die Gegenstände des Grundbuches oder des Handels- und Genossenschaftsregisters beziehenden Rechtsverhältnisse. Wenn hier vielfach materieller Rechtserwerb von der Eintragung abhängig gemacht ist, so geschieht dies, um Garantien für die Richtigkeit der Evidenzhaltung dieser Rechtsverhältnisse zu bieten und das Gericht wirkt dadurch mit an der Gestaltung des Rechtsverkehres.

5. Die Beurkundung rechtlich-relevanter Vorgänge in ihren verschiedensten Formen. Auch hier ist die Beurkundung unter Umständen Voraussetzung für das Entstehen des materiellen Rechtsverhältnisses, und auch in solchen Fällen ist dann die Funktion des Rechtsfürsorgeverfahrens eine rechtsgestaltende.

Streit herrscht hinsichtlich der Zugehörigkeit des Konkursrechtes zu dem Gebiete der freiwilligen Gerichtsbarkeit. Mehrfach, besonders von Pollak (System S. 23 f. und eingehend Grünhut XXXVII S. 499 ff) wird der Standpunkt vertreten, daß das Konkursverfahren sich als Ausübung freiwilliger Gerichtsbarkeit darstelle. Der Standpunkt wird bekämpft von Ott (Grünhut XXX, Sep.-Abdr. S. 59), Frankl, Kr. V.J.Sch, dritte F. IV, S. 214 f.), Menestrina L'accessione nell'esecuzione S. 207 ff. und in meinem Konkursrechte (S. 21 f.). Da hier nicht der Platz für eine eingehende Erörterung der Streitfrage ist, wird hinsichtlich der Begründung für die Ausschaltung des Konkursrechtes aus dem Gebiete der freiwilligen Gerichtsbarkeit auf meine obzitierten Ausführungen im „Konkursrecht" verwiesen.

Ein Überblick über die bisher besprochenen, einer taxativen Aufzählung nicht unterzogenen Typen der freiwilligen Gerichtsbarkeit zeigt, daß sie, so sehr sie sich sonst in ihrem Zwecke und in ihren Voraussetzungen unterscheiden, doch das eine gemeinsam haben, daß es sich bei ihnen um Fälle einer besonderen Fürsorgetätigkeit des Gerichtes handelt, sei es nun um Fürsorge nur für das allgemeine Interesse oder auch um Fürsorge für dem besonderen Schutze der Gerichte unterstehende einzelne Rechtssubjekte. Dies zeigt sich speziell auch bei der dem Rechtsfürsorgeverfahren zugewiesenen Entscheidung von Streitigkeiten, wie z. B. der Entscheidung darüber, welchem der geschiedenen Ehegatten die Kinder zuzuweisen sind. Für diesen Streit kommt nicht nur die Frage der Berechtigung der Elternteile, sondern auch das Interesse des Kindes zur Wahrnehmung.

Dieser gemeinsame Grundgedanke der besonderen Fürsorge, der all diese sonst oft so heterogenen Verfahrenstypen durchzieht und der sich vor allem in der intensiven Wahrung des Offizialprinzips zur Geltung bringt, läßt den Ausdruck „Rechtsfürsorgeverfahren" (Ott) als noch zutreffender erscheinen, als die Bezeichnung „freiwillige Gerichtsbarkeit".

Entsprechend der Anlage dieser Grundrißsammlung kann natürlich in eine erschöpfende Darstellung sämtlicher Fälle des Rechtsfürsorgeverfahrens nicht eingegangen werden. Das Grundbuchsverfahren ist bereits dargestellt in der dritten Abteilung des ersten Bandes (Pfersche, Grundriß des Sachenrechtes, S. 5 ff.), während die formellen Vorschriften, die sich auf die Führung des Handels- und Genossenschaftsregisters beziehen, ebenso wie die formellen Fragen des handelsrechtlichen Gesellschaftsrechtes der Darstellung des Handelsrechtes vorbehalten bleiben müssen.

§ 2. Die Quellen des Rechtsfürsorgeverfahrens.

I. Als die wichtigste Rechtsquelle erscheint das Kaiserl. Patent vom 9. August 1854, RGBl. Nr. 208, das sogenannte „Verlassenschafts-Patent" (es wird fortan zitiert mit P). Die §§ 1 bis 19 P. geben die allgemeinen Normen für das Verfahren außer Streitsachen und kommen daher für die verschiedensten Rechtsgebiete der freiwilligen Gerichtsbarkeit zur subsidiären Anwendung. Das Patent behandelt dann in seinem besonderen Teile die Verlassenschaftsabhandlung, das Verfahren in Vormundschafts- und Kuratelsangelegenheiten, das formelle Fideikommißrecht, das Verfahren über die Adoption, die Legitimation, die Entlassung aus der väterlichen Gewalt, die freiwillige Schätzung und Feilbietung, die Gerichtszeugnisse, die Vidimierung und Legalisierung.

Das Patent vom 9. August 1854 bildet die Grundlage des Rechtsfürsorgeverfahrens. Daneben sind noch von besonderer Bedeutung die Notariatsordnung (Gesetz vom 25. Juli 1871, RGBl. Nr. 75), das Grundbuchsgesetz vom 25. Juli 1871, RGBl. Nr. 95, das Gesetz über die Todeserklärung und den Beweis des Todes vom 16. Februar 1883, RGBl. Nr. 20. In einer Reihe verschiedener anderer, oft vorwiegend materiellrechtlicher Gesetze finden sich entsprechende verfahrensrechtliche Bestimmungen beigefügt, so insbesondere auch im allgemeinen bürgerlichen Gesetzbuche, im Handelsgesetzbuche usw.

Auf die einzelnen Normen, die abgesehen von den obenerwähnten für das Rechtsfürsorgeverfahren in Betracht kommen, wird im Zusammenhange mit den einschlägigen Materien zurückgekommen.

II. Für das (äußere) Gerichtsverfassungsrecht erscheint — neben einzelnen Spezialnormen — als Rechtsquelle die Jurisdiktionsnorm vom 1. August 1895, RGBl. Nr. 111 und das Einführungsgesetz dazu vom 1. August 1895, RGBl. Nr. 110. Der allgemeine (erste) Teil der Jurisdiktionsnorm (§§ 1 bis 48) bezieht sich gleichmäßig auf das zivilgerichtliche Verfahren in und außer Streitsachen, während der dritte Teil (§§ 105 bis 122) nur die Kompetenz im Verfahren außer Streitsachen zum Gegenstande hat. Als Rechtsquelle für das innere Gerichtsverfassungsrecht kommt vor allem das Gerichtsorganisationsgesetz in Betracht (Gesetz vom 27. November 1896 RGBl. Nr. 217).

Die manipulative Behandlung der Rechtssachen wird vorwiegend durch die Geschäftsordnung (JMV. vom 5. Mai 1897, RGBl. Nr. 112) geregelt.

III. Für die Vollstreckung der Beschlüsse des Rechtsfürsorgeverfahrens gelten die allgemeinen Normen des Zwangsvollstreckungsrechtes, vor allem die Bestimmungen der Exekutionsordnung vom 27. Mai 1896, RGBl. Nr. 79 und des Einführungsgesetzes dazu vom 27. Mai 1896, RGBl. Nr. 78).

§ 3. Literatur des Verfahrens außer Streitsachen.

I. Bezüglich der Literatur des gemeinen Rechtes sei insbesondere hingewiesen auf F. Österley: Versuche aus dem Gebiete der sogenannten freiwilligen Gerichtsbarkeit, Hannover 1830, und vor allem auf das eingehende und grundlegende Werk Wolfgang Heinrich Puchtas (Erlangen, 1. Auflage 1821, 2. Auflage 1831): Handbuch des gerichtlichen Verfahrens in nichtstreitigen bürgerlichen Rechtssachen.

II. Für das geltende österreichische Recht kommt vor allem in Betracht: Geschichte und Grundlehren des österreichischen Rechtsfürsorgeverfahrens (Freiwillige Gerichtsbarkeit) von Emil Ott, Wien 1906, welches die allgemeinen Fragen des außerstreitigen Verfahrens in grundlegender Weise darstellt. Als systematische Darstellung, welche sich auch auf den besonderen Teil erstreckt, sei erwähnt; Das zivilgerichtliche Verfahren außer Streitsachen von Hermann Sander, Wien 1907.

Allgemeine Fragen der freiwilligen Gerichtsbarkeit werden auch noch erörtert in Adolf Weißlers: Reform der vorbeugenden bürgerlichen Rechtspflege in Österreich, 1900 und in dem österreichischen Notariatshandbuche von Max Reich (Leoben 1907).

Von den Kommentaren zum Verlassenschaftspatente sei erwähnt der Kommentar von Ferdinand Schuster von Bonnot, 4. Aufl., bearbeitet von Rudolf Schuster von Bonnot. Ferner enthält auch der 4. Band der Sammlung: Österreichische Gesetzeskunde von Dr. Max Leopold Ehrenreich, einen kommentierenden Abschnitt zum Allgemeinen Teil und zum Verlassenschaftsverfahren, der die Materie in gemeinverständlicher Weise zur Darstellung bringt (2. Aufl. 1913).

Hingewiesen sei noch auf die Formularienbücher von Némethy (3. Aufl. 1913) und von Schimkowsky (2. Aufl. 1912).

Gesetzesausgaben über freiwillige Gerichtsbarkeit sind erschienen: Von Friedländer in der Manzschen Sammlung der österreichischen Gesetze, und zwar ein Band über das Verfahren außer Streitsachen nach dem P. vom 9. August 1854 und anderen einschlägigen Gesetzen, und ein Band über die Notariatsordnung und die einschlägigen Normen hierzu, sowie die Gesetze und Verordnungen über das zivilgerichtliche Depositenwesen und die gemeinschaftlichen Waisenkassen, ferner die Gesetzesausgabe von Geller im Verlage von Moritz Perles.

III. Bezüglich der systematischen Literatur zur deutschen Gesetzgebung über freiwillige Gerichtsbarkeit sei hingewiesen auf die Systeme von Nußbaum (Die freiwillige Gerichtsbarkeit im Reiche und in Preußen) und Josef (Lehrbuch des Verfahrens der freiwilligen Gerichtsbarkeit im Deutschen Reiche und in Preußen) und den Abschnitt über die freiwillige Gerichtsbarkeit von Dorner in der Holtzendorffschen Enzyklopädie.

Die Literatur über das Verlassenschaftsverfahren wird abgesondert verzeichnet.

§ 4. Die Grundsätze des Rechtsfürsorgeverfahrens.

Vgl. insbesondere Ott S. 142 ff., Nußbaum S. 44 ff., Josef S. 88 ff.

I. Der Zweck des Rechtsfürsorgeverfahrens erheischt gegenüber dem Prozeßverfahren wesentliche Modifikationen für das Verhältnis des Gerichtes zu den Parteien und für die Ingerenznahme des Gerichtes hinsichtlich der Sammlung der Entscheidungsgrundlagen. Ist es das öffentliche Interesse, welches das Entscheidende für die Verweisung einer

Rechtssache in das Gebiet der freiwilligen Gerichtsbarkeit ist, so erscheint es begreiflich, daß dort, wo dieses öffentliche Interesse es verlangt, die Einleitung des Verfahrens, seine Fortsetzung und Beendigung sowie die Entscheidung des Gerichtes selbst dem Einflusse der — oft isolierte Zwecke verfolgenden — Interessen der Parteien entzogen bleiben muß.

Dem entspricht es, daß die Einleitung des Verfahrens in vielen Fällen von Amts wegen erfolgt; es ist begreiflich, daß dann auch die Frage einer Einstellung des Verfahrens nach analogen Gesichtspunkten behandelt werden muß. Auch dort, wo in solchen Fällen eine Anzeige oder ein Parteiantrag den Anstoß zur Einleitung des Verfahrens gegeben hat, wird eine Zurückziehung des Antrages die Fortsetzung des Verfahrens nicht notwendig aufhalten.

Aus dem Offizialprinzipe ergibt sich auch eine weitgehende unterstützende Mitwirkung des Gerichtes bei den Verfahrenshandlungen der Parteien; sie äußert sich vor allem in der Belehrung der Parteien über die Form und über die Tragweite ihrer Anträge und die Verbesserung mangelhafter Verfahrensakte. Die Parteien können daher im Verfahren außer Streitsachen nicht genötigt werden, sich rechtsfreundlicher Hilfe zu bedienen; Anwaltzwang besteht auf dem Gebiete der freiwilligen Gerichtsbarkeit nicht. Nur wenn es sich um Personen handelt, welche die Gerichte wiederholt mit fehlerhaften oder unzulässigen Eingaben behelligt haben, ist, vorausgesetzt, daß für den Gerichtsort Advokaten eingetragen sind, Verordnung des Anwaltzwanges durch konkrete Verfügung des angerufenen Gerichtes für den Einzelfall zulässig (§ 5 P.).

Die Pflicht des Gerichtes, die Parteien entsprechend zu belehren, äußert sich im Verfahren außer Streitsachen speziell auch dort, wo das Gericht am rechtsgeschäftlichen Verkehre mitzuwirken hat. Hier sind nicht nur die speziellen Interessen der dem besonderen Schutze der Gerichte anempfohlenen Personen wahrzunehmen, sondern es ist auch sonst auf Klarheit, Vollständigkeit und Formrichtigkeit des Rechtsgeschäftes zu sehen, um eventuellen Streitigkeiten und Benachteiligungen der Parteien vorzubeugen (§ 2, Z. 11 P).

Besondere Gesichtspunkte kommen wieder in Betracht, soweit es sich um die Herstellung der tatsächlichen Grundlagen für die gerichtliche Entscheidung handelt. Die Stoffsammlung erfolgt in der Regel von Amts wegen und zwar in einer Weise, daß — unabhängig vom Willen der Parteien — materielle Wahrheit gefunden werde. Es fallen daher auch die Schranken, welche der Wahrheitsfindung im Zivilprozesse aus der Erwägung gezogen sind, daß es schließlich nur Privatrechte der Parteien sind, deren Entscheidung im Prozeß erfolgt. Hierher gehört vor allem die beweisbefreiende Kraft des Geständnisses. Auch die Präklusion hat im außerstreitigen Verfahren nur ausnahmsweise, also nur in den ausdrücklich bezeichneten Fällen die Wirkung, daß die Tatsachen, auf deren Feststellung sich die Präklusion bezieht, als wahr zu gelten haben oder daß der Säumige etwa als einem, dem Verfahren zugrundeliegenden Antrage zustimmend anzusehen ist (vgl. auch GUNF. 2386). In der Regel ist der Sachverhalt auch bei dem Unterbleiben einer Mitwirkung der Beteiligten von Amts wegen festzustellen, unter Umständen können die Parteien gezwungen werden, sich am Verfahren zu beteiligen. Tatsachen, die dem Gerichte auf irgendeine Art bekannt werden, sind heranzuziehen, soweit sie erheblich erscheinen: einschlägige Akten sind von Amts wegen zu berücksichtigen und zu requirieren (§ 2 Z. 6 P). Das Gericht hat überhaupt alle in Betracht kommenden Umstände von Amts wegen zu untersuchen, ohne daß in der Regel diese Erhebungen von einer formellen Parteienbehauptung abhängig wären. Diesem Untersuchungsprinzipe entspricht es jedenfalls, den Grundsatz des § 183, vorl. Abs. ZPO. für das Rechtsfürsorgeverfahren im allgemeinen auszuschließen.

Eine wesentliche Vertiefung des Offizialprinzips findet sich auch in der dem Vorsitzenden des Senates zuerkannten Befugnis, einen Senatsbeschluß nach § 84 GOG. bis zur Einholung der Entscheidung des übergeordneten Gerichtshofes zu sistieren, wenn er der Überzeugung ist, daß der Beschluß, welcher auf offenbarer Verletzung oder unrichtiger Anwendung des Gesetzes beruht, Minderjährigen oder Pflegebefohlenen Nachteil bringen, respektive das Gericht einer Ersatzpflicht aussetzen könnte. Gleiches gilt bezüglich der dem Richter erster Instanz im § 15 P. eingeräumten Rekursbefugnis zugunsten Pflegebefohlener.

Es liegt in der Natur der Sache, daß die erwähnten Grundsätze nicht in allen Fällen des Rechtsfürsorgeverfahrens in gleicher Intensität zur Anwendung kommen; es handelt sich im einzelnen Falle immer wieder um den Grund, welcher für die Verweisung der Rechtssache in das Gebiet des Rechtsfürsorgeverfahrens maßgebend war. So hat die Partei z. B. für Grundbuchsgesuche in der Regel volle Dispositionsfreiheit, ob sie das Gesuch einbringen will, welche Eintragung sie begehrt, ebenso hinsichtlich einer eventuellen Zurückziehung des Gesuches usw.; hier ist das öffentliche Interesse in dieser Richtung nicht berührt. Das Gericht hat nur zu prüfen, ob die begehrte Eintragung nach der Aktenlage und speziell nach dem Grundbuchsstande zulässig erscheint; die Beweislast trifft ausschließlich die Partei, welche alle erheblichen Urkunden vorzulegen hat. Es ist hier eben Sache des Gesuchstellers, seinen Rechtserwerb zur Durchführung zu bringen; in der Durchführung liegt eine ihm vorbehaltene Disposition. Das öffentliche Interesse ist in solchen Fällen nicht darauf gerichtet, daß Rechtsverhältnisse begründet, sondern daß die bestehenden Rechtsverhältnisse richtig in Evidenz gehalten werden.

II. Das Prinzip des beiderseitigen Gehörs, welches in dem der Wahrheitsfindung gewidmeten Prozeßverfahren eine so große Rolle spielt, kommt für das Gebiet der freiwilligen Gerichtsbarkeit in modifizierter Form zur Geltung, Es muß auch hier allen Beteiligten Gelegenheit gegeben werden, ihren Standpunkt zu vertreten. § 2 Z. 5 P. bestimmt, daß das Gericht die Parteien über alle Umstände und Verhältnisse, welche auf die richterliche Verfügung Einfluß haben, zu vernehmen hat. Dadurch, daß das Gericht diese Einvernehmung der Parteien nicht an bestimmte Formen bindet, trägt es eben dem Bedürfnisse der Rücksichtnahme auf den konkreten Einzelfall und dem Moment der Zweckmäßigkeit tunlichst Rechnung. Nur wenn es sich um die Erörterung streitiger Rechtsfragen handelt oder um die Feststellung streitiger Tatbestände nach § 2 Z. 7 P. ist das Gericht, falls es sich nicht dazu entschließt, die Rechtssache auf den ordentlichen Rechtsweg zu verweisen, angewiesen, „die rechtliche Verhandlung" einzuleiten, ein Ausdruck, der für ein kontradiktorisches, dem Prozesse analoges Verfahren spricht. Für Protokolle, die über die Verhandlung aufgenommen werden, gelten analog die Grundsätze der Zivilprozeßordnung (§ 124 GO.).

Die Verletzung des Prinzips des beiderseitigen Gehörs begründet die Nichtigkeit der durch den Mangel getroffenen Teile des Verfahrens und der Entscheidung.

III. Es wurde schon erwähnt, daß die Form der Sammlung der Grundlagen für die gerichtlichen Verfügungen meistens nicht bestimmten Regeln unterworfen ist. Die Frage, ob das Verfahren von den Grundsätzen der Schriftlichkeit oder der Mündlichkeit beherrscht wird, ob die Mittelbarkeit oder die Unmittelbarkeit das Vorwiegende ist, läßt sich nicht allgemein lösen. Auch hier sind eben die konkreten Verfahrenstypen und ihre Bedürfnisse das Entscheidende. So wird beispielsweise im Vormundschafts- und Kuratelsverfahren die Unmittelbarkeit eine besondere Rolle spielen. Doch schreibt auch für die übrigen Verfahrensfälle § 2 Z. 5 P. ganz allgemein vor, daß das Gericht die Parteien tunlichst unmittelbar zu vernehmen hat. Allerdings wird das Prinzip der Unmittelbarkeit, soweit die Kompetenz der Gerichtshöfe im Verfahren außer Streitsachen in Betracht kommt, dadurch wesentlich beschränkt, daß § 38 GOG. die Sammlung der Entscheidungsgrundlagen, speziell auch die Beweisaufnahme einem Referenten überläßt, vor dem auch die Tagsatzungen stattfinden, so daß die Entscheidung des Senates auf Grund des Berichtes dieses Referenten erfolgt.

Für das Verfahren in Grundbuch- und Registersachen eignet sich mit Rücksicht auf die Notwendigkeit genauer urkundlicher Feststellung der in Betracht kommenden Tatbestände die Schriftform besser als das mündliche Verfahren.

IV. Das Verfahren zerfällt regelmäßig nicht in Stadien; das Prinzip der Einheit der Verhandlung ist im Interesse der Wahrheitsfindung im Rechtsfürsorgeverfahren noch weiter ausgebildet als im Prozesse, indem auch das Rechtsmittelverfahren regelmäßig eine Ergänzung der Stoffsammlung in weitgehendem Maße durch die Zulässigkeit des Vorbringens neuer Tatsachen und Beweise ermöglicht. Die Öffentlichkeit spielt im Verfahren außer Streitsachen dort eine große Rolle, wo gerade in der Öffentlichkeit der Zweck gewisser Einrichtungen dieses Verfahrens besteht, wie für das Grundbuch, die Handels- und Genossenschaftsregister. Von Bedeutung ist sie schließlich auch für manche Fälle, in denen das Ediktalverfahren das Mittel zur Feststellung oder Gestaltung von Rechtsverhältnissen bildet, so bei der Amortisation, der Todeserklärung usw.

Für die Verhandlungen, Einvernehmungen und Erhebungen des Verfahrens der freiwilligen Gerichtsbarkeit ist die Öffentlichkeit in der Regel ausgeschlossen, mit Rücksicht darauf, daß es sich vielfach um Rechtsverhältnisse handelt, die diskreter Behandlung bedürfen und bei denen die Öffentlichkeit häufig dem Verfahrenszwecke schädigend entgegenwirken kann.

V. Für das Beweisverfahren gilt im allgemeinen der Grundsatz des Prozeßrechtes: das Prinzip der freien Beweiswürdigung. Auch hier wird der Richter nicht nur die Ergebnisse der Beweisaufnahme im technischen Sinne, sondern die des gesamten Verfahrens und auch sonstige, ihm bekannt gewordene Umstände seiner tatsächlichen Beurteilung des Falles zugrundelegen (§ 2 Zl. 6 P.); andererseits wird er auch hier verpflichtet sein, die Umstände und Erwägungen, welche für seine Überzeugung maßgebend waren, in der Begründnng der Entscheidung anzugeben (§ 2 Zl. 8 P.).

Nur ausnahmsweise, so im Grundbuchsverfahren, ferner bezüglich der Feststellung der Identität der Personen bei der Legalisierung, für die außerhalb des Kronlandes errichtete Urkunde (§ 8 P.) bestehen gewisse gesetzliche Beweisregeln, die den Richter bei der Beurteilung der Beweisfrage binden.

Zweiter Abschnitt.

Die Subjekte des Rechtsfürsorgeverfahrens.

§ 5. Allgemeines.

Als Subjekte des Rechtsfürsorgeverfahrens kommen einerseits jene Organe in Betracht, welche in Ausübung publizistischer Funktionen Akte des Rechtsfürsorgeverfahrens vornehmen, zu welchen sie unmittelbar oder mittelbar legitimiert erscheinen; andererseits die Parteien des konkreten Verfahrens. Mit Rücksicht auf die Mannigfaltigkeit der Gegenstände, welche der freiwilligen Gerichtsbarkeit zugewiesen sind, erscheint auch die Zahl der dabei in Betracht kommenden Rechtspflegeorgane eine erweiterte. Die wichtigste Stelle nehmen die Gerichte ein. Daneben spielt aber eine große Rolle das Notariat. Von den sonstigen öffentlichen Organen kommt vor allem in Betracht die Mitwirkung der Gemeinden.

Wir werden im Folgenden als die wichtigsten Rechtspflegeorgane der freiwilligen Gerichtsbarkeit die Gerichte und das Notariat besprechen, sowie die Mitwirkung der Gemeinden erörtern und dann auf die übrigen Subjekte des Verfahrens, die Parteien, übergehen, wobei schon hier bemerkt sei, daß der Parteibegriff für das Verfahren außer Streitsachen naturgemäß mannigfachen Modifikationen unterworfen ist.

§ 6. Die Gerichte und ihre Organisation.

Vgl. auch Amschl, Die freiwillige Gerichtsbarkeit nach den neuen Jurisdiktionsgesetzen. Ger.H. 1897 Nr. 48 ff.

I. Die allgemeinen Grundsätze hinsichtlich der rechtlichen Stellung der Gerichte und jener Organe, mit welchen sie besetzt sind, sind bereits in der ersten Abteilung des zweiten Bandes dieses Grundrisses (Schrutka, Zivilprozeß S. 18 ff.) besprochen. Auch für die freiwillige Gerichtsbarkeit kommt die Scheidung zwischen Justizverwaltung und Rechtsprechung zur Geltung. Die Justizverwaltung hat dafür zu sorgen, daß Recht gesprochen wird; die Rechtsprechung selbst obliegt den mit den verfassungsrechtlichen Garantien richterlicher Unabhängigkeit ausgestatteten Richtern. So kommt der Justizverwaltung unter anderem die Errichtung von Gerichten, die Ernennung respektive Mitwirkung bei der Ernennung der Richter, die Geschäftsverteilung, die budgetäre Seite der Rechtspflege und vor allem die Dienstesaufsicht zu. Sie besteht in der Sorge dafür, daß die einzelnen, mit der Rechtspflege betrauten Organe ihr Amt entsprechend versehen, nicht aber in der Einflußnahme auf den Inhalt der Rechtsprechung.

An der Scheidung zwischen Rechtsprechung und Justizverwaltung muß auch für das Rechtsfürsorgeverfahren festgehalten werden, obwohl gerade dieses Verfahren vielfach dahin charakterisiert wird, daß es mehr verwaltender Natur sei. So äußert sich diese verwaltende Natur der freiwilligen Gerichtsbarkeit darin, daß im einzelnen Falle vielfach Zweckmäßigkeitserwägungen Rechnung zu tragen ist. Allein das ändert nichts daran, daß die Verfügungen vom Richter in Ausübung richterlicher Funktionen zu erlassen sind, und daß ihm bei Erlassung dieser Verfügungen die Garantien seiner richterlichen Stellung zukommen.

II. Als ordentliche Gerichte haben auf dem Gebiete der Rechtsfürsorge zu fungieren: die Bezirksgerichte, die Kreis- und Landesgerichte, die Handelsgerichte in Wien und Prag, das Handels- und Seegericht in Triest, die Oberlandesgerichte und der Oberste Gerichtshof.

Die Bezirksgerichte erkennen nur in erster Instanz; die Landes- und Kreisgerichte fungieren als erste Instanz in den ihnen in dieser Richtung vorbehaltenen Rechtssachen, ferner als zweite Instanz im Rechtszuge gegen Beschlüsse der Bezirksgerichte. Den Oberlandesgerichten steht die Entscheidung über die Rechtsmittel zu, welche gegen die von den Landes- bezw. Kreisgerichten in erster Instanz erlassenen Beschlüsse erhoben werden, während in dritter Instanz in allen Fällen der Oberste Gerichtshof erkennt.

Über § 30 des Gesetzes vom 18. Februar 1878 RGBl. Nr. 30 vgl. S. 36. Über die Handelsgerichtsbarkeit im Verfahren außer Streitsachen vgl. Pisko, Ger.-H. 1900 Nr. 37 f.

III. Das Obersthofmarschallamt erscheint zur Ausübung der freiwilligen Gerichtsbarkeit und zum Vollzuge von Zustellungen berufen bezüglich der Mitglieder des kaiserlichen Hauses, sowie jener Persönlichkeiten, auf welche durch konkrete Normen seine Gerichtsbarkeit ausgedehnt ist, ferner für Exterritoriale, wenn sie sich der Gerichtsbarkeit des Obersthofmarschallamtes unterwerfen. Die Realgerichtsbarkeit bezüglich dieser Personen steht jedoch den ordentlichen Gerichten zu. (Vgl. Hofdekret vom 14. Juli 1815, JGS. Nr. 1159, Min.-Erl. v. 20. August 1856, Z. 18022 und Art. III des EG. z. JN.). Das Obersthofmarschallamt fungiert in Rechtssachen der freiwilligen Gerichtsbarkeit als Einzelgericht. Der Rechtszug gegen seine Beschlüsse geht in zweiter Instanz an das Oberlandesgericht in Wien, in dritter an den Obersten Gerichtshof.

Die österreichisch-ungarischen Konsular-Gerichte sind ebenfalls mit freiwilliger Gerichtsbarkeit betraut (siehe § 2 K. Ver. v. 29. Jänner 1855, RGBl. Nr. 23 und die Min.-V. vom 31. März 1855 RGBl. Nr. 58, Art. IV des EG. z. JN.). In zweiter und letzter Instanz fungiert das Konsular-Obergericht in Konstantinopel (vgl. auch Ges. v. 30. August 1891, RGBl. Nr. 136; siehe auch Strisower, im österreichischen Staatswörterbuch, 3. Band S. 170 f.).

IV. Durch die geltende Kompetenzordnung ist der größte Teil der Gerichtsbarkeit im Rechtsfürsorgeverfahren den Bezirksgerichten zugewiesen. Nur in einer engen Begrenzung sind Rechtssachen teilweise aus persönlichen, teilweise aus sachlichen Gründen den Gerichtshöfen schon in erster Instanz übertragen. In den im § 109 Abs. 2 JN. angeführten Fällen bedarf der Beschluß des Bezirksgerichtes, welches an sich zur Stoffsammlung und Entscheidung zuständig bleibt, um den Parteien gegenüber wirksam zu werden, die Bestätigung des übergeordneten Gerichtshofes erster Instanz. Der Rekurs gegen dieses Erkenntnis richtet sich gleichzeitig auch gegen den bestätigenden Beschluß des Gerichtshofes und ist daher nach der jetzt durch § 1 Abs. 2 des Gesetzes vom 24. Februar 1907, RG. Bl. No. 41 authentisch genehmigten Ansicht, obgleich er beim Bezirksgerichte eingebracht wird, vom Oberlandesgerichte zu entscheiden.

Bei den Bezirksgerichten bestehen meistens besondere Abteilungen für die Rechtssachen der freiwilligen Gerichtsbarkeit. Der Umstand, daß eine Rechtssache von einer Gerichtsabteilung erledigt wird, die nach der Geschäftsverteilung hiezu nicht berufen wäre, berührt die Gültigkeit der Amtshandlung nicht, soweit nur das Gericht als solches kompetent erscheint (§ 26 GOG.).

Die Entscheidung wird bei Bezirksgerichten in allen Fällen nur von einem Einzelrichter gefällt. (Inwieweit sie der Genehmigung des Gerichtshofes bedarf, wurde bereits oben S. 10 besprochen.) Verschiedene Funktionen in derselben Sache können auch in einer Person kumuliert sein; z. B. Abhandlungs- und Vormundschafts-Gerichtsbarkeit.

V. Die Gerichtshöfe I. Instanz sind im Prinzipe Kollegialgerichte. Sie entscheiden in Senaten von regelmäßig 3 Richtern. Bei den Gerichtshöfen I. Instanz kann nach § 38 GOG. ein ständiger Senat für die Ausübung der freiwilligen Gerichtsbarkeit gebildet werden und zwar aus den Mitgliedern des Gerichtshofes, welche als Referenten für die Gerichtsbarkeit außer Streitsachen fungieren. Laienrichter werden nicht beigezogen.

In gewissen Fällen erscheint jedoch auch im Gerichtshofverfahren ein Einzelrichter zur selbständigen Entscheidung berufen: Die Erledigung von Gesuchen in Amortisierungs- und Grundbuchsachen kann durch Ermächtigung des Präsidenten des Gerichtshofes Räten oder jenen Bezirksrichtern zugewiesen werden, welchen das Stimmrecht für den betreffenden Gerichtshof übertragen ist (§ 7 JN., § 10 GO.). Abgesehen hiervon bedürfen auch in anderen Rechtssachen der freiwilligen Gerichtsbarkeit keiner Beschlußfassung des Senates alle jene Verfügungen, welche nur die Eröffnung oder die Leitung des Verfahrens und die Vorbereitung für die meritorische Beschlußfassung betreffen oder welche keinen entscheidenden Einfluß auf die Rechte der Parteien nehmen und nach dem Gesetz zweifellos erscheinen. Gleiches gilt für die anderen, im § 37 GOG. angeführten Verfügungen der freiwilligen Gerichtsbarkeit. Die Erlassung dieser Verfügungen ist in der Regel dem Referenten vorbehalten (§ 38 GOG., § 22 GO.).

VI. Bei den Oberlandesgerichten sind die Geschäfte nach den auch für die Gerichtshöfe erster Instanz zur Anwendung gebrachten Grundsätzen zu verteilen (§ 23 GO.). Auch hier bedarf die Erledigung gewisser Agenden keiner Beschlußfassung des Senates. Die Norm des § 42 GOG. ist jetzt erweitert durch § 4 des Gesetzes vom 24. Februar 1907, RGBl. Nr. 41. Die hier angeführten Fälle sind nur dann einer Senatsberatung zuzuführen, wenn der Vorsitzende gegen die vom Referenten entworfene Erledigung Bedenken trägt.

Die Oberlandesgerichte erkennen im Rechtsfürsorgeverfahren in Senaten von drei Richtern. Über Rekurse gegen die nach § 109 Abs. 2 JN. gefaßten Beschlüsse entscheidet ausnahmsweise ein Senat von fünf Richtern.

VII. Auch der Oberste Gerichtshof beschließt in außerstreitigen Rechtssachen in Senaten von drei Richtern. Eine Ausnahme bilden die Beschlüsse des § 109 Abs. 2 JN., ferner die Entscheidung nach § 42 Abs. 2 JN. Auch hier bedürfen die im § 4 des Gesetzes vom 24. Februar 1907 RGBl. Nr. 41 angeführten Fälle nicht der Beschlußfassung des Senates, wenn der Vorsitzende und der Referent derselben Meinung sind. Unberührt bleiben die zur Erhaltung der einheitlichen Rechtsprechung beim Obersten Gerichtshofe erlassenen Vorschriften (vgl. die auf Grund der AE. vom 7. August 1872 genehmigte Instruktion des Präsidenten des Obersten Gerichtshofes. Siehe darüber Schrutka, Grundriß des Zivilprozeßrechtes, S. 11 f.).

VIII. Für die Frage der persönlichen Voraussetzungen für die Ausübung des Richteramtes gelten auf dem Gebiete der freiwilligen Gerichtsbarkeit die allgemeinen Normen des Gerichtsverfassungsrechtes. Ebenso hinsichtlich jener Verhältnisse, welche die Inhabilität der gerichtlichen Beamten oder ihre Befangenheit für die einzelnen Rechtssachen begründen (vgl. §§ 19 ff. JN. 22, 28, GOG. 129, 130 GO.). Auch hier wird die mangelhafte Besetzung des Gerichtes speziell die Mitwirkung eines ausgeschlossenen oder gültig abgelehnten Richters die Nichtigkeit des dadurch getroffenen Verfahrens und der Entscheidung zur Folge haben (§ 83 GOG., siehe auch Ott, Seite 215).

§ 7. Die Verteilung der Zuständigkeit im Rechtsfürsorgeverfahren.

I. Die Verteilung der Rechtssachen an die einzelnen mit der Rechtspflege betrauten Organe erfolgt nach verschiedenen Gesichtspunkten. Bekanntlich wird sachliche, örtliche und funktionelle Zuständigkeit unterschieden. Die sachlichen Kompetenznormen haben den Zweck, die Verteilung der Rechtssachen unter die verschiedenen Gerichtstypen zu vermitteln. Für die Erledigung dieser Frage ist in der Regel entscheidend die Art des zu regelnden Rechtsverhältnisses; manchmal kommen allerdings andere Gesichtspunkte in Betracht, so z. B. nach § 105 JN. die Frage, ob der Verstorbene landtäfliche oder aus dem Gemeindeverbande ausgeschiedene Güter oder Lehen im Besitze hatte; im Grundbuchsverfahren die Frage, welches Gericht das Grundbuch führt. Doch erscheint die sachliche Kompetenzregelung im Rechtsfürsorgeverfahren durch die regelmäßige Zuständigkeit der Bezirksgerichte wesentlich vereinfacht.

Während die örtliche Kompetenznorm das konkrete Gericht in örtlicher Beziehung fixiert, welches von der nach der sachlichen Kompetenznorm zuständigen Gerichtstype einzuschreiten hat, wird von funktioneller Zuständigkeit in dem Zusammenhange gesprochen, daß in derselben Rechtssache mehrere Organe in verschiedenen Funktionen fungieren können, z. B. als erste oder als höhere Instanz. In den Rechtssachen des § 109 Abs. 2 JN. sammelt z. B. das Bezirksgericht den Erhebungsstoff und faßt die Entscheidung, während dem Gerichtshofe erster Instanz überprüfende und genehmigende Funktion, dem Gerichtshofe zweiter Instanz und dem Obersten Gerichtshofe aber die Eigenschaft von Rechtsmittelgerichten zukommt.

II. Welche Kompetenznormen für den einzelnen Fall gelten, wird bei der Mannigfaltigkeit des Rechtsfürsorgeverfahrens besser im Zusammenhange mit den einzelnen Materien dieses Gebietes besprochen. Die folgenden Ausführungen sollen nur die allgemeinen Gesichtspunkte bringen, für die Frage, inwieweit die Kompetenztatbestände vom Gerichte festzustellen sind, wie die diesbezüglich sich ergebenden Bedenken gelöst werden, und welchen Einfluß der Mangel an Zuständigkeit auf die Gültigkeit der vom unzuständigen Gerichte erlassenen Verfügung haben kann.

III. Nach § 41 JN. hat das Gericht, bei dem eine Rechtssache anhängig wird, seine Zuständigkeit von amtswegen zu prüfen, und zwar sowohl die sachliche als auch die funktionelle und die örtliche Kompetenz. Während nun aber sich die Zivilgerichte im Prozesse bei dieser Prüfung (regelmäßig: § 41 JN.) auf die Frage der Schlüssigkeit der Kompetenzbehauptung des Klägers zu beschränken haben, ohne die Wahrheit der von diesem behaupteten Tatbestände selbst von amtswegen festzustellen, äußert sich auf dem Gebiete des Rechtsfürsorgeverfahrens in erhöhtem Maße das Offizialprinzip: das Gericht hat grundsätzlich auch die Wahrheit der die Kompetenz bedingenden Tatsachen von amtswegen zu prüfen und die zu diesem Zwecke nötigen Erhebungen zu pflegen (§ 41 JN.). Die einzelnen Beteiligten sind berechtigt durch Bedenken, welche sie in geeigneter Form geltend machen, auf den Mangel der Zuständigkeit hinzuweisen, allein das Gericht ist immer von dem Parteiantrage unabhängig gestellt, sowie auch der Parteiantrag an kein Stadium des Verfahrens gebunden ist und die Unterlassung der Unzuständigkeitsrüge nicht kompetenzbegründende Wirkungen äußern kann. Die Zuständigkeit ist immer absolute Verfahrensvoraussetzung. Die große Scheidung der Kompetenznormen, die sich auf dem Gebiete des Prozeßrechtes durch die Zulässigkeit der Kompetenzvereinbarung ergibt, ist bei der offiziosen Natur der freiwilligen Gerichtsbarkeit dieser fremd geblieben. Auch sind die Gerichtsstände des Verfahrens außer Streitsachen immer ausschließliche (GUNF. 4776). Nur in den seltensten Fällen ist den Parteien eine gewisse Disposition bezüglich des anzurufenden Gerichtes eingeräumt.

IV. Maßgebend für die Zuständigkeitsfrage ist der Kompetenztatbestand, wie er sich zur Zeit der Anhängigmachung der Rechtssache ergibt (§ 29 JN.). Doch bestehen davon Ausnahmen: einmal wenn die Rechtssache der inländischen Gerichtsbarkeit oder dem Wirkungskreise der ordentlichen Gerichte entzogen erscheint, ferner zufolge

Spezialnorm; so kommt hinsichtlich der sachlichen Zuständigkeit des Pflegschaftsgerichtes die Sonderbestimmung des § 110 Abs. 2 JN. zur Geltung.

V. Der Mangel der Zuständigkeit hat in der Regel nicht die Abweisung jenes Einschreitens zur Folge, welche die Basis, resp. den Ausgangspunkt der Rechtssache bildet; es entspricht vielmehr dem Gedanken der Rechtsfürsorge, daß die Initiative für die Einleitung des Verfahrens nicht verloren gehe, daher in den Fällen, in welchen das zuständige Gericht erkennbar ist, die Verweisung der Rechtssache an dasselbe stattfindet (§ 44 JN.).

Die Entscheidungen über die Kompetenz ergehen auch im Rechtsfürsorgeverfahren in Beschlußform und sind in der Regel durch Rekurs anfechtbar. Der Ausspruch eines Gerichtshofes erster Instanz über seine sachliche Zuständigkeit kann jedoch aus dem Grunde nicht angefochten werden, weil für die Rechtssache die Zuständigkeit eines Bezirksgerichtes begründet sei (§ 45 JN.). Eine Entscheidung, welche die sachliche Unzuständigkeit des Gerichtes rechtskräftig ausspricht, ist für jedes Gericht bindend, bei welchem die Rechtssache in der Folge anhängig wird (§ 46 JN.).

Für die Austragung von Kompetenzstreitigkeiten zwischen den verschiedenen Rechtspflegeorganen (§ 47 JN.) gelten dieselben Normen wie im Prozesse (vgl. Schrutka, Grundriß des Zivilprozeßrechtes, S. 46 f.).

VI. Kompetenzbegründung durch konkrete richterliche Verfügung findet sich vor im Falle der Delegation und des „forum ordinatum“.

Die Delegation ist eine notwendige, wenn ein Gericht wegen Inhabilität oder Befangenheit des Richters an der Ausübung der Gerichtsbarkeit gehindert ist. Die Delegation eines anderen — gleichartigen — Gerichtes erfolgt in diesem Falle durch den übergeordneten Gerichtshof (§ 30 JN.).

Eine fakultative Delegation liegt vor, wenn nach § 31 JN. aus Gründen der Zweckmäßigkeit an Stelle des nach der allgemeinen Kompetenznormierung berufenen Gerichtes ein anderes Gericht zur Verhandlung und Entscheidung bestimmt wird. Während im Zivilprozesse nur ein Gericht gleicher Gattung durch Delegation zuständig wird, kann im Verfahren außer Streitsachen die einem Bezirksgerichte zukommende Abhandlung einer Verlassenschaft oder die Besorgung der Vormundschafts- oder kuratelsbehördlichen Geschäfte auch einem Gerichtshofe erster Instanz im Delegationswege übertragen werden.

Die Delegation nach § 31 setzt den Antrag einer Partei voraus. Der Antrag hat keine aufschiebende Wirkung. Die Entscheidung erfolgt durch Beschluß. Das Gericht, welches den Delegierungsantrag erledigt, hat jedoch vor der Beschlußfassung dem Gerichte, welches an sich zur Verhandlung zuständig wäre, sowie den Parteien die zur Aufklärung nötigen Äußerungen abzufordern. Die Entscheidung über die Delegation steht dem Oberlandesgerichte zu, wenn das Gericht, welches delegiert wird, im selben Oberlandesgerichtssprengel liegt, wie das an sich zuständige Gericht. Andernfalls hat der Oberste Gerichtshof die Delegation auszusprechen (§ 31 JN.).

Bemerkt sei, daß (GUNF. 5058) auch bei Ausübung der Realgerichtsbarkeit (§ 117 JN.) Delegation zulässig erscheint.

Von der Delegation nach § 117 JN. verschieden ist der Vorgang nach § 111 JN. Hier kann das zur Besorgung der vormundschafts- oder kuratelsbehördlichen Geschäfte berufene Gericht — auf Antrag oder von Amts wegen — die Aufsicht und Fürsorge über die Person des Pflegebefohlenen oder die Ausübung der dem Gerichte in Ansehung der Vermögensverwaltung eines Pflegebefohlenen zukommenden Obliegenheiten ganz oder zum Teile einem anderen, aber notwendig gleichartigen Gerichte übertragen. Diese Übertragung kann auch an ein ausländisches Gericht erfolgen.

Die Entscheidung des OGH. vom 12. März 1910 GZ. VI 107/10 (Not.Z. 1910 S. 145; dazu Eisinger, ebendort S. 381) läßt auch Delegierung eines ausländischen (Agramer) Waisenamtes zu.

Der Übertragungsbeschluß geht also von dem Gerichte selbst aus, das gesetzlich kompetent wäre, weshalb die Bindung des delegierten Gerichtes an den Beschluß ausdrücklich ausgesprochen ist. Das Oberlandesgericht (bei Verschiedenartigkeit des Oberlandesgerichtssprengels oder bei Übertragung an ein ausländisches Gericht der Oberste Gerichtshof) haben dem Beschluß, falls sie ihm beitreten, lediglich ihre Genehmigung zu erteilen.

Über die Frage, ob die österreichischen Gerichte im Verhältnis zum Auslande nur einzelne Vormundschaftsagenden übertragen können, oder ob auch eine Überweisung der ganzen Vormundschaft zulässig erscheint, herrscht Streit; ja von einer Seite (Eisinger) wird behauptet, daß immer die ganze Vormundschaft übertragen werden müsse. Ebenso herrscht Streit über die Stellung des österreichischen Gerichtes zu dem nach § 111 JN. angerufenen ausländischen Gerichte. Diese Fragen sind auch insofern von Bedeutung, als die ausländische Gesetzgebung die Übernahme derartiger Vormundschaften von besonderen Voraussetzungen abhängig macht; so z. B. bestimmt Art. 23 des EG. zum deutschen BGB., daß eine Vormundschaft resp. Pflegschaft über einen Ausländer angeordnet werden kann, „sofern der Staat, dem er angehört, die Fürsorge nicht übernimmt". Daraus leiten die deutschen Gerichte vielfach die Voraussetzung für die Übernahme der Vormundschaft ab, daß das österreichische Gericht die Übernahme der Fürsorge ablehnt, ferner daß die ganze Vormundschaft übertragen werden muß. Der Wortlaut des § 111 JN. bildet wohl kein Hindernis dafür — und dies entspricht auch der Spruchpraxis —, daß sowohl die Fürsorge für die Person wie für das Vermögen übertragen wird, also die ganze Vormundschaft. Anderseits wird diese Übertragung dann von den deutschen Gerichten vielfach als ein Beweis dafür aufgefaßt, daß die Voraussetzung des Art. 23 in der Richtung gegeben erscheint, daß das österreichische Gericht „die Fürsorge nicht übernimmt". Doch bildet die Übertragung wohl kein Hindernis dafür, daß in dem Zeitpunkte, in welchem die Vormundschaft im Deutschen Reiche mit Rücksicht auf die Erreichung des einundzwanzigsten Lebensjahres nicht mehr ausgeübt werden kann, das österreichische Gericht die Vormundschaft wieder übernimmt. Ebenso wird die Gerichtsbarkeit des österreichischen Gerichtes wieder aktuell, wenn Pflegebefohlene etwa schon früher nach Österreich zurückgekehrt sind oder eventuell ihren Aufenthaltsort sonst ändern, so daß die Vormundschaft eigentlich nicht ganz erlischt. Bemerkt sei, daß die Haager Konvention über das Vormundschaftsrecht vom 16. Februar 1902 für Österreich noch nicht ratifiziert ist.

Vgl. über § 111 JN. Ott, Rechtsfürsorgeverfahren S. 120; Paupie, Not.Z. 1907, S. 75 f; Albert Ehrenzweig, Not.Z. 1907, Nr. 21 u. 22; derselbe im Sächs. Archiv für Rechtspflege II, Nr. 16; Wilsdorf, ebendort (Sächs. Archiv II) S. 97 u. 506; Eisinger, Not.Z. 1908, Nr. 34 u. 1910, Nr. 46 ff.; Hellmer, Not.Z. 1912, Nr. 44, S. 357; Neumann, Kommentar (3. Aufl.), S. 299 f. Vgl. ferner die Mitteilung im JMVBl. 1900, S. 254 und den von Paupie (a. a. O. S. 95) mitgeteilten JME. vom 4. August 1905, Z. 17364.

Kompetenzbegründung durch konkrete richterliche Verfügung erfolgt ferner im Falle des sogenannten forum ordinatum (§ 28 JN.). Auch sie kann im Rechtsfürsorgeverfahren eventuell von Amts wegen erfolgen. In manchen Fällen (z. B. bei der Vormundschaft über österreichische Staatsbürger, die im Auslande geboren sind) steht fest, daß österreichische Gerichtsbarkeit begründet erscheint, doch ist ein Tatbestand für die örtliche Kompetenz nicht begründet oder nicht zu ermitteln. Hier kann der Oberste Gerichtshof ein Gericht der in sachlicher Beziehung in Betracht kommenden Gerichtstype durch Verfügung kompetent machen (§ 28 JN.).

VII. Prinzipiell sind die Amtshandlungen jedes Gerichtes auf seinen Sprengel beschränkt; nur bei Gefahr im Verzuge oder wenn eine Amtshandlung an der Grenze mehrerer Gerichtssprengel vorzunehmen ist, findet eine Ausnahme bezüglich dieses Grundsatzes statt. Das hierdurch betroffene Gericht ist hiervon zu verständigen. Die staatlichen Grenzen müssen naturgemäß auch in diesen Fällen gewahrt bleiben (§ 33 JN.).

Diese Beschränkung der Zuständigkeit des Gerichtes auf seinen Sprengel wird paralysiert durch das Institut der Rechtshilfe. Die österreichischen Gerichte haben sich gegenseitig Rechtshilfe zu leisten. Kompetent zur Vornahme von Rechtshilfeakten ist in der Regel das Bezirksgericht, und zwar ist jenes Bezirksgericht anzurufen, in dessen Sprengel die begehrte Amtshandlung vorzunehmen ist. Der „ersuchte" Richter hat im inländischen Rechtshilfeverkehr lediglich seine örtliche Zuständigkeit zu prüfen;

fehlt dieselbe, so erfolgt die Abtretung an das kompetente Gericht, soweit dasselbe ermittelt werden kann. Rechtsmittel gegen Beschlüsse des ersuchten Richters gehen an das demselben im Instanzenweg übergeordnete Gericht. Dieses ist wohl auch berufen, Beschwerden wegen Ablehnung des Vollzuges gerichtlicher Akte zu entscheiden. Handelt es sich um Aufsichtsbeschwerden, so gelten die allgemeinen Grundsätze über die Dienstaufsicht.

Die E. GUNF. 524 ist der Meinung, daß das nächsthöhere beiden Gerichten vorgesetzte Gericht im Wege der Dienstaufsicht zu entscheiden habe.

Besondere Grundsätze gelten für die Rechtshilfe bei grundbücherlichen Eintragungen.

Bezüglich des Verhältnisses zu den ausländischen Gerichten entscheiden in erster Linie die besonderen Vereinbarungen. Hier kommt vor allem in Betracht das Haager Übereinkommen vom 17. Juli 1905 (RGBl. Nr. 60 ex 1909) für die diesem Übereinkommen beigetretenen Staaten. Subsidiär kommen die Normen der §§ 38 ff. zur Anwendung (vgl. darüber Schrutka in der ersten Abteilung dieses Bandes des Grundrisses S. 31).

VIII. Von der Rechtshilfe zu unterscheiden ist die nach § 36 JN. erfolgende Übertragung des Vollzuges einzelner Amtshandlungen des Gerichtshofes an ein seinem Sprengel zugehöriges Bezirksgericht. Hier ist der Gerichtshof an sich kompetent, überträgt aber ihm zukommende Gerichtsgewalt an ein anderes, seinem Sprengel zugehöriges Gericht. Der Vorgang kann gewählt werden, wenn dadurch die Behandlung der Sache erleichtert oder unnützer Kostenaufwand vermieden werden kann.

§ 8. Das Notariat.

Vgl. Ferd. Österley, Das deutsche Notariat, 1842, 1845; Ott, insbesondere S. 28 ff., 105 ff.; Sander S. 84 ff.; Chiari, Das österreichische Notariat, Wien 1851, 2. Aufl. („Handbuch") 1852; Chorinsky, Das Notariat und die Verlassenschaftsabhandlung in Österreich, 1877; Reich, Handbuch S. 455 ff.; Gürtler, Art.: Notariat, im österreichischen Staatswörterbuch; Weißler, Reform der vorbeugenden bürgerlichen Rechtspflege in Österreich.

I. Die Stellung des Notars im Rechtsfürsorgeverfahren kann eine verschiedenartige sein: eine rein öffentlich-rechtliche und eine private. Öffentlich-rechtlich ist einmal seine Funktion als Urkundsperson. Er ist berechtigt, öffentliche Urkunden zu errichten (§ 2 NO.) und Privaturkunden mit öffentlicher Kraft zu beglaubigen. Hierbei kommt ihm zum Teile konkurrierende Wirksamkeit mit den Gerichten zu. Gewisse Urkunden kann aber nur der Notar errichten. Das Notariatszwangsgesetz vom 25. Juli 1871, RGBl. Nr 76, hat durch die Erhebung der Form des Notariatsaktes zur Gültigkeitsvoraussetzung für gewisse Rechtsgeschäfte die Bedeutung der notariellen Beurkundung wesentlich erhöht. In gleicher Richtung wirken das vielfache Erfordernis notarieller oder gerichtlicher Beurkundung im Grundbuchsverkehr, bei Eintragungen in das Handels- und Genossenschaftsregister, im Wechsel- und Scheckverkehr (Art. 87, 94 d. WO. § 20 Scheck-Ges.), die Privilegierung der öffentlichen und der öffentlich-beglaubigten Urkunde im Mandatsprozesse, die Verleihung der Vollstreckbarkeit an gewisse qualifizierte Notariatsakte (§ 3 NO., § 1 Z. 17 EO.), die Normen der Art. 174, 198, 208, 214, 242, HGB., der § 13 MV. vom 20. September 1899, RGBl. Nr. 175 und erst neuestens das Gesetz vom 6. März 1906, RGBl. Nr. 58, über die Gesellschaften mit beschränkter Haftung (§§ 4, 49, 76 Abs. 2, 84 Z. 2). Öffentlich-rechtliche Funktionen erfüllt der Notar weiter in seiner Stellung als Abgeordneter des Gerichtes, als Gerichtskommissär (§ 29 P., §§ 183 bis 193 des Ges. vom 21. Mai 1855, RGBl. Nr. 94, Art. II des EG. z. Not.O.; vgl. dazu auch JME. v. 21. Dez. 1881 Z. 9040 bei Friedländer zu § 151 P.). In dieser Eigenschaft fungiert der Notar bei der Todfallsaufnahme, Sperre und Inventur sowie bei anderen Akten der freiwilligen Gerichtsbarkeit, so bei gerichtlichen Schätzungen außer und in Streitsachen (siehe auch § 23 Realsch.O. v. 25. Juli 1897, RGBl. Nr. 175), bei der Versteigerung von Mobilien in und außer Streitsachen, bei freiwilligen Versteigerungen von Immobilien; ferner kann das Gericht in wichtigeren und schwierigeren

Fällen Notare als Vollstreckungsorgane bestellen (§ 24 EO.). Auch kann den Notaren die Revision von Pupillarrechnungen und die Verfassung von Vermögensteilungen aufgetragen werden.

Verfügungen, bei denen es sich um eine gerichtliche Entscheidung handelt, dürfen jedoch dem Notar, obwohl ihm eventuell die Vorbereitungen dazu obliegen (§ 295 P.), nicht überlassen werden. Nach dem JME. v. 22. August 1864, Z. 7455 (an das Oberlandesgericht Krakau) kann der Notar auch nicht die Angelobung des Vormundes resp. Mitvormundes abnehmen.

Die Stellung des Notars als Abgeordneten des Gerichtes hat zur Folge, daß der Notar in solchen Fällen in seiner Eigenschaft als Gerichtskommissär den strafrechtlichen Schutz des öffentlichen Beamten genießt (§ 193 der NO. v. 21. Mai 1855), daß aber auch bezüglich des Schadens, den er durch eine in Ausübung dieser Funktion erfolgte Rechtsverletzung verursacht, die Normen des Syndikatsgesetzes vom 12. Juli 1872 RGBl. Nr. 112 zur Anwendung kommen. (Siehe auch § 4 des Syndikats-Ges. und § 188 NO. ex 1855.) In seiner Eigenschaft als Gerichtskommissär untersteht der Notar auch der Aufsicht desjenigen Gerichtes, als dessen Kommissär er erscheint. § 188 NO. ex 1855 (vgl. auch E. v. 18. April 1901 Z. 322 Ger.Z. 1901 Nr. 36).

Neben diesen öffentlich rechtlichen Funktionen des Notars kann derselbe aber auch Privaturkunden errichten und als Parteienvertreter auftreten und so einen Lohnvertrag mit den Parteien eingehen. Hier kommen dann die einschlägigen Normen des bürgerlichen Rechtes über die Vollmacht, den Lohnvertrag usw. zur Anwendung, wobei allerdings die Zulässigkeit der Übernahme solcher Arbeiten ihre naturgemäße Grenze in der notwendigen Vermeidung einer Kollission zwischen öffentlich-rechtlicher und privater Betätigung im einzelnen Fall finden muß. (Vgl. hierzu Leopold Pfaff, Not.Z. 1907 S. 341.) Es kommt dabei auch sonst die öffentliche Stellung des Notars insofern zur Geltung, als ihm die Wahrung seiner besonderen Standespflichten obliegt und Verletzungen derselben (wie beim Advokaten) disziplinär zu ahnden sind. In dieser privatrechtlichen Funktion des Notars gelangen naturgemäß die Grundsätze der Syndikatshaftung nicht zur Wirksamkeit; es gelten vielmehr nur die allgemeinen Normen des bürgerlichen Rechtes über den Schadenersatz. Doch werden die Gebühren des Notars (es besteht für sie ein eigener Tarif), auch wenn er Privaturkunden verfaßt, nach den Grundsätzen des § 179 NO. im offiziosen Verfahren durch den am Sitze der Notariatskammer befindlichen Gerichtshof erster Instanz bestimmt (§ 184 NO. Art. VIII Z. 6 EG. z. JN., GUNF. 4837).

Die Beitreibung der Gebühren des Notars erfolgt nach den Vorschriften, welche für die Einbringung der für gerichtliche Amtshandlungen zu entrichtenden Gebühren bestehen (§ 180 NO.). Doch gilt dies wohl nicht für die Fälle, in welchen der Notar Privaturkunden verfaßt. § 184 NO. ist hier einschränkend zu interpretieren; die Zitierung des § 181 beruht auf einem Redaktionsversehen. Der Gesetzgeber wollte naturgemäß die Anordnung des § 180 NO. ausschließen.

Bezüglich der Kosten, welche der Notar für die Verfassung von Eingaben und die Vertretung der Parteien sonst in Anspruch nimmt, bleibt ihm der ordentliche Rechtsweg vorbehalten. Die Frage, ob die Bemessung dieser Kosten nach dem Hofdekrete vom 4. Oktober 1833 JGS. 2633 erfolgen kann, ist bestritten, da dieses Hofdekret nur von Advokatenkosten spricht. Entschließt man sich zur analogen Anwendung des Hofdekretes, so hat es keinen Sinn, diese analoge Anwendung nur auf das Prozeßverfahren zu beschränken (A. M. GUNF. 4742). Die E. GUNF. 4837 hat in einem anderen Falle mit Rücksicht darauf, daß die eingeklagten Kosten des Notars sich auf die Verfassung eines Kaufvertrages und damit im Zusammenhange stehende Agenden beziehen, die Anwendung der §§ 184 und 179 Not.O. angeordnet.

Vgl. über diese Frage auch Winterhalder, Not.Z. 1910, Nr. 16 f. und Reich, Not.Handbuch S. 582.

II. Im Gegensatze zur Advokatur ist das Notariat kein freier Beruf. Es besteht eine bestimmte Anzahl im Verordnungswege systemisierter Stellen, welche durch Ernennung seitens des Justizministers, regelmäßig auf Grund einer Konkursausschreibung und auf Grund der — für den Justizminister nicht verbindlichen — Vorschläge der Notariatskammer, des Gerichtshofes erster Instanz und des Oberlandesgerichtes besetzt werden. Die Voraussetzungen für die Tauglichkeit zum Amte sind im § 6 NO. angeführt. Der ernannte Notar ist zu beeiden, hat eine Kaution zu erlegen und die Genehmigung seines Siegels nach § 13 NO. bei der Kammer zu erwirken. Der Notar kann sein Amt innerhalb des Sprengels des Gerichtshofes erster Instanz, für welchen er ernannt ist, ausüben (§§ 13 ff. NO.).

Der Notar wird in seiner Amtsführung von der Notariatskammer überwacht. Konkurrierend damit kommt die Überwachung durch die Präsidenten der Gerichtshöfe erster und zweiter Instanz in Betracht. Soweit die Notare als Gerichtskommissäre fungieren, unterstehen sie auch, wie schon bemerkt, der Aufsicht des betreffenden Gerichtes, als dessen Abgeordnete sie erscheinen. Neben der Verhängnng bloßer Ordnungsstrafen uach § 155 Not.O. kommt noch die Einleitung des formellen Disziplinarverfahrens in Betracht, für welches nach § 161 NO. die einschlägigen Normen des Ges. v. 21. Mai 1868 RGBl. Nr. 46 über die Disziplinarbehandlung richterlicher Beamten und die Sondernormen des § 162 ff. NO. zur Anwendung kommen. Das Disziplinarverfahren kann im Falle der Verurteilung entweder zu einem Verweis, einer Geldstrafe bis 1000 Kronen, zur Suspension (bis zu höchstens einem Jahre) oder zur Entsetzung vom Amte führen. Geldbußen und Suspension können kumuliert werden (§ 158 NO.).

II. Notariatskammern sind für jeden Gerichtshofsprengel zu errichten, für welchen wenigstens 15 Notarstellen systemisiert sind. Kann eine Kammer nicht errichtet werden, so hat der Gerichtshof die Geschäfte der Notariatskammer zu führen. Doch kann bezüglich jener Gerichtshofsprengel, in welchen sich weniger als 15 systemisierte Notarstellen befinden oder bezüglich welcher dies aus anderen Gründen zweckmäßig erscheint, durch Verfügung des Justizministers eine Vereinigung der Notarkollegien zweier, eventuell auch mehrerer benachbarter Gerichtshofsprengel desselben Oberlandesgerichtssprengels zu einer Kammer stattfinden (§ 126 NO.).

Zu den *Aufgaben der Notariatskammer* gehört vor allem die Aufsicht über die Geschäftsführung der Notare, die Entscheidung über die an die Kammer gerichteten Beschwerden, die Bestätigung über die Praxiserzeugnisse für die Notariatskandidaten, die Mitwirkung bei der Besetzung von Notarstellen, vermittelnde Tätigkeit zwischen Notaren untereinander und zwischen Notaren und Parteien, Gutachten in Gesetzgebungs- und Standesangelegenheiten, sowie die Einberufung des *Notarenkollegiums*, dessen Wirkungskreis in § 134 NO. näher fixiert ist. Vor allem obliegt dem Notarenkollegium wie der Kammer die Wahrung der Ehre und Würde des Standes, sowie die Vertretung der Standesinteressen (§ 133 NO.).

§ 9. Die sonstigen Organe des Rechtsfürsorgeverfahrens.

Die Mannigfaltigkeit der Zweige des Rechtsfürsorgeverfahrens hat begreiflicherweise zur Folge, daß die verschiedensten Ämter und Behörden, sowie sonstigen öffentlichen Organe sich mit Funktionen, die mit diesem Verfahren zusammenhängen, zu befassen haben. So seien hier vor allem *die Gemeinden* erwähnt. Diesen obliegt u. a. die Mitteilung der Todesfälle an das kompetente Gericht, welche Mitteilung die Einleitung des Verlassenschaftsverfahrens hervorruft, ferner werden sie auch zu Todfallsaufnahmen, zur Vornahme der Sperre und Inventur im Verlassenschaftsverfahren, zu Zustellungen, eventuell auch zur Vornahme der Schätzung nnd Feilbietung beweglicher Sachen (§ 270 P.) herangezogen. Auch sei hier ihre Mitwirkung bei der Waisenpflege erwähnt.

Die *Militärbehörden* haben nach § 13 des Ges. v. 20. Mai 1869 RGBl. Nr. 78 eine dort näher bezeichnete Mitwirkung am Verlassenschaftsverfahren, so die Todfallsaufnahme bei Todesfällen in militärischen oder vom Militär besetzten Gebäuden.

Der deutsche Ritterorden hat gemäß Pat. v. 28. Juni 1840 JGS. Nr. 451 (Art. VIII Z. 1 EGJN.) das Abhandlungsrecht über das freieigene Vermögen des Hoch- und Deutschmeisters, der Ordensritter und Ordenspriester.

§ 10. Die Parteien des Rechtsfürsorgeverfahrens.

Vgl. Ott, S. 127 ff.; Nußbaum, S. 39 ff.; Josef, S. 62 ff. (Kap. 9 u. 10); Unger, Zeitschr. für deutschen Zivilprozeß, 34. Bd. S. 281 ff, 37. Bd. S. 433 ff.

I. Während sich im Zivilprozesse der Parteibegriff aus der inneren Natur des Prozesses als eines Kampfverhältnisses ergibt, und die Voraussetzungen und Formen, in denen sich dritte am Verfahren beteiligen können, genau fixiert sind, begegnet auf dem Gebiete der freiwilligen Gerichtsbarkeit der Versuch nach der Bildung eines festen Parteibegriffes den größten Schwierigkeiten. Das ergibt sich schon aus der Mannigfaltigkeit der hier in Betracht kommenden Verfahrenstypen, dem öffentlichen Interesse, das in den Vordergrund tritt und dadurch naturgemäß die rechtliche Stellung und die Bedeutung der Intervention einzelner an der Sache Interessierter berührt, ferner aus dem, häufigem Wechsel unterworfenen Kreise der Personen, die in das Verfahren hineingezogen werden können. Und so ist auch die Ablehnung verständlich, welche die Heranziehung des Parteibegriffes hier gefunden hat (vgl. Ott und Josef a. a. O.). Ott hält es für richtiger, für das Fürsorgeverfahren nur von Interessenten, Beteiligten zu sprechen.

II. Das Verlassenschaftspatent selbst gebraucht den Ausdruck „Parteien" zu wiederholten Malen. Bei näherer Prüfung erscheint allerdings der Ausdruck hier, der Natur des Verfahrens entsprechend, in einem doppelten Sinne angewendet. Während im Zivilprozesse sich die Parteienqualität aus der Disposition des Klägers ergibt und der Umstand, daß die Personen, die nach der materiellen Rechtslage für den konkreten Prozeß als Parteien in Betracht kommen, nicht herangezogen werden, vielleicht die Frage der Sachlegitimation oder der Rechtskraftwirkung und Vollstreckbarkeit berührt, aber im Prozesse selbst in formeller Beziehung keinen Einfluß ausübt, hat das Gericht im Verfahren außer Streitsachen solche Personen von Amts wegen als Interessenten zu berücksichtigen, sie dem Verfahren beizuziehen und sie eventuell einzuvernehmen. Wenn also § 2 Z. 5 P. die Einvernehmung der „Parteien" anordnet, so sind darunter wohl auch Personen zu verstehen, die durch die anhängige Sache in ihren Interessen berührt werden, auch wenn sie bisher nicht am Verfahren teilgenommen haben. Noch deutlicher zeigt sich dies im § 18, Abs. 2 P. Das Gesetz gebraucht so den Ausdruck „Partei" im weitesten Sinne. Für diesen Parteienbegriff entscheidend ist kein formelles Moment, sondern das materielle Verhältnis der betreffenden Personen zum Gegenstande des konkreten Verfahrens.

So wurde durch die Entscheidung GUNF. 4661 der Gattin die Legitimation zur Erhebung des Rekurses bezüglich der gerichtlichen Genehmigung eines Vertrages gegeben, da sie infolge der Gütergemeinschaft und des Mitbesitzes an den Liegenschaften ein Interesse an der Frage habe.

Besondere Grundsätze für die Legitimation zum Einschreiten, zum Ergreifen von Rechtsmitteln usw. werden zur Anwendung kommen dort, wo wegen des in Betracht kommenden öffentlichen Interesses jedermann anzeigeberechtigt ist.

Durch ihre Heranziehung zum konkreten Verfahren werden dann diese Personen Parteien im engeren Sinne, Man kann als Parteien im engeren Sinne daher wohl alle jene Personen betrachten, welche durch den Ausgang des Verfahrens in ihren rechtlich anerkannten Interessen berührt werden, durch Ladung oder sonstige Zustellungen mit dem Verfahren in unmittelbare Berührung treten und dadurch in die Lage kommen, dort ihre Rechte in den konkreten Verfahrensformen zu verfolgen. Dahin gehört insbesondere die Befugnis zur Abgabe von Äußerungen (§ 2 Z. 5 P.), zur Stellung von Beweisanträgen und vor allem auch zur Erhebung von Rechtsmitteln. Der Eintritt in das Verfahren als Partei ist nicht an ein bestimmtes Stadium desselben gebunden; auch noch in der Rechtsmittelinstanz erscheint ein solcher Eintritt zulässig, sowie durch die allgemeine Fassung des § 9 P. („Wer sich . . . beschwert erachtet"), auch Personen, die in erster Instanz am Verfahren noch nicht teilgenommen haben, Rechtsmittel ergreifen und so zu Parteien im engeren Sinne werden können. Die Frage, ob ein Interessent Partei im engeren Sinne geworden ist, sich also am Verfahren beteiligt, hat aber Bedeutung für die Wirksamkeit der ergangenen Entscheidung (§ 18 Abs. 2 P.). Das Gesetz ist hier bezüglich des Begriffes „eingeschrittene Parteien" allerdings ausdehnend zu interpretieren. Die Wirksamkeit der Entscheidung wird sich auch dann äußern können, wenn die betreffende Partei dem früheren Verfahren durch Ladung oder sonstige Zustellung beigezogen, ihr also die Möglichkeit gegeben wurde, sich zu beteiligen.

III. Die Parteien werden, soweit sie nicht selbständig zu handeln berechtigt sind, auch im Verfahren außer Streitsachen durch ihre gesetzlichen Repräsentanten vertreten. Allerdings können die Grundsätze über die Prozeßfähigkeit und die Notwendigkeit der gesetzlichen Vertretung nicht ohne weiteres aus dem Gebiete des Prozeßrechtes auf dieses Rechtsgebiet übertragen werden. So sind gewiß Minderjährige unter Umständen berechtigt, selbständig Anträge zu stellen (siehe auch Ott S. 132, Nußbaum S. 14), ja auch Rechtsmittel zu ergreifen (siehe auch Josef S. 68 ff., Unger a. a. O. S. 433); denn sonst könnte sich beispielsweise ein Minderjähriger nicht helfen, wenn das Gericht erster Instanz und der Vater sich der berechtigten Standeswahl des Kindes widersetzen, oder wenn der Minderjährige den Antrag auf Aberkennung der väterlichen Gewalt stellen will. Die §§ 148 und 178 ABGB. erkennen ausdrücklich dieses Recht des Kindes, sich in solchen Fällen im Verfahren selbsttätig zu bewegen, an (siehe auch § 217 ABGB.). Unter Umständen kann man sich in solchen Fällen übrigens auch durch die Bestellung eines Kurators ad hoc helfen, doch müßte auch dessen Bestellung angeregt werden.

Allerdings wird man diese Erleichterungen nicht allgemein im außerstreitigen Verfahren zulassen können. Handelt es sich z. B. um eine Grundbuchssache oder um das Verfahren zur Feststellung der Entschädigung bei der Expropriation zum Baue einer Eisenbahn, so wird der Richter in solchen Fällen von der Beiziehung des gesetzlichen Vertreters nicht absehen dürfen. Um die Rechtsgebiete, bezüglich deren sich unter Umständen ein sonst Handlungsunfähiger selbst vertreten kann, festzustellen, muß man die Gebiete der freiwilligen Gerichtsbarkeit, welche primär den Zweck haben, der Fürsorge für den betreffenden Minderjährigen zu dienen, wie das Vormundschafts- und Kuratelsverfahren, von den anderen Verfahrenstypen scheiden. In den erwähnten Fällen ist das ganze Verfahren, die Tätigkeit aller Beteiligten, speziell auch die des Gerichtes, ausschließlich mit dem persönlichen Interesse der Parteien selbst befaßt, es bedarf daher nicht notwendig eines besonderen Beistandes für dieses Verfahren. Es zeigt sich das z. B. in der Institution des Amtsrekurses (§ 15 P.) und dem Vorgang nach § 48 GOG. Anders in den sonstigen Verfahrensfällen, in welchen primär andere Ziele gegeben sind, denen gegenüber das Sonderinteresse des Minderjährigen häufig zurücktreten muß (vgl. auch meine Ausführungen in der Prager Jur.V. J.Sch. NF., 23. Bd. S. 166 f. und die E. GUNF. 4862). Diese Scheidung findet eine Analogie in der Normierung des deutschen Reichsgesetzes über die Angelegenheiten der freiwilligen Gerichtsbarkeit, indem hier in § 59 bestimmt ist, daß ein unter elterlicher Gewalt stehendes Kind oder ein unter Vormundschaft stehendes Mündel in allen, seine Person betreffenden Angelegenheiten ohne Mitwirkung seines gesetzlichen Vertreters das Beschwerderecht ausüben kann (soweit diese Personen das 14. Lebensjahr vollendet haben und nicht geschäftsunfähig sind).

In den erwähnten Grenzen kann daher der sonst Prozeßunfähige selbst handeln oder durch einen Vertreter seiner Wahl handeln lassen (siehe auch GUNF. 4703, 4762). So ist gewiß eine Person, die wegen Verschwendung unter Kuratel steht, befugt, zur Einleitung des Verfahrens zur Kuratelsaufhebung wirksame Vollmacht zu erteilen. Ob die gleichzeitige Übernahme einer Verpflichtung zur Tragung eventueller, mit der Vertretung verbundener Kosten Kraft hat, ist hingegen nur nach bürgerlichem Rechte zu beurteilen.

IV. Mit Rücksicht darauf, daß das Rechtsfürsorgeverfahren nicht auf den Grundsätzen des Zwei-Parteien-Systems aufgebaut ist, erscheint hier auch die Vernehmung der Parteien als Beweismittel nicht in Gegensatz zur Vernehmung anderer Auskunftspersonen gestellt. Der Verfahrenszweck tritt als objektives Moment gegenüber den Sonderinteressen der einzelnen Beteiligten in den Vordergrund, daher die Vernehmung dieser Interessenten sich im allgemeinen von der Vernehmung sonstiger Zeugen nicht unterscheidet.

V. Die große Rolle, welche die Rücksichtnahme auf das öffentliche Interesse im Verfahren außer Streitsachen spielt, kommt auch dadurch zum Ausdrucke, daß der Repräsentant dieses öffentlichen Interesses vielfach zu Parteienhandlungen in diesem Verfahren zugelassen erscheint. Als Repräsentant des öffentlichen Interesses fungiert die Finanzprokuratur. Ihr ist durch die Verordnung des Gesamtministeriums vom 9. März 1898, RGBl. Nr. 41, eine weitgehend interpretierte Legitimation zur Vertretung dieses öffentlichen Interesses eingeräumt. Nach § 2, III dieser Verordnung erscheint sie dann zu dieser Vertretung berufen, „wenn zum Schutze derselben das Einschreiten einer staatlichen Behörde zulässig erscheint und die Finanzprokuratur hierfür in Ermangelung eines anderen zum Einschreiten besonders bestimmten Organes von der zuständigen Behörde angerufen wird". So wurde wiederholt die Berechtigung der Finanzprokuratur zur Beschwerdeführung gegen unzulässige Eintragungen in das Handels- und Genossenschaftsregister anerkannt. Die §§ 43, 87, 102 und 113 des Gesetzes über die Gesellschaften mit beschränkter Haftung (Ges. v. 6. März 1906, RGBl. Nr. 58) haben die Legitimation der Finanzprokuratur für die dort bezeichneten Fälle ausdrücklich ausgesprochen. Die Entscheidung GUNF. 2799 anerkennt für die betreffende Rechtssache die Legitimation der Statthalterei zur Erhebung des Rekurses in einer Adoptionsangelegenheit. Strenge genommen hätte sich die Statthalterei an die Finanzprokuratur zur Erhebung des Rekurses zu wenden gehabt (vgl. § 2, III der Verordnung vom 9. März 1898).

Vgl. auch Ott S. 135; Steinbach, Ger.Z. 1902, Nr. 1, S. 2 ff.; Meisel, Art.: Finanzprokuratur im Österr.St.Wörterb. II, S. 76; Randa, Handelsrecht I, S. 106, Anm. 166; Staub-Pisko zu Art. 25.

Laut JMV. vom 7. November 1911 RGBl. Nr. 214 wurde die Finanzprokuratur als Vertreterin des öffentlichen Interesses im Sinne des § 2 Abschnitt III der Verordnung vom 9. März 1898 ein für allemal ermächtigt, das Interesse der militärischen Ministerien an dem unverminderten Rentenbezug der Militärpersonen aus grundbücherlich sichergestellten Heiratskautionen vor Gericht zu vertreten, daher ihr die gerichtlichen Erledigungen in solchen Angelegenheiten zuzustellen sind.

VI. Über das sonstige Vertretungsrecht der Finanzprokuratur vgl. die obzitierte V. des Gesamtministeriums vom 9. März 1898.

§ 11. Die Verfahrensvollmacht.

I. Im Zivilprozesse ergibt sich die generelle Zulässigkeit der Vertretung durch Bevollmächtigte aus dem Umstand, daß die Prozeßhandlungen dem freien Willen der Parteien entspringen und sich als Ausübung der ihnen zustehenden Befugnis vor Gericht zu erscheinen und zu handeln darstellen. Allein schon dort, wo ausnahmsweise das öffentliche Interesse im besonderen Maße tangiert ist, wie in Eheprozessen, gibt es eine erzwingbare Pflicht zum persönlichen Erscheinen. Analoge Gesichtspunkte werden im Rechtsfürsorgeverfahren zur Geltung kommen: wo das öffentliche Interesse und die Aufgabe des Verfahrens notwendigerweise die Erreichung des Verfahrenszweckes durch das persönliche Erscheinen resp. Handeln der Partei bedingt erscheinen lassen (z. B. Prüfung der persönlichen Eigenschaften eines Minderjährigen, dessen Großjährigkeitserklärung beantragt ist) wird — aber nur in diesen Grenzen — Vertretung ausgeschlossen sein. Soweit aber solche Momente nicht in Betracht kommen, ist Verhandlung durch Bevollmächtigte im Verfahren außer Streitsachen allgemein zulässig. Für die Person des Bevollmächtigten kommen jedoch nicht primär die allgemeinen Grundsätze des bürgerlichen Rechtes, sondern analog die des Prozeßrechtes zur Anwendung, daher Frauen und Minderjährige nicht zuzulassen sind.

Siehe auch Ott S. 138, und hinsichtlich der Unzulässigkeit einer Vertretung durch weibliche Personen: Entsch. vom 21. Oktober 1913, R. I 773 (Geller 1913, S. 1037); vgl. auch Hellmer, Not.Z. 1913, Nr. 39 und Nr. 47; A. M. Pollak, Grünhut XXXVIII, S. 753.

Es handelt sich eben nicht um eine rein privatrechtliche Vollmacht, sondern um ein öffentlich-rechtliches Verfahren. Zuzulassen ist also jede eigenberechtigte Person männlichen Geschlechtes. Berufsmäßig darf die Vertretung ausgeübt werden von Advokaten und

Notaren. Winkelschreiber sind unter allen Umständen von der Vertretung auszuschließen und eventuell der Bestrafung zuzuführen (JMV. v. 8. Juni 1857, RGBl. Nr. 114).

II. Ein Zwang, sich durch Advokaten vertreten zu lassen, ist der freiwilligen Gerichtsbarkeit im allgemeinen unbekannt, entsprechend dem hier geltenden gesteigerten Offizialprinzip. Das gilt auch für schriftlich eingebrachte Rekurse (GUNF 66). Nur ausnahmsweise kann das Gericht durch konkrete Verfügung nach § 5 P. einen Zwang zur Vertretung einer Partei durch einen Advokaten begründen (vgl. S. 7).

III, Das Gericht hat das Vorhandensein der Vollmacht in jeder Lage des Verfahrens von amtswegen zu prüfen. Eine Vollmacht, welche durch eine außerhalb des Kronlandes des Gerichtes errichtete Urkunde dargetan wird, bedarf obligatorisch der Beglaubigung (§ 8 P.).

Der Mangel der Vollmacht begründet die Nichtigkeit des Verfahrens, soweit die nachträgliche Genehmigung durch die Partei nicht zu erzielen ist.

IV. Die oben erwähnten Grundsätze gelten für die eigentliche Verfahrensvollmacht; für den rein rechtsgeschäftlichen Verkehr der Parteien (z. B. Errichtung einer Grundbuchsurkunde, eines Notariatsaktes) gelten bezüglich der Vollmacht zur Vornahme dieser Handlungen die allgemeinen Normen des bürgerlichen Rechtes in Verbindung mit den einschlägigen Spezialbestimmungen des Grundbuchsrechtes, der Notariatsordnung usw.

§ 12. Verfahrenskosten und Armenrecht.

I. Wie im Zivilprozesse, so ist auch im Rechtsfürsorgeverfahren die Frage der einstweiligen Kostentragung von der Frage zu unterscheiden, ob und inwieweit ein Ersatz solcher von einer Partei vorläufig getragener Kosten stattfindet.

Eine einheitliche Regelung der Frage ist für das Verfahren außer Streitsachen nicht gegeben. Doch haben wir eine Reihe von Spezialnormen, die gewisse Richtlinien allgemeiner Natur zu zeigen geeignet sind. So bestimmte schon das Patent vom 13. September 1787 JGS. Nr. 717, daß die Taxe stets von der Partei zu bezahlen sei, auf deren Anlagen die der Taxe unterliegende richterliche Erledigung, Verfügung, Zustellung oder das sonstige Einschreiten erfolgte. Nur wenn eine richterliche Verfügung auf ein Ansuchen ergehe, das zum Vorteile eines Mündels geschehe, sei die Taxe aus dem Vermögen des Mündels zu entrichten. Die auf Grund der Allerhöchsten Entschließung vom 21. Juni 1854 erlassene Ministerialverordnung vom 3. Juli 1854, RGBl. Nr. 169, ordnet an, daß die Vergütung der Kommissions- und Reisekosten der Beamten, dann der Zehr- und Ganggelder und endlich der Zustellungsgebühren für alle Erledigungen, welche über eine Eingabe oder ein anderes analoges Anbringen einer Partei erfließen, regelmäßig der Partei oder deren Bevollmächtigten obliege, welche durch ihr Einschreiten die behördliche Erledigung oder Anordnung veranlaßt hat, unbeschadet des allfälligen Anspruches auf Rückersatz an den Gegner oder einen Dritten. Bezüglich der Zustellungsgebühren in außerstreitigen Rechtssachen erscheint jedoch eine Ausnahme gemacht. Wenn es sich um ein Einschreiten handelt, bezüglich dessen die Partei selbst keine eigenen Vorteile hat, sollen diese Kosten dem Dritten, in dessen Interesse sie erwachsen sind, zur Last fallen.

Hinsichtlich der Parteienvertreter bestimmt nunmehr § 2 des Gesetzes vom 2. Februar 1909 RGBl. Nr. 24 ausdrücklich, daß dieselben für Zeugen- und Sachverständigengebühren, Kommissions- und Reisekosten nur mehr im Falle ausdrücklicher Übernahme der Haftung einzustehen haben. Die Bestimmungen des Hofdekretes vom 25. Jänner 1825 JGS. Nr. 2066 und der Min.-Verdg. vom 3. Juli 1854 RGBl. Nr. 169 sind aufgehoben, soweit sie dieser Anordnung widersprechen.

Bei der Errichtung eines Fideikommisses fallen die von dem Fideikommißvermögen zu entrichtenden Gebühren und Gerichtskosten bei der Abhandlung der Verlassenschaft des Fideikommisstifters dem Fideikommisse zur Last. (§ 226 P.) Später treffen die

Kosten des Überganges des Fideikommisses — und dies gilt auch bei Lehen und Substitutionen — denjenigen, auf den der Genuß der Güter übergeht (§ 111 und 226 P.). Der Fideikommisnachfolger hat diese Zahlungen aus den Früchten zu leisten.

§ 132 P. legt die Ediktskosten regelmäßig der Verlassenschaftsmasse auf.

§ 850 ABGB. verordnet die verhältnismäßige Aufteilung der anläßlich einer Grenzberichtigung erwachsenden Kosten unter die Nachbarn (teilnehmen heißt hier so viel als betroffen werden); daher ist jeder angrenzende Nachbar haftbar, denn § 850 ABGB sagt: die teilnehmenden Nachbarn sind zu laden. § 44 des Gesetzes vom 18. Februar 1878 RGBl. Nr. 30 verfügt die Bestreitung der Kosten des Enteignungs- und Entschädigungsverfahren durch die Eisenbahnunternehmung, soweit es sich nicht um Schritte handelt, welche durch ein ungerechtfertigtes Einschreiten der Gegenpartei verursacht werden. Gleiche Gesichtspunkte gelten für die Regelung des Verfahrens zur Begründung eines Notweges (§ 25 des Ges. v. 7. Juli 1896 RGBl. Nr. 140.). Wird eine Notwegeservitut nach § 24 des Gesetzes vom 7. Juli 1896 wieder aufgehoben, so hat das Gericht die Kosten dieses Verfahrens nach Billigkeit aufzuteilen, „mit Rücksicht auf den Vorteil, welcher jeder Partei nach dem Ergebnisse des Verfahrens erwächst".

§ 19 des Patents verfügt, daß unter Umständen auf Kosten säumiger Parteien Kuratoren bestellt werden können.

Nach dem Hofdekrete vom 11. September 1787 JGS. 716 unterliegt „es keinem Anstand", daß der schuldtragende Richter über Rekurs der Partei in den Kostenersatz verfällt werde, wenn eine „offenbare Schuld" des Richters den Rekurs veranlaßt hat (siehe auch § 15 P.).

II. Aus allen diesen Normen läßt sich wohl als einheitliches Moment der Grundsatz ableiten, daß — von Ausnahmefällen abgesehen — jene Kosten, welche die einzelnen Parteihandlungen jener Partei, die sie vornimmt, selbst verursacht haben (z. B. die Kosten der Eingabe, des Stempels), die ansuchende Partei selbst zu tragen hat. Bezüglich der Kosten des gerichtlichen Verfahrens, so insbesondere der Einvernehmung von Zeugen und Sachverständigen, der Kommissions- und Zustellgebühren gilt der Grundsatz, daß sie von jener Partei zu tragen sind, *in deren Interesse sie erfolgten* (vgl. auch *Ott*, a. a. O., ferner GUNF 7995 und die E. v. 16. Jänner 1912, R. I 22/12, *Riehl* 1913, S. 153). Bei mehreren Interessenten findet anteilsmäßige Aufteilung der Kosten statt. Die Haftung des Antragsstellers kommt *als solche*, soweit er den Antrag nicht im eigenen Interesse gestellt hat, nur subsidiär in Betracht und zwar nur insofern, als sein Antrag auch nicht das erweisliche Interesse eines Dritten verfolgt.

Eine Ausnahme hiervon bietet das außerstreitige Verfahren zur Urkundenerneuerung nach § 317 ZPO. Hier haftet nur der Antragsteller für die Kosten, ohne daß die anderen Interessenten, denen das Verfahren noch zugute kommt, herangezogen werden könnten.

Handelt es sich um *Vermögensmassen*, so treffen die Kosten die Masse, soweit es sich nicht um Kosten handelt, welche — wie nach § 111 P. Abs. 2 — *nur* den Übergang der Masse auf den nunmehr Berechtigten zum Gegenstande haben.

Kosten schließlich, welche nur durch *schuldhaftes Handeln* verursacht werden, treffen regelmäßig den Schuldtragenden.

Aus den erwähnten Grundsätzen folgt, daß z. B. die Kosten der Kuratelsverhängung nicht den Antragsteller treffen, sondern das Vermögen des Kuranden. Erweist sich aber der Antrag als *offenbar* unbegründet, so hat der Antragsteller die Kosten zu tragen. (Vgl. jedoch die E. GUNF 3636, welche schon die Ablehnung des Antrages als für die Kostenfrage entscheidend behandelt.)

Die Entscheidung GUNF. 3381 erklärt die Auflage dieser Kosten an den Antragsteller unter allen Umständen für unzuläßig, da hier der Antrag nicht Voraussetzung des Einschreitens der Behörden sei. Die Frage, ob bei dem Antrage ein Verschulden des Anstellers vorliege und sich aus diesem Gesichtspunkte eine Haftung ergeben könne, sei nicht im offiziosen Wege zu entscheiden. Die E. GU. 13124 läßt die Kosten die Person treffen, bezüglich der die Erhebungen gepflogen wurden, legt aber das Schwergewicht darauf, ob es sich nicht um einen offenbar unbegründeten Antrag handle. Offenbar unrichtig ist die Entscheidung GUNF. 4658, wenn sie die Frage der Kostentragung abstrakt lediglich aus dem Titel der Erhaltungspflicht ohne Rücksicht auf das einschlägige Interesse an der vorgenommenen Amtshandlung entscheiden will.

III. Die Kosten der gerichtlichen Amtshandlungen werden durch das Gericht bemessen und von amtswegen eingehoben (§ 104 ff. GO.).

Kosten des Parteienvertreters sind, wenn die Vertretung durch einen Advokaten erfolgt ist, in einem besonderen, im Hofdekrete vom 4. Oktober 1833 JGS. 2633 (Art. V EG. z. ZPO.) geregelten Verfahren zu bemessen, falls sie von der Partei nicht anerkannt werden.

Das Verfahren bei dieser Kostenbemessung stellt sich als ein besonderes außerstreitiges Verfahren dar. Mit Rücksicht auf den Zusammenhang mit der Lehre von den Kosten der freiwilligen Gerichtsbarkeit wird das Verfahren zur Kostenbemessung nach dem Hofdekrete vom 4. Oktober 1833 hier behandelt.

Bestritten ist bekanntlich, ob das Verfahren nach dem Hofdekrete vom 4. Oktober 1833 auch Anwendung findet auf die Kosten der Notare als Parteienvertreter (vgl. darüber S. 16).

Das Hofdekret vom Jahre 1833 bestimmt, daß die Gebühren des Advokaten von jenem Richter, „vor welchem das Geschäft, woraus sie entstanden sind, verhandelt wurde, im ämtlichen Wege ...., ohne jedoch einem förmlichen Prozeß stattzugeben, zu liquidieren" sind. Das Verfahren kann also nur eingeleitet werden, wenn es sich um Kosten handelt, die in einem gerichtlichen Verfahren entstanden sind (Vgl. GUNF 3850, erweiternd GUNF 5115), wobei es nach Art. V EG. z. ZPO. keinen Unterschied macht, ob diese Kosten im gerichtlichen Verfahren in oder außer Streitsachen erwachsen sind.

Nach der Plenarentscheidung des Kassationshofes vom 24. Oktober 1906 Z. 17112 ist das Verfahren auch anwendbar für die im Strafverfahren aufgelaufenen Kosten.

Es erscheint also in allen Fällen, ob es sich um Prozeßkosten oder um Kosten der freiwilligen Gerichtsbarkeit handelt, das Verfahren als ein „außerstreitiges". Es führt nur zur Bemessung, nicht aber zur definitiven Auflage der Kosten. Erst die Einklagung der so bemessenen Kosten im ordentlichen Prozeßwege führt zur Erwirkung eines Exekutionstitels. Die Beschreitung des ordentlichen Rechtsweges erscheint aber unzulässig, solange die Bemessung nach dem Hofdekrete vom 4. Oktober 1833 nicht erfolgt ist, es wäre denn, daß die Partei die Kostenziffer anerkannt hätte.

Die Bemessung hat sich nur mit der Frage zu befassen, ob die Kosten entstanden, ob und inwieweit sie zur zweckentsprechenden Rechtsverfolgung notwendig oder sonst durch die konkreten Verhältnisse des einzelnen Falles begründet erscheinen. So sind gewiß auch Kosten zu ersetzen, die im Verhältnis zum Prozeßgegner nicht zugesprochen würden, die aber durch die besondere Schwerfälligkeit, Zweifelsucht usw. der eigenen Partei verursacht werden. Die Festsetzung hat nur die Konsequenz, daß die bestimmte Kostenziffer als angemessen gilt. Sie präjudiziert nicht der definitiven Zahlungspflicht der Partei, der noch alle Einreden wie Kompensation, Zahlungsstundung usw. im ordentlichen Rechtswege vorbehalten bleiben.

Nach der E. GUNF. 5462 ist der Advokat, wenn er die Kostenfestsetzung nach dem Hofdekrete vom 4. Oktober 1833 beantragt, hierbei an die Höhe der früher vorgelegten im Pauschale niedrigerer angesetzten Kosten nicht gebunden.

Das Kostenbemessungsverfahren ist ein formloses. Es kann von dem Advokaten oder der Partei beantragt werden. Hat die Partei die Einleitung des Verfahrens beantragt, so ist dem Advokaten die Vorlage einer Kostenrechnung innerhalb einer — „aus berücksichtigungswürdigen Gründen" — erstreckbaren Frist aufzutragen, mit dem, daß das Gericht bei Nichtbefolgung des Auftrages die Bemessung auf Grund der von der Partei beigebrachten Behelfe vornehmen müßte.

Die Frage, ob die Parteien das Verfahren nach dem Hofdekrete vom 4. Oktober 1833 durch eine Vereinbarung (in der z. B. die Advokatenkammer für die Kostenbemessung zuständig gemacht werden soll) ausschließen können, erscheint bestritten. Der Oberste Gerichtshof hat eine solche Vereinbarung in einer Entscheidung (GUNF. 3798) für unwirksam erklärt, mit der Begründung, daß ein Kompromiß bezüglich einer der freiwilligen Gerichtsbarkeit vorbehaltenen Rechtssache wirkungslos sei, und das Verfahren nach dem Hofdekrete vom 4. Oktober 1833 eine unerläßliche Voraussetzung der Einklagung nicht anerkannter Kosten bilde (vgl. dagegen Stroß, Jur. Bl. 1908 Nr. 7 und 8 f.).

Vgl. auch Neumann, Kommentar zu Art. V EG. z. ZPO., 3. Aufl. S. 331 f.

IV. Für die Frage des Kostenersatzes durch den Gegner finden sich in den Rechtsquellen der freiwilligen Gerichtsbarkeit wenig Anhaltspunkte. Ein einheitlich auf den Kostenersatz lautendes Prinzip läßt sich bei der Verschiedenheit der Parteienstellung im Gegensatze zum Prozesse kaum aufstellen. Ott sucht wenigstens für jene Fälle der freiwilligen Gerichtsbarkeit, welche sich materiell als Erledigung von Streitsachen darstellen, die Analogie des Prozeßrechtes heranzuziehen. Er kann sich dabei auf zwei Normen des streitigen Rechtsfürsorgeverfahrens berufen: § 44 des Gesetzes vom 18. Februar 1878 RGBl. Nr. 30 (Enteignung zum Zwecke der Herstellung und des Betriebes von Eisenbahnen) und § 25 des Gesetzes vom 7. Juli 1896 RGBl. Nr. 140 (Einräumung von Notwegen), die vom Kostenersatze an den Gegner, wenn auch nicht in klarer und eingehender Weise zu sprechen scheinen. Die Spruchpraxis des Obersten Gerichtshofes schwankt. Die Plenissimarentscheidung GUNF. 1860 erklärt den Zuspruch des Kostenersatzes für die Beiziehung eines Advokaten im Entschädigungsverfahren nach § 44 des Gesetzes vom 18. Februar 1878 für unzulässig und beruft sich hierbei auf einen allgemeinen Grundsatz, dahingehend, daß im Verfahren außer Streitsachen der Partei „für den mit der Wahrnehmung der eigenen Interessen . . . verbundenen Aufwand, wozu jedenfalls auch die Vertretungskosten gezählt werden müssen", ein Ersatz nicht zugesprochen werden könne (dagegen Ott, S. 225 Anm. 3). Anderseits hat der Oberste Gerichtshof wieder in der im selben Jahre erlassenen Plenissimarentscheidung GUNF. 1895 zu § 25 des Notwegegesetzes unter Berufung auf §§ 40 und 41 ZPO. einen anderen Standpunkt eingenommen.

Die Entscheidung lautet: „Zu den nach § 25 des Gesetzes vom 7. Juli 1896 RGBl. Nr. 140, von dem des Notweges bedürftigen Grundeigentümer zu bestreitenden Kosten des Verfahrens gehören auch die Interventions- und Vertretungskosten des Eigentümers der zu belastenden Liegenschaft sowohl in erster Instanz als im Rechtsmittelverfahren, jedoch nur insoweit diese und insbesondere die Kosten der rechtsfreundlichen Vertretung zur zweckentsprechenden Rechtsverteidigung notwendig waren und nicht durch ein ungerechtfertigtes Einschreiten der Gegenpartei des Notwegbedürftigen hervorgerufen wurden."

Übrigens hat der Oberste Gerichtshof in der ins Spruchrepertorium unter Nr. 191 eingetragenen Entscheidung (GUNF. 3428) sich für das Kostenbemessungsverfahren nach dem Hofdekrete vom 4. Oktober 1833 dahin ausgesprochen, daß in dem auf Grund dieses Verfahrens ergehenden Kostenbemessungsbeschluß auch die Kosten des Bemessungsverfahrens zwar noch nicht zuzusprechen, aber vorläufig zu bemessen seien. Die Begründung der Entscheidung geht aber von dem Standpunkte aus, daß in dem sohin einzuleitenden Prozeßverfahren eventuell auch eine Auflage dieser Kosten erfolgen kann. Der Plenissimarbeschluß GUNF. 1880 geht noch weiter, wenn er den Kostenzuspruch für ein Gesuch um Löschung einer nicht gerechtfertigten Forderung und das Erscheinen bei einer nach § 45 GBG. angeordneten Tagfahrt für begründet erklärt.

Für die Intervention eines Parteienvertreters bei einer Schätzung nach § 53 Geb.G. lehnt die E. GUNF. 5197 den Kostenzuspruch ab. In seiner Entscheidung GUNF. 2728 spricht der OGH. als Schadenersatz Kosten zu, die in einem Streit über ein Firmenänderungsverfahren entstanden waren, deren Zuspruch aber in diesem Verfahren rechtskräftig abgelehnt worden war.

Besondere Gesichtspunkte kommen wohl dann in Betracht, wenn sich das Verfahren außer Streitsachen lediglich als ein, sei es obligatorisches, sei es fakultatives Vorstadium eines Zivilprozesses darstellt. In solchen Rechtssachen kann dann im einzelnen Falle die Frage auftauchen, ob sich diese Kosten nicht unter besonderen Verhältnissen als Prozeßkosten behandeln lassen.

Vgl. auch Pollak, Die Zivilprozeßkosten nach österreichischem Rechte (Festschrift für Wach), S. 18 ff.; Hellmer, Jur.Bl. 1913, S. 63.

In gewisser Beziehung ließe sich auch das vorbesprochene Verfahren nach dem Hofdekrete vom 4. Oktober 1833 unter diese Gesichtspunkte subsumieren und es käme dann die Entscheidung GUNF. 3428 auch hier zur Geltung.

V. Das Armenrecht, welches vom Standpunkte der persönlichen Gebührenbefreiung in der KV. vom 26. Dezember 1897 RGBl. Nr. 305 auch ausdrücklich für das Gebiet der freiwilligen Gerichtsbarkeit anerkannt ist (§ 13), spielt naturgemäß hier nicht die Rolle wie im Prozesse. Nach § 13 der KV. kommen die Bestimmungen der Zivilprozeßordnung über das Armenrecht zur sinngemäßen Anwendung. Die Beistellung eines unentgeltlichen Vertreters auf dem Gebiete des Rechtsfürsorgeverfahrens entfällt mit Rücksicht auf den Mangel eines Anwaltszwanges (vgl. auch GUNF. 5561).

Dritter Abschnitt.

Die Formen des Verfahrens.

§ 13. Die Einleitung des Rechtsfürsorgeverfahrens.

I. Die Mannigfaltigkeit der außerstreitigen Verfahrensformen findet ihren Ausdruck auch in der Verschiedenartigkeit der Formen und der Anlässe zur Einleitung des Verfahrens. Häufig erfolgt die Eröffnung des Verfahrens von Amts wegen. In solchen Fällen ist dann vielfach anderen Behörden eine gewisse Mitteilungs- oder Anzeigepflicht auferlegt, um dem Gerichte die nötigen Informationen zur Einleitung des Verfahrens zu geben.

Geht die Initiative zur Einleitung des Verfahrens von der Partei aus, so kann die Parteientätigkeit hier verschiedene Bedeutung haben. In manchen Fällen bildet sie für das Gericht nur den Anlaß zu einem Einschreiten, das auch von Amts wegen hätte erfolgen müssen; dann hat die Parteitätigkeit, wie immer sie gefaßt ist, nur die Bedeutung einer Mitteilung oder Anzeige an das Gericht; in anderen Fällen wieder bildet der Parteiantrag eine unerläßliche Voraussetzung für das Verfahren (z. B. bei der Todeserklärung, der Amortisation usw.). Der Unterschied zwischen den beiden Eventualitäten der Parteieninitiative ist aber für das weitere Verfahren in mehrfacher Richtung von Bedeutung. Dort, wo das Gericht von Amts wegen einzuschreiten verpflichtet ist, bildet die Rücknahme des Parteiantrages an sich noch keinen hinreichenden Grund zur Einstellung des Verfahrens. In solchen Fällen ist das Gericht auch häufig berechtigt, die bereits erlassene Verfügung von Amts wegen abzuändern usw. (vgl. S. 41).

Die Vorschriften hinsichtlich der allgemeinen Erfordernisse des Parteianbringens enthält § 4 des P. Er verweist für die Formerfordernisse der Gesuche auf die Vorschriften der Zivilprozeßordnung. Es kommen daher die Normen der §§ 75 ff. ZPO. zur sinngemäßen Anwendung. Die Beziehung der Formvorschriften der Zivilprozeßordnung hat zur Folge, daß auch deren Vorschriften wegen Verbesserung allfälliger Formgebrechen zur Geltung kommen (§§ 84 ff. ZPO.). Das Gericht hat die Parteien hinsichtlich der Form der Schriftsätze und der eventuell erforderlichen Verbesserungen ihrer Anträge entsprechend zu belehren, ohne ihnen dabei durch Zweifelsucht und Ängstlichkeit oder durch Zurückweisen ihrer Eingabe wegen des Mangels unwesentlicher Förmlichkeiten Schaden zu verursachen (§ 2 Z. 8, § 2 Z. 10 P., § 89 der GO.). Die Verbesserung eines Schriftsatzes soll tunlichst im kurzen Wege, eventuell telephonisch veranlaßt werden (§ 100 GO.).

Die Parteien sind im bezirksgerichtlichen Verfahren berechtigt, ihre Anträge und Äußerungen auch bei Gericht zu Protokoll zu geben und das Gericht hat ihnen dabei tunlichst entgegenzukommen (vgl. JME. v. 6. Juli 1892, Z. 12935, bezogen bei Friedländer). Für den Inhalt des protokollarischen Anbringens der Parteien gelten analog die Normen für die Schriftsätze (§ 79 ZPO.). Im Gerichtshofverfahren erscheint die Stellung von Parteianträgen zu Protokoll nur aus „rücksichtswürdigen Umständen" zulässig; die Regel soll hier die schriftliche Eingabe bilden.

Parteien, welche sich in ihren Eingaben beleidigender Ausfälle gegen das Gericht, eine andere Partei, einen Vertreter, Bevollmächtigten, Zeugen oder Sachverständigen schuldig machen, kann eine Ordnungsstrafe nach § 220 ZPO. auferlegt werden. Gegen den Advokaten, der eine solche Eingabe unterfertigt hat, kann ebenfalls eine Ordnungsstrafe verhängt werden (§ 85 GOG). Die strafgerichtliche Verfolgung wird beim Zutreffen strafbarer Tatbestände durch die Verhängung dieser Ordnungsstrafe nicht berührt.

Die Eingabe hat in der Hauptsache regelmäßig zu enthalten: einen bestimmten Antrag, die tatsächliche Begründung desselben, ferner die Beweismittel zur Dartuung den Antrag fundierender Tatsachen. Soweit die Erledigung des Antrages gesetzlich nicht zweifellos klar ist, kann — sofern der Antrag ohne Tagsatzung erledigt wird — im Schriftsatze eine rechtliche Begründung des Antrages beigefügt werden. Die von der Partei mitgeteilten Beweismittel sind dem Antrage tunlichst anzuschließen; soweit eine Requisition derselben notwendig erscheint, sind die hierfür wesentlichen Momente mitzuteilen.

II. Das Gericht hat die Eingabe zuerst bezüglich der allgemeinen Formvorschriften zu prüfen, sowie bezüglich der allgemeinen Verfahrensvoraussetzungen, z. B. der Zuständigkeit, der Fähigkeit der Partei zum Einschreiten, der Vertretungsbefugnis eventuell intervenierender Vertreter. Ergibt sich diesbezüglich ein Bedenken, so sind vorerst die nötigen Vorkehrungen zu treffen (z. B. die Zurückgabe des Schriftsatzes zur Verbesserung, die Verweisung an das zuständige Gericht, die Einholung der Zustimmung des gesetzlichen Vertreters, der Auftrag zur Vorlage der Vollmacht des Bevollmächtigten usw.), andernfalls wird sogleich in die Hauptsache eingegangen.

§ 14. Das Ermittlungsverfahren.

I. Das weitere Verfahren gestaltet sich dann je nach der Beschaffenheit der einzelnen in Betracht kommenden Type der freiwilligen Gerichtsbarkeit. Häufig wird sofort auf Grund des Gesuches und seiner Beilagen die definitive Erledigung erlassen (z. B. in Grundbuchssachen); manchmal ergeht eine Vorverfügung, z. B. die Ladung einer anderen Partei, oder, z. B. bei der Amortisation die Einvernehmung des Schuldners und die Erlassung des Ediktes; vielfach erfolgt ein eingehendes Erhebungsverfahren, z. B. beim Antrage auf Kuratelsverhängung. Das Gericht hat dabei alle in Betracht kommenden Verhältnisse und Tatbestände von Amts wegen zu ermitteln, die Parteien und sonstigen Auskunftspersonen einzuvernehmen, eventuell das Gutachten von Sachverständigen einzuholen, Ermittlungen durch andere Behörden (z. B. die Polizei) zu veranlassen und erst nach Beendigung dieser Erhebungen zu entscheiden. Geständnis und Anerkenntnis befreien den Richter regelmäßig nicht von der Verpflichtung zur Prüfung und Feststellung des Tatbestandes (siehe auch GUNF. 4946), sowie sich der Richter auch nicht etwa auf die von den Parteien angeführten Tatsachen und Beweise zu beschränken hat. Der Richter hat auch Tatumstände, die ihm unabhängig vom konkreten Verfahren bekannt geworden sind, sei es aus anderen Rechtssachen, sei es sonst im außeramtlichen Wege, bei der Entscheidung zu berücksichtigen (vgl. § 2, Z. 5 u. 6 P.).

Das Gesetz hat es vermieden, für diese Erhebungen besondere Vorschriften zu erlassen; es soll dem Gerichte tunlichste Bewegungsfreiheit gegeben werden, um sich so den Bedürfnissen des Einzelfalles weitgehendst anzupassen.

Die Parteien können sich durch Antragstellung und auf andere Weise an diesen Ermittlungen unterstützend beteiligen. Doch ist der Richter auch in jenen Fällen, in welchen der Parteiantrag den Anstoß zum Verfahren gegeben hat, bezüglich des Inhaltes seiner Erhebungen in der Regel vom Parteiantrage unabhängig gestellt. Die Partei hat in solchen Fällen das Recht, ihren Antrag eventuell zurückzuziehen. Will sie aber eine Verfügung erwirken, so muß sie sich hinsichtlich der Prüfung der für die Verfügung maßgebenden Tatbestände dem hier geltenden Untersuchungsprinzip unterwerfen.

II. Die Verfahrensvorgänge sind zu beurkunden. Das Verlassenschaftspatent enthält keine näheren Vorschriften über die Formen und daß Maß dieser Beurkundung. § 124 GO. bestimmt, daß für die Protokolle, welche über Tagsatzungen im Verfahren außer Streitsachen aufgenommen werden, die Vorschriften der Zivilprozeßordnung sinngemäße Anwendung finden (§§ 207 ff. ZPO.). Der Tagsatzung beigezogenen Personen steht daher auch das Recht zu, in das Protokoll Einsicht zu nehmen, eventuelle Ergänzungen und Richtigstellungen zu veranlassen, und falls ihrem diesbezüglichen Antrage nicht Rechnung getragen wird, Widerspruch gegen den Protokollsinhalt zu erheben.

Handelt es sich nicht um eine Tagsatzung, sondern um eine bloße Einvernehmung, so entscheidet wohl die Bedeutung des einzelnen Aktes darüber, ob es der Aufnahme eines besonderen Protokolles bedarf. Unter Umständen wird ein einfacher Aktenvermerk genügen.

§ 15. **Das Beweisrecht.**

I. Die Normen über das Beweisrecht sind in den Rechtsquellen der außerstreitigen Gerichtsbarkeit nur dürftig verstreut. Im allgemeinen Teile finden wir, abgesehen von der Bestimmung des § 8 P. über die Beweiskraft der Urkunden im wesentlichen nur im § 2 Z. 5 die Bestimmung, daß das Gericht alle Umstände und Verhältnisse, welche auf die richterliche Verfügung Einfluß haben, von Amts wegen zu untersuchen, darüber die Parteien selbst oder andere von der Sache unterrichtete Personen, nötigenfalls auch Sachverständige zu vernehmen oder auf andere schickliche Art Erkundigungen einzuziehen hat.

Der Grund für die Dürftigkeit dieser Normen liegt wohl in der Mannigfaltigkeit des Verfahrens außer Streitsachen. Das Patent unterließ im allgemeinen Teile wohl deshalb eine generelle Regelung der Beweislehre, um durch Spezialnormen für die einzelnen Gebiete (Grundbuchsrecht, die Schätzung usw.) den Bedürfnissen der konkreten Verfahrenstypen mehr Rechnung zu tragen. Anderseits liegt der Grund auch darin, daß die Stellung der Parteien zum Beweisverfahren hier naturgemäß eine andere ist als im Prozesse und die Tendenz, welche der weiten Fassung des § 2 Z 5 zugrunde liegt, ist wohl die, das Gericht in seiner Ermittlungspflicht tunlichst wenig durch Spezialnormen zu beschränken. In zweifelhaften Fällen werden allerdings Beweisnormen des Zivilprozeßrechtes zur sinngemäßen Anwendung kommen; allein sie werden dabei weitgehenden Modifikationen unterworfen sein, die sich eben aus den verschiedenen Aufgaben des Prozesses und des Rechtsfürsorgeverfahrens ergeben. Vor allem werden jene Grundsätze, die sich als Konsequenz der regelmäßig rein privatrechtlichen Interessen bezüglich des Gegenstandes des Zivilprozesses darstellen, im Rechtsfürsorgeverfahren zum großen Teile nicht zur Geltung kommen können. So wurde schon bemerkt, daß die beweisbefreiende Kraft des Geständnisses mit Rücksicht auf das öffentliche Interesse, das im Rechtsfürsorgeverfahren mitspielt, und bezüglich dessen den Parteien keinerlei Disposition zustehen kann, im Rechtsfürsorgeverfahren ausbleibt. Das Geständnis erscheint lediglich als ein einfaches Beweismittel; Beweise sind auch gegen den übereinstimmenden Antrag beider Parteien zu erheben. Eine Beweislast im technischen Sinne wird im Rechtsfürsorgeverfahren nur in sehr beschränktem Maße in Betracht kommen können. Anderseits scheint mir die Stellung der Parteien im Verfahren außer Streitsachen nicht notwendig zur Ausschaltung von Beweiseinreden zu führen (AM. Ott, S. 184).

II. Hinsichtlich der Mittel für die dem Gerichte obliegenden Erhebungen bestehen im allgemeinen keinerlei Beschränkungen. Was den Urkundenbeweis anbelangt, so kommt hier im Gegensatze zum Zivilprozesse die formelle Beweisvorschrift des § 8 des Patentes in Betracht, daß Urkunden, welche außerhalb des Kronlandes errichtet sind, in dem sich der Sitz des Gerichtes befindet, gerichtlich oder notariell beglaubigt sein müssen. Anderseits werden die formellen Beweisvorschriften der Zivilprozeßordnung, welche den Richter unter gewissen Voraussetzungen zur Wahrannahme einzelner in Betracht kommender Tatbestände zwingen, im Verfahren außer Streitsachen nicht zur Geltung kommen. So ist der Richter nicht unter allen Umständen an den Inhalt der öffentlichen Urkunde (§ 292 ZPO.) gebunden. Bezüglich der Editionspflicht wird das Rechtsfürsorgeverfahren ebenfalls strengere Grundsätze zur Anwendung bringen als der Prozeß. Da die Parteien verpflichtet sind, an der Wahrheitsfindung mitzuwirken, so kann die Ausfolgung von Urkunden unter Umständen auch der Partei gegenüber im Exekutionswege erzwungen werden. § 2 Z. 5 schreibt dem Richter ganz allgemein vor, „alle zur näheren Aufklärung dienenden Urkunden abzufordern", ohne hinsichtlich der Person einen Unterschied zu macheu. Ott bemerkt daher mit Recht (S. 195), daß die Ausfolgepflicht der Parteien nicht an die Normen des Prozeßrechtes gebunden ist. Hinsichtlich der Ausfolgungspflicht dritter, am Prozesse nicht beteiligter Personen, bedarf die allgemeine Fassung des § 2 Z. 5 allerdings einer gewissen Einschränkung. Es geht nicht an, Personen, die mit der Rechtssache nichts zu tun haben, und deren ausschließlicher Disposition die Urkunde untersteht, zur Ausfolgung der Urkunde zu nötigen. Es bedarf daher zumindest eines Verhältnisses der Urkunde zur Rechtssache, oder zu einer der an der Rechtssache unmittelbar beteiligten Personen, um diese Editionspflicht zu begründen. Allerdings ist auch diese Editionspflicht von Amts wegen im offiziösen Verfahren zu prüfen, auszusprechen und eventuell durchzusetzen. Besteht kein Anhaltspunkt für eine Ausfolgepflicht des Inhabers der Urkunde, so kann dieser eventuell als Auskunftsperson über den Inhalt der Urkunde vernommen werden.

Als eine Art Beweissicherung für den Urkundenbeweis stellt sich das außerstreitige Verfahren nach § 317 ZPO. dar: Wenn eine Privaturkunde unleserlich oder schadhaft wird, so kann deren Inhaber oder jeder andere Beteiligte vom Aussteller der Urkunde begehren, daß dieselbe auf Kosten des Antragstellers gerichtlich erneuert werde. Über diesen Antrag ist Tagsatzung anzuordnen. Weigert sich die Partei, welche als Aussteller der Urkunde erscheint, diese Erneuerung vorzunehmen, so ist eine Entscheidung über diese Erneuerungspflicht im Verfahren außer Streitsachen ausgeschlossen, da § 317 für diesen Fall ausdrücklich den Prozeßweg anordnet (siehe auch Pollak, Zivilprozeßrecht S. 689).

Neben diesen allgemeinen Grundsätzen des Urkundenbeweisrechtes bestehen noch Sondernormen, so im Grundbuchsrechte usw.

III. Der Zeugenbeweis wird im Patente nicht ausdrücklich als solcher angeführt; das Gesetz spricht vielmehr nur von der Einvernehmung der Parteien selbst oder „anderer von der Sache unterrichteter Personen". Der scharfe Gegensatz, der im Prozesse zwischen dem Zeugenbeweis und der Parteienvernehmung besteht, erscheint hier verwischt; beide Beweisformen werden nebeneinander gestellt. Es wird eben der Zweck des Verfahrens gewissermaßen objektiviert. Dritte Personen sind nicht etwa nur als Zeugen über Tatsachen zu vernehmen oder als Sachverständige; sie können auch unter anderen Gesichtspunkten um ihre Meinung befragt werden; z. B. der Vormund über Antrag des Mündels (siehe auch Ott S. 190: als Berater des Gerichtes). In beiden Fällen ist ein Zwang gegen die Auskunftspersonen zum Erscheinen und zur Ablegung der Aussage zulässig (§ 87 GOG.; siehe auch GUNF. 4554, welche § 325 ZPO. anwendbar erklärt). Soweit diese Personen im einzelnen Falle verpflichtet sind, über die Wahrheit von Tatsachen, die in der Vergangenheit liegen, auszusagen, erscheinen sie als Zeugen und unterliegen hinsichtlich einer unwahren Aussage der Strafsanktion nach § 199 lit. a des Strafgesetzes. Sie sind auf Verlangen auch verpflichtet, ihre Aussage zu beeiden.

Hinsichtlich der Strafbarkeit vgl. auch die Entscheidungen des Kassationshofes vom 26. Juni 1896 Z. 4775. Nowak XV, N. 1980 und vom 1. März 1900 Z. 1810. Nowak, NF. II, N. 2443. Vgl. auch GUNF. 4554.

Die Normen, welche die Zivilprozeßordnung für die Ausschließung von Personen vom Zeugenbeweise sowie für die Unzulässigkeit der Beeidigung trifft (§§ 320, 336), sowie die Gründe, welche im Zivilprozesse das Recht zur Verweigerung der Zeugenaussage geben (§ 321), werden (mit der Modifikation des § 322 ZPO.) auch im Verfahren außer Streitsachen zur Anwendung kommen (GUNF. 4994).

IV. Für den Beweis durch Sachverständige und den Augenschein, kommen im Rechtsfürsorgeverfahren ebenfalls, soweit keine Spezialnormen bestehen oder sich Sonderheiten aus der besonderen Natur des Verfahrens ergeben, die Grundsätze der Zivilprozeßordnung zur Anwendung.

V. Ein wesentlicher Gegensatz zum Zivilprozeßrechte ergibt sich in der Verwertung der Parteien zu Beweiszwecken. Während das Beweismittel der Parteienvernehmung im Zivilprozesse nur subsidiäre Bedeutung hat und in der Form der Vernehmung das Zwei-Parteien-Verhältnis deutlich zum Ausdrucke kommt, erscheint die Einvernehmung der Parteien im Verfahren der freiwilligen Gerichtsbarkeit in formeller Beziehung der Vernehmung Nichtbeteiligter gleichgestellt (§ 2 Z. 5 P.). Hinsichtlich der Stellung der Parteien im Verfahren ist hierbei ein wichtiger Unterschied zu machen. Jene Äußerungen, welche sich lediglich als Behauptungen der Parteien darstellen, um ihre im Verfahren gestellten Anträge zu begründen, stehen auf derselben Stufe wie die Behauptungen des Prozeßrechtes, Daneben kommen in Betracht die Äußerungen der Parteien dispositiver Natur, wie die Entlassung aus der väterlichen Gewalt. In diesem Falle handelt es sich um einen Verfahrensakt, der weder als Behauptung noch als Beweismittel im technischen Sinne erscheint. Eine besondere Stellung nimmt wieder das Gutachten ein, welches eine Partei dem Gerichte als Basis für seine Entscheidung bietet. Als Beweismittel im technischen Sinne kommt die Partei jedoch in Betracht, wenn sie über die Wahrheit bestimmter Tatsachen als Auskunftsperson befragt, Mitteilung macht. In diesem Falle steht die Partei dem Zeugen völlig gleich und ihre Aussage steht wohl unter Straffanktion, vorausgesetzt natürlich, daß sie aus dem gesamten Vorgange erkennen konnte, daß es sich um eine solche Aussage handelt.

Vgl. auch die oben zitierte Entscheidung des Kassationshofes vom 1. März 1900, Z. 1810.

Mit Rücksicht auf den objektiven Zweck des Verfahrens und die sich aus dieser Richtung ergebende Gleichstellung des Beweises durch Parteienvernehmung mit dem Zeugenbeweis, ist die Aussage der Partei hier eventuell zwangsweise durchsetzbar.

Was die Frage der Beeidigung der Parteien anbelangt, so ist ihre eidliche Vernehmung zwar ausdrücklich nur im Gesetze vom 16. Februar 1883 RGBl. Nr. 20 (§ 3) angeordnet, aber mit Rücksicht auf das prinzipielle Verhältnis zwischen Zeugen- und Parteienvernehmung ist wohl auch in anderen Fällen erforderlichenfalls ihre eidliche Vernehmung zulässig. (Anderer Meinung Ott, S. 187.)

VI. Die Beweisaufnahme erfolgt im bezirksgerichtlichen Verfahren regelmäßig vor dem Richter, der die Verfügung zu treffen hat; doch ist unter den Voraussetzungen des Prozeßrechtes auch eine Beweisaufnahme durch den ersuchten Richter zulässig. Ebenso ist es denkbar, daß infolge des Referatwechsels ein Richter die Entscheidung fällt, der die Erhebungen nicht selbst vorgenommen hat. Das Gesetz schreibt für solche Fälle eine Wiederholung des Verfahrens nicht vor. Es werden daher die Verhältnisse des konkreten Falles entscheiden, ob der Richter, der nunmehr zur Erlassung der Verfügung berufen erscheint, einer Wiederholung der Beweisaufnahme bedarf, um sich ein Urteil zu bilden. Im Gerichtshofverfahren kommt neben der Beweisaufnahme im Wege der Rechtshilfe auch die Übertragung der Amtshandlung nach § 36 JN. in Betracht.

Die Beweisaufnahme beim Gerichtshof erfolgt nicht vor dem erkennenden Senate, sondern falls sie vor dem mit der Sache befaßten Gerichte stattfindet, vor dem Referenten, der dann dem Senate berichtet; die Entscheidung ergeht daher nach den Grundsätzen der Mittelbarkeit (§ 38 GOG.).

VII. Die Parteien haben in der Regel kein Recht auf eine Erörterung der Beweisergebnisse. Als Ausnahme schreibt das Gesetz vom 16. Februar 1883 RGBl. Nr. 20 (§ 10) obligatorisch eine Einvernehmung der Parteien über die Ergebnisse des Beweisverfahrens vor. In anderen Fällen erscheint die Anordnung einer solchen Einvernehmung lediglich als Frage der richterlichen Verfahrensleitung.

VIII. Für die Beurteilung der Beweisergebnisse gilt als Regel das Prinzip der freien Beweiswürdigung. (Vergl. S. 9.) Eine Überprüfung der Beweiswürdigung des Gerichtes erster Instanz durch die Rechtsmittelinstanz erscheint zulässig, und zwar umsomehr, als die Beurteilung der Beweisergebnisse auch in der ersten Instanz, wie ausgeführt, vielfach nach den Grundsätzen der Mittelbarkeit erfolgt (vgl. auch GUNF. 4516).

§ 16. Die gerichtliche Entscheidung oder Verfügung.

I. Unter den im Verfahren außer Streitsachen ergehenden Beschlüssen des Gerichtes ist eine Scheidung vorzunehmen zwischen jenen, welche nur den Gang des Verfahrens betreffen und so die Entscheidung oder Verfügung vorbereiten, und jenen, die das konkrete Verfahren zum Abschlusse bringen, deren Erlassung daher den eigentlichen Gegenstand dieses Verfahrens bildet. Die erste Gruppe der Handlungen des Gerichtes entspricht im allgemeinen den prozeßleitenden Verfügungen des Zivilprozeßrechtes, und sie hat mit diesen regelmäßig gemeinsam, daß das Gericht an solche Verfügungen nicht gebunden ist. Sie sollen der jeweiligen Situation des Verfahrens entsprechen; ändert sich diese, dann empfiehlt es sich in der Regel, auch diesen Beschluß zu ändern. Der geringeren Bedeutung dieser Verfügungen trägt auch das Gerichtsverfassungsrecht Rechnung, wenn es im Gerichtshofverfahren „alle Verfügungen, welche die Eröffnung oder die Leitung des Verfahrens und die Vorbereitung der meritorischen Beschlußfassung" zum Gegenstande haben, der Beschlußfassung des Senates entzieht, soweit sie keinen entscheidenden Einfluß auf die Rechte der Parteien nehmen und nach dem Gesetze zweifellos sind (§ 37 Zl. 11 GOG.).

II. Von den Erledigungen, welche den eigentlichen Zweck des Verfahrens bilden, seien zuerst jene erwähnt, die sich lediglich als Entscheidung darstellen, indem sich das Gericht darauf beschränkt, auszusprechen, daß ein bestimmter — vom Richter festgestellter Tatbestand — eine bestimmte Rechtsfolge habe. In anderen Fällen ergeht an eine Partei der Auftrag, sich einer bestimmten Leistung oder einem bestimmten Verhalten zu unterwerfen. Darin kommt derselbe Gegensatz zum Ausdrucke, der zwischen dem feststellenden und dem verurteilenden Erkenntnis des Zivilprozeßrechtes besteht.

Bei den Beschlüssen dieser Art liegt das Schwergewicht auf der Entscheidung über das Vorhandensein und den Inhalt eines bestimmten gegebenen Rechtsverhältnisses und der sich daraus für die Parteien ergebenden Konsequenzen. Daneben gibt es aber eine Gruppe von Verfügungen, die primär einen anderen Zweck verfolgen. Sie wollen einen Zustand regeln, ein Rechtsverhältnis gestalten. Ähnlich wie das Gesetz abstrakt neues Recht schafft, so wird auch durch diese Verfügungen, freilich nur für die Beteiligten, regelmäßig ein neuer Rechtszustand begründet, der fortan als bestimmend für die Parteien in Betracht kommt. Es handelt sich hier um einen Verwaltungsakt, z. B. die Großjährigkeitserklärung, das Amortisationsdekret. Auch diese Verfügungen haben bestimmte, im Gesetze fixierte Voraussetzungen in formeller und materieller Beziehung. Diese Voraussetzungen sind ebenfalls zu prüfen; es kommt daher, wenn sie zweifelhaft oder bestritten erscheinen, zu einem Ausspruche über sie. In diesen Fällen liegt aber das Schwergewicht nicht in dieser Entscheidung, sondern in der Regelung des Zustandes. Die Feststellung dieser Voraussetzungen ist nicht, wie im ersten Fall, primär Zweck des Verfahrens, sondern nur inzidente Voraussetzung der Rechtsregelung, welche sich als die Aufgabe des Verfahrens darstellt. Bei diesen Verfügungen spielt auch das richterliche Ermessen eine besondere Rolle. Der Gesetzgeber hat es regelmäßig vermieden, für solche Fälle eine abstrakte gesetzliche Regelung zu treffen, er wollte den konkreten Verhältnissen des einzelnen Falles nicht vorgreifen. Daher begnügt er sich mit der Erlassung einer allgemeinen Norm, welche dem kompetenten Rechtspflegeorgane, hier dem außerstreitigen Richter, die Möglichkeit gewährt, wenn es in den konkreten Verhältnissen begründet erscheint, die Rechtssache durch konkrete Verfügung zu regeln. Der Inhalt der konkreten Verfügung wird dann durch den Richter — den Verhältnissen des einzelnen Falles und der Zeit ihrer Erlassung entsprechend — bestimmt. Der Richter ist dabei nicht frei und ungebunden, sondern er hat — innerhalb des Rahmens des Gesetzes — das zu tun, was im einzelnen Falle objektiv richtig erscheint, und diese Frage ist gewiß einer Nachprüfung durch die höhere Instanz zugänglich.

Diese Art von Beschlüssen hat mancherlei Berührungspunkte mit dem rechtsgestaltenden Urteile des Zivilprozeßrechtes. Sie unterscheidet sich aber von diesem insofern, als das rechtsgestaltende Urteil regelmäßig dem richterlichen Ermessen keinen Spielraum läßt; erscheint z. B. der Scheidungsgrund erwiesen, so muß die Ehe auf Parteiantrag geschieden werden.

In manchen Fällen findet sich eine Kombination von entscheidender und rechtsgestaltender Tätigkeit. Wenn § 1221 ABGB. den Richter über den Anspruch auf Bestellung des Heiratsgutes im Verfahren außer Streitsachen erkennen läßt, so verfolgt diese Regelung auch den Zweck, eine weitgehende Rücksichtnahme auf die Verhältnisse des einzelnen Falles bei der Ausmessung des Heiratsgutes zu ermöglichen. In solchen Fällen ist die Lösung der Frage, ob ein Heiratsgut zuzusprechen ist, gewiß eine Frage der Entscheidung. Die Bemessung der Forderung hingegen bleibt wohl dem richterlichen Ermessen überlassen. Der Anspruch des Kindes auf das Heiratsgut ist beim Zutreffen seiner Berechtigung bereits im Zeitpunkte der Einleitung des Verfahrens begründet. Allein der objektive Inhalt des Anspruches, die Höhe der Forderung erscheint noch unbestimmt. Erst durch den Ausspruch des Gerichtes wird der Anspruch in dieser Richtung ziffermäßig fixiert. Das Rechtsverhältnis erfährt hier seine abschließende Regelung erst durch die richterliche Verfügung. Identisch ist die Rechtslage bei der Ausstattung (§ 1231 ABGB.).

Hingewiesen sei darauf, daß sich auch jene Verfügungen, die oben den prozeßleitenden Verfügungen des Streitverfahrens zur Seite gestellt wurden, als Verwaltungsakte darstellen, da sie den Zweck haben, das Verfahren zu regeln.

Manche Beschlüsse des Verfahrens sind hingegen wieder Entscheidungen, obwohl sie das Verfahren noch nicht erledigen; z. B. der Beschluß, welcher den Antrag einer Partei wegen Mangels der allgemeinen Verfahrensvoraussetzungen abweist.

III. Wie im Zivilprozesse, so ist wohl auch für das Gebiet der freiwilligen Gerichtsbarkeit anzunehmen, daß das Gericht im allgemeinen das Recht hat, auch Vorfragen verwaltungsrechtlicher oder strafrechtlicher Natur selbst zu lösen (A. M. Ott, S. 230). Natürlich kann dieser Lösung für die Vorfrage selbst keinerlei Rechtskraftwirkung für die Zukunft zukommen. Im Verfahren nach dem Gesetze vom 7. Juli 1896 RGBl. Nr. 140 zur Einräumung von Notwegen ist das Gericht aber nicht nur berechtigt, sondern vielmehr verpflichtet, die Entscheidung der Verwaltungsbehörde hinsichtlich der in Betracht kommenden öffentlichen Rücksichten einzuholen. Die Äußerung der Verwaltungsbehörde ist hier für das Gericht bindend (vgl. die §§ 9 und 16 d. G.).

IV. Was den Inhalt des Beschlusses anbelangt, so erscheint das Gericht bei der Fassung des Beschlusses an die Parteianträge gebunden, wenn und insoweit ein Einschreiten im konkreten Falle der Parteidisposition überlassen ist. Andernfalls kann sich das Gericht über die Parteianträge hinwegsetzen, und dies gilt dann auch für das Rechtsmittelverfahren.

Der Beschluß hat nebst den allgemeinen, sich auf das Gericht, die Parteien und die Rechtssache beziehenden Angaben (siehe § 193 GO.) den eigentlichen Ausspruch, also den Tenor der Entscheidung oder Verfügung anzugeben. Einer Begründung bedarf es wenn ein Antrag abgewiesen wird, oder wenn sich der Beschluß als Entscheidung über widerstreitende Anträge darstellt. Aus der Begründung müssen sich in solchen Fällen die Anträge, die dem Verfahren zugrunde liegen, und der Sachverhalt ergeben, soweit nicht beides einem etwa gleichzeitig mitgeteilten Schriftsatze oder einer Protokollabschrift zu entnehmen ist (vgl. § 13 P., § 428 ZPO.). Die Begründung des Beschlusses ist in der Ausfertigung regelmäßig von dem Tenor des Beschlusses äußerlich zu sondern. Sie soll dem Tenor entweder vorausgeschickt oder als besonderer Abschnitt angehängt werden (vgl. § 193 Abs. 3 GO.).

Die schriftliche Ausfertigung des Beschlusses wird beim Bezirksgerichte vom Einzelrichter, im Gerichtshofverfahren vom Präsidenten des Gerichtshofes gefertigt. (§ 79 GOG.)

Zu Ansehung der Erteilung von Ausfertigungen, der Berichtigung und Ergänzung von Beschlüssen kommen die §§ 418, 419, 423 und 424 ZPO. zur sinngemäßen Anwendung (§ 430 ZPO.).

V. Die Zustellung der Beschlüsse und sonstiger gerichtlicher Akte des Rechtsfürsorgeverfahrens erfolgt von amtswegen; für diese Zustellungen gelten die Normen der Zivil-Prozeß-Ordnung (§ 88 GOG.), also die §§ 87 ff. ZPO. (siehe auch §§ 211 ff., 339 ff. GO.) Die Normen für die Zustellung von Klagen werden wohl analog anzuwenden sein, wenn das Gesetz die Zustellung zu eigenen Handen ausdrücklich vorschreibt (ZP. § 217 P.). Daneben hat aber der Richter das Recht, durch konkrete Verfügung im einzelnen Falle mit Rücksicht auf die Wichtigkeit des Beschlusses diese qualifizierte Zustellungsform vorzuschreiben. Der Richter soll von dieser Befugnis vor allem dann Gebrauch machen, wenn eine Rückstellung der Originale wichtiger Urkunden erfolgt (§ 6 P.).

Den Parteien gegenüber wird der Beschluß, soweit die Verkündung nicht ausnahmsweise bei einer Tagsatzung erfolgt, regelmäßig erst mit der Zustellung wirksam (§ 416 ZPO.).

Die E. GUNF. 3579 betrachtet die Zustellung für erforderlich, soweit auf dieselbe nicht verzichtet wurde.

Wird die Partei im Verfahren durch einen Bevollmächtigten vertreten, so hat die Zustellung an diesen zu erfolgen (§ 93 ZPO., 88 GOG.). Die Entscheidung GUNF. 5495 behandelt eine trotz ausgewiesener Bevollmächtigung des Vertreters an die Partei selbst erfolgte Zustellung für wirkungslos.

Über die Ausfertigung von Beschlüssen und die Zustellung vgl. Eisinger, Not.Z. 1908 Nr. 48 (S. 381) und den in der Reforma Sądowa (S. 159) und bei Eisinger a. a. O. zitierten Ministerial-Erlaß vom 27. Jänner 1905, Z. 25 600/1904.

Eine große Rolle spielt auf dem Gebiete der freiwilligen Gerichtsbarkeit die öffentliche Verlautbarung, so vor allem bei der Amortisation, der Todeserklärung, der Einberufung der Verlassenschaftsgläubiger oder Erben, der Kuratelsverhängung usw. Das nähere über die einzelnen Fälle bleibt dem besonderen Teile vorbehalten.

§ 17. Die Rechtsmittel der freiwilligen Gerichtsbarkeit.

Vgl. Ott, S. 45 ff., 235 ff.; Josef, S. 160 ff.; dann Unger in der Z. f. d. Ziv.Prozeß, Bd. 34, 36 und die folgenden Bände; Schuster, Kommentar S. 40 ff.; Sander, S. 104 ff.

I. Das Bestreben des Patentes vom 9. August 1854, weitgehende Garantien für die Richtigkeit und Zweckmäßigkeit der im Rechtsfürsorgeverfahren erlassenen Verfügungen zu schaffen, findet deutlichen Ausdruck auch in der weitgehenden Anfechtungsmöglichkeit seines Rechtsmittelverfahrens. Es findet auch Ausdruck in der Ausgestaltung der Rechtsmittel selbst, die sowohl hinsichtlich ihrer Form als auch ihres Inhaltes nur geringen Beschränkungen unterworfen sind. Am deutlichsten zeigt sich aber der Standpunkt des Gesetzgebers, das Offizialprinzip auch hier zum Durchbruche zu bringen, indem er unter Umständen dafür sorgt, daß Rechtsmittel von amtswegen erhoben werden.

II. Gegenstand des Rechtsmittelverfahrens sind Verfügungen und Entscheidungen des Gerichtes. Bloße Unterlassungen bilden kein unmittelbares Angriffsobjekt. Sie können zum Gegenstande des Rechtsmittelverfahrens dann werden, wenn sie im Kausalzusammenhange mit der durch das Rechtsmittel getroffenen Verfügung stehen. Will sonst eine Partei die nachteiligen Folgen einer Unterlassung abwehren, so bleibt ihr nichts übrig, als einen positiven Antrag zu stellen und dadurch eine Verfügung des Gerichtes hervorzurufen oder soweit eine solche in Betracht kommt, den Weg der Aufsichtsbeschwerde zu betreten.

(Vgl. darüber unten S. 38).

Nur der Inhalt der Verfügung oder Entscheidung bildet das Objekt des Rechtsmittels, nicht aber die Begründung als solche und die darin etwa ausgesprochene Rechtsansicht (vgl. auch die Entscheidung vom 1. Juli 1908 ZR. I 360/8 Not.Z. 1908, Nr. 33).

Sie erlangt für das Rechtsmittelverfahren nur Bedeutung, insofern sie die Ursache der als unrichtig angefochtenen Entscheidung bildet.

Der Zweck des Rechtsmittels besteht in der Beseitigung bezw. Verhinderung der mit der angefochtenen Verfügung verbundenen Rechtswirkung durch die Abänderung oder Aufhebung der Verfügung.

III. Als ordentliche Rechtsmittel der freiwilligen Gerichtsbarkeit erscheinen: die Vorstellung (Geschichtliches darüber bei Ott, S. 47) und der Rekurs. Die Vorstellung wendet sich an den Richter, dessen Verfügung angefochten wird. Sie ist von ihm zu erledigen. Über den Rekurs entscheidet der Gerichtshof, welcher dem Gericht, von dem die Verfügung herrührt, im Instanzenzuge übergeordnet ist.

Die Vorstellung ist in ihrer Zulässigkeit beschränkt, indem das Gericht, welches die Verfügung erlassen hat, sie nur dann und insoweit abändern kann, als nicht dritte Personen bereits aus der Verfügung Rechte erlangt haben (§ 9 P.). Unter dritter Person ist jedes vom Beschwerdeführer verschiedene Rechtssubjekt zu verstehen (GUNF. 5299). Andernfalls ist die Vorstellung schon aus formalen Gründen abzuweisen. Die Entscheidung, welche über die Vorstellung ergeht, kann durch Rekurs an die zweite Instanz angefochten werden. Die Rekursfrist beginnt zu laufen mit der Zustellung der über die Vorstellung ergehenden Entscheidung an die Partei.

Diese Fristbemessung kommt der Partei auch dann zugute, wenn die Vorstellung von der ersten Instanz als unzulässig verworfen wird (A. M. Schuster S. 44). Denn § 11 bestimmt ganz allgemein, daß nach Einbringung einer Vorstellung die Rekursfrist 14 Tage „von dem Zeitpunkte der Zustellung des darauf erfolgten Bescheides" endet. Anders natürlich, wenn schon die Vorstellung verspätet erscheint. Hier kommen dann die gewöhnlichen Grundsätze über verspätete Rechtsmittel zur Geltung.

Die Partei hat auch dann, wenn sie zuerst den Weg der Vorstellung beschreiten will, das Recht, den Rekurs mit der Vorstellung in eventum zu verbinden. In diesem Falle wird der Akt, falls der Vorstellung keine Folge gegeben wird, zur Erledigung des Rekurses unmittelbar der höheren Instanz vorgelegt. Doch hat das Gericht erster Instanz in den Fällen, in welchen eine Vorstellung zulässig erscheint, das Recht, auch dann, wenn die Partei unmittelbar zum Rekurse gegriffen hat, den Rekurs als Vorstellung zu behandeln und ihm sofort selbst Folge zu geben. In diesem Falle entfällt natürlich die Vorlage des Aktes an die zweite Instanz.

Doch ist es dem freien Ermessen der ersten Instanz überlassen, den Rekurs als Vorstellung zu behandeln. Die zweite Instanz ist nicht berechtigt, den bereits vorgelegten Rekurs an die erste Instanz mit dem Auftrage zurückzugeben, ihn als Vorstellung im eigenen Wirkungskreise zu erledigen (vgl. Entscheidung vom 12. April 1912 R. V 415/12, Not.Z. 1912, S. 10).

IV. Die Rechtsmittelfrist beträgt für die Vorstellung wie für den Rekurs regelmäßig 14 Tage; sie beginnt mit der Zustellung des angefochtenen Beschlusses an den Rechtsmittelwerber zu laufen. Uber den Fristenlauf vgl. S. 45f. Mit Rücksicht auf das im Rechtsfürsorgeverfahren gesteigerte Offizialprinzip sind die Präklusionswirkungen hinsichtlich dieses Fristenlaufes jedoch insofern beschränkt, als es dem Ermessen des Gerichtes überlassen bleibt, auch verspätet überreichte Vorstellungen oder Rekurse anzunehmen, „wo sich die Verfügung noch ohne Nachteil eines Dritten abändern läßt". Die Partei hat also, auch wenn diese Voraussetzung zutrifft, kein abstraktes Recht auf die Erledigung ihres verspätet eingebrachten Rechtsmittels; es entscheidet hier das richterliche Ermessen, also ganz die Berücksichtigung der Umstände des einzelnen Falles, vor allem auch die Abwägung der dabei in Betracht kommenden Interessen. Das Ermessen der zweiten Instanz kann im Rechtsmittelwege von der dritten Instanz überprüft werden.

Der Oberste Gerichtshof hat unter anderem als zulässig erklärt die Annahme eines verspäteten Rechtsmittels, das sich auf die Bestimmung des Namens bei der Adoption bezog (GUNF. 2799, vgl. dazu S. 122). Gegen die Bestimmung der Kosten des Notars als Gerichtskommissär kann ein verspäteter Rekurs nicht angenommen werden, da der so Betroffene durch die Annahme dieses Rechtsmittels Nachteile hätte (GU. 2519); ebenso eventuell nicht gegen die Erlassung eines Amortisierungserkenntnisses (GUNF. 5299).

V. Der Rekurs ist wie die Vorstellung bei dem Gerichte einzubringen, dessen Verfügung angefochten wird. Ein Rekurs, welcher unmittelbar bei der höheren Instanz eingebracht wird, ist wohl zurückzuweisen: JMV. vom 28. August 1860, RGBl. Nr. 205.

Es erscheint allerdings zweifelhaft, ob diese Vorschrift nicht durch § 44, Abs. 1 JN. abgeändert wurde.

Der Rechtsmittelwerber hat das Recht, von dem in erster Instanz eingebrachten Rekurse sogleich der zweiten Instanz eine Abschrift vorzulegen (§ 10 P.) und dort auch gegen eine verspätete Vorlage der Akten Abhilfe zu suchen (MV. vom 28. August 1860). Das den Parteien im § 13 P. zugedachte Recht, Abschriften des Vorlageberichtes zu begehren, entfällt mit Rücksicht auf den Mangel einschlägiger Normen des im § 13 bezogenen Verfahrens in Streitsachen.

VI. Die Tendenz des Gesetzes, die Anfechtungsmöglichkeit hinsichtlich der im Rechtsfürsorgeverfahren erlassenen Beschlüsse zu erweitern, findet ihren Ausdruck auch in der Bestimmung über die Legitimation zur Ergreifung von Rechtsmitteln. Berechtigt hierzu ist nach § 9 jeder, der „sich durch die Verfügung der ersten Instanz ... beschwert erachtet". Das Gesetz verlangt also nicht, daß der Rechtsmittelwerber am bisherigen Verfahren als Partei teilgenommen hat (AM. Ott, S. 239); es genügt, daß er in seiner rechtlichen Interessensphäre durch den Beschluß berührt wird. Der nach dem Gesetze zur Vormundschaft berufene Verwandte kann also ohne weiteres gegen seine Übergehung durch das Gericht rekurrieren, auch wenn er am bisherigen Verfahren nicht teilgenommen hat. Beschwert kann sich jemand auch dadurch erachten, daß seine im Gesetze vorgeschriebene Einvernehmung nicht erfolgt ist.

Strittig ist die Frage, ob im Verfahren über die Genehmigung eines für einen Pflegebefohlenen abgeschlossenen Vertrages der Gegenkontrahent gegen die Verweigerung der Genehmigung Rechtsmittel ergreifen kann. Die Frage wird wohl mit Recht verneint (siehe auch Ott, S. 240; Josef, S. 188; a. M. Schultzenstein, Z. f. d. Z.P. XXV, S. 219), denn das Verfahren zur Erwirkung dieser Genehmigung ist internes Vormundschaftsverfahren. Die Frage, ob der Gegenkontrahent des Pflegebefohlenen mit diesem zufällig in Rechtsgemeinschaft lebt, wie etwa der Gesellschafter, ist hierfür irrelevant. Anderer Meinung die Entscheidung GUNF. 4661, welche der Gattin des Pflegebefohlenen ein Rekursrecht bezüglich der Genehmigung eines sich auf die Aufhebung der Gütergemeinschaft und auf die Vermögensauseinandersetzung beziehenden Vertrages mit dem Hinweise auf die Gütergemeinschaft zuerkennt.

Ein weitgehendes Rekursrecht hat naturgemäß der Vater und der Vormund. Diesbezüglich ist zu unterscheiden, ob sie im eigenen Namen oder als Vertreter des Kindes Rechtsmittel erheben; der Vormund glaubt z. B. im Interesse des Pflegebefohlenen sowohl den Intentionen des Gerichtes wie denen des Pflegebefohlenen selbst entgegentreten zu müssen (vgl. auch GUNF. 3489). Kraft eigenen Rechtes erhebt er z. B. Rechtsmittel gegen eine Ordnungsstrafe, die ihm auferlegt wurde. Zur Ergreifung von Rechtsmitteln im Rechtsfürsorgeverfahren werden aber auch häufig die Verwandten des Pupillen als solche legitimiert erscheinen, speziell auch wenn es sich um Fragen der Erziehung handelt (vgl. auch die §§ 217, 251 ABGB. und die Entscheidung GUNF. 4226).

Die Entscheidung GUNF. 1879 und Ott, S. 239 f. sind der Meinung, daß der Gläubiger nicht berechtigt ist, gegen den Beschluß des Verlassenschaftsgerichtes, der den Verlaß armutshalber abtut, zu rekurrieren. Dieser Auffassung steht aber wohl entgegen, daß das Verlassenschaftsverfahren auch den Zweck hat, die Interessen der Gläubiger zu wahren (siehe auch A. Rintelen, Prager V.J.Sch. XXIII, S. 168).

Das Verhalten einer Partei in erster Instanz präjudiziert nicht notwendig der Ergreifung eines Rechtsmittels gegen die diesem Rechtsmittel entsprechende Verfügung des Gerichtes. Hier sind eben die Fälle, in welchen eine gewisse Parteiendisposition zur Geltung kommt, von den Fällen, in welchen nur von Amts wegen vorzugehen ist, zu scheiden. Bei den Fällen der letztgenannten Art wird die Partei unter Umständen gegen einen Beschluß rekurrieren können, der infolge ihrer eigenen Äußerung ergangen ist; z. B. der Vormund hat bei seiner Einvernehmung vor dem Gerichte erster Instanz einer Vertragserrichtung zugestimmt, später aber aus besonderen Gründen Bedenken gefaßt. Hier ist er berechtigt, gegen den Beschluß zu rekurrieren, auch wenn derselbe sich auf seine Zustimmung stützt. Die Parteiendisposition kommt hier im Gegensatze zu der erstgenannten Gruppe von Fällen nicht zur Geltung (vgl. auch Josef a. a. O.).

Eine weitgehende Legitimation zur Ergreifung von Rechtsmitteln im öffentlichen Interesse steht der Finanzprokuratur zu (vgl. darüber S. 20).

Wenn von mehreren durch den Beschluß in gleicher Weise berührten Parteien nur eine rekurriert, so kommt der Erfolg des Rekurses, soweit die Partei nach dem konkreten Rechtsverhältnisse überhaupt legitimiert erscheint, selbständig Rechtsmittel zu ergreifen, auch den anderen Parteien zugute, wenn der Erfolg ein unteilbarer ist und die Entscheidung ihrer Natur nach einheitlich ergehen muß.

In der Entscheidung GUNF. 4537 hat der Oberste Gerichtshof ausgesprochen, daß der Erfolg eines Rekurses gegen die Bemessung der Kosten des Notars als Gerichtskommissär nur der Partei zugute kommt, welche das Rechtsmittel eingebracht hat; vgl. hingegen GUNF. 5495.

VII. Rekursberechtigt erscheinen unter Umständen auch Personen, welche mit dem Verfahren erster Instanz, ohne als Parteien im engeren Sinne zu erscheinen, sonst in Berührung gekommen sind. So insbesondere Zeugen und Sachverständige, z. B. wenn ihnen eine Ordnungsstrafe auferlegt wird; dadurch richtet das Verfahren in diesem Belange seine Spitze gegen diese Personen. Sie werden legitimiert, Rechtsmittel zu ergreifen und erscheinen für dieses Rechtsmittelverfahren als Parteien, gerade so wie im Exekutionsverfahren, wenn die Ordnungsstrafe gegen sie vollstreckt wird.

VIII. Ausnahmsweise ist auch der Richter rekursberechtigt, dann nämlich, wenn ihm die Entscheidung der zweiten Instanz, „Strafe oder Schadenersatz", also eventuell wohl auch den Ersatz von Verfahrenskosten auferlegt. Die Legitimation zum Rekurse kommt ihm aber auch im Interesse von Personen zu, die sich nicht selbst vertreten können, wenn er befürchtet, daß die Verfügung der zweiten Instanz solchen Personen einen unwiderbringlichen Nachteil zufügen könnte. In diesem Falle ist er sogar berechtigt, die Ausfertigung und Zustellung der von ihm angefochtenen Entscheidung aufzuschieben. Man kann wohl annehmen, daß es in solchen Fällen als Amtspflicht des Richters erscheint, besonders bei großer Gefahr, von diesem Rechte Gebrauch zu machen; doch trifft ihn, kraft besonderer Norm, aus der Unterlassung des Amtsrekurses keinerlei Haftung für die Konsequenzen des Vollzuges der Entscheidung der zweiten Instanz (§ 15 P.). Das hindert nicht, daß die Justizverwaltungsbehörde die Unterlassung im Wege der Dienstaufsicht rügt.

Das Recht des Amtsrekurses steht nach der Entscheidung GUNF. 1349 dem Richter erster Instanz nur zu, wenn es sich um einen nach dem P. vom 9. August 1854 ergangenen Beschluß handelt; erscheint also der Vormundschaftsrichter zufällig auch als Grundbuchsrichter und ergeht in einer dahin einschlägigen Rechtssache ein Beschluß der zweiten Instanz, der die Rechte von Pupillen zu verletzen geeignet ist, so kann er nach dieser Entscheidung den Amtsrekurs nicht einbringen. Doch wird er sich dadurch helfen können, daß er den Vormund zur Ergreifung des Rekurses veranlaßt.

Bezüglich der Geschichte des Amtsrekurses vgl. Ott, S. 243, Anm. 8.

Eine dem Amtsrekurse ähnliche Einrichtung ist die dem Vorsitzenden des Senates nach § 84 GOG. eingeräumte Befugnis, die Ausfertigung des Beschlusses, der seiner Meinung nach dem Pflegebefohlenen Nachteil bringt oder das Gericht einer Ersatzpflicht auszusetzen geeignet ist, einstweilen einzustellen und die Akten dem übergeordneten Gerichte zur Entscheidung vorzulegen.

IX. Die Gründe für die Erhebung der Vorstellung oder des Rekurses sind im Gesetze nicht angeführt. Sowohl die formelle Unzulässigkeit des angefochtenen Beschlusses wie seine materielle Unrichtigkeit geben ein Recht zur Beschwerdeführung.

Formell unzulässig erscheint eine Verfügung vor allem, wenn die allgemeinen Voraussetzungen des Verfahrens fehlen (z. B. die Zuständigkeit des Gerichtes oder die Vollmacht des Vertreters); ferner auch dann, wenn das Verfahren, welches die Grundlage des Beschlusses bildet, an wesentlichen Mängeln leidet; wenn also z. B. die Erhebungen nicht hinreichend geführt, eventuell wesentliche Beweise abgelehnt wurden. Materiell unrichtig wird der Beschluß durch unrichtige Beweiswürdigung oder durch unrichtige rechtliche Beurteilung oder durch unrichtige Anwendung des richterlichen Ermessens (siehe auch Unger, Zeitschr. f. d. ZP., 39. Band, S. 60, AM.: Josef, S. 233 f.). Auch die bloß objektive Unrichtigkeit der angefochtenen Verfügung bildet einen Beschwerdepunkt, da das Vorbringen neuer Tatsachen und Beweise sowohl bei der Vorstellung wie im Rekursverfahren zulässig erscheint (§ 10 P.). Aber auch Tatsachen, die erst nach der Erlassung der Verfügung entstanden sind, können im Rekursverfahren geltend gemacht werden.

Unter den Verstößen formeller Natur nehmen eine besondere Rolle ein die Nichtigkeitsgründe. Das Patent spricht zwar von der Nichtigkeit (§ 16), führt aber die Nichtigkeitsgründe nicht an. § 83 GOG. betont, daß die vorschriftswidrige Besetzung des Senates die Nichtigkeit des Verfahrens zur Folge habe. Doch begründen die Mängel, welche die Zivilprozeßordnung zu Nichtigkeitsgründen erhoben hat, wohl sämtlich auch im Verfahren außer Streitsachen die Nichtigkeit des Verfahrens, soweit sie für dieses in Betracht kommen können (vgl. eingehend Ott, S. 214 ff.).

X. Die formellen Erfordernisse des Rekurses richten sich nach den allgemeinen Grundsätzen über die Schriftsätze resp. das Anbringen zu Protokoll. Der Rekurs soll insbesondere enthalten: Die einzelnen Anfechtungsgründe und — da es im Rekursverfahren zu keiner mündlichen Verhandlung kommt — die Ausführungen tatsächlicher und rechtlicher Natur, sowie die Beweismittel, auf welche sich der Rechtsmittelwerber stützt und die von ihm gestellten Anträge. Anwaltsfertigung ist nicht obligatorisch. Im bezirksgerichtlichen Verfahren kann der Rekurs regelmäßig, im Gerichtshofverfahren nur aus rücksichtswürdigen Gründen, zu Protokoll gegeben werden (§ 4 P.). Der Rekurs wie die Vorstellung werden nur in einer Ausfertigung eingebracht.

Der Rekurs wird mit den Akten und einem kurz gefaßten Vorlagebericht der zweiten Instanz vorgelegt, welche darüber nach den eventuell erforderlichen Erhebungen in nicht öffentlicher Sitzung entscheidet. Beweisaufnahmen können durch die erste Instanz oder durch das Gericht erfolgen, in dessen Sprengel der Akt sonst nach Lage der Sache am zweckmäßigsten verhandelt wird. Doch besteht kein Hindernis, daß das Rekursgericht selbst Einvernehmungen vornimmt. In zweifelhaften Fällen ist auch eine ergänzende Äußerung des Gerichtes erster Instanz, eventuell auch des Gegners des Rechtsmittelwerbers einzuholen.

Im Verfahren zur Feststellung der Entschädigung bei der Enteignung zum Zwecke der Herstellung und des Betriebes von Eisenbahnen nach dem Gesetze vom 18. Februar 1878, RGBl. Nr. 30 (§ 30) ist der Rekurs in doppelter Ausfertigung zu überreichen. Eine Ausfertigung ist dem Gegner des Rechtsmittelwerbers zuzustellen; dieser hat das Recht, innerhalb 14 Tagen nach dieser Zustellung eine Äußerung zu überreichen. Das Gesetz spricht von der Zuständigkeit des Oberlandesgerichtes zur Erledigung des (gegen einen Beschluß des Bezirksgerichtes) eingebrachten Rekurses. Trotz Art. VIII, Z. 4 des EG. zur JN. ist wohl anzunehmen, daß die allgemeinen Grundsätze des Gerichtsverfassungsrechtes hinsichtlich der Anfechtung von bezirksgerichtlichen Beschlüssen auch dieser Norm gegenüber zur Geltung kommen, daß also der Gerichtshof erster Instanz Rekursgericht ist. Art. VIII, Z. 4 bezieht sich eben nur auf die Zuständigkeit für das Verfahren erster Instanz (vgl. auch Ott, S. 239).

Auch das Notwegegesetz kennt eine Rekursbeantwortung durch den Gegner (§ 16).

XI. Die Entscheidung des Rekursgerichtes kann sich in verschiedenster Richtung bewegen. Fehlen die allgemeinen essentiellen Voraussetzungen des Rekurses, so ist der Rekurs als unzulässig zurückzuweisen. Dazu gehört auch der Fall, daß der Rekurs verspätet überreicht ist und die Voraussetzungen des § 11 P. für die Annahme des verspäteten Rekurses nicht gegeben erscheinen. Ebenso erfolgt Zurückweisung bei einem wirksam erklärten Verzicht auf den Rekurs.

Doch ist ein Verzicht auf den Rekurs nur insoweit bindend, als Parteiendisposition im Verfahren in Betracht kommt. Der Vormund, der erklärt hat, einen Beschluß des Vormundschaftsgerichtes zur Kenntnis zu nehmen, kann später trotzdem Rechtsmittel erheben, wenn er zur Überzeugung gelangt, daß das Interesse des Pflegebefohlenen die Anfechtung des Beschlusses dringend erfordert.

Sind die allgemeinen Verfahrensvoraussetzungen gegeben, so wird meritorisch auf den Rekurs eingegangen. Erscheint er begründet, so kann die Entscheidung auf Aufhebung oder auf Abänderung des angefochtenen Beschlusses lauten, je nach der Art des herangezogenen Anfechtungsgrundes und der Hinlänglichkeit der Entscheidungsgrundlagen. Erfolgt die Aufhebung unter Zurückverweisung der Rechtssache an die erste Instanz zur weiteren Verhandlung und Entscheidung, so ist dieselbe wohl an die Rechtsansicht gebunden, von welcher das Rekursgericht bei seinem aufhebenden Beschlusse ausgegangen ist (siehe auch Ott, S. 250).

Von Bedeutung ist die Frage, inwieweit das Gericht bei seiner Entscheidung an die Anträge des Rechtsmittelwerbers gebunden erscheint, insbesondere ob auf dem Gebiete der freiwilligen Gerichtsbarkeit eine reformatio in peius zulässig ist. Der Oberste Gerichtshof hat in seinem Erkenntnisse GUNF. 2202 die Entscheidung eines Rekursgerichtes mit der Begründung behoben, daß sie über den Rekursantrag hinausgegangen sei; in einem anderen Falle hingegen (GUNF. 5060) erklärt der Oberste Gerichtshof, daß der Rekursantrag keine Schranke für die Entscheidung des Rekursgerichtes bilde, da „im außerstreitigen Verfahren die formellen Bestimmungen des Zivilprozesses nicht Anwendung finden". Eine einheitliche Lösung der Frage wird sich nicht geben lassen, es werden vielmehr die konkreten Verhältnisse des einzelnen Falles das Entscheidende sein. Im allgemeinen läßt sich sagen, daß dort, wo eine Entscheidung infolge der Unterlassung rechtzeitiger Anfechtung rechtskräftig werden kann, der Rechtsmittelwerber die Grenzen der Rechtskrafthemmung zu bestimmen hat. Dies trifft nun nach § 11 P. für jene Fälle zu, in welchen die Verfügung ohne Nachteil eines Dritten nicht mehr abgeändert werden kann. Man kommt so zu dem Ergebnisse, daß dort, wo durch eine Verfügung Dritte Rechte erlangen, es daher einer Anfechtung der Entscheidung innerhalb der Rechtsmittelfrist bedarf, um diesen Rechtserwerb durch Dritte auszuschließen, die Entscheidung, insoweit sie nicht angefochten erscheint, rechtskräftig und unabänderlich wird. In solchen Fällen ist das Rekursgericht an die von der Partei bezeichneten Grenzen der Anfechtung, an den Rekursantrag gebunden, denn der Devolutiveffekt tritt nur innerhalb dieser von der Partei bezeichneten Schranken ein. Damit stimmt auch überein, daß in solchen Fällen das Gericht erster Instanz seinen Bescheid nicht mehr selbst abändern kann. Eine Abänderung erfolgt hier nur mehr durch das vom Devolutiveffekt begleitete Rechtsmittel des Rekurses.

Maßgebend wird auch die Frage sein, ob es sich um eine Rechtssache handelt, in welcher das Gericht berechtigt ist, von Amts wegen einzuschreiten. Bedarf es zur Einleitung einer Rechtssache eines Antrages, so kann auch das Rechtsmittelgericht nur insoweit vorgehen, als ein Antrag vorliegt. Hat nun aus einem im Rekurswege angefochtenen Beschluß jemand bereits Rechte erworben, so kann der Beschluß in allen Fällen nur in dem Umfange abgeändert werden, als der Rekursantrag reicht, denn nur so weit ist der Beschluß angefochten. Handelt es sich aber um einen Fall, in welchem das Gericht von Amts wegen vorzugehen hat, so ist es in keiner Richtung an die Anträge der Parteien gebunden. Soll z. B. das einem Minderjährigen gehörige Haus verkauft werden, und hat das Vormundschaftsgericht die Genehmigung des nach Ansicht des Vormundes sehr günstigen Kaufvertrages von einer Bedingung abhängig gemacht, so kann jetzt, wenn der Vormund mit dem Antrage auf Beseitigung der Bedingung rekurriert, das Rekursgericht gewiß, wenn es der Meinung ist, daß der Vertrag unter allen Umständen für den Minderjährigen ungünstig erscheint, den Beschluß erster Instanz seinem vollen Inhalte nach beheben. Die Antragstellung des Vormundes ist hier eben nicht Ausfluß einer ihm zustehenden Disposition. Auch hat durch den Beschluß des Gerichtes erster Instanz an sich noch niemand Rechte erworben.

Ott legt hinsichtlich der Zulässigkeit der reformatio in peius das Schwergewicht auf die Frage, ob zwingenden Rechtsvorschriften Geltung zu verschaffen ist. Gegen die Zulässigkeit der reformatio in peius Josef: Die reformatio in peius in der freiwilligen Gerichtsbarkeit, Zeitschr. f. d. Zivilprozeß, 33. Band, S. 518 ff. Vgl. in der Frage auch Schultzenstein: Wesen und Grund der Unzulässigkeit einer reformatio in peius, Zeitschr. f. d. Zivilprozeß, 31. Band, S. 21.

Analoge Grundsätze kommen hinsichtlich der Frage der Zulässigkeit der Zurücknahme eines Rekurses zur Geltung. Ist das Gericht berechtigt, von Amts wegen einzuschreiten, so bildet die Zurücknahme des Rekurses durch die Partei kein Hindernis für die Abänderung oder Aufhebung des durch den Rekurs angefochtenen Beschlusses.

XII. Für die Anfechtung der in zweiter Instanz ergangenen Entscheidungen entfällt vor allem das Rechtsmittel der Vorstellung. Im übrigen ist zu unterscheiden, ob das Erkenntnis der zweiten Instanz den Beschluß der ersten Instanz bestätigt oder abgeändert, resp. aufgehoben hat. Während bei difformen Erkenntnissen der Revisionsrekurs ausnahmslos gewährt wird, ist er in ersterem Falle nur zulässig, wenn die Entscheidung der zweiten Instanz an einer „offenbaren Gesetz- oder Aktenwidrigkeit" oder an einer Nichtigkeit leidet (§ 16 P.). Die zu allgemein gehaltene Fassung der Voraussetzungen für diesen Revisionsrekurs ist zwar geeignet, die Anfechtung zu erleichtern, führt aber in der Praxis zu einem im allgemeinen ungeklärten Rechtszustande hinsichtlich der Zulässigkeit des Rechtsmittels. Allerdings sucht das Gericht die Fälle mutwilliger Beschwerdeführung durch die Androhung der Verhängung einer (übrigens auch bei der Anfechtung difformer Erkenntnisse nicht ausgeschlossenen) Mutwillensstrafe zu verhindern (§ 16 P., § 528 ZPO.).

Der Rekurs erscheint übrigens, ob er nun gegen eine konforme oder difforme Entscheidung gerichtet ist, immer als ordentliches Rechtsmittel. Seine Erhebung hat für beide Fälle auf den Eintritt der Rechtskraft und Vollstreckbarkeit der angefochtenen Entscheidung gleiche Wirkung.

Mit Rücksicht darauf, daß das Gesetz nicht unterscheidet, ist der Revisionsrekurs auch gegen aufhebende Beschlüsse der Rekursinstanz zulässig. (Vgl. die Plenarentscheidung des OGH. vom 17. Juni 1913, Präs. 866 JBl. 1913 S. 203, Gellers Zentralblatt 1913, S. 156.)

Der Revisionsrekurs wird ebenfalls beim Gerichte erster Instanz eingebracht, von diesem mit den Akten der zweiten Instanz und von dieser dem Obersten Gerichtshof vorgelegt. In gleicher Weise wie die Entscheidung der zweiten Instanz wird auch die des Revisionsgerichtes von dem Gerichte erster Instanz zugestellt.

XIII. Die Einbringung des Rekurses hat also, wie sich aus den vorstehenden Ausführungen ergibt, nicht notwendig Devolutiveffekt, da das Gericht erster Instanz unter Umständen dem Rekurse selbst Folge geben kann. Der Suspensiveffekt kommt dem Rekurse jedoch nicht nur hinsichtlich der Hemmung des Eintrittes der Rechtskraft, sondern auch insofern bezüglich der Vollstreckbarkeit zu, als nach dem Einbringen des Rekurses der Vollzug nicht mehr bewilligt werden darf (vgl. S. 43).

XIV. Für gewisse Typen des Verfahrens außer Streitsachen gelten für das Rechtsmittelverfahren Sondernormen; so für das Grundbuchsverfahren, für das Verfahren zur Einräumung von Notwegen usw.

Von den Rechtsmitteln im technischen Sinne zu unterscheiden ist die Aufsichtsbeschwerde. Sie befaßt sich nicht mit dem Meritorischen der Rechtssache, sondern mit den damit in Verbindung stehenden äußeren Vorgängen. Entweder ist sie disziplinärer Natur, indem sie das konkrete Verhalten eines bestimmten Rechtspflegeorganes als pflichtwidrig rügt, und Abhilfe verlangt, oder sie macht ganz allgemein Übelstände hinsichtlich gewisser Rechtspflegeeinrichtungen geltend; z. B. daß bei einem Gerichte bei der Anordnung der Tagsatzungen nicht auf die Entfernung und die Zureisemöglichkeiten der Parteien Rücksicht genommen wird. Die Aufsichtsbeschwerde befaßt sich nicht mit dem materiellen noch mit dem prozeßrechtlichen Inhalte der Rechtsprechung. Ihre Erledigung ist Sache der Justizverwaltung, und zwar im Wege der Dienstaufsicht.

§ 18. Das Wirksamwerden der Verfügung und Entscheidung. Formelle und materielle Rechtskraft.

Ott, S. 256 ff.; Schneider, Zeitschr. f. d. Zivilprozeß, 29. Band, S. 152 ff.; Josef: System, S. 222 ff., 252 ff.; ferner Zeitschr. f. d. Zivilprozeß, 31. Band, S. 71 ff.; derselbe, Zeitschr. f. d. Zivilprozeß, 30. Band, S. 98 ff., 35. Band, S. 530 ff., 40. Band, S. 285 ff., 43. Band, S. 365 ff.; dann Unger: Rechtsmittelverfahren der freiwilligen Gerichtsbarkeit, a. a. O.; Kamm: Rechtskraft in der freiwilligen Gerichtsbarkeit, Zeitschr. f. d. Zivilprozeß, 44. Band, S. 84.

I. Die Wirkungen der erlassenen Verfügung sind mannigfaltig. So ist es begreiflich, daß die Summe der Wirkungen, die sich aus einer Verfügung ergeben, sich nicht an einen bestimmten Zeitpunkt knüpfen läßt und daß eine Verfügung schon in einem Zeitpunkte Wirkungen äußern kann, wo die Summe dieser Wirkungen noch nicht eingetreten ist. Dies kann schon zu einer Zeit geschehen, in der die Rechtskraft der Verfügung noch nicht gegeben erscheint. Manchmal hat die Verfügung schon mit ihrer Erlassung die Bedeutung, daß sie das Rechtsverhältnis der Parteien sofort gestaltet oder der äußere Rechtszustand, der der Verfügung entspricht, sogleich hergestellt, sie also sofort in Vollzug gesetzt wird.

Für die Beurteilung des Wirksamwerdens einer Verfügung ist ferner die Frage von Bedeutung, ob die Instanz, welche die Verfügung erlassen hat, sie selbst wieder im eigenen Wirkungskreise abändern kann oder ob diese Abänderungsbefugnis an eine höhere Instanz übergeht. Die wichtigste Wirksamkeit der Verfügung: die Unabänderlichkeit des durch sie ausgesprochenen Rechtszustandes ist regelmäßig erst mit dem Eintritte der Rechtskraft verbunden.

II. Im allgemeinen ist anzunehmen, daß die Verfügungen und Entscheidungen mit ihrer Zustellung wirksam werden. Nur wenige Verfügungen machen davon eine Ausnahme. Dort wo ausnahmsweise eine mündliche Verhandlung stattfindet, werden gewisse Verfügungen, vor allem die, welche sich auf die Leitung der Verhandlung beziehen, sofort in Vollzug gesetzt werden müssen, um die Fortführung des Verfahrens zu ermöglichen. Was die meritorische Verfügung anbelangt, so ergeht dieselbe in der Regel schriftlich; solange dann die Ausfertigung der Verfügung nicht erfolgt ist, kann sie vom Gerichte abgeändert werden, und zwar auch dann, wenn sie auf Grund eines Senatsbeschlusses erlassen ist.

Daß die Zustellung regelmäßig das Maßgebende ist für das Wirksamwerden der Entscheidungen, ergibt sich aus einer Reihe von Normen, so z. B. aus § 266 P. und ganz allgemein aus § 11 P. Darnach hat die Zustellung in allen Fällen die eine Wirkung, daß die Rechtsmittelfrist zu laufen beginnt. § 12 P. geht aber weiter, wenn er bestimmt, daß Verfügungen über nicht streitige Rechtsangelegenheiten, insofern das Gesetz keine Ausnahme normiert, oder der Richter nicht aus besonderen Gründen die Rekursfrist abzuwarten für notwendig findet, sogleich in Vollzug gesetzt werden können. Daraus ergibt sich, daß die Verfügung, sobald sie für die Partei in ihre äußere Erscheinung getreten, also zugestellt ist, auch ihre materiellen Wirkungen äußern soll. Ob jetzt diese Wirkungen in einem äußeren Vorgange bestehen, der den dem Beschlusse entsprechenden tatsächlichen Zustand herstellt, oder in dem unmittelbaren Eintritte einer rein rechtlichen Wirkung, ist irrelevant. Handelt es sich z. B. um die Zustimmung des Vormundschaftsgerichtes zu einem Vertrage, so ergibt sich aus § 189 P., daß die Genehmigung des Entwurfes sogleich zur Ausfertigung des Vertrages führen soll und durch ein Amtszeugnis zu bestätigen ist. Allerdings ist die Gültigkeit des Vertrages wohl dadurch bedingt, daß der Beschluß nicht später im Instanzenzuge abgeändert wird. Damit stimmt es auch überein, daß § 12 P. den § 191 als eine Ausnahmsnorm behandelt. Da die Ehe nicht bedingt geschlossen werden kann, so muß in den Fällen, in welchen mit Rücksicht auf den Einspruch des Vormundes oder der ersten Instanz ein Rekurs gegen die Bewilligung der Ehe zu erwarten ist, mit der Eingehung der Ehe bis zur Rechtskraft der Bewilligung gewartet werden. Wenn hingegen diese Momente nicht vorliegen, kann die Ehe sogleich nach der Zustellung der Genehmigung geschlossen werden. Sollte der Vormund später seine ursprüngliche Zustimmung widerrufen (siehe S. 34) oder ein Verwandter der Ehe opponieren wollen, so ist dennoch nach Eingehung der Ehe die Einbringung eines Rekurses unter allen Umständen ausgeschlossen.

Daß für das Wirksamwerden der Verfügung ihre Zustellung maßgebend ist, ergibt sich auch daraus, daß § 15 P. dem Richter, der den Amtsrekurs einbringt, das Recht gibt, die Ausfertigung und Zustellung der von der zweiten Instanz erlassenen Entscheidung bis zum Einlangen des Erkenntnisses des Obersten Gerichtshofes zu verschieben, und daß § 84 GOG Analoges für den dort bezeichneten Vorgang vorschreibt. Das Wirksamwerden der Verfügung schon vom Zeitpunkte ihrer Zustellung an, zeigt sich auch darin, daß das Gericht erster Instanz an seine Verfügung gebunden ist und sie nicht selbst abändern kann, soweit dieselbe Dritten Rechte einräumt. Die gewichtigste Wirkung, die sich an die Erlassung der Verfügung knüpft, besteht in dem Eintritte ihrer Vollstreckbarkeit (vgl. diesbezüglich S. 43).

III. Von dem Wirksamwerden der Verfügung wohl zu unterscheiden ist der Eintritt ihrer Unabänderlichkeit. Ist der Rechtszug gegen eine im Verfahren außer Streitsachen ergangene Verfügung erschöpft oder wurde auf das Rechtsmittel wirksam Verzicht geleistet oder erscheint die Rechtsmittelfrist verstrichen, so ist der Beschluß regelmäßig formell rechtskräftig. Die formelle Rechtskraft erweist sich daher nur als Beendigung des konkreten Verfahrens. Davon zu unterscheiden ist die Frage, welchen Einfluß die formell rechtskräftige Entscheidung auf das Rechtsverhältnis nimmt, welches durch die gerichtliche Verfügung hervorgerufen wurde. Im Zivilprozeßrechte hat die formelle Rechtskraft die materielle zur Folge: der Anspruch erlangt im Prozesse eine neue Eigenschaft, er wird unbestreitbar festgestellt. Es entsteht nun die Frage, inwieweit eine solche materielle Rechtskraft im Verfahren außer Streitsachen denkbar erscheint. Eine neuerliche Bestreitung oder Geltendmachung des Anspruches wäre, da die materielle Rechtskraft die formelle voraussetzt, naturgemäß nur in einem anderen Verfahren zulässig. Die Eventualität einer Behebung des einmal festgestellten Rechtszustandes in einem neuen Verfahren käme daher in Betracht entweder durch ein neues Verfahren der freiwilligen Gerichtsbarkeit oder durch einen Zivilprozeß. Das Verlassenschaftspatent regelt nur die letztere Frage. Es bestimmt im § 18: „Gegen die über Gegenstände der Gerichtsbarkeit außer Streitsachen von dem Gerichte ohne Vorbehalt einer weiteren rechtlichen Erörterung getroffenen Verfügungen kann kein Rechtsstreit erhoben werden." Daraus ergibt sich, daß für die Behebung eines durch eine Verfügung des Verfahrens außer Streitsachen geschaffenen Rechtszustandes im ordentlichen Prozesse nur zwei Eventualitäten in Betracht kommen. Die eine geht dahin, daß das Gericht, welches die Verfügung erlassen hat, hinsichtlich der Beschreitung des ordentlichen Rechtsweges in der Verfügung einen ausdrücklichen Vorbehalt gemacht hat; z. B. es ist die Entscheidung des Rechtsfürsorgeverfahrens präjudizierend für eine sonst dem Prozeßwege vorbehaltene Frage privatrechtlicher Natur (§ 2 Z. 7 P.). Es wird dann die Anfechtbarkeit des im Prozeßwege erlassenen Beschlusses durch konkrete Verfügung des Gerichtes herbeigeführt. Unterläßt das Gericht in solchen Fällen die Aufnahme des Vorbehaltes des ordentlichen Rechtsweges, so muß diese Unterlassung durch Rekurs behoben werden (vgl. z. B. GUNF. 1559). Die andere Eventualität für die Anfechtung einer außerstreitigen Verfügung im Prozeßwege erscheint gegeben, wenn das Gesetz durch konkrete Normen die Anfechtung des im außerstreitigen Verfahren geschaffenen Rechtszustandes im Prozeßwege vorsieht. Diesbezüglich kommen vor allem in Betracht die Anfechtung bücherlicher Eintragungen und die Erbschaftsklage.

IV. Naturgemäß kann sich die materielle Rechtskraft nur auf den Tatbestand beziehen, welcher zur Zeit der früheren Entscheidung gegeben war. Hat sich dieser später geändert, so kann die Verfügung geändert werden; so z. B. richtet sich die Alimentationsverpflichtung einerseits nach den jeweiligen Vermögensverhältnissen des Verpflichteten, andererseits nach den Bedürfnissen des Unterhaltsberechtigten. Ändern sich diese Vermögensverhältnisse, so kann das den Anlaß geben, eine Abänderung der Verfügung zu verlangen, eventuell eine Oppositionsklage gegen eine auf Grund der Verfügung eingeleitete Exekution zu erheben (§ 35 EO.). Anders, wenn für die Höhe eines Anspruches nur die Vermögensverhältnisse zur Zeit der Entscheidung über den Anspruch maßgebend sind, wie bei der Bestimmung des Heiratsgutes (GUNF. 4738).

Die Rechtskraft ist aber nicht nur in objektiver Weise hinsichtlich des Tatbestandes beschränkt, der der Entscheidung zugrunde liegt, sondern auch in subjektiver Beziehung auf die Personen, die sich am früheren Verfahren beteiligt haben oder denen wenigstens durch geeignete Zustellungen die Möglichkeit geboten war, am Verfahren teilzunehmen (siehe auch GUNF. 3579), und ihre Rechtsnachfolger.

Voraussetzung der materiellen Rechtskraft ist der Eintritt der formellen. Da es nun nach § 11 dem Ermessen des Gerichtes vorbehalten bleibt, unter Umständen auch nach Ablauf der Rechtsmittelfrist Vorstellungen und Beschwerden zuzulassen und zum Anlasse einer Verfügung zu nehmen, so ergibt sich daraus die Notwendigkeit, hinsichtlich der Beschlüsse des Verfahrens außer Streitsachen eine Scheidung vorzunehmen. Jene Beschlüsse, bei denen die Abänderung des Beschlusses auch nach Ablauf der Rechtsmittelfristen möglich ist, das sind die Verfügungen, welche sich noch ohne Nachteil eines Dritten abändern lassen, sind zu scheiden von den Beschlüssen, welche dem Eintritte der formellen Rechtskraft zugänglich sind. An erstere erscheint das Gericht nicht gebunden; es decken sich diese Beschlüsse mit jenen, welche schon nach § 9 P. vom Richter, der die Verfügung selbst erlassen hat, auf Grund einer Vorstellung, oder auf Grund des Rekurses im eigenen Wirkungskreise abgeändert werden können. So kommen wir also zum Ergebnisse, daß von formeller Rechtskraft nur gesprochen werden kann bezüglich der Beschlüsse, aus denen Dritte bereits Rechte ableiten können. An diese Beschlüsse erscheint das Gericht erster Instanz gebunden; sie können nur während der ordentlichen Rechtsmittelfrist angefochten und dann nur durch die höhere Instanz abgeändert werden. Hier kommt der Devolutiveffekt voll zur Geltung und bezüglich dieser Beschlüsse ist formelle und materielle Rechtskraft denkbar. Alle anderen Beschlüsse unterliegen weder der formellen noch der materiellen Rechtskraft. Das Gericht kann hier verspätete Rechtsmittel annehmen; die Partei kann aber auch den Weg wählen, daß sie — im Verfahren außer Streitsachen — in der ersten Instanz ein neues Gesuch um eine neue Verfügung einbringt, wodurch der durch die erste Verfügung geschaffene Zustand abgeändert werden soll.

Handelt es sich um Beschlüsse, welche nur auf Antrag einer Partei ergehen können, so kann diese nachträgliche Abänderung in der Regel wieder nur auf Antrag der Partei ergehen, während Beschlüsse in Rechtssachen, in denen das Offizialprinzip zur vollen Geltung kommt, regelmäßig auch von Amtswegen abgeändert und widerrufen werden können.

Von besonderer Bedeutung wird die Frage des Einflußes der im Verlassenschaftsverfahren ergangenen Verfügungen, insbesondere der Einantwortung, auf die Zulässigkeit der späteren Erbschaftsklage. So betont die Entscheidung GUNF. 1160, daß die Nichtannahme der Erbserklärung der Geltendmachung des Erbanspruches im Prozeßwege nicht präjudiziere. Die Verlassenschaftsgerichte seien nicht berechtigt, im Rekursverfahren letztwillige Erklärungen auszulegen. Die Entscheidung GUNF. 3925 leitet weitgehende Konsequenzen aus der Rechtskraft der Einantwortungsurkunde für den späteren Prozeßweg ab. Siehe auch GUNF. 3720 (dazu Eisinger, Not.Z. 1907, S. 401). Im allgemeinen ist wohl zu sagen, daß das Verlassenschaftsverfahren und die Einantwortung nicht den Zweck haben, hinsichtlich der Auslegung eines Testamentes dem späteren Prozeßwege zu präjudizieren. § 823 ABGB. darf hier nicht zu einschränkend ausgelegt werden. Vgl. auch bezüglich des Verhältnisses zwischen dem Verhalten des Erben während des Verlassenschaftsverfahrens und dem Prozeß die Entscheidung GUNF. 3738; die E. GUNF. 200 betont, daß der Erbe, der gegenüber der Einantwortung sein besseres Erbrecht geltend macht, nicht auf Ungültigkeit der Einantwortungsurkunde zu klagen habe, sondern eine Erbschaftsklage nach § 823 ABGB. einbringen muß.

§ 19. Die Durchsetzung der Verfügungen der freiwilligen Gerichtsbarkeit.

Vgl. auch Nußbaum: Über die richterliche Zwangsgewalt in der freiwilligen Gerichtsbarkeit nach Reichs- und Landesrecht, Zeitschr. f. d. Zivilprozeß, 29. Band, S. 440 ff.; Schuster, Kommentar zu §§ 12, 190; Bettelheim, NotZ. 1902, S. 386 ff.; Ott, S. 266 ff.; Neumann, Kommentar zur Exekutionsordnung, 2. Aufl., S. 21 f.

I. Die Mannigfaltigkeit der Verfügungen, die hier in Betracht kommen, hat naturgemäß eine Mannigfaltigkeit der Mittel, die zu ihrer Durchsetzung bestimmt sind, zur

Folge. Wenn dabei von Verfügungen im weitesten Sinne des Wortes gesprochen wird, so kommen auch die Verfügungen in Betracht, welche lediglich dem Verfahren dienen und dessen Durchführung sichern sollen. Hierher gehören alle jene Maßregeln, durch welche eine Beteiligung von Personen erwirkt wird, ohne welche die Erreichung des Verfahrenszweckes nicht erfolgen kann. Der Prozeß kennt Zwang gegen Zeugen und Sachverständige, eventuell auch sonst gegen Dritte zur Realisierung ihrer Urkundeneditionspflicht, nicht aber (abgesehen vom Eheprozeß) gegen die Parteien, eben mit Rücksicht auf den der Parteiendisposition überlassenen Gegenstand des Prozesses. Der offiziöse Charakter des Verfahrens außer Streitsachen erweitert nun naturgemäß mit Rücksicht auf die Beteiligung des öffentlichen Interesses das Maß dieser Zwangsgewalt. Gegen Zeugen und Sachverständige sind dieselben Maßregeln wie im Prozesse zulässig, aber diese Maßregeln richten sich auch gegen andere am Verfahren beteiligte Personen, und wird unter Umständen gegen die Parteien selbst ein Zwang zum Erscheinen, zur Äußerung usw. ausgeübt, ebenso zur Edition von Urkunden. So ordnet § 19 ganz allgemein an, daß gegen „Personen, welche die an sie ergangenen Verfügungen des Gerichtes unbefolgt lassen", ohne weiteres rechtliches Verfahren von Amts wegen angemessene Zwangsmittel in Anwendung zu bringen sind. § 19 P. sieht die Erteilung von Verweisen, Geld- aber auch Haftstrafen vor. § 87 GOG. ordnet hinsichtlich der gerichtlichen Ladung an, daß die Nichtbefolgung einer solchen zur Folge hat, daß der Ungehorsame unter Androhung einer Ordnungsstrafe neuerlich zu laden und durch die Verhängung dieser Strafe zum Erscheinen zu nötigen sei. Im Falle fortgesetzten Ausbleibens kann die Ordnungsstrafe innerhalb des gesetzlichen Ausmaßes verdoppelt und in wichtigeren Fällen die zwangsweise Vorführung angeordnet werden. Für die Verhängung und Verwendung der Ordnungsstrafen gelten die Bestimmungen der Zivilprozeßordnung über Strafen (§ 220). So kann z. B. dem Vater unter Androhung einer Geldstrafe aufgetragen werden, seinen von ihm mangelhaft erzogenen minderjährigen Sohn zu Gericht zu bringen, damit ihm dort eine Zurechtweisung erteilt werde (GUNF. 4027).

Die Wahl der Zwangsmittel ist innerhalb der gesetzlichen Grenzen dem richterlichen Ermessen überlassen. Als eines der Mittel, um die Erreichung des Verfahrenszweckes zu sichern, erscheint auch die Bestellung eines Kurators an Stelle jener Person, die in der Erfüllung ihrer Pflicht, zu handeln, säumig ist, also z. B. statt des Vaters, Vormundes oder Kurators, die säumig sind, eine ihnen von Gericht aufgetragene Klage einzubringen usw. (§ 19 P.). In solchen Fällen wird man in der Regel einen Kurator für den einzelnen Fall bestellen. Es kann aber auch weiter gegangen werden und beispielsweise der Vormund seines Amtes enthoben und für ihn ein anderer Vormund bestellt werden. Die säumigen Personen haften in solchen Fällen nicht nur für die durch ihr Verhalten verursachten Kosten (z. B. die Kosten des Kurators), sondern auch für den anderen, dem Pflegebefohlenen verursachten Schaden.

Naturgemäß handelt es sich bei Erzwingung der in § 19 Abs. 1 P. bezeichneten Handlungen nur um Verpflichtungen, die sich auf das Rechtsfürsorgeverfahren selbst beziehen. Ist z. B. der Mitvormund gleichzeitig privatrechtlicher Schuldner des Mündels, so erscheint die Erzwingung seiner sich aus diesem Rechtsverhältnisse ergebenden Verpflichtungen lediglich im ordentlichen Rechtswege zulässig. (Vgl. auch GUNF. 5060).

Wenn § 19 des Patentes von Parteien spricht, so ist der Ausdruck hier im weitesten Sinne zu nehmen. In diesem Zusammenhange sind auch Auskunftspersonen gemeint, daher die Entscheidung GUNF. 3371, welche in solchen Fällen Zwangsmittel ausschließen will, unzutreffend erscheint. Sobald eine dieser durch die Auskunftspflicht des Rechtsfürsorgeverfahrens getroffenen Personen dieser Pflicht nicht nachkommt, nimmt das konkrete Verfahren eben auch seine Richtung gegen sie, sie können mit Aufträgen und Strafen belegt werden, haben dagegen Rechtsmittel usw.

II. Von jenen Zwangsmaßregeln, welche die Durchführung des eigentlichen Rechtsfürsorgeverfahrens selbst sichern sollen, ist zu unterscheiden die Durchsetzung jener Beschlüsse, welche das Verfahren außer Streitsachen als Exekutionstitel im engeren Sinne schafft und deren Begründung sich in solchen Fällen als der Zweck des Rechtsfürsorgeverfahrens darstellt. Es sind dies in der Regel Endbeschlüsse des Verfahrens außer Streitsachen, soweit ihre Vollstreckbarkeit in Betracht kommt. Sie können wieder mannigfaltiger Natur sein; z. B. der Auftrag an die Eltern, der Tochter ein Heiratsgut zu bestellen (GU. 15733), der Auftrag zur Alimentationsleistung an Gattin (GUNF. 340) und Kinder, der Auftrag an die Gatten zur Rückkehr in die Hausgemeinschaft (GU. 14992 und GUNF. 340).

Die Entscheidung GUNF. 5094 erklärt die Erbteilung als keinen Exekutionstitel, soweit sie sich nicht als ein Vertrag über streitige oder zweifelhafte Rechte darstelle.

Die oberwähnten Beschlüsse erscheinen als Exekutionstitel nach § 1 Z. 6 EO., und sind nach den Grundsätzen und mit den Mitteln der Exekutionsordnung vollstreckbar. Handelt es sich beispielsweise um die Verpflichtung zur Vornahme nicht vertretbarer Handlungen oder zu Unterlassungen, so sind die §§ 354 ff. EO. anzuwenden (GUNF. 1836.).

Die Exequierbarkeit des Beschlusses, womit die Ehefrau zur Wiederaufnahme des ehelichen Lebens verpflichtet wird, ist allerdings bestritten; vgl. z. B. Stubenrauch I, S. 166, Anm. 2 u. f., besonders Krasnopolski-Kafka 4, § 16; ausdrücklich lehnt § 888, Abs. II deutsche ZPO. die Vollstreckbarkeit ab.

II. Die Bewilligung der Exekution obliegt dem Gericht, welches den Beschluß, der sich als Exekutionstitel darstellt, in erster Instanz erlassen hat. (Unrichtig daher in dieser Richtung GUNF. 1836.) Der Vollzug steht dem nach den Normen der Exekutionsordnung kompetenten Exekutionsgerichte zu. Bei Leistungen, deren Verfolgung der Disposition selbst verfügungsberechtigter Parteien überlassen ist, haben diese die Exekution zu beantragen und sie erscheinen dann als betreibende Gläubiger. In anderen Fällen obliegt die Betreibung der Exekution auch dem Gerichte, welches eventuell zu diesem Zwecke einen Kurator bestellen kann.

Hinsichtlich des Eintrittes der Vollstreckbarkeit der im Verfahren außer Streitsachen ergangenen Verfügungen bestimmt § 12 des Patentes, daß diese Verfügungen, insofern im Gesetze selbst keine Ausnahme festgesetzt ist „oder der Richter nicht aus besonderen Gründen die Rekursfrist abzuwarten notwendig findet“, sogleich in Vollzug gesetzt werden können. Wird aber ein Rekurs eingebracht, bevor um den Vollzug angesucht wurde, so hat das Gericht erster Instanz dem Ansuchen um Vollzug des Beschlusses nicht mehr Folge zu geben „und nur im Falle dringender Gefahr die zur Sicherheit der Teilnehmenden notwendigen Vorkehrungen zu treffen“. § 19 Abs. 3 hingegen bestimmt wieder, daß die in nicht streitigen Rechtssachen ergangenen Entscheidungen nur dann die Zulässigkeit der Exekution „nach den Vorschriften der Zivilprozeßordnung“ begründen, wenn sie rechtskräftig geworden sind. Darnach scheint das Gesetz einen Unterschied zwischen den Verfügungen im weiteren Sinne und jenen Beschlüssen zu machen, welche sich als Entscheidungen im engeren Sinne darstellen. Beschlüsse, welche über entgegengesetzte Parteianträge ergehen und entscheidender Natur sind, erscheinen erst dann als Exekutionstitel, wenn sie rechtskräftig geworden sind (z. B. Beschlüsse über einen Streit hinsichtlich der Höhe eines Heiratsgutes oder hinsichtlich der Bestellung eines Notweges). Hier besteht eine gewisse Wahrscheinlichkeit für die Erhebung des Rechtsmittels. Bei anderen Verfügungen ist die Rechtskraft nicht notwendig abzuwarten. Steht aber bereits fest, daß der Beschluß im Rechtszug bestritten wird, so hat auch in diesem Falle der Richter mit dem Vollzuge des Beschlusses inne zu halten. § 12 gibt ihm aber die Befugnis, auch sonst „aus besonderen Gründen“ die Rekursfrist abzuwarten. Der Richter rechnet z. B. mit der Wahrscheinlichkeit, daß ein Rekurs eingebracht wird. Hier kann er, falls ein solcher Rekurs nicht von vornherein aussichtslos erscheint, und die Verfügung sich nicht als besonders dringend darstellt, auch schon auf die Eventualität hin, daß ein Rekurs eingebracht wird, die Aussetzung des Vollzuges anordnen. Die Verfügungen des § 12 unterscheiden sich von den rechtskräftigen Entscheidungen des § 19 Abs. 3 auch in der Richtung, daß unter § 12 auch Verfügungen fallen, die nicht notwendig im Exekutionswege zu vollziehen sind. Es zeigt sich das schon aus der Bezugnahme auf die §§ 177 und 191 als Ausnahmsfälle vom Grundsatze des § 12 Abs. 1. Aus

§ 12 ergibt sich z. B., daß ein Beschluß, welcher die Genehmigung zu seinem Vertragsabschlusse ausspricht, sofort vollzogen werden kann.

Siehe § 18 dieses Grundrisses (S. 39). Vgl. zur Frage auch Bettelheim a. a. O.

IV. Als Sicherungsmittel nach § 12 des Patentes kommt wohl nach Art. XXVII des EG. zur EO eventuell die Exekution zur Sicherstellung oder die Erlassung einstweiliger Verfügungen in Betracht, da dem Art. XXVII EG. zur EO. die Tendenz zugrunde liegt, solche Sicherungsmittel, soweit sie im einzelnen Falle keine gesetzliche Regelung gefunden haben, einer entsprechenden Normierung zuzuführen.

V. Der Schlußabsatz des § 19 des Patentes sieht den Fall vor, daß der Bestand einer Forderung „in Folge des Absatzes 7 § 2 streitig ist" und bestimmt, daß es in diesem Falle von dem Ermessen des Gerichtes abhängt, mit den weiteren Exekutionsschritten bis zum Ausgange des Zivilprozesses innezuhalten oder diese bis zur Sicherstellung fortzusetzen. Hier ist wohl an den Fall gedacht, daß eine richterliche Verfügung nach § 18 im Prozeßwege angefochten werden kann, weil sie die Entscheidung einer privatrechtlichen Vorfrage zur Voraussetzung hat, weshalb das Gericht diese Verfügung im Verfahren außer Streitsachen nur unter dem Vorbehalte erlassen konnte, daß die privatrechtliche Vorfrage nicht im Prozeßwege einer anderen Lösung zugeführt wird (vgl. auch S. 2 f.). Der Zivilprozeß stellt sich in solchen Fällen als eine Art außerordentliches Rechtsmittel gegen die außerstreitige Verfügung dar, deren formelle Rechtskraft bereits eingetreten ist. § 19 bestimmt, daß der Richter die Wahl hat, auf Grund der eingebrachten Klage die Aufschiebung der weiteren Exekutionsschritte zu bewilligen oder sich auf die Bewilligung der Exekution zur Sicherstellung zu beschränken.

VI. Sind nach der Erlassung des Exekutionstitels Tatsachen eingetreten, welche den Anspruch aufheben oder hemmen, so kann der Verpflichtete Einwendungen nach § 35 EO. bei dem Gericht einbringen, bei welchem die Exekution in erster Instanz erlassen wurde. Nach der positiven Vorschrift des § 35 EO. ist für die Einbringung solcher Einwendungen, wenn sie sich auf einen im außerstreitigen Verfahren ergangenen Beschluß beziehen, immer der Klageweg vorgeschrieben. Das Gericht kann auf Grund dieser Klage, ebenso wie bei eventuellen Klagen nach §§ 36 und 37 EO. die Aufschiebung der Exekution bewilligen, falls die Voraussetzungen der Exekutionsordnung hierfür gegeben sind (§ 41 EO.).

Es ist wohl anzunehmen, daß in jenen Fällen, in welchen der Richter die Vollstreckung einer nach § 12 P. erlassenen Verfügung vor Einlangen des Rekurses bewilligt hat, der Rechtsmittelwerber, der nunmehr den Rekurs einbringt, die Aufschiebung der Exekution beantragen kann. Begründet schon die Einbringung der Oppositionsklage bezw. eines außerordentlichen Rechtsmittels die Zulässigkeit dieser Aufschiebung, so ist dies umsomehr für die Erhebung des Rekurses anzunehmen.

VII. Während des Rechtsfürsorgeverfahrens und vor Einleitung desselben können einstweilige Verfügungen zur Sicherung des Verfahrenszweckes und zur Erhaltung des einstweiligen Zustandes bewilligt werden; z. B. der Auftrag auf vorläufige Aufnahme der Ehegattin in die Hausgemeinschaft, auf provisorische Alimentationsleistung (vgl. GUNF. 3251). Unzulässig erscheint es aber im Verfahren außer Streitsachen einstweilige Verfügung zu erlassen, welche nur die Sicherung der Ansprüche eines Pflegebefohlenen aus Privatrechtsverhältnissen zu Dritten zum Gegenstande haben. (Unrichtig die Entscheidung vom 17. April 1912 R. II 345/12, Ger. Halle 1912, Nr. 46.)

§ 20. **Ort- und Zeitbestimmung im Rechtsfürsorgeverfahren.**

I. Schon ein kurzer Überblick über die Gegenstände des Verfahrens zeigt, daß ein großer Teil von ihnen nicht an das Gerichtshaus gebunden ist. Man braucht dabei nur an die Geschäfte des Notariats zu denken, sowohl an diejenigen, die rein notarieller Natur sind, wie auch an jene, welche dem Notariat nur in Konkurrenz mit dem Gerichte zugewiesen sind; z. B. Todfallsaufnahme, Inventur, Schätzungen usw. Der Notar ist berechtigt, im Gerichtshofsprengel Urkunden zu errichten (§ 31 NO.).

Bezüglich jenes Teiles der Agenden, die ihrer Natur nach regelmäßig im Gerichtshause stattfinden, kommt die Einrichtung der sogenannten Gerichtstage nach § 29 des GOG. in Betracht. Im Interesse der Parteien können auf Anordnung des Justizministeriums (ausnahmsweise des Gerichtshofpräsidenten) außerhalb des Sitzes des Gerichtes besondere Gerichtstage abgehalten werden, wobei auch eine große Zahl der außerstreitigen Geschäfte mit den Parteien abgewickelt werden kann. So haben diese das Recht, an den Gerichtstagen dort Schriftsätze zu überreichen, Anträge zu Protokoll zu bringen; es können Zeugen, Sachverständige und Parteien einvernommen, Beglaubigungen erteilt werden. Ferner kann die Verhandlung über eingebrachte Erbeserklärungen und die Anmeldung von Gläubigern am Gerichtstage gepflogen werden. Gleiches gilt für Verhandlungen im Vormundschaftsverfahren usw. (Vgl. des näheren § 57 GO.)

II. Was die Zeitbestimmungen im Rechtsfürsorgeverfahren anbelangt, so können Tagsatzungen im Verfahren außer Streitsachen an allen Werktagen des Jahres außerhalb der Gerichtsferien ohne Beschränkung vorgenommen werden. Während der Gerichtsferien soll sich die gerichtliche Tätigkeit auf die Ferialsachen beschränken. Als absolute Ferialsachen erscheinen auf dem Gebiete der freiwilligen Gerichtsbarkeit die Grundbuchsachen; bezüglich der übrigen Geschäfte entscheidet die konkrete Verfügung des Gerichtsvorstehers oder Senatsvorsitzenden (§ 86 GOG) darüber, ob sie wegen der einer Partei durch die Verzögerung etwa entstehenden Nachteile zu Ferialsachen zu erklären sind (Art. XXXVI des EG. zur ZPO.). § 7 P. bestimmt, daß das Gericht d r i n g e n d e Geschäfte auch an Sonn- und Feiertagen vorzunehmen verpflichtet sei. § 43 GO. verfügt im allgemeinen, daß an Sonntagen und an Weihnachtstagen der gerichtliche Dienst zu ruhen habe. An Feiertagen können Tagsatzungen nur bei Gefahr im Verzuge abgehalten werden (§ 44 GO.). Mit Rücksicht auf § 7 P. ist wohl anzunehmen, daß das Gericht d r i n g e n d e Akte, z. B. die Errichtung von Testamenten bei Lebensgefahr auch an Sonntagen vorzunehmen verpflichtet ist. (Siehe auch O t t, S. 206.) § 43 GO. sieht selbst die Erledigung dringlicher Geschäfte vor.

Die Erlassung einer außerstreitigen Verfügung kann aus dem Grunde nicht angefochten werden, weil sie an einem Ferialtag erfolgt ist.

III. Bei der Anordnung von Tagsatzungen ist darauf Rücksicht zu nehmen, daß nicht nur die Ladung vor der Tagsatzung erfolgen kann, sondern daß die geladenen Personen auch hinreichend Zeit zur Vorbereitung haben. Die Parteien sind auf die Rechtsfolgen von Unterlassungen, bezw. bezüglich der Konsequenzen des Nichterscheinens aufzuklären (§ 114 GO.). Dies geschieht durch das Ladungsformular (z. B. N é m e t h y, Form. 11). Eine Vertagung der Tagsatzung ist nur durch richterlichen Beschluß zulässig; sie setzt voraus, daß entsprechende Gründe hierfür glaubhaft gemacht werden können (§ 134 ZPO.). Veränderungen in der Zusammensetzung des Gerichtes haben nicht die N e u v e r h a n d l u n g der vertagten Sache zur Folge.

Das Gericht hat für die B e u r k u n d u n g der wesentlichen Verfahrensvorgänge zu sorgen. Bezüglich der Protokollierung bei Tagsatzungen vergleiche S. 8.

IV. Für die Berechnung der F r i s t e n des Verfahrens außer Streitsachen ist im Patente ausdrücklich die analoge Anwendung der Vorschriften der Zivilprozeßordnung angeordnet. Mit Rücksicht auf den offiziösen Charakter des Verfahrens außer Streitsachen sind die Fristen zum großen Teile nicht peremptorischer Natur. Die Versäumung der Frist kann in den meisten Fällen nicht zur Präklusion führen, da nicht nur ein Recht, sondern eine Pflicht zu handeln vorliegt. Der offiziöse Charakter des Verfahrens außer Streitsachen äußert sich ja auch darin, daß das Gericht unter gewissen Voraussetzungen das Recht hat, selbst verspätete Rechtsmittel zuzulassen (vgl. S. 33).

Hinsichtlich des Fristenlaufes gelten die §§ 123 ff. ZPO., sowie § 89 GOG. und § 98 GO. Darnach kann eine Frist an Sonn- und Feiertagen nicht enden, und es werden die Tage des Postenlaufes in die Frist nicht eingerechnet; dies gilt nach der Entscheidung Jud. B. **143** (GUNF. 657) auch für den Lokalverkehr. Auch telegraphisches Anbringen erscheint zulässig (§ 89 GOG.). Die näheren Vorschriften über die Behandlung solcher Depeschen sind in §§ 97 und 98 GO. enthalten. Schriftliche Eingaben an das Gericht, die im telegraphischen Wege erfolgen, müssen in der vorgeschriebenen Form mittelst Schriftsatzes wiederholt werden, wenn der Depesche wesentliche gesetzliche Erfordernisse des Schriftsatzes fehlen. Die Überreichung des Schriftsatzes muß spätestens innerhalb dreier Tage nach dem Ablaufe der Frist, welche für die schriftliche Eingabe festgesetzt war, mangels einer solchen Frist aber innerhalb dreier Tage nach Einlangen der Depesche erfolgen. In diese Frist sind die Tage des Postenlaufes einzurechnen. Die Frist von drei Tagen kommt der Partei nicht zugute, wenn sie oder ihr für die Rechtssache bestellter Bevollmächtigter am Orte des Gerichtes, in dessen Sprengel oder im Sprengel des dem mit der Rechtssache betrauten Gerichte übergeordneten Gerichtshofes erster Instanz, wohnt. Wird der Schriftsatz nicht rechtzeitig übersendet, entfällt eventuell die Wirksamkeit der Depesche (siehe § 97 GO.).

Zur Beseitigung der Rechtsnachteile, welche durch die Versäumung von Tagsatzungen und Fristen hervorgerufen werden können, dient die Wiedereinsetzung in den vorigen Stand (restitutio in integrum). Das Patent verweist diesbezüglich auf die Normen der Zivilprozeßordnung. Der Wiedereinsetzungswerber hat daher im Restitutionsverfahren glaubhaft zu machen, daß er durch ein unvorhergesehenes oder ein unabwendbares Ereignis an der Vornahme der Verfahrenshandlung gehindert war und daß diese Versäumung den Ausschluß von der versäumten Verfahrenshandlung zur Folge hatte. Der Antrag ist unzulässig, wenn die Partei bereits auf Grund der nunmehr für das Wiedereinsetzungsbegehren verwerteten Umstände vergeblich um die Erstreckung der versäumten Frist bezw. Tagsatzung angesucht hatte. Die Wiedereinsetzung erscheint aber auch unzulässig, wenn es die Partei versäumt hatte, rechtzeitig ein Gesuch um Erstreckung der Frist oder Tagsatzung einzubringen, obwohl ihr dies möglich gewesen wäre. Auch muß die versäumte Prozeßhandlung gemäß § 149 ZPO. mit dem Antrage auf Bewilligung der Wiedereinsetzung verbunden werden.

Es entsteht die Frage, ob bei der Versäumung der Rekursfrist ein Wiedereinsetzungsantrag auch in jenen Fällen zulässig erscheint, in welchen das Gericht nach § 11 P. berechtigt ist, auf verspätet eingebrachte Rechtsmittel Rücksicht zu nehmen. Die Frage ist wohl zu bejahen, denn § 11 P. gibt der Partei kein absolutes Recht auf Annahme des verspäteten Rekurses, sondern überläßt die Frage dem Ermessen des Rekursgerichtes. Die Partei wird daher in solchen Fällen mit dem Rekurs auch den Restitutionsantrag einbringen. Es erscheint dann am zweckmäßigsten, wenn das Gericht erster Instanz den Rekurs vorlegt. Lehnt die zweite Instanz ein Eingehen auf den verspäteten Rekurs ab, so ist der Akt zur Entscheidung über das Wiedereinsetzungsbegehren an die erste Instanz zurückzuleiten.

Die Frist zur Stellung des Wiedereinsetzungsbegehrens beträgt 14 Tage; gegen die Versäumung dieser Frist erscheint eine weitere Wiedereinsetzung ausgeschlossen; (restitutio restitutionis non datur). Über den Antrag auf Wiedereinsetzung wird Tagsatzung angeordnet, wegen deren Versäumung der gleiche Grundsatz gilt.

Die Kosten des Restitutionsverfahrens hat in Rechtssachen kontradiktorischer Natur der Restitutionswerber seinem Gegner auch dann — und zwar unabhängig vom Ausgange der Rechtssache — zu ersetzen, wenn dem Antrage Folge gegeben wird. (§ 154 ZPO.)

Besonderer Teil.

Erster Abschnitt.

Die Verlassenschaftsabhandlung.

Literatur: Unger, Die Verlassenschaftsabhandlung in Österreich, Wien 1862; derselbe, Erbrecht, S. 158 ff.; Harras von Harrasowsky, Grundzüge der Verlassenschaftsabhandlung, Wien 1862; Carl Graf Chorinsky, Das Notariat und die Verlassenschaftsabhandlung in Österreich, Wien 1877; Randa, Erwerb der Erbschaft; Pfaff-Krainz-Ehrenzweig, § 536; Sander, S. 291 ff.; Anders, Grundriß des Erbrechtes, S. 61 ff., sowie die Kommentare von Schuster-Bonnot, Pfaff-Hofmann und Stubenrauch. Vgl. auch Tonaillon, Geller, Bd. 26, 28 ff.

§ 21. **Allgemeines.**

I. Es gibt wenig Gebiete des Rechtsfürsorgeverfahrens, in welchen sich der Fürsorgegedanke in so mannigfaltiger Richtung äußert und einem so weitgehenden Kreis von Interessen zu entsprechen sucht, als im Verlassenschaftsverfahren: dem Bestreben, den letzten Willen des Verstorbenen Rechnung zu tragen und den wahren Erben zu finden, die Legatare durch die Verständigung von den ihnen zugefallenen Legaten in die Möglichkeit zu setzen, ihre Rechte daran zu verfolgen, dafür zu sorgen, daß die Gläubiger des Verstorbenen in die Lage kommen, sich aus dem Vermögen ihre Befriedigung zu suchen. Dazu kommt das Interesse an der Richtigkeit der Grundbücher sowie die Sicherung der Verlassenschaftsgebühren. Eine besonders intensive Ingerenz nimmt aber die Rechtsfürsorgetätigkeit dann an, wenn dabei auch Interessen von Rechtssubjekten in Betracht kommen, die unter dem besonderen Schutze der Gesetze stehen.

So sucht das Gesetz den vielen Gefahren, welche die sich nach dem Tode einer Person ergebende Situation für alle diese Interessen in sich schließt, in weitem Maße Rechnung zu tragen und wenn vielleicht auch die intensive Einflußnahme, die das Gericht zu nehmen hat, manche Opposition hervorgerufen (so besonders Unger, Die Verlassenschaftsabhandlung in Österreich, ein Votum für deren Aufhebung, 1862, dagegen Harrasowsky a. a. O., S. 58 ff.), so ist doch wieder zu bedenken, daß die Gefahren, die ein zu freies Schalten der Beteiligten für so manche schützenswerten Interessen zur Folge hötte, begründete Befürchtungen hinsichtlich einer weitgehenden Loslösung der Abwicklung des Verlasses von der gerichtlichen Aufsicht hervorzurufen geeignet sind. Die Schäden, welche die Verlassenschaftsabhandlung im einzelnen Falle verhindert, treten eben weniger an die Oberfläche, als die Beschwerden, die manchmal für die Parteien mit einzelnen Akten dieses Verfahrens zweifellos verbunden sind. Das so vielfach von ausländischen Rechten angenommene Prinzip, Gerichtsmaßnahmen von besonderen Tatbeständen oder der Initiative der zu Schützenden abhängig zu machen, z. B. vom Eintritte einer besonderen Gefahr, bietet die Schwierigkeit, daß häufig der Gefährdete von der Gefahr nichts weiß oder nicht entsprechend vertreten erscheint, um seine bezüglichen Rechte wahrzunehmen.

II. Von der eigentlichen Verlassenschaftsabhandlung wohl zu scheiden sind die durch sie hervorgerufenen Prozesse. Der Verlassenschaftsabhandlung obliegt die Cura für den

Nachlaß und seine Abwicklung, die Entscheidung über das bestrittene Erbrecht ist Gegenstand des Prozesses. Das Verlassenschaftsgericht wartet im Streitfalle die Entscheidung des Prozeßrichters ab, und erteilt dann an den Sieger im Prozesse die Einantwortung,

III. Gewisse Akte der Verlassenschaftsabhandlung sind immer obligatorisch, zu anderen kommt es nur im Falle des Zutreffens besonderer Rechtsfürsorgebedürfnisse. Obligatorisch ist für den Regelfall insbesondere die Todfallsaufnahme und eventuell die Eröffnung und Kundmachung des letzten Willens, sowie die Einbringung der Testamentserfüllungsausweise, die Erbserklärung, und, falls es nicht zur Errichtung eines Inventars kommt, das eidesstättische Vermögensbekenntnis, ferner die Einantwortung. Von dem Zutreffen besonderer Voraussetzungen abhängig erscheint die Inventur und Sperre, die Einberufung der Erben, der Gläubiger, die Erbteilung usw.

§ 22. Die Zuständigkeit im Verlassenschaftsverfahren.

I. Die Verlassenschaftsabhandlung ist regelmäßig den Bezirksgerichten zugewiesen. Wenn jedoch landtäfliche, aus dem Gemeindeverbande ausgeschiedene Güter oder Lehen zur Nachlaßmasse gehören, so wird der Gerichtshof erster Instanz zur Abhandlung des ganzes Verlasses berufen. Die Handelsgerichte in Wien und Prag sowie das Handels- und Seegericht in Triest erscheinen zuständig zur Abhandlungspflege der protokollierten Handelsleute und Fabrikanten, welche am Orte des Gerichtes oder in den dazu gehörigen Vorstädten wohnen, der offenen Gesellschafter aber auch dann, wenn sie nicht am selben Orte domizilierten. (Verordg. vom 21. Dezember 1855, RGBl. Nr. 2 ex 1856, Art. VIII des EG. zur JN.) Ausgeschlossen sind von der Abhandlungspflege dieser Gerichte die mit einem Fideikommiß-Lehen oder Substitutionsbande versehenen Verlassenschaftsobjekte, für deren Abhandlung die Zuständigkeit der nach den allgemeinen Kompetenzgrundsätzen dazu berufenen Gerichte aufrecht bleibt.

Vgl. darüber des näheren Petschek, Ger.Z. 1897, Nr. 16; Pisko, Ger.H. 1900, S. 451 ff.; G. Neumann, Kommentar, 3. Aufl., S. 19 f.

Örtlich ist kompetent das Gericht, in dessen Sprengel der Verstorbene seinen allgemeinen Gerichtsstand in Streitsachen hatte. (§ 105 JN.) Bei einem mehrfachen allgemeinen Gerichtsstande entscheidet das Zuvorkommen. (Vgl. auch Fragebeantwortungen zu § 105 JN.)

Stirbt ein österreichischer Staatsangehöriger im Auslande, so bestimmt sich die örtliche Kompetenz für die Abhandlung seiner Verlassenschaft nach seinem letzten allgemeinen Gerichtsstand im Inland. Läßt sich dieser nicht ermitteln, so wird das Gericht kompetent, in dessen Sprengel sich eventuelle zum Verlasse gehörige Immobilien ganz oder zum größeren Teile befinden. Besteht der Nachlaß nur aus beweglichem Vermögen, so ist der Ort entscheidend, an dem der größere Teil des im Nachlasse befindlichen beweglichen Vermögens gelegen ist. Falls landtäfliche oder aus dem Gemeindeverbande ausgeschiedene Güter oder Lehen zur Verlassenschaftsmasse gehören, kommen die Normen des § 105 JN. zur entsprechenden Anwendung.

An dieser Kompetenz wird auch dadurch nichts geändert, daß eine Behörde des Auslandes bereits die Einantwortung des Nachlasses ausgesprochen hat; es wäre denn, daß durch Staatsverträge anderes festgesetzt ist (vgl. GUNF. 1672).

Ist das Vermögen eines Ausländers in Österreich der Verlassenschaftsabhandlung zu unterziehen, so sind nachstehende Eventualitäten zu unterscheiden: erscheint auch das bewegliche Vermögen der österreichischen Verlassenschaftsabhandlung unterworfen, so ist hierfür das Bezirksgericht zuständig, bei dem der Ausländer seinen allgemeinen Gerichtsstand hatte. Läßt sich dieser nicht ermitteln, so wird das Bezirksgericht Verlassenschaftsgericht, in dessen Sprengel sich der größere Teil des hinterlassenen beweglichen Vermögens befindet. Bezieht sich die inländische Verlassenschaftsabhandlung nur auf das im Inlande gelegene unbewegliche Vermögen des Ausländers, so ist hierfür das Bezirksgericht kompetent, in dessen Sprengel diese unbeweglichen Güter ganz oder zum größeren

Teile gelegen sind. Wenn die Güter oder ein Teil derselben in einer Landtafel eingetragen oder aus dem Gemeindeverbande ausgeschieden sind, so begründet dies die Kompetenz des Gerichtshofes erster Instanz. Zweifelhaft erscheint die Kompetenzfrage, wenn der gesamte Nachlaß eines Ausländers im Inlande abzuhandeln ist und sich in demselben bewegliches und unbewegliches Vermögen befindet. Die Fragebeantwortungen des Justizministeriums sind der Meinung, daß dann die allgemeine Zuständigkeitsregel des § 105 JN. zur Anwendung kommt. Nach dem Wortlaute des § 108 erscheint aber die Heranziehung dieser Norm der des § 105 JN. vorzugehen, da sie sich nicht auf den Fall beschränkt, daß nur bewegliches Vermögen des Ausländers hier abzuhandeln ist. § 108 bietet auch den Vorteil, daß er eine Kompetenznorm für den Fall gibt, als sich der allgemeine Gerichtsstand des Ausländers nicht ermitteln läßt.

Die JMV. vom 30. November 1858, RGBl. Nr. 222, macht keinen Gegenbeweis, da damals eine dem § 108 JN. entsprechende Bestimmung nicht bestand.

Neben diesen Kompetenzbestimmungen kommt noch für die Fälle, in welchen der Erblasser nicht an dem Orte gestorben, an dem er seinen allgemeinen Gerichtsstand hat, für die Durchführung der Todfallsaufnahme, eventuell die Versiegelung und die anderen dort verzeichneten dringenden Vorkehrungen die Kompetenznorm des § 28 P. in Betracht. Dieses Gericht ist auch zuständig für die eventuelle dringliche Veräußerung von Verlassenschaftsobjekten nach § 145 P.

II. Der Wirkungskreis des Verlassenschaftsgerichtes ist ein weitgehender. (§ 27 P.) Es ist berufen, über alle sich im Verlassenschaftsverfahren ergebenden — nicht dem ordentlichen Rechtswege vorbehaltenen — Fragen zu entscheiden. Diese Kompetenz wird, soweit sie sich auf das eigentliche Verlassenschaftsverfahren bezieht, auch nicht durch die Beteiligung von Pflegebefohlenen berührt, die etwa einer Vormundschafts- oder Kuratels-Gerichtsbarkeit unterstehen. Anders, wenn es sich nicht um gerichtliche Verfügungen des Verlassenschaftsverfahrens, sondern um Dispositionen der Parteien handelt; z. B. um den Abschluß eines Vergleiches. Bedarf es hier der Ergänzung der mangelnden Handlungsfähigkeit einer Partei, so kommen die gewöhnlichen Kompetenzgrundsätze des Vormundschafts- und Kuratelsverfahrens zur Anwendung. Dies gilt speziell auch für die Fälle, in welchen bei der Erbteilung hinsichtlich der Übernahme von unbeweglichen Gütern oder in anderen wichtigen Punkten von der Anordnung des Gesetzes oder des Erblassers durch besondere Übereinkunft abgegangen, oder über zweifelhafte Rechte ein Vergleich geschlossen wird. (§ 27 P.) Soweit es sich um die Beteiligung am Verlassenschaftsverfahren handelt, ist das Verlassenschaftsgericht auch dazu kompetent, für alle dabei in Betracht kommenden Parteien ohne Rücksicht auf deren allgemeinen Gerichtsstand in dem vom Gesetze vorgesehenen Fällen Kuratoren zu bestellen.

Für die Zuweisung des Substitutionsvermögens nach dem Eintritte des Substitutionsfalles ist das Gericht kompetent, welches die Verlassenschaftsabhandlung nach dem Erblasser gepflogen hat, da es sich nicht um die Abhandlung des Nachlasses des Fiduziars, sondern um die Fortsetzung der Nachlaßabhandlung nach dem Erblasser handelt, der die Substitution angeordnet hat (GUNF. 5520).

§ 23. Gegenstand der Verlassenschaftsabhandlung.

I. Gegenstand des Verlassenschaftsverfahrens ist in der Regel das gesamte, dem Erblasser zur Zeit seines Todes gehörige bewegliche und das im Inlande gelegene unbewegliche Vermögen, gleichgültig in wessen Detention sich die einzelnen Vermögensobjekte zur Zeit des Todes befinden. Es sind daher auch jene Sachen in das eventuell errichtete Inventar aufzunehmen, welche sich in den Händen dritter Personen befinden. Jene Gegenstände, die im Besitz des Verstorbenen waren, ihm aber offenbar nicht gehörten, sind zwar im Inventar ersichtlich zu machen, aber nicht weiter dem Verlassenschaftsverfahren zu unterwerfen. Allerdings wird die Rückstellung der Sachen von wesentlichem Werte an den Eigentümer vor der Einantwortung in zweifelhaften Fällen der Zustimmung des Verlassenschaftsgerichtes bedürfen.

Die Entscheidung darüber, ob eine Sache in das Verlassenschaftsverfahren einzubeziehen, also z. B. in das Inventar aufzunehmen ist, unterliegt dem offiziosen Verfahren (vgl. GUNF. 2202), sie präjudiziert aber durchaus nicht der Frage des Rechtes der Erben resp. des Dritten. Über diese Fragen ist im ordentlichen Rechtswege zu entscheiden (GUNF. 2202, 2336), und es erscheint daher auch unzulässig, daß das Verlassenschaftsgericht dem Inhaber der Sache im offiziosen Weg, etwa bei sonstiger Exekution, den Auftrag gibt, Sachen des Erblassers auszufolgen oder gerichtlich zu deponieren (siehe auch GUNF. 558, vgl. ferner die von Hellmer mitgeteilte Entscheidung vom 17. Juni 1913, GZ. 1913 S. 356). Dies gilt auch einem Miterben gegenüber (GUNF. 4241), soweit es sich um die Entscheidung über ein strittiges besonderes Rechtsverhältnis handelt. Anders natürlich, wenn Organe des Verfahrens selbst in den Besitz von Verlaßvermögen im Zuge des Verfahrens und durch dasselbe gekommen sind (z. B. der Notar) und die Rückstellung dieser Objekte oder ihren Erlag verzögern. In solchen Fällen kommen rein publizistische Momente zur Geltung. Gleiches gilt für eventuelle Vorkehrungen nach §§ 43 ff. P. zur Sicherung der Verlaßgebühren Pflegebefohlener. Auch hier sind die etwa zu dieser Sicherung bestimmten Wertpapiere von amtswegen durch den Gerichtskommissär zu übernehmen und zu deponieren.

II. Bestritten ist häufig die Aufnahme von Lebensversicherungspolicen in das Inventar und ihre Behandlung als Verlaßvermögen. Lautet die Police auf den Namen eines vom Verstorbenen verschiedenen Versicherten, so ist sie wohl auszuscheiden und und zwar auch dann, wenn der Versicherer berechtigt war, die Versicherung zu ändern, denn es handelt sich dabei wohl um ein mit seinem Tode erlöschendes Recht.

Policen, die auf den Inhaber lauten, sind in den Verlaß aufzunehmen, wenn sie sich zur Zeit des Todes im Besitze des Verstorbenen befinden.

Vollständig unrichtig erscheint die Entscheidung GUNF. 3230. Siehe auch die Bemerkungen Not. Z. 1906 S. 37. Bei Verpfändungen entscheidet eventuell der Depotschein (GUNF. 527).

Die Spruchpraxis des Verwaltungsgerichtshofes weicht in diesen Fragen vielfach von der des Obersten Gerichtshofes ab.

Steht zweifellos fest, daß der Erblasser die Versicherung auf einen anderen übertragen und für den so Berechtigten nur die Verwahrung der Police übernommen hat, so wäre die Versicherung zwar in das Inventar formell aufzunehmen, aber der Betrag nicht in Anschlag zu bringen. (§ 104 P.) Der Oberste Gerichtshof hat sogar Policen aus dem Inventar ausgeschieden, welche auf den „Erben" (siehe GUNF. 2209 entgegen (GU. 14754) oder auf den „Rechtsnachfolger" (Vgl. GUNF. 998 und 4466; siehe aber GUNF. 2205) lauteten. Erscheint der Erblasser selbst als Begünstigter bezeichnet, so ist die Versicherung zweifellos in den Verlaß einzubeziehen (GUNF. 2205); es wäre denn, daß der Versicherer vorher zulässigerweise vertraglich darüber Gültiges anders deponiert hätte (GUNF. 5169).

Vgl. über die Spruchpraxis des OGH. und des Verwaltungsgerichtshofes Fried, Not.Z. 1903, Nr. 51 ff.; ferner hinsichtlich der Literatur und Spruchpraxis eingehend Pfaff-Krainz-Ehrenzweig, § 389; Krasnopolski-Kafka III, S. 107.

Behauptet ein Dritter das Eigentum an Sachen, die sich im Nachlasse befinden, so hat er seine Ansprüche im Bestreitungsfalle im ordentlichen Rechtswege geltend zu machen.

Erscheint es ungewiß, ob sich Sachen des Verstorbenen im Besitze Dritter befinden, oder ob er sonst Vermögensobjekte hatte, so sind behufs Einbeziehung solcher Objekte in den Nachlaß die offiziosen Erhebungen der freiwilligen Gerichtsbarkeit zulässig; so eventuell eine Anfrage bei der Sparkasse usw.

Die Auskunftspflicht der Sparkasse wird durch entgegengesetzte Bestimmungen in ihrer Geschäftsordnung nicht berührt (GUNF. 5210).

Nicht einzubeziehen in den Nachlaß sind höchstpersönliche Befugnisse des Erblassers. Eine Apothekerkonzession z. B., bzw. ihr Wert, ist in keinem Falle in das Inventar aufzunehmen, auch dann nicht, wenn sie nach § 15 des Gesetzes vom 18. Dezember 1906 von der Witwe oder den Deszendenten weiter ausgeübt wird, da auch bezüglich dieses Weiterbetriebes nur ein rein persönliches Recht der hierzu Befugten vorliegt (GUNF. 5168). Andere Grundsätze kommen selbstverständlich für Realapotheken zur Anwendung.

Naturgemäß präjudiziert die Aufnahme eines Gegenstandes in das Inventar in keiner Weise der dem ordentlichen Rechtsweg vorbehaltenen Eigentumsfrage, gerade so wenig wie dem Erben beispielsweise bei Einklagung von Forderungen des Erblassers aus dem Grunde Einwendungen entgegengesetzt werden können, daß die Forderung nicht im Inventar erscheint.

§ 24. **Fortsetzung: Verhältnis zum Ausland.**

I. Für das Vermögen, welches Inländer im Auslande besitzen oder Ausländer (Art. X EG. z. JN.) im Inlande, gelten in erster Linie die besonderen, für seine Behandlung getroffenen Staatsverträge. Soweit solche nichts anderes festsetzen, kommen nachstehende Grundsätze zur Anwendung (vgl. auch Ott, S. 126).

Immobilien, welche sich im Auslande befinden, werden in das österreichische Verlassenschaftsverfahren nicht einbezogen, wohl aber das etwa im Auslande befindliche bewegliche Vermögen eines österreichischen Staatsbürgers. Bezüglich des im Inlande gelegenen unbeweglichen Vermögens eines — sei es im Inlande, sei es im Auslande — verstorbenen Ausländers steht dem kompetenten österreichischen Gerichte (siehe S. 48) die Abhandlung des Verlasses ohne Beschränkung zu (§ 22 P., Art. VIII EG. zur JN.). Es ist daher auch hinsichtlich der privatrechtlichen wie hinsichtlich der gebührenrechtlichen Seite österreichisches Recht anzuwenden (§ 22 P.). Für Prozesse kommt der ausschließliche Gerichtsstand des § 77 JN. zur Geltung.

Das bewegliche, in Österreich befindliche Vermögen eines verstorbenen Ausländers ist, wenn und insoweit der betreffende ausländische Staat dem Nachlaß österreichischer Staatsbürger gegenüber die Zuständigkeit der österreichischen Gerichtsbehörden anerkennt, regelmäßig der kompetenten Behörde des betreffenden Auslandes auszuliefern. Diese hat dann auch bezüglich des beweglichen Vermögens die etwa erforderlichen Entscheidungen im Prozeßweg zu treffen (§ 23 P.).

Gehört der betreffende Verstorbene einem Staate an, der die Kompetenz der österreichischen Gerichte nicht oder nicht in gleichem Maße anerkennt — worüber im Zweifel das Justizministerium zu befragen ist —, so wird Reziprozität geübt; ist die Staatsbürgerschaft des Verstorbenen oder der Vorgang des betreffenden Staates österreichischen Gerichten gegenüber nicht zu ermitteln, oder hatte der Verstorbene keine Staatsbürgerschaft, so wird der Nachlaß des Ausländers in Österreich und zwar nach österreichischem Rechte abgehandelt. Dabei ist dann, soweit österreichische Gerichte den Verlaß durchführen, österreichisches Recht anzuwenden (GUNF. 849). Doch stehen die Entscheidungen GUNF. 2595, 2646 auf dem Standpunkte, daß in diesen Fällen das Vermögen, welches der Ausländer im Auslande hatte, in den Verlaß nicht einzubeziehen ist. Bei Forderungsrechten erscheint wohl, soweit sie nicht in Wertpapieren verkörpert sind, der Wohnsitz des Drittschuldners für die Frage, wo das Vermögen liegt, in analoger Anwendung des § 4, Z. 6 EO. entscheidend (siehe auch GUNF. 2646).

II. Aber auch in den Fällen, in welchen nach den oben ausgeführten Grundsätzen der Verlaß an das Ausland auszuliefern wäre, wird den Interessenten die Möglichkeit eröffnet, das österreichische Gericht durch Parteiendisposition zuständig zu machen. Es bedarf hierzu eines aus positiven und negativen Momenten zusammengesetzten Tatbestandes: die hierlands befindlichen Erben müssen ausdrücklich um die Vornahme der Verlassenschaftsabhandlung bei dem österreichischen Gerichte ansuchen, anderseits ist ein Edikt zu erlassen, worin allfällige auswärtige Erben und Vermächtnisnehmer aufgefordert werden, ihre Ansprüche anzumelden, widrigenfalls die Verhandlung vor dem österreichischen Gerichte mit den Parteien, welche darum angesucht haben, durchgeführt würde. Erst mit

4*

dem fruchtlosen Ablauf der dafür gesetzten Frist wird das österreichische Gericht zur Abhandlung kompetent. Nicht nur ausländische Erben und Vermächtnisnehmer, sondern auch die ausländische Verlaßbehörde erscheint zur Erhebung des Ausfolgungsbegehrens berufen. Es genügt im erstgenannten Fall, daß sich Personen melden, denen nach dem betreffenden ausländischen Recht ein Erbrecht zusteht, da das Recht des Inlandes nur dann anzuwenden ist, wenn der Verlaß hier abgehandelt wird. Es ist ja gerade die Tendenz des § 140 P., jenen Personen nicht zu präjudizieren, welche vor dem ausländischen Gericht als Erben in Betracht kommen. Gläubiger des Verstorbenen haben jedoch nicht das Recht, die Auslieferung zu verlangen.

Das Edikt ist auch in den in Betracht kommenden ausländischen Zeitungen einzuschalten.

Der Vorgang nach § 140 P. setzt unter allen Umständen voraus, daß der Verstorbene im Inlande seinen ordentlichen Wohnsitz hatte (§ 140 P.).

Im Falle des § 140 P. wäre auch die Einbeziehung ausländischen Vermögens in den Verlaß zum Zwecke seiner einheitlichen Durchführung denkbar (vgl. aber GUNF. 2595).

III. Wird der Nachlaß eines Ausländers oder ein Teil desselben an das Ausland ausgeliefert so haben die ausländischen Gerichte für Interessenten, die österreichische Staatsbürger sind, oder sich wenigstens in Österreich aufhalten, zu sorgen. Geschützt werden dabei Gläubiger, Erben und Vermächtnisnehmer. Allerdings findet der Schutz nur über Verlangen dieser Interessenten statt. Handelt es sich um Pflegebefohlene, so ist der gesetzliche Vertreter zur Stellung des Antrages zu verhalten, eventuell ein Kurator zur Antragstellung zu ernennen.

Die hierländischen Erben und Vermächtnisnehmer können verlangen, daß der Nachlaß bzw. ein zur Deckung ihrer Ansprüche ausreichender Teil desselben dem ausländischen Staate gegenüber so lange zurückbehalten werde, „bis über ihre Ansprüche durch die dortigen Gerichtsbehörden rechtsgültig entschieden ist." Damit ist die Kompetenz der auswärtigen Behörden zur Entscheidung über die Ansprüche dieser österreichischen Interessenten anerkannt, und hat demnach das österreichische Gericht, wenn die sonstigen Voraussetzungen gegeben erscheinen, die Entscheidung seiner weiteren Verhandlung zugrunde zu legen. Doch ist § 137 P. wohl auch dahin zu interpretieren, daß nicht nur die Entscheidung der ausländischen Gerichtsbehörden abzuwarten, sondern dann auch die sich nach dieser Entscheidung für die österreichischen Interessenten entfallenden Vermögensteile zurückzubehalten sind (vgl. „des zur Bedeckung erforderlichen Teiles" § 137).

Gläubiger des verstorbenen Ausländers haben das Recht, zu verlangen, daß die Ausfolgung des Vermögens erst dann erfolgt, wenn ihre Ansprüche befriedigt oder wenigstens sichergestellt sind. Die für Gläubiger im Inland begründeten Gerichtsstände bleiben unberührt.

Um den hierländischen Erben Vermächtnisnehmern und Gläubigern die Wahrung ihrer Rechte hinsichtlich des an das Ausland auszuliefernden Nachlasses zu ermöglichen, sind sie durch ein Edikt aufzufordern, ihre Ansprüche innerhalb einer im Edikte in angemessenem Ausmaße festzusetzenden Frist anzumelden, widrigenfalls der Nachlaß an das ausländische Gericht oder an die von demselben zur Übernahme ermächtigten Personen ausgefolgt werden würde. Der Umstand, daß das ausländische Gericht bereits eine Einweisung in den Nachlaß ausgesprochen hat, verhindert die Anordnung der erwähnten Vorkehrungen nicht, da das Gesetz eben die Tendenz verfolgt, die hierländischen Interessenten vom ausländischen Nachlaßverfahren unabhängig zu stellen.

Die Entscheidung GUNF. 3785 ist der Meinung, daß die Rechte, welche den Gläubigern (im außerstreitigen Verfahren) hinsichtlich des auszuliefernden Verlasses zustehen, im §§ 138 ff. erschöpfend aufgezählt sind, daher ein Antrag nach § 812 ABGB. unzulässig erscheine.

Die Rückbehaltung des Vermögens im Interesse der obenerwähnten Interessenten hat den Zweck, die Durchsetzung ihrer Rechte zu erleichtern, daher auch, falls sich später herausstellt, daß ihre Ansprüche berechtigt erscheinen, Exekution für diese Ansprüche durch die österreichischen Gerichte bewilligt und vollzogen werden kann.

IV. Besondere Vorschriften enthält das Patent hinsichtlich der Verlassenschaften türkischer Untertanen (vgl. §§ 141 ff.).

Vgl. über das Verhalten der auswärtigen Staaten und die Staatsverträge bezüglich der Behandlung der Nachlässe ausländischer Staatsangehöriger Friedländer, Manzsche Ges.-Ausgabe, 3. Band, I. Teil, 14. Aufl. S. 307 ff.; siehe auch Hellmer, Not.Z. 1913, Nr. 49, 1914, Nr. 2.

§ 25. Die Todfallsaufnahme.

I. Sie stellt sich in der Regel als der erste Akt des gerichtlichen Einschreitens dar, hat im wesentlichen Informations- und Sicherungszweck und bildet das Substrat, auf dem sich das weitere Verlassenschaftsverfahren aufbaut.

Um die Vornahme der Todfallsaufnahme sicherzustellen, haben die Gemeindebehörden und gewisse andere Faktoren von jedem Todesfall unverzüglich die Anzeige beim Bezirksgerichte zu erstatten, wobei natürlich das Gericht nicht genötigt ist, das Einlangen dieser Anzeige abzuwarten. Dazu kommen die periodischen Anzeigen der Matrikenführer. Das Gericht entsendet nach Kenntnisnahme vom Todesfalle einen Beamten des Gerichtes oder einen Notar als Gerichtskommissär zur Vornahme der Todfallsaufnahme. Doch kann die Todfallsaufnahme auch durch den Gemeindevorsteher vorgenommen werden. Vgl. (für das dort bezeichnete Geltungsgebiet) die Instruktion für die Gemeindevorsteher, V. d. JM. vom 28. Juni 1850, RGBl. Nr. 256.

In wichtigeren Fällen ist auch die Bestellung zweier Gerichtsabgeordneter zulässig. An Orten, an welchen sich der Sitz eines Gerichtshofes befindet, ist die Betrauung der Notare mit den Geschäften, deren Verrichtung ihnen als Gerichtskommissäre übertragen werden kann, also auch mit der Todfallsaufnahme, obligatorisch. (JMV. vom 7. Mai 1860, RGBl. Nr. 120.) Das Bezirksgericht kann innerhalb seines Sprengels einem Notar auch die allgemeine Ermächtigung zur Aufnahme aller in einem bestimmten Bezirke vorkommenden Todesfälle erteilen. (§ 37 P., siehe auch § 184 Not.-O. vom 21. Mai 1855, Art. II EG. z. NO. vom 25. Juli 1871.)

Der Gerichtskommissär hat sich mit tunlichster Beschleunigung, bei Gefahr im Verzuge aber sofort, in die Wohnung des Verstorbenen zu begeben. Der Todfallsaufnahme sind zwei Hauspersonen oder in Ermangelung solcher zwei andere Zeugen beizuziehen. Falls dem Gerichtskommissär bei seiner Funktion Hindernisse in den Weg gelegt werden, hat er sich der erforderlichen Zwangsmittel zu bedienen (§ 40 P.).

II. Wie schon erwähnt, hat die Todfallsaufnahme Informations- und Sicherungszweck; ersteres insofern, als die wichtigsten Daten über die für den Verlaß und für damit zusammenhängende Vormundschaften wesentlichen persönlichen Verhältnisse des Erblassers und seiner Angehörigen, über das Verlaßvermögen, das Vorhandensein letztwilliger Verfügungen usw. zu erheben sind (vgl. des näheren § 39 P.). Die Erhebungen erfolgen durch entsprechende Befragung der Hausgenossen und Angehörigen, eventuell auch anderer über die einschlägigen Verhältnisse unterrichteter Personen. Ferner ist bei der Todfallsaufnahme nach letztwilligen Verfügungen oder anderen wichtigeren Papieren zu suchen. Nach § 116 P. soll bei der Todfallsaufnahme, wenn dies tunlich erscheint und die Todfallsaufnahme von einem Gerichtsbeamten oder Notar vorgenommen wird, eventuell gleich die Erbserklärung aufgenommen werden. Doch darf bei der Tragweite der Erbserklärung § 116 P. nicht etwa so angewendet werden, daß der Gerichtskommissär die Parteien zu einer vorschnellen Erklärung nötigt.

Was den Sicherungszweck anbelangt, so ist unter allen Umständen auf die Sicherstellung der Verlaßgebühren Bedacht zu nehmen, falls nicht etwa vorhandene Immobilien volle Sicherheit bieten.

Außerdem sind für besondere Fälle Sicherungsakte durch die Verhängung der sogenannten engen Sperre vorgesehen. (Über ihren Gegensatz zur früheren „Jurisdiktionssperre", dem Zeichen der Gerichtsbarkeit, vgl. Unger S. 114.) Die enge Sperre ist nach dem Gesetze zu verhängen im Interesse schutzbedürftiger Erben oder der Gläubiger, dann nämlich, wenn die bekannten oder mutmaßlichen Erben „ihr Vermögen zu verwalten unfähig, abwesend oder gänzlich unbekannt sind", ferner bei Besorgnis einer Überschuldung, bei Bewilligung der separatio bonorum oder wenn „andere Umstände besondere Vorsicht fordern" (§§ 43, 44 P.).

Im Falle der Versiegelung sind Baargelder, Wertpapiere, Privatschuldscheine und überhaupt alle wichtigeren Urkunden, die Pretiosen, Gold- und Silbergeräte gegen Bestätigung (§ 48) vom Gerichtskommissär zu übernehmen, während die anderen Fahrnisse, soweit dies tunlich und zur Sicherheit der Beteiligten erforderlich erscheint, entsprechend verschlossen und versiegelt werden. Die Bestimmungen der §§ 46 und 47 P. ermöglichen der Praxis eine weitgehende Einschränkung dieser Versiegelung. Von dem gerichtlichen Erlag der Wertpapiere und Pretiosen ist aber keinesfalls abzugehen (s. auch GUNF. 161). Jene Teilbeträge des Bargeldes, welche für die nächsten dringenden Auslagen e r f o r d e r l i c h erscheinen, speziell für die Beerdigung und die Fortführung des Haushaltes, sowie wohl auch eventuell des Geschäftes, sind zurückzulassen (§ 46 P.).

Wenn nur einige der Erben zur Verwaltung ihres Vermögens unfähig resp. abwesend sind, so kann von einer Siegelung abgesehen werden, und es kann sich dann das Gericht mit dem gerichtlichen Erlag eines zur Deckung dieser Ansprüche hinreichenden Teiles der Verlassenschaftsgegenstände begnügen, und auch von dieser kann abgesehen werden, wenn etwa vorhandene Immobilien hinreichende Deckung bieten (§ 49 P.).

Das Gericht hat auch von amtswegen bei der Todfallsaufnahme für die Sicherung der Ansprüche jener P f l i c h t t e i l s b e r e c h t i g t e n und L e g a t a r e zu sorgen, welche unter dem besonderen Schutze der Gesetze stehen. Für diese Sicherstellung kommen die Normen des § 49 P. zur entsprechenden Anwendung.

Soweit die Voraussetzungen für die erwähnten Sicherungsakte nicht gegeben erscheinen, hat der Gerichtskommissär den bekannten oder mutmaßlichen Erben bezw. ihren Bevollmächtigten die Verlassenschaftsobjekte in Verwahrung zu überlassen, soweit sie nicht zur Deckung der Gebühren in Anspruch genommen werden (§ 43 P.). Orden und andere Ehrenzeichen, die nach § 90 P. zurückzustellen sind, hat der Gerichtskommissär zu übernehmen und dem Gerichte zur Veranlassung der Rückstellung zu übergeben.

III. Zu diesen regelmäßigen Funktionen der Todfallsaufnahme treten noch eine Reihe weiterer Vorkehrungen, die sich zum großen Teil aus dem beruflichen Verhältnisse des Verstorbenen ergeben, die Sicherung der dabei in Betracht kommenden öffentlichen Interessen bezwecken, und zur Delegierung besonderer Organe auch anderer beteiligter Behörden zur Intervention bei der Todfallsaufnahme oder dem weiteren Verfahren führen können. So wenn der Verstorbene voraussichtlich Amtsakten, Amtsgelder oder amtliche Kassenschlüssel bei sich hatte (§ 53 ff.), eventuell bei Todesfällen von Militärpersonen, Seelsorgern oder sonstigen Priestern (§§ 56, 57 P.) und von Notaren (§ 58 P.).

Besondere Vorschriften bestehen für die Todfallsaufnahme von Personen, welche in öffentlichen Versorgungs- oder Krankenhäusern gestorben sind (§ 60 P.).

Bei minder bedeutenden Verläßen kann mit der Todfallsaufnahme auch gleich die I n v e n t u r verbunden werden, falls die Notwendigkeit einer solchen schon feststeht (§§ 96, 151 P.).

IV. Der Gerichtskommissär hat dem Gericht über die Todfallsaufnahme schriftlich B e r i c h t z u e r s t a t t e n (§ 50 P.) und die übernommenen Werte zu erlegen.

Dieser Bericht ist auch in den Fällen zu erstatten, in welchen der Nachlaß voraussichtlich „armutshalber abgetan" werden muß. (§ 51 P.) Der Bericht geht an das zur Anordnung der Todfallsaufnahme kompetente Gericht, ist aber von diesem nach Anordnung der dringlichsten Maßnahmen an das etwa davon verschiedene Abhandlungsgericht zu den weiteren Verfügungen abzutreten (§ 71 P.).

V. Das Verlassenschaftsgericht hat den Bericht zu prüfen und eventuell erforderliche Ergänzungen von amtswegen zu veranlassen. Ebenso hat es allfällige Beschwerden von Parteien gegen Vorgänge bei der Todfallsaufnahme zu erledigen. Das Gericht muß eine Reihe von Verständigungen erlassen, soweit dieselben nicht schon vorher erfolgt sind, so an das Gebührenbemessungsamt, ferner bei Todesfällen rechnungspflichtiger Beamten an die Landesbehörde, bei Lottokollektanten an die Lottodirektion (§ 85 P.), bei Personen, welche Bezüge aus öffentlichen Kassen, Stiftungen, Armenfonds beziehen, an die betreffende Behörde (§ 87 P.), bei Advokaten und Notaren an die Kammer (vgl. §§ 85 ff. P.), ferner bezüglich der Vermächtnisse und Erbschaften nach §§ 83 ff. an die dort bestehenden Organe usw. Bezüglich des Geldes, das bei Banken usw. liegt, ist eventuell ein Verfügungsverbot zu erlassen usw.

VI. In gewissen Fällen findet das Verlassenschaftsverfahren schon durch Verfügungen, welche sich unmittelbar der Todfallsaufnahme anschließen, ihr Ende; einmal durch die Abtuung des Verlasses „armutshalber" (§ 72 P.), wenn nämlich wegen Abganges eines Vermögens keine Verlassenschaftsabhandlung stattfindet, ferner durch die sogenannte „iure crediti Einantwortung" oder durch die Eröffnung des Konkurses über das Verlaßvermögen.

§ 26. **Iure crediti Einantwortung und Konkurseröffnung.**

I. Die „iure crediti Einantwortung ist bei unbedeutenden Nachlässen zulässig, wobei allerdings relative Momente für diese Frage entscheidend sind. Voraussetzung ist, daß nach den eingehend gepflogenen, durch die Vernehmung der Beteiligten (§ 73 P.) ergänzten Erhebungen festgestellt erscheint, daß das Vermögen nur hinreicht, um die dringendsten Verlassenschaftsschulden zu berichtigen. Es wird dann das vorhandene Vermögen den einzelnen Gläubigern an Zahlungsstatt überlassen. Dabei genießen Forderungen, die im Konkurs privilegiert sind, die gleichen Privilegien (GUNF. 4087.)

Da sowohl hinsichtlich der Aktiv- wie der Passivseite nur Singularsukzession vorliegt, so müssen die einzelnen Vermögensobjekte, welche übergehen und die Forderungen, zu deren Gunsten sich dieser Übergang vollzieht, genau festgestellt werden. Kompliziert wird der Vorgang, wenn sich später noch anderes Vermögen oder andere Gläubiger finden. Letztere haben bezüglich des bereits eingeantworteten Vermögens keine Rechte. Wird neues Vermögen gefunden, so ist zu prüfen, ob es die Einleitung des Verlassenschaftsverfahrens begründet. Bejahendenfalls haben die Gläubiger, wenn durch die iure crediti Einantwortung ihre Forderungen nicht voll befriedigt wurden, wohl das Recht, ihre restlichen Ansprüche geltend zu machen. Es bedarf daher schon für solche Fälle einer genauen Fixierung, inwieweit die Forderungen perzentuell durch die aus dem Verlasse übernommenen Vermögensobjekte befriedigt erscheinen. Sollte sich die Einleitung des Verlassenschaftsverfahrens bezüglich des neu aufgefundenen Vermögens nicht rechtfertigen lassen, findet ergänzende iure crediti Einantwortung zur Befriedigung der restlichen Ansprüche statt. Jetzt können auch Forderungen partizipieren, welche bei der früheren iure crediti Einantwortung nicht bekannt waren und sind diese dann durch analoge Anwendung des § 186 KO. den anderen Gläubigern gegenüber zu behandeln.

Die iure crediti Einantwortung kann wohl verschieden erfolgen: sei es durch quotative Zuweisung des ganzen Verlasses an alle Gläubiger, wobei dann ein bei der Berücksichtigung von Vorzugsposten sehr kompliziertes Miteigentumsrecht der beteiligten Gläubiger entsteht, oder die Vermögensstücke werden einzeln auf die Gläubiger aufgeteilt. In beiden Fällen haben wir es mit einer Übergabe an Zahlungsstatt zu tun. Die dritte Art des Vorganges ist die, daß ein Gläubiger oder ein Dritter die Aktivmasse übernimmt gegen die Verpflichtung, die — genau zu bezeichnenden — anderen Schulden quotativ zu begleichen. Wir haben dann eine Kombination der Übernahme von Sachen und einer Schuldübernahme an Zahlungsstatt. Übernommen und getilgt werden natürlich nur die betreffenden Forderungsquoten (GU. 1734, 17164). Forderungen, welche später erhoben werden, können daher nicht mehr gegen den Übernehmer des Nachlasses geltend gemacht werden.

Naturgemäß bedarf die Übernahme des Verlasses durch einen oder einzelne Gläubiger oder durch einen Dritten der Zustimmung der anderen Gläubiger. (GUNF. 1515.) Es besteht auch kein Hindernis, daß die iure crediti Einantwortung an eine Person erfolgt, die auch als Erbe in Betracht kommt.

Nach dem Wortlaut des § 73 P. erscheint die iure crediti Einantwortung auch zulässig, wenn bereits eine bedingte Erbserklärung vorliegt (GU. 14164). Sie bedarf dann nicht der Zustimmung des Erben. Nach der iure crediti Einantwortung erscheint hingegen eine Erbserklärung nicht mehr zulässig, da sich diese „Einantwortung", obwohl sie keine Einantwortung im technischen Sinne ist, doch als eine Art der Beendigung des Verlassenschaftsverfahrens darstellt. Nur dann, wenn später neues Vermögen gefunden wird, kann es zu einer Wiederaufnahme des Verlassenschaftsverfahrens, zur Einbringung einer Erbserklärung und zu einer Einantwortung kommen. (Vgl. auch Langstein, Ger. Z. 1899, S. 201 und GU. 3702).

Vgl. über die iure crediti Einantwortung Unger, S. 98, 147; Schuster, Kommentar zu §§ 52 und 73; Anders, Grundriß des Erbrechtes, S. 65, Dr. G. Bloch, Ger. Z. 1912, S. 495 ff.; Pfaff-Krainz-Ehrenzweig, § 514 und die bei diesen weiters verzeichnete Literatur.

II. Erscheinen die Voraussetzungen einer iure crediti Einantwortung nicht gegeben, und liegt ein Konkursgrund vor, so ist die Eröffnung des Konkurses über den Nachlaß zu beantragen. Zur Antragstellung sind berufen: der bedingt erbserklärte Erbe, der Verlassenschaftskurator, aber auch die Nachlaßgläubiger. Der Kurator und der Erbe bedürfen zur Antragstellung der Zustimmung des Verlassenschaftsgerichtes.

Die Entscheidung GUNF. 1515 ist der Meinung, daß das Verlassenschaftsgericht nicht befugt ist, den Nachlaßerben zur Stellung des Konkurseröffnungsantrages zu nötigen. Mit Rücksicht darauf, daß der Erbe bis zur Einantwortung nur als gesetzlicher Vertreter des Nachlasses auf Grund der ihm vom Gerichte erteilten Vertretungsbefugnis erscheint, und diese ganze Vertretung sich unter der Aufsicht des Verlassenschaftsgerichtes abspielt, erscheint die Richtigkeit dieser Entscheidung zweifelhaft. Die Entscheidung GUNF. 1154 läßt nach der Konkurseröffnung eine Erbserklärung nicht mehr zu. Für den Regelfall wird eine solche kaum in Betracht kommen, doch wäre es immerhin denkbar, daß der Erbe zur Erbserklärung schreitet, um die Legitimation zur Durchführung eines Ausgleiches zu erlangen, von dem Falle ganz abgesehen, daß er etwa bei der Realisierung des Konkursvermögens auf einen Überschuß rechnet.

Bemerkt sei noch, daß weder die iure crediti Einantwortung noch die Konkurseröffnung die vorhergehende Einberufung der Verlassenschaftsgläubiger (vgl. S. 74 f.) zur formellen Voraussetzung haben.

§ 27. Erhebung und Kundmachung der letzten Willenserklärung.

I. Bei der Todfallsaufnahme ist von amtswegen nach einer etwaigen letztwilligen Anordnung des Erblassers zu suchen. (§ 40 Abs. 2 P.) Wird eine offene letzte Willenserklärung gefunden, so ist dieselbe noch bei der Todfallsaufnahme in Gegenwart zweier Zeugen und der sonstigen, der Todfallaufnahme anwohnenden Personen kund zu machen. Die Kundmachung versiegelter, letztwilliger Anordnungen bleibt jedoch regelmäßig dem Vorsteher des Gerichtes vorbehalten, welches die Todfallsaufnahme angeordnet hat. Nimmt er daher die Todfallsaufnahme nicht selbst vor, so darf die Kundmachung einer versiegelten letztwilligen Anordnung durch den Gerichtskommissär, welcher die Todfallsaufnahme vornimmt, nur dann erfolgen, wenn die Gefahr besteht, daß die Verzögerung der Kundmachung die Durchführung letztwilliger Verfügungen vereiteln kann.

Erhebt der Gerichtskommissär, daß eine mündliche letztwillige Verfügung getroffen wurde, ohne daß darüber eine Aufzeichnung vorhanden ist, so hat er den Namen, Stand und Wohnort der Zeugen in dem über die Todfallsaufnahme errichteten Protokoll festzustellen.

Die Kundmachung des letzten Willens hat, soweit sie nicht bei der Todfallsaufnahme vollzogen wurde, sofort nach Einlangen des Testamentes bei Gericht zu erfolgen. Die Eröffnung der verschlossenen letzten Willenserklärung hat mit tunlichster Schonung des Siegels zu geschehen. Eröffnung und Kundmachung werden vor zwei Zeugen vorgenommen, von denen einer der Überbringer des Testamentes sein kann (§ 61 P.). Die Parteien haben das Recht, dem Akte beizuwohnen, eine Ladung dazu erfolgt aber nicht. Über den Vorgang wird ein Protokoll nach den Vorschriften des § 63 P. aufgenommen. Weitere Akte, wie die Vernehmung der Testamentszeugen beim schriftlichen Testament, haben diesbezüglich nicht von amtswegen zu erfolgen (GUNF. 1499, 4983).

II. Der Richter hat sich bei der Kundmachung in keinerlei Prüfung der formellen Korrektheit oder der sonstigen Gültigkeit des Testamentes einzulassen. Werden mehrere letztwillige Erklärungen desselben Erblassers vorgefunden, so sind sämtliche zu verlesen. Es muß ja unter anderem der Eventualität Rechnung getragen werden, daß das spätere Testament ungültig ist, eventuell daß ein früheres Testament eine derogatorische Klausel (§ 716 ABGB.) enthält. Mit Rücksicht auf das öffentliche Interesse, das der Institution der Testamentspublikation zugrunde liegt, und da es sich um einen Verfahrensvorgang handelt, kann die Kundmachung desselben oder eines früheren Testamentes auch nicht durch die Willenserklärung des Erblassers wirksam untersagt werden (Entsch. vom 4. März 1913, Geller 1913, S. 758).

Auf dem Originale der letztwilligen Anordnung ist sowohl der Tag ihrer Kundmachung als auch die Zahl und das Datum der übrigen noch vorhandenen letzten Willenserklärungen zu vermerken und ist dieser Amtsvermerk vom Richter zu fertigen.

III. Handelt es sich um eine mündliche letztwillige Verfügung, so ist wesentlich, ob die derselben beigezogenen Zeugen darüber nach § 585 ABGB. einen eigenhändig gefertigten Aufsatz errichtet haben. Im ersteren Falle erfolgt die Kundmachung nach den Grundsätzen, die für die Publikation des schriftlichen Testamentes gelten. Andernfalls hat das Gericht von Amts wegen sämtliche Testamentszeugen vorzuladen.

Voraussetzung ist natürlich, daß es sich nach den gerichtlichen Informationen um eine letztwillige Erklärung und nicht etwa um eine Vereinbarung unter Lebenden handelt. Vgl. GUNF. 1121.

Die Zeugen sind einzeln über ihren Namen, Stand und Alter, ferner über den Inhalt und die für die Gültigkeit maßgebenden Umstände, sowie über Zeit und Ort der vom Erblasser abgegebenen Erklärung zu vernehmen. Über diese Vernehmung wird ein Protokoll aufgenommen, welches sohin kundgemacht wird.

Diese von Amts wegen erfolgende Abhörung der Zeugen nach § 65 P. findet ohne Beeidigung statt. Eine beeidete Vernehmung erfolgt nur auf Antrag eines Interessenten (§ 586 ABGB.). Für Pflegebefohlene hat das Gericht eventuell von Amts wegen einen Kurator zur Antragstellung zu ernennen (§ 66 P.). Über einen solchen Antrag hat der Richter Tagsatzung anzuordnen und dann neben dem Gesuchsteller die Zeugen, und, soweit es ohne Gefahr im Verzuge geschehen kann, die übrigen Erben, die sich bisher am Verfahren beteiligt haben, zu laden. Die Befragung findet nach den Grundsätzen der Zivilprozeßordnung statt und sind auch die Parteien zur Fragestellung berechtigt.

§ 67 P. erklärt nun, daß die auf diese Weise erfolgte eidliche Bestätigung nicht nur für die am Verfahren teilnehmenden, sondern für alle an dem Nachlasse beteiligten Personen „Beweiskraft" habe. Doch bleibe es jedem Teile unbenommen, „die Gültigkeit des abgelegten Zeugnisses oder der Anordnung durch den Beweis obwaltender, bei der Vernehmung der Zeugen nicht vorgekommener Mängel oder entgegenstehender Umstände im rechtlichen Verfahren zu bestreiten." Die Norm will jedenfalls sagen, daß eine Bestreitung der Ergebnisse der Verhandlung auf dem Wege der freiwilligen Gerichtsbarkeit ausgeschlossen ist und zwar ausnahmsweise auch für Personen, die zu der zum Zwecke der eidlichen Zeugenvernehmung angeordneten Tagsatzung nicht geladen waren. Für das Verlassenschaftsverfahren ist das Ergebnis dieser Befragung bindend, es kann nur im ordentlichen Prozeßweg beseitigt werden. Dieser aber ist ohne Beschränkung zulässig (siehe auch GUNF. 3240).

Über §§ 66, 67 P. vgl. eingehend Ott, Rechtsfürsorgeverfahren, S. 198 ff. Die Frage, ob die Beweisregel des § 586 ABGB. durch das Inkrafttreten der neuen Zivilprozeßordnung aufgehoben erscheint, wird wohl mit Recht verneint. So Tilsch, Einfluß der Zivilprozeßgesetze auf das materielle Recht, 2. Aufl., S. 177 f.; Ott, S. 201 und Stubenrauch I, S. 793, welche die beeidete Vernehmung als materielles Gültigkeitserfordernis des neuerlichen Testamentes betrachten, während von anderer Seite die Meinung vertreten wird, daß es sich zwar um eine Beweisregel handle, daß aber die Prozeßordnung nicht die Tendenz verfolgte, diese Norm zu berühren. Vgl. Pfaff-Krainz-Ehrenzweig, § 497, GUNF. 2371, 3240. Nach der ersteren Auffassung (Tilsch und Ott) wäre die gerichtliche Vernehmung eine Art rechtsgestaltender Tätigkeit.

IV. Alle zu Gericht gebrachten letztwilligen Anordnungen sind einschließlich der Erbverträge und der Protokolle über die Abhörung von Zeugen einer mündlichen letzten Erklärung in besonderen Sammelakten zu vereinigen und in geschlossenem Kasten feuersicher aufzubewahren. Das Protokoll über die Übergabe oder die Eingabe, mit welcher die Verfügung vorgelegt wurde, sind beizuschließen; zu den Verlaßakten kommt eine Abschrift der letzten Willenserklärung. Die Parteien, welche ein Interesse daran dartun können, haben jederzeit das Recht, in Anwesenheit eines Beamten in das Original Einsicht zu nehmen (§ 68 P., § 285 GO.).

V. Die Kundmachung letztwilliger Erklärungen ist an kein Stadium des Verlassenschaftsverfahrens gebunden. Auch nach der Einantwortung sind etwa nachträglich aufgefundene Willenserklärungen kundzumachen ((§ 180 P.), obwohl sie kein Substrat für ein neuerliches Verlassenschaftsverfahren abgeben können (siehe GUNF. 2019), sondern im ordentlichen Rechtsweg durch die Erbschaftsklage geltend gemacht werden müssen. Ebenso sind auch noch nach der Einantwortung die Zeugen eines mündlichen Testamentes einzuvernehmen und zwar auf Antrag auch eidlich. Natürlich besteht auch hier die Voraussetzung, daß die letzte Willenserklärung den Beteiligten erst nachträglich bekannt wurde (siehe GUNF. 4228).

§ 28. Verfügungen zur Realisierung der Erbfolge.

I. Die Todfallsaufnahme in Verbindung mit der Kundmachung letztwilliger Verfügungen hat dem Gerichte einen allgemeinen Überblick verschafft für die Frage, welche Personen voraussichtlich als Erben erscheinen und inwiefern für das weitere Verfahren Rechtssubjekte in Betracht kommen, die — wie Minderjährige, Kuranden, Stiftungen — unter dem besonderen Schutze der Gesetze stehen. Wenn jetzt das Gericht eine Reihe von Verfügungen erläßt, um diese Personen bzw. ihre gesetzlichen Vertreter zu verständigen und eventuell zur Erbserklärung aufzufordern, so erfolgt das einerseits zu dem Zwecke, die Fortsetzung des Verfahrens zu betreiben, anderseits — speziell soweit es sich um Schutzbefohlene handelt — um ihre Interessen von Amts wegen zu wahren.

II. Das Gericht hat so in erster Linie die vermutlichen Erben von dem Erbanfalle zu verständigen und damit — unter Bestimmung einer Frist und Belehrung über die Rechtsfolgen ihrer Handlungen bzw. Unterlassungen — die Aufforderung zur Einbringung einer Erbserklärung zu verbinden (§ 75), eventuell im bezirksgerichtlichen Verfahren sie zur Tagsatzung nach § 115 P. vorzuladen. Wer als vermutlicher Erbe in Betracht kommt, ist — ohne jedes Präjudiz für die spätere materielle Rechtslage — an der Hand der bisherigen Akten festzustellen (siehe auch GUNF. 1545). So ist bei Vorhandensein eines entsprechenden, über die Erbschaft für Dritte voll verfügenden und gültig erscheinenden Testamentes der gesetzliche Erbe nicht aufzufordern (AMGU. 1669). Im Zweifel (ob z. B. das Testament gültig ist) wären wohl die testamentarischen wie die gesetzlichen Erben zu verständigen. Bei Personen, die nicht handlungsfähig sind, ergeht die Verständigung und Aufforderung an den gesetzlichen Vertreter (Vater, Vormund, Kurator usw.) und es wird auch das Vormundschafts- und Kuratelsgericht davon verständigt, damit dasselbe die Einbringung der Erbserklärung überwacht (siehe auch § 76 P.).

Bezüglich der durch die Finanzprokuratur vertretenen Rechtssubjekte, wie Kirchen, Pfründen und Stiftungen ergeht, abgesehen von der im § 84 P. vorgesehenen Mitteilung an die Landesregierung, die Verständigung an die Finanzprokuratur.

Vgl. auch die Dienstinstruktion für die Finanzprokuratur vom 9. März 1898, RGBl. Nr. 41 und JMV. vom 11. Juni 1902, JMVBl. Nr. 27.

Die amtliche Verständigung bezüglich dieser unter dem besonderen Schutze der Gesetze stehenden Rechtssubjekte erfolgt nicht nur, wenn diesen eine Erbschaft zufällt, sondern auch bei Vermächtnissen und Auflagen zu ihren Gunsten, während sich das Gericht bezüglich der anderen Legatare mit dem Nachweise zu begnügen hat, daß der Erbe die Berechtigten verständigt hat.

Um die wirksame Vertretung der unter dem besonderen Schutze der Gesetze stehenden Parteien im Verlassenschaftsverfahren, sowie die eventuell erforderliche Einleitung eines Rechtsstreites sicherzustellen, hat das Gericht in den in § 77 P. vorgesehenen Fällen Kuratoren zu bestellen. Gemeint sind hier Kuratoren ad hoc für das einzelne konkrete Verfahren. So z. B. wenn die Mutter den Vater unter Übergehung ihrer Kinder zum Alleinerben bestellt hat. Hier ist zur Wahrung des Rechtes der Kinder ein Kollisionskurator zu bestellen (§ 77 P.), der für die Wahrung des Pflichtteilsrechtes der Kinder einzutreten und eventuell auch Klage zu erheben hat. Die Kuratel entfällt naturgemäß, sobald der für ihre Bestellung maßgebende Grund entfällt; also wenn z. B. der Abwesende (§ 77 Z. 2 P.) zurückkehrt, oder einen Bevollmächtigten namhaft macht.

III. Wenn die primär Berufenen oder die durch die Nichtantretung seitens der primär Berufenen nunmehr zur Erbschaft gelangenden Erben dem Gerichte unbekannt sind, so ist ein Verlassenschaftskurator zu bestellen. Gleiches kann eventuell auch geschehen, wenn das Erbrecht der zunächst in Betracht kommenden Erben zweifelhaft erscheint (siehe § 124 P.). Während der Kurator nach § 77 Z. 2 und 131 P. primär ein Kurator des seiner Person nach bekannten, aber unbekannt wo befindlichen oder weit entfernten Erben ist, erscheint der Verlassenschaftskurator als Verwalter und Vertreter des Nachlasses und nur insofern hat er auch die Interessen der Erben zu vertreten. Soweit es sich aber um persönliche Rechte der Erben handelt, wie um die Einbringung der Erbserklärung oder die Bestreitung von Testamenten, erscheint der Nachlaßkurator als solcher im Gegensatze zu dem im § 77 P. aufgestellten Kurator nicht berufen (§ 129 P.). Der Verlassenschaftskurator untersteht der Aufsicht des Verlassenschaftsgerichtes und bedarf in den Fällen, in welchen der Vormund zu Rechtsgeschäften die Zustimmung des Vormundschaftsgerichtes benötigt, analog der Genehmigung des Verlassenschaftsgerichtes.

Der Verlassenschaftskurator hat auch die Erbschaftsgläubiger und Vermächtnisnehmer zu befriedigen. Tut er dies nicht, so kann gegen ihn als Vertreter des Nachlasses Klage erhoben werden (vgl. GUNF. 2105). Einer solchen Klage bedarf es wohl nicht, wenn Nachlässigkeit seinerseits in der Verwaltung des Nachlasses vorliegt, im übrigen aber die Rechtsverhältnisse klare sind; es genügt in solchen Fällen wohl eine Beschwerde beim Verlassenschaftsgericht, welches über die nötigen Mittel verfügt, den Kurator zur Erfüllung seiner Pflichten zu veranlassen und ihn erforderlichenfalls entheben kann. Führt ein Nachlaßgläubiger gegen den Verlaß Prozeß, so hat der als Vertreter des Verlasses fungierende Verlassenschaftskurator (im Gegensatz zu einem nur für den einzelnen Rechtsstreit vom Prozeßgericht bestellten Kurator) gegen den Gegner aus dem Gesichtspunkte des § 10 ZPO. keinen Anspruch auf Zuerkennung von Kuratelskosten (GUNF. 4793). Siegt der Verlaß, so sind dem Verlasse die Kosten nach § 41 ZPO. zu ersetzen; die Kosten des Verlassenschaftskurators sind nach innen regelmäßig aus dem Verlaßvermögen zu bestreiten.

Gleichzeitig mit der Bestellung des Kurators ist an die unbekannten Erben von Amts wegen ein Edikt nach § 128 P. zu erlassen mit der Aufforderung, innerhalb eines Jahres die Erbserklärung einzubringen, widrigens die Verlassenschaft den erbserklärten Erben, die ihren Erbrechtstitel ausgewiesen haben, eingeantwortet, beziehungsweise soweit eine solche Antretung nicht erfolgt ist, der Verlaß nach § 130 P. vom Staate als erblos eingezogen würde.

Ist der Erbe persönlich bekannt, aber unbekannten Aufenthaltes, so ist es Aufgabe des für ihn nach § 77 Z. 2 P. bestellten Kurators, ihn auszuforschen, wofür ihm eine angemessene Frist erteilt werden kann. Doch ist, falls diese Erhebungen voraussichtlich zu keinem Ergebnisse führen dürften oder wenn bereits eine angemessene Zeit erfolglos verstrichen ist, auch hier ein Edikt zur Einberufung des betreffenden Erben nach §§ 131 f. P. mit dem Anhange zu erlassen, daß nach fruchtlosem Ablaufe der einjährigen

Ediktalfrist die Antretung der Erbschaft durch den Kurator zu erfolgen hat und mit diesem die Abhandlung durchzuführen ist. Der reine Nachlaß wird dann bis zum Erscheinen des Erben, dem Beweise seines Todes oder bis zur Todeserklärung in gerichtliche Verwahrung genommen.

Der Vorgang nach § 131 P. ist auch zugunsten jener Personen einzuschlagen, welche infolge der (nach Ansicht des Gerichtes vorhandenen) Ungültigkeit des vorliegenden Testamentes als Erben in Betracht kommen, nicht aber für die bloß Pflichtteilsberechtigten zur Wahrung dieses Rechtes. Das Gericht hat zwar auch im Interesse solcher Personen, wenn sie abwesend, nach § 21 ABGB. und 162 P. von amtswegen zu sorgen und auch einen Kurator zu bestellen, der für sie einzuschreiten hat, allein es ist hier nicht das Verfahren nach § 131 P. einzuleiten. (Vergl. auch GUNF. 4775.)

Die Entscheidung GUNF. 1499 meint, daß Bedenken, die sich aus der Einvernehmigung der Zeugen hinsichtlich der Gültigkeit eines äußerlich formell korrekten schriftlichen Testamentes ergeben, die Verständigung der Finanzprokuratur nomine des Kaduzitätsärars nicht begründen.

Bemerkt sei noch, daß der Kurator, wenn das Verfahren nach § 131 P. eingeleitet wurde, die Erbserklärung nicht vor Ablauf der Ediktalfrist einbringen kann. (Vergl. die ZBl. 1908 Nr. 90 mitg. E. vom 31. Jänner 1908 ZR. VI 9/8.)

Die Einberufung einzelner Erben nach § 131 P. soll das Verlassenschaftsverfahren tunlichst wenig aufhalten.

IV. Aus diesen Ausführungen ergibt sich das Maß, in dem das Gericht für die Einbringung der Erbserklärungen von amtswegen zu sorgen hat. Zu erörtern bleibt noch die Frage, welche Konsequenzen sich aus der Nichteinhaltung der zur Abgabe der Erbserklärung gesetzten Frist ergeben.

Bemerkt sei, daß die für die Erbserklärung gesetzte Frist auf Ansuchen des Erben aus erheblichen Gründen erstreckt werden kann, um ihm eine Bedenkzeit zu gewähren. Analoges gilt für die zur Entgegennahme der Erbserklärung etwa angeordnete Tagsatzung. § 118 P. bezeichnet als äußerste Grenze für diese Erstreckung die Dauer eines Jahres. Mit Rücksicht auf den störenden Einfluß, den eine so weit erstreckte Frist auf das weitere Verfahren äußern würde, könnte von einer so weitgehenden Fristerstreckung natürlich nur in ganz besonderen Ausnahmsfällen Gebrauch gemacht werden. Die einem der Miterben bewilligte Fristerstreckung kommt auch den anderen Miterben zugute (§ 119 P.)

Über die Bedeutung der den Erben zur Einbringung der Erbeserklärung gesetzten Frist herrscht Streit. Hierbei kommt der Gegensatz der formellen Seite der Fristversäumnis von ihrer materiellen Tragweite zur Geltung. Die erstere erschöpft sich in der Frage, ob der Erbe durch den fruchtlosen Ablauf der Frist von der Einbringung der Erbserklärung und der Beteiligung am Verlassenschaftsverfahren ausgeschlossen erscheint. Der Wortlaut des § 120 P. unterscheidet zwischen Personen die unter Vormundschaft bezw. Kuratel stehen und anderen Erben. Bezüglich der ersteren scheinen nach der Fassung des § 120 P. auch noch nach Ablauf der Frist Zwangsmittel gegen die gesetzlichen Vertreter zur Einbringung der Erbserklärung oder zum Nachweise der pflegeschaftsbehördlichen Genehmigung zur Erbschaftsausschlagung zulässig zu sein. An die Nichteinhaltung der Frist (bezw. das Nichterscheinen bei der Tagsatzung) scheinen dann weder formelle noch materielle Konsequenzen geknüpft, es wird entweder die Erbserklärung oder der Nachweis zulässiger Entschlagung erzwungen. Gleiches gilt wohl auch analog für die übrigen unter dem besonderen Schutze der Gesetze stehenden Rechtssubjekte.

Bezüglich der Erbsentsagung bzw. des Legatsverzichtes bei Kirchen, Pfründen und kirchlichen Stiftungen vgl. JMV. vom 11. Juni 1902, VBl. Nr. 27.

Für alle anderen Erben normiert aber § 120 P., daß die Versäumung der zur Abgabe der Erbserklärung bestimmten Tagfahrt bezw. Frist zur Folge hat, daß „die Erbschaft ohne Rücksicht auf ihre Ansprüche bloß mit jenen, welche sich zu Erben erklärt haben, zu verhandeln und denselben, insofern sie darauf Ansprüche haben, einzuantworten“

ist. Diese Fassung spricht dafür, daß es sich um eine Präklusivfrist handelt und der Erbe mit Ablauf derselben vom Verfahren ausgeschlossen bleibt, daher auch bei der Einantwortung auf ihn keine Rücksicht zu nehmen ist. Jedenfalls ist die Einbringung einer Erbserkärung nach der Einantwortung ausgeschlossen. (Vgl. GUNF. 200 und 1071, siehe aber GUNF. 1749.) Anderseits präjudiziert nach dieser Fassung des 120 P. die Versäumung der Frist nicht der Frage der Zulässigkeit der Erbschaftsklage gegen den Erben, an den sohin die Einantwortung erfolgt ist (§ 823 ABGB.). Auch der Schlußsatz des § 128 P. spricht gegen diese Versäumniswirkung, da es immerhin zweifelhaft erscheint, ob das Gesetz an den Unterschied zwischen persönlicher Aufforderung und Ediktalladung eine so weitgehende materiellrechtliche Konsequenz knüpfen wollte.

Dies ist auch der Standpunkt, der in der Theorie von der herrschenden Lehre eingenommen wird. Siehe Unger, Verlassenschaftsabteilung, S. 127, Erbrecht, S. 147 f.; Schuster, Kommentar zu § 120; Randa, Erwerb der Erbschaft, S. 24; Menzel, Anfechtungsrecht, S. 73 f.; Stubenrauch I, S. 976; Krasnopolski, Grünhut XV, S. 111 f.; derselbe, Prager VJSch. II, S. 5.

Die Praxis schwankt im allgemeinen. Der Oberste Gerichtshof hat zwar in mehreren Entscheidungen die Annahme verspäteter Erbserklärungen zugelassen und zwar nicht nur bei Versäumnis der Ediktalfrist nach § 128 P. (so z. B. GU. 12050), sondern auch der dem Erben nach § 115 f. P. gesetzten Frist (Entscheidung vom 31. Jänner 1908, ZR. 9/8 ZB. 1908 Nr. 90), wenn nur die Einantwortung noch nicht den Parteien zugestellt ist (GUNF. 3322); anderseits knüpfen die Entscheidungen GU. 7376 und 1403 an die Tatsache, daß bis zur Einantwortung trotz der persönlichen Aufforderung an den Erben eine Erbserklärung nicht eingebracht wird, materielle Präklusionswirkungen, also den Verlust der Erbschaftsklage. Die Entscheidung GU. 1403 läßt sogar den ausdrücklichen Vorbehalt des Erben nicht wirksam werden.

Pfaff-Krainz-Ehrenzweig (§ 509) beruft sich für die von ihm geteilte Auffassung auf § 13 Z. 1 des Anf.G. Dagegen Krasnopolski, a. a. O. Vgl. ferner Touaillon, Geller XXVI, S. 372. (Siehe in der Frage auch Hanke, Not. Z. 1890, S. 310; 1891, S. 37 und dagegen Baltinester, NZ. für die Präklusion 1891, S. 2.)

Die Entscheidung GUNF. 1749 nimmt zur Frage nicht deutlich Stellung; sie erklärt es aber für zulässig, daß Personen, welche im Verlassenschaftsverfahren trotz der unter Androhung der Unterlassungsfolgen des § 120 P. an sie ergangenen Ladung eine Erbserklärung nicht eingebracht haben, ihre Erbansprüche geltend machen können, wenn nachträglich neues Vermögen hervorkommt.

Für die Fälle, in welchen die Aufforderung zur Erbserklärung nach § 128 P. durch Edikt erfolgt ist, erscheint es zweifellos, daß materielle Präklusion an die Versäumnis der Ediktalfrist nicht geknüpft sein kann, sondern nur die allgemeinen Grundsätze der Verjährung zur Anwendung kommen.

V. Mit Rücksicht auf die Konsequenzen, welche die Praxis vielfach an die Versäumung der Erbserklärung knüpft, wird es richtig sein, die Aufforderung zur Erbserklärung beziehungsweise die Ladung zur Tagsatzung nach § 116 P. nach den Grundsätzen der Zustellung von Klagen ergehen zu lassen.

VI. Versäumung der Frist zur Erbeserklärung würde nach der oben angeführten Praxis nur dann einen Wiedereinsetzungsantrag begründen, wenn es der Partei nicht möglich war, die Erbserklärung bis zur Einantwortung bezw. ihrer Zustellung einzubringen.

§ 29. Die Erklärung der Erben.

I. Die Erbserklärung kann schon bei der Todfallsaufnahme zu Protokoll gegeben werden. Sonst ist sie bei Gerichtshöfen regelmäßig durch Schriftsatz einzubringen; im bezirksgerichtlichen Verfahren kann die Erbeserklärung ebenfalls durch Schriftsatz, aber auch protokollarisch abgegeben werden. Eventuell ist zur Entgegennahme der Erklärung der Erben Tagsatzung anzuordnen und sind jene Erben, die nicht durch einen rechtskundigen Bevollmächtigten vertreten sind, über die Tragweite der bedingten und der unbedingten Erbserklärung sowie die etwa erforderliche Einberufung der Gläubiger zu belehren. Die bei der Tagsatzung abgegebenen Erklärungen sind zu Protokoll zu geben. Die Tagsatzung findet, falls die Erben zu weit entfernt sind, im Rechtshilfeweg statt. Anderseits kann das Abhandlungsgericht in solchen Fällen den Erben den Auftrag geben, einen am Sitze des Gerichtes wohnhaften Bevollmächtigten für das Verfahren zu bestellen (§ 117 P.).

II. Die Erbserklärung ist von dem Erben oder dessen ausgewiesenem Vertreter zu unterschreiben und muß die außerhalb des Kronlandes (§ 8 P.) abgegebene Unterschrift gerichtlich oder notariell beglaubigt sein. Der Bevollmächtigte benötigt zur Abgabe der unbedingten Erbserklärung einer besonderen, nach § 1008 ABGB. qualifizierten Vollmacht. Gleiches gilt für die Ausschlagung der Erbschaft.

Als obligatorischer Inhalt der Erbserklärung erscheinen: Die Angabe des Titels und die Erklärung, ob die Annahme bedingt oder unbedingt erfolgt. Es bedarf also für die Annahme der Erbeserklärung noch nicht des Nachweises des Titels, es genügt die bloße Angabe desselben.

III. Die einmal abgegebene Erklärung ist in mehrfacher Beziehung unabänderlich. § 806 des ABGB. bestimmt, daß der Erbe seine gerichtliche Erbserklärung nicht mehr widerrufen kann, daß er aber auch die unbedingte Erbserklärung nicht mehr in eine bedingte umzuändern befugt ist. Darnach erscheint es zulässig, daß der Erbe die bedingte Erbserklärung in eine unbedingte abändert. An dieser Unwiderruflichkeit der Erbserklärung ändert es nach der Entscheidung des Obersten Gerichtshofes vom 16. November 1899, Z. 15982 (Geller 1902, Nr. 6) auch nichts, wenn ihr der Beisatz „ohne Präjudiz" beigefügt wurde. Doch erscheint es, falls sich die Unwirksamkeit des der Erbserklärung zugrunde liegenden Berufungsgrundes herausstellt, möglich, daß der Erbe sich auf einen neuen Titel beruft. Vgl. auch GU. 11263, GUNF. 1010 (siehe auch Pfaff-Krainz-Ehrenzweig § 509 und Touaillon, S. 786).

IV. Das Gericht hat die formellen Erfordernisse der Erbserklärung zu prüfen und falls sich Bedenken ergeben, den Schriftsatz zurückzugeben.

§ 122 P. bestimmt: „Jede in der vorgeschriebenen Art ausgestellte Erbserklärung ist von dem Gerichte anzunehmen und bei den Abhandlungsakten aufzubewahren". Die Praxis behandelt diese Vorschrift einschränkend. So erklärt die Entscheidung GUNF. 2582 — allerdings unter unzulässiger Heranziehung des § 123 P. — daß in jenen Fällen, in welchen sich schon aus der Erbserklärung heraus in Verbindung mit der Aktenlage die mangelnde Legitimation der Partei ergibt, die Erbserklärung nicht anzunehmen sei. Dahin würde auch der Fall gehören, daß jemand, dem ein gesetzliches Erbrecht nicht zustehen kann, ein solches anmeldet, wie z. B. ein Verwandter der unehelichen Mutter zum Nachlaß des Kindes (vgl. GU. 15820). Bestritten ist auch die Frage, ob eine auf ein unförmliches Testament gestützte Erbserklärung anzunehmen ist. Der Wortlaut des § 122 P. scheint nicht dagegen zu sprechen. Auch § 126 P. scheint davon auszugehen, daß auch eine nicht förmliche Willenserklärung Grundlage der Erbserklärung werden kann, weil hier der Frage der Formmäßigkeit des Testamentes eine Bedeutung für die richterliche Verteilung der Parteirollen zugeschrieben wird. Dazu kommt, daß das Gesetz an die Erbserklärung keinerlei andere Konsequenzen knüpft als die Legitimation zum Erbrechtsprozesse, sowie die Verteilung der Parteirollen und die Fristbestimmung für denselben, während die weitergehenden Parteirechte im Nachlaßverfahren nach § 123 P. nur dem eingeräumt sind, welcher sich im Falle testamentarischer Erbfolge auf einen vorschriftsmäßig errichteten letzten Willen stützt (vgl. hierzu GUNF. 1499). Insbesondere bildet die Annahme der Erbserklärung keinerlei Präjudiz für die Frage der Einantwortung des Verlasses. Solche Streitfragen sollen eben dem Prozeßwege vorbehalten bleiben. Der Oberste Gerichtshof hat es daher auch in der Entscheidung vom 9. Jänner 1912 R. I 8/12 Jur.Bl. 1912, S. 528) für unzulässig erklärt, daß die Frage, ob sich eine letztwillige Zuwendung materiell als Erbschaft oder als Vermächtnis darstellt, durch Zurückweisung einer formell korrekten Erbserklärung gelöst werde (a. M. hingegen GUNF. 348 u. 972).

Wird eine Erbserklärung eingebracht, die im Widerspruche zu den bisher eingebrachten Erbserklärungen steht, also dieselbe Erbquote in Anspruch nimmt, so ist die Partei nicht verpflichtet, sich bereits in der Erbserklärung über die anderen vorliegenden Erbserklärungen zu äußern (GUNF. 3322); dies ist Sache des weiteren Verfahrens.

Die Erklärung, welche die Erbschaft ablehnt, bedarf keines besonderen Formerfordernisses. Auch die Ausschlagung der Erbserklärung erscheint unwiderruflich. (Vergl. auch Entscheidung GU. 14731, siehe aber GUNF. 1749.) Eine trotz der dem Verlassenschaftsgericht gegenüber erfolgten Ablehnung etwa nachträglich eingebrachte Erbserklärung ist von amtswegen zurückzuweisen. (Vgl. auch die Entscheidung GUNF. 5247.)

Eine Erbsentschlagung, welche zugunsten der testamentarischen Erbfolge erklärt ist, wird nach der E. GUNF. 857 bei der Eröffnung der gesetzlichen Erbfolge wirkungslos.

§ 30. Verfahren bei einander widersprechenden Erbserklärungen.

Vgl. auch Touaillon, Von der Erbserklärung zum Erbschaftsstreit, Gellers Z.Bl., Bd. 26 ff.

I. Eine Mehrheit von Erbserklärungen braucht nicht notwendig einen Widerspruch in sich zu schließen, z. B. die korrespondierenden Erbserklärungen mehrerer Miterben; es wäre auch zulässig, daß sich ein entfernter Verwandter ausdrücklich für den Fall erbserklärt, daß ein näherer Verwandter von seinem Erbrecht keinen Gebrauch macht. Liegen aber kollidierende Erbserklärungen vor, z. B. der gesetzliche Erbe meldet sich zu dem vom Testamentserben bereits zur Gänze in Anspruch genommenen Nachlaß, so hat auch in diesem Falle das Nachlaßgericht in der Hauptsache sich jeder entscheidenden Tätigkeit zu enthalten. Die Erbserklärungen werden, ihre formelle Korrektheit vorausgesetzt, sämtlich angenommen. Die Frage, wessen Erbrecht begründet erscheint, ist vom Prozeßgericht im ordentlichen Rechtsweg zu entscheiden. Das Verlassenschaftsgericht hat sich auf folgenden Vorgang zu beschränken: Es bestimmt für den Prozeß die Rolle des Klägers und Beklagten, hat dem Kläger eine Frist zur Einbringung der Klage zu setzen und, die Einhaltung dieser Frist vorausgesetzt, die Erteilung der Einantwortung bis zur rechtskräftigen Entscheidung des Erbrechtsstreites aufzuschieben.

Überhaupt ist das Verfahren, von dringenden Verfügungen abgesehen, bis zu dieser Entscheidung einzustellen. Doch kann das Verlassenschaftsgericht auf Ansuchen einer der Parteien die gerichtliche Nachlaßverwaltung durch einen Verwalter anordnen, und zwar schon vor Einbringung der Erbrechtsklage (GU. 15 384, 9435). Wurde jedoch schon vorher einem der Erben die gerichtliche Verwaltung überlassen, so kann ihm die Verwaltung nur durch eine einstweilige Verfügung nach §§ 381 ff. EO. abgenommen werden, also nur, wenn die Voraussetzungen hierfür gegeben erscheinen (GUNF. 2396, siehe auch GUNF. 464). Gehören zum Nachlasse Anteile an Immobilien, so bildet das kein Hindernis für die Bewilligung des Sicherungsverfahrens, doch sind die Befugnisse des Verwalters dann beschränkt auf die Rechte, welche dem Verstorbenen nach dem konkreten Miteigentumsverhältnisse zugestanden wären. Einer Zustimmung des Miteigentümers zur Einleitung dieser Verwaltung bedarf es naturgemäß nicht.

II. Um die Parteirollen für den Erbrechtsprozeß zu verteilen, hat das Gericht die Parteien zuerst zu vernehmen und dann die Rollen nach den im § 126 P. fixierten Grundsätzen zu bestimmen. Danach ist jenem Erben, der sich auf den stärkeren Erbrechtstitel zu stützen vermag, die Rolle des Beklagten zuzuerkennen. Im allgemeinen gilt der Grundsatz, daß beim Konflikt zwischen einem Erben, der sich auf einen Erbvertrag stützt, und dem testamentarischen Erben letzterem die Klägerrolle zuzuweisen ist. Wer sich auf ein Testament stützt, hat den gesetzlichen Erben gegenüber das stärkere Erbrecht. Sind aber Erbserklärungen testamentarischer oder gesetzlicher Erben untereinander im Widerspruch, so hat das Gericht, nach Vernehmung beider Teile, denjenigen der streitenden Erben zur Überreichung der Klage anzuweisen, welcher, um sein Erbrecht geltend machen zu können, den stärkeren Erbrechtstitel seines Gegners vorerst entkräften müßte. Wer sich daher z. B. auf ein früheres Testament stützt, hat gegenüber dem im späteren Testamente eingesetzten Erben die Klägerrolle (GU. 13 156). Anders, wenn das zweite nach Verhängung der Kuratel wegen Wahnsinns errichtet wurde (GUNF. 3974).

Vorausgesetzt ist hierbei immer, daß in den Fällen, in welchen ein Erbvertrag resp.

ein Testament in Betracht kommt, sich diese Akte als formell entsprechend darstellen, daß also z. B. bei einem schriftlichen Testament die äußeren Formen gewahrt wurden, daß bei einem mündlichen Testament die Einvernehmung der Zeugen zu einem entsprechenden Ergebnis geführt hat. Wenn daher z. B. die Zeugen beim mündlichen Testament nicht bestätigen können, daß sie zur Zeugenschaft aufgefordert wurden, so ist das kein formgerechtes mündliches Testament (siehe aber GUNF. 4344.) Erscheint das Testament sonst in seiner äußeren Form bedenklich, z. B. ausgebessert, zerrissen oder wieder zusammengeklebt (GU. 6405), so ist ebenfalls der Testamentserbe auf den Rechtsweg zu weisen, ebenso wenn an der Hand der Schriftenvergleichung oder von Indizien sich begründete Bedenken gegen die Echtheit der Formmäßigkeit des Testaments ergeben. (GUNF. 536). § 126 Pat. macht dem Wortlaute nach die stärkere Kraft des Testamentes und des Erbvertrages allerdings davon abhängig, daß sie nicht nur in der entsprechenden Form errichtet sind, sondern auch in ihrer Echtheit „nicht widersprochen" werden. Der Wortlaut des § 126 P. würde dafür sprechen, daß jede bloße Echtheitsbestreitung genügt, um die Parteirollen im Prozeß zu verschieben (so auch Schuster zu § 126). Dann hätte es aber die Partei, der sonst die Klägerrolle zukäme, durch einfache unmotivierte Echtheitsbestreitung in der Hand, die Tendenz des Gesetzes zu vereiteln; es ist daher das Gesetz hier wohl in der Richtung einschränkend zu interpretieren, daß sich objektiv begründet erscheinende Bedenken wegen der Formrichtigkeit und Echtheit des Aktes resp. der Urkunde ergeben müssen, wenn dem, zu dessen Gunsten der Erbvertrag oder das Testament spricht, die Klägerrolle zugewiesen erhalten soll.

So auch GU. 2210 und neuestens E. v. 9. Jänner 1913, GZ. R. II, 1165/12. Not.Z. 1913, S. 203 u. a. — Die Entsch. v. 16. Jänner 1912, R. II 20, Geller 1913, S. 759, behandelt den Fall einer Enterbung: Wenn von mehreren Geschwistern eines durch eine spezielle letztwillige Verfügung enterbt wurde, alle Geschwister Erbserklärungen auf Grund des Gesetzes einbringen, wobei sich die anderen Geschwister wegen der Ausmessung ihres Erbteiles auf den letzten Willen stützen, so seien die nicht enterbten Geschwister auf den Rechtsweg zu verweisen, weil sie nach § 771 ABGB. den Enterbungsgrund zu beweisen haben. Der Entscheidung steht aber entgegen, daß der Noterbe in diesem Falle, wenn er sich gegen die Enterbung wendet, nur den Pflichtteil verlangt, daher auch im Fall des Obsiegens nicht als Erbe erscheint (siehe auch GU. 13508). Anders, wenn ohne Vorhandensein eines Testamentes die Miterben die Erbunfähigkeit eines anderen Miterben geltend machen; dann sind sie auf den Rechtsweg zu verweisen.

Bezüglich der „äußeren Form" nach § 123 P. vgl. GUNF. 1499.

III. Die Frist, welche dem Erben, der als Kläger auf den ordentlichen Rechtsweg verwiesen ist, für die Einbringung der Klage gesetzt wird, ist eine richterliche; sie ist aus den gesetzlichen Gründen erstreckbar (GU. 5039). Die Wiedereinsetzung gegen die Versäumung der Frist erscheint zulässig (A. M. GU. 3571). Gegen den Beschluß, welcher die Parteienrollen für den Prozeß festsetzt, sind die gewöhnlichen Rechtsmittel gegeben und ist nach GUNF. 4513 darauf Rücksicht zu nehmen, daß der Fristenlauf für die Erhebung der Klage nicht vor der endgültigen Austragung dieser Frage beginnen kann.

Die Versäumung der Klagefrist hat zur Folge, daß die Ansprüche der Partei, welche auf den Klageweg verwiesen ist, im Verlassenschaftsverfahren nicht mehr zu berücksichtigen sind. Darauf ist die Partei aufmerksam zu machen.

IV. Bemerkt sei schließlich noch, daß das Verfahren nach § 125 P. voraussetzt, daß es sich um bestrittene Erbrechte konkurrierender Erben handelt; das Verfahren ist aber nicht anwendbar, um die Gültigkeit eines Legates festzustellen. Bezüglich der Legate begnügt sich der Gesetzgeber, soweit sie nicht privilegiert erscheinen, damit, daß der Erbe die Verständigung des Legatars von der zu seinen Gunsten lautenden Verfügung ausweist (und auch dieser Nachweis entfällt bei offenbarer Ungültigkeit der Verfügung GUNF. 5666); es ist dann Sache des Legatars, von den Rechten Gebrauch zu machen, die ihm das Gesetz zur Wahrung seines Legates gewährt und eventuell den Erben zu klagen. Eine Fristbestimmung oder Verteilung von Parteienrollen für den Prozeß findet hier nicht statt. Gleiches gilt, wenn Aussonderungsansprüche mit der Begründung erhoben werden, daß Vermögensobjekte, die sich im Verlaß vorfinden, z. B. Lebensversicherungspolicen, nicht zur Erbschaft gehören (siehe auch Schuster, Kommentar zu § 126).

V. Die Erbrechtsklage, für welche das im § 77 JN. bestimmte Gericht zuständig erscheint, ist eine Feststellungsklage. Der Dartuung eines besonderen rechtlichen Interesses bedarf es nicht, da dieses in der Natur der Sache liegt; mit dem Sieger im Erbrechtsprozeß ist die Verlassenschaftsabhandlung fortzuführen; ihm ist die Einantwortung zu erteilen.

§ 31. Die Inventur.

I. Sie bildet keinen regelmäßigen Bestandteil des Verlassenschaftsverfahrens, sondern ist an gewisse Voraussetzungen gebunden. Ihr Zweck besteht darin, ein genaues und vollständiges Verzeichnis alles beweglichen und unbeweglichen Vermögens, in dessen Besitz sich der Erblasser zur Zeit seines Todes befunden hat, zu geben; sie soll ferner den damaligen Wert und Betrag desselben klar anzeigen.

Eines solchen amtlich aufgenommenen Vermögensverzeichnisses bedarf es vor allem, wenn der Erbe die Erbschaft nur bedingt antritt. Hier ermittelt die Inventur den Umfang der Haftung des Erben. Ein analoger Fall ist gegeben, wenn eine hierzu berechtigte Partei die separatio bonorum nach § 812 ABGB. verlangt. Daneben kann auch der Pflichtteilsberechtigte eine Inventuraufnahme verlangen, um eine Grundlage für die Berechnung seines Pflichtteiles zu haben (§ 804 ABGB.).

In diesen Fällen hat das Verlassenschaftsgericht das Inventar nur über Parteieninitiative aufzunehmen. Vielfach erfolgt jedoch Inventuraufnahme von amtswegen; es kommt hierbei hauptsächlich die Rücksicht auf Rechtssubjekte in Betracht, welche unter dem besonderen Schutze des Gesetzes stehen.

§ 92 P. führt hier vor allem den Fall an, daß der Erbe noch unbekannt ist, oder daß sein Aufenthalt nicht bekannt ist, daß er unter Vormundschaft oder Kuratel steht, ferner den Fall, daß für den Erben ein Kurator für das Verlassenschaftsverfahren bestellt wurde. § 92 P. ist hier extensiv wohl auch auf Pflichtteilsberechtigte auszudehnen, für welche diese Momente zutreffen, daher auch der Oberste Gerichtshof mit Recht in seiner Entscheidung GUNF. 4764 den Standpunkt vertreten hat, daß auch bei unbekanntem Aufenthalt eines Pflichtteilsberechtigten Inventaraufnahme erforderlich ist (siehe auch Schuster zu § 92). Die Inventur ist auch dann von amtswegen aufzunehmen, wenn nur bezüglich eines der Miterben, oder eines der Pflichtteilsberechtigten die Voraussetzungen des § 92 Z. 1 zutreffen. Analoges gilt, wenn die Erbschaft oder ein Erbteil den Armen, einer Stiftung, Gemeinde, Kirche, öffentlichen Anstalt oder dem Staate zufällt.

Eine Inventuraufnahme von amtswegen findet ferner statt, wenn bezüglich der Erbschaft oder eines aliquoten Teiles derselben eine fideikommissarische Substitution angeordnet ist. Besteht ein Streit darüber, ob eine letztwillige Verfügung eine Substitution enthalte, so hat das Gericht zwar im offiziosen Verfahren zu entscheiden, ob eine Inventur vorzunehmen ist, doch hat diese Entscheidung keinerlei präjudizielle Bedeutung in der Hauptsache (siehe aber GU. 13808).

Ferner ist über Fideikommisse und Lehen bei jedem Übergang auf einen neuen Berechtigten — unabhängig von der Form des Überganges und der Behandlung des freivererblichen Vermögens des Verstorbenen — ein eigenes Inventar zu errichten. In einem Fideikommißinventar — und Analoges gilt auch für Lehen — ist nach § 108 nicht nur das wirklich vorgefundene Vermögen zu beschreiben, es ist vielmehr auch zu prüfen, ob alle nach dem Fideikommißstatut und den früheren Inventarien zu dem Fideikommiß gehörigen Vermögensstücke vorhanden sind. Fehlendes ist festzustellen. Früchte oder Fahrnisse, welche zum freivererblichen Vermögen des Verstorbenen gehören, sind abgesondert zu inventieren.

§ 107 P. enthält Normen für das Inventar nach Besitzern geistlicher Pfründen.

II. Die Inventur kann in einfachen, minder bedeutenden Fällen mit der Todfallsaufnahme verbunden werden. Regelmäßig wird sie nach Einlangen der Todfallsaufnahme resp. der Parteierklärungen, welche die Aufnahme des Inventars veranlassen, angeordnet.

Für Immobilien ist die Realinstanz nach § 117 JN. zur Aufnahme des Inventars berufen. Vermögen, welches sich außerhalb des Sprengels des Verlassenschaftsgerichtes befindet, ist im Wege der Rechtshilfe aufzunehmen. Für die Fälle, in welchen ein Gerichtshof Verlassenschaftsgericht ist, kommt noch die Übertragung der Amtshandlung an ein Bezirksgericht nach § 36 JN. und § 93 P. in Betracht.

III. Der Kreis der Personen, welche zur Vornahme der Inventur zu laden sind, ist im § 95 Pat. fixiert. Der OGH. hat auch die Beiziehung der Noterben — und zwar bei sonstiger Nichtigkeit des Verfahrens — für notwendig erklärt (so GU. 12466). Gläubiger des Verstorbenen sind nach § 95 P. von amtswegen nur zu laden, wenn sie die separatio bonorum beantragt haben. Und doch haben alle Gläubiger mit Rücksicht auf den Einfluß, den die Inventarerrichtung auf den Umfang der Haftung des Erben hat, das größte Interesse hinsichtlich der Inventur. (Siehe auch Unger, Verl. Abh. S. 163, Randa, Erwerb der Erbsch., S. 116.) Es ist daher anzunehmen, daß die Gläubiger, wenn sie auch nicht geladen werden, auf ihr Verlangen in allen Fällen der Inventur beiwohnen und Anträge stellen können (siehe auch Schuster zu § 95 P.). Gleiches gilt auch für Legatare. Unrichtig ist daher in Verkennung der allgemeinen Grundsätze über die Legitimation zur Ergreifung von Rechtsmitteln im Rechtsfürsorgeverfahren die E. GUNF. 3813.

AM. als diese die E. GU. 12824. Unverständlich erscheint es aber, wenn GUNF. 3760 auf der einen Seite dem Gläubiger (vom Fall der Vermögensseparation abgesehen) jede Ingerenz auf die Inventur aberkennt, gleichzeitig aber der Inventur volle Beweiskraft „nach § 292 ZPO." beimißt. (Siehe auch § 18, Abs. 2 P.)

IV. Das mit der Vornahme der Inventur betraute Organ hat sich eingehend über die zum Vermögen des Erblassers gehörigen Objekte und ihre rechtliche Situation zu informieren, hierzu die nötigen Informationen aus den Schriften und Büchern des Verstorbenen, eventuell aus den öffentlichen Büchern und amtlichen Akten und durch die Befragung von Auskunftspersonen zu sammeln. Zu diesem Zweck kann der Gerichtskommissär Behälter durch Schlosser öffnen lassen, Anfragen bei Kreditinstituten ergehen lassen und eventuell Depot- und Kontoauszüge einfordern (GUNF. 3339, 5210).

Der Inventurkommissär hat lediglich die Aufgabe, das Vermögen des Verstorbenen festzustellen, er hat keinerlei Verfügungen zu treffen (§ 98 P.), insbesondere auch nicht etwa Sachen zurückzustellen, bezüglich deren Dritte Eigentumsansprüche erheben.

Die Gegenstände, die sich im Nachlaß befinden, aber angeblich dritten Personen gehören, sind in das Inventar aufzunehmen. Jedoch ist ihr Wert dann nicht auszuwerfen, wenn die Nichtzugehörigkeit der Sache zum Vermögen des Erblassers klar erscheint. Eventuelle Eigentumsansprüche sind im Protokoll anzumerken. Auch Sachen, die dem Erblasser gehören, sich aber bei Dritten befinden, sind unter Ersichtlichmachung des Verhältnisses der Sache zum Dritten in das Inventar einzubeziehen. Die Aufnahme einer Sache in das Inventar präjudiziert natürlich in keiner Weise dem Aussonderungsrecht Dritter, das im Prozeßweg auszutragen ist (GUNF. 2336).

V. Das Gesetz hat bezüglich der Aufnahme der einzelnen Vermögensbestandteile ins Protokoll und bezüglich ihrer Wertermittelung eine Reihe von Sondernormen erlassen (§§ 99 ff.). Zum Zweck der Pflichtteilsberechnung bedarf es immer der gerichtlichen Schätzung, soweit sich nicht der handlungsfähige Pflichtteilsberechtigte mit einer anderen Wertermittelung begnügt oder eine vor kurzer Zeit aufgenommene gerichtliche Schätzung zweifellos genügt. Für die Schätzung von Liegenschaften sind regelmäßig zwei Sachverständige beizuziehen. Im übrigen sind wohl bezüglich der Vornahme der Schätzung, soweit sich dies mit den besonderen Zwecken dieser Schätzung verträgt, die Normen des Exekutionsrechtes, speziell der Realschätzordnung vom 25. Juli 1897, RGBl. Nr. 175, analog anzuwenden. (Vgl. auch GUNF. 1343 und den JMErl. vom 30. Juni 1900, Z. 11767 bei Friedländer zu § 103 P.).

Sammlungen von Büchern, Kunstwerken, Raritäten sowie Fahrnisse von größerem Werte werden in der Regel besonders aufgenommen und geschätzt, und zwar im Gegensatz zu anderen Fahrnissen (§ 103) durch zwei Sachverständige.

Wenn bei anderen Fahrnissen von einem Beteiligten die Beiziehung eines zweiten Sachverständigen verlangt wird, hat der Antragsteller die dadurch verursachten Mehrkosten zu ersetzen.

Für Wertpapiere gelten die Normen des § 99 P. Für die schließliche Wertberechnung ist der Kurswert am Todestag entscheidend. Für andere Schuldforderungen vgl. § 100 P. Auch Forderungen, die streitig sind, müssen — allerdings unter Anmerkung dieses Umstandes — in das Inventar aufgenommen werden.

Wenn zum Vermögen des Erblassers eine Fabrik oder ein Handelsunternehmen gehörte, so sind die Bücher mit dem Todestag abzuschließen und es ist das Ergebnis in das Inventar aufzunehmen. War der Verstorbene lediglich Mitglied einer Handelsgesellschaft, so ist sein Anteil zu berechnen (§ 106 P.). Analoges gilt für Genossenschafter.

Da das Inventar den Zweck hat, ein möglichst übersichtliches Bild über die Vermögenslage des Verstorbenen zu bieten, sollen in das Inventar tunlichst auch die Passiva aufgenommen werden. § 105 P. schreibt die Aufnahme der Schulden generell allerdings nur für den Fall vor, als sie sich ohne Weitläufigkeiten und Zeitaufwand erheben lassen.

Sobald das Inventar abgeschlossen erscheint, ist es von dem Gerichtskommissär, den Sachverständigen, den beigezogenen Zeugen und den Beteiligten, welche der Inventur beiwohnten, zu unterschreiben und mit allen Beilagen dem Gerichte zu überreichen (§ 109 P.).

Bei komplizierteren Verlässen, insbesondere wenn gewisse Komplexe, wie Unternehmungen des Verstorbenen, abgesondert inventiert wurden, oder wenn verschiedene Gerichte Inventuren vorzunehmen hatten, hat das Abhandlungsgericht alle Teilinventare in ein einheitliches Inventar zusammenzuziehen (§ 110 P.) und dann durch Abzug der Schulden von dem Wert des Aktivvermögens das reine Vermögen zu berechnen.

VI. Für die Kosten der Errichtung des Inventares erscheint es regelmäßig belanglos, ob es von Amts wegen oder auf Antrag errichtet wurde; regelmäßig treffen sie die Masse, daher dann auch zur Begleichung der Kosten eine Belastung von Verlaßobjekten stattfinden kann (GUNF. 989). Allerdings hat der OGH. in der Entscheidung GUNF. 135 dem Miterben, der sich im Gegensatz zu den anderen Miterben bedingt erbserklärt hatte, unter Heranziehung des § 24 der Min.Vdg. vom 3. Juli 1854, RGBl. Nr. 169, genötigt, diese Kosten vorzuschießen, ohne dabei jedoch der Frage der endgültigen Kostentragung vorzugreifen. Die E. GUNF. 2951 läßt hingegen im Falle der Überschuldung des Nachlasses den bedingt erbserklärten Erben auch definitiv die Kosten tragen. (Vgl. zur Frage auch die E. v. 10. Juni 1912, Geller 1913, S. 1039.) Der OGH. hat die Kosten der Nachlaßinventur wiederholt (GU. 15 684, 15 912) als Massekosten erklärt, falls später über den Nachlaß der Konkurs eröffnet wird. Allein es ist zweifelhaft, ob diese Entscheidung den Normen der Konkursordnung (§ 29) entspricht. (Siehe auch Pollak, Konkursrecht, S. 280; Rintelen, KR., S. 232, und Entscheidung vom 16. September 1877, Z. 7439, Riehl, S. 64.)

Die Kosten für die Errichtung der Inventur über Fideikommiß-, Lehen- und Substitutionserbschaften fallen dem zur Last, auf den der Genuß dieser Güter übergeht.

Die Bemessung und Einhebung der Kosten erfolgt durch das Gericht (§§ 112 f. P.).

VII. Das Inventar wird dem Verlassenschaftsrichter vorgelegt und sind die Ergebnisse desselben seiner freien Beweiswürdigung unterworfen.

VIII. Die Parteien können Beschwerden, welche sich gegen den Vorgang des Gerichtskommissärs richten, nicht unmittelbar durch Rekurs, sondern zuerst nur durch Reklamation beim Abhandlungsrichter einbringen, gegen dessen Verfügung ihnen der Rekurs zusteht. So sind insbesondere Beschwerden von Gläubigern und Legataren wegen der Nichtaufnahme von Vermögensobjekten in das Inventar zulässig. (Unrichtig GUNF. 3813; AM. GU. 12 824.)

IX. Ist das Inventar rechtskräftig angenommen, so wird es Grundlage des weiteren Verfahrens, aber nicht unabänderlich und in bindender Weise, denn auch später können noch Richtigstellungen vorgenommen werden, und zwar bis zur Einantwortung

(GUNF. 542), z. B. die Abschreibung von Forderungen, welche inzwischen rechtskräftig aberkannt sind. Aber auch die Gläubiger haben das Recht, im Prozeßweg geltend zu machen, daß das Inventar nicht vollständig, daß daher die Haftung des Erben eine weitergehendere ist.

Liegen die Voraussetzungen des Art. XLII EGZ. ZPO. vor, so kann eventuell im Prozeßweg vom Erben oder sonstigen Personen die Mitteilung weiterer Vermögensobjekte erzwungen und auch so das Inventar ergänzt werden.

X. Auch für die Gebührenbemessung hat die Errichtung des Inventars keine absolut verbindliche Kraft und zwar auch nicht hinsichtlich der Wertbemessung. Das Gesetz vom 18. Juni 1901, RGBl. Nr. 74, hat ein besonderes, gerichtlich durchzuführendes Verfahren normiert, um Unrichtigkeiten in der Nachlaßausweisung unter gewissen Voraussetzungen (vgl. § 12 des Gesetzes) durch Abnahme eines Manifestationseides festzustellen. Auch regelt § 15 des Gesetzes vom 18. Juni 1901 — unabhängig von dem Vorgange bei der Inventur — selbständig die Behandlung von Sachen, die beim Erblasser gefunden wurden, ihm aber angeblich nicht gehören.

§ 32. Die Verwaltung und Vertretung des Nachlasses.

I. Die Tatsache der Erbserklärung als solche gibt dem Erben noch kein Recht, die Verwaltung des Nachlasses zu übernehmen. Gleiches gilt für die bloße Annahme der Erbserklärung durch das Gericht. Das Verlassenschaftspatent setzt vielmehr — wie das Bürgerliche Gesetzbuch — eine gewisse Bescheinigung des Erbrechtes voraus, bevor das Gericht dem Erben die Verwaltung des Nachlasses überträgt. Als der erste Schritt zur Überlassung der Verwaltung, aber noch nicht als die eigentliche Übertragung der Nachlaßverwaltung erscheint es, wenn der Gerichtskommissär bei der Todfallsaufnahme nach § 43 P. dem „bekannten oder mutmaßlichen" Erben die Verwahrung der Verlassenschaftsobjekte überläßt. Es setzt dies zwar auch eine Überprüfung der Berechtigung der Erben durch den Gerichtskommissär voraus, der Akt hat aber rein tatsächliche und provisorische Bedeutung. Es handelt sich hier lediglich um Überlassung der Detention, ohne Berechtigung zu juristischen Dispositionen über die Verlassenschaftsobjekte. Auch ist das Gericht an die Verfügung des Kommissärs nicht gebunden und kann dieselbe wieder abändern. Die Einräumung der Verwaltung des Nachlasses im Sinne des § 810 ABGB. hat eine weitgehendere Bedeutung. Sie setzt daher auch einen Beschluß des Verlassenschaftsgerichtes und einen entsprechenden Ausweis über das Erbrecht des Gesuchstellers voraus (§ 810 ABGB., § 122 P.). Nach § 123 des Patentes wird bei Zugrundelegung des gesetzlichen Erbrechtes vorläufig derjenige für den rechtsmäßigen Erben gehalten, welcher nach den bei der Todfallsaufnahme oder deren Ergänzung gemachten unverdächtigen Angaben der Angehörigen, der Hausgenossen oder anderer glaubwürdiger Zeugen als der nächste zur gesetzlichen Erbfolge berufene Verwandte erscheint; bei Zugrundelegung der testamentarischen Erbfolge bzw. eines Erbvertrages derjenige, welcher sich auf einen, „dem Inhalte und der äußeren Form nach vorschriftsmäßig eingerichteten letzten Willen" stützt.

Kann der Erbe sein Erbrecht entsprechend ausweisen, so hat er ein Recht auf die Verwaltung (§ 810 ABGB., § 145 P.). Das Gericht hat dafür zu sorgen, daß eine Nachlaßverwaltung eingeleitet wird, und dem Erben in dieser Richtung zur Stellung seines Gesuches die nötigen Anweisungen zu erteilen (§ 122 P.; vgl. auch GUNF. 5564). Macht der Erbe von diesem Rechte keinen Gebrauch, so ist ein Verlassenschaftskurator zu bestellen. Dazu ist das Gericht nach § 128 P. berechtigt, da das Begehren um die Einräumung der Nachlaßverwaltung sich als eine jener Befugnisse darstellt, die sich für das Verlassenschaftsverfahren aus dem Erbrechte ergeben; nimmt der Erbe die Verwaltung nicht in Anspruch, so macht er eben von seinem Erbrechte in dieser Richtung keinen Gebrauch und erscheinen dann die Voraussetzungen des § 128 P. gegeben.

Dem Legatar steht kein Recht auf die Verwaltung der ihm vermachten Sache zu (E. vom 20. Jänner 1914, Z.Bl. 1914, S. 265.

Die Tendenz des Verlassenschaftspatentes, auch die Interessen der Gläubiger und Legatare zu schützen, findet in Beziehung auf die Verlassenschaftsverwaltung dahin Ausdruck, daß Gläubiger wie Legatare die Möglichkeit haben, wenn sie sich durch die Nachlaßverwaltung des Erben gefährdet erachten, die Bewilligung der separatio bonorum und dadurch die Bestellung eines Kurators zum Zwecke der Verwaltung des Nachlasses und so die Enthebung des Erben von dieser Funktion zu erwirken.

Liegen konkurrierende Erbserklärungen vor, so ist jeder Teil berechtigt, die Verwaltung des Nachlasses durch einen Kurator zu verlangen oder, wenn bereits einem der Erben die Verwaltung überlassen war, seine Enthebung — allerdings nur unter den Voraussetzungen der §§ 381 ff. EO. — herbeizuführen. Können sich mehrere Miterben über die Nachlaßverwaltung nicht einigen, so hat das Gericht einen Verwalter zu bestellen (§ 836 ABGB., GUNF. 5564). Ein Verlassenschaftskurator ist auch dann von Amtswegen zu bestellen, wenn zwar Erbserklärungen einlangen, aber die Parteien, von denen diese Erklärungen ausgehen, ihr Erbrecht nicht ausweisen können.

II. Die Verwaltung des Nachlasses obliegt also entweder den erbserklärten Erben oder dem Verlassenschaftskurator. Ihre Stellung nach außen ist im allgemeinen die gleiche. Das Gesetz geht eben von dem Standpunkte aus, daß mit Rücksicht auf die verschiedenen Interessen, die das Verlassenschaftsverfahren nach österreichischem Rechte zu berücksichtigen hat, auch der Erbe bis zur Einantwortung des Verlasses nur als Verwalter des Nachlasses unter gerichtlicher Aufsicht anzusehen ist. Der Wirkungskreis und der Umfang der Vertretungsbefugnis wird daher für den Verwalter des Nachlasses im allgemeinen einheitlich zu bestimmen sein, gleichgültig, ob die Verwaltung dem Erben oder einem „Verlassenschaftskurator" überlassen wurde. Der Verwalter führt neben der Verwaltung des Nachlasses auch die Vertretung; insbesondere hat er auch die Eintreibung der Aktivforderungen zu besorgen, ferner, sobald dies mit Sicherheit geschehen und die diesbezüglichen Ansprüche fällig sind, die Erbschaftsgläubiger und Vermächtnisnehmer zu befriedigen (§ 129). § 145 P. führt das Vertretungsrecht noch weiter aus: Der Erbe, dem die Vermögensverwaltung überlassen ist, bzw. der Verlassenschaftskurator ist, „mit Genehmigung des Gerichtes, Güter und Fahrnisse zu veräußern und zu verpfänden, Forderungen abzutreten, oder von den Schuldnern Gelder in Empfang zu nehmen berechtigt, wenn diese Vorkehrungen in dem letzten Willen angeordnet oder zur Bestreitung von Krankheits- und Leichenkosten oder anderer dringender Zahlungen, oder zur Vermeidung offenbaren Nachteils notwendig sind; insbesondere wenn Fahrnisse ohne Gefahr eines Schadens oder unverhältnismäßiger Kosten nicht aufbewahrt werden können. Im letzteren Falle ist nicht nur die Abhandlungsinstanz, sondern nach Umständen selbst dasjenige Gericht, welches den Todfall oder die Inventur aufgenommen hat, die Feilbietung anzuordnen und zu bestimmen berechtigt, daß die Gegenstände, welche nicht aufbewahrt werden können, bei derselben auch unter dem Schätzungspreise veräußert werden können."

Soweit es sich um Verfügungen handelt, die über den ordentlichen Wirtschaftsbetrieb hinausgehen oder von größerer Wichtigkeit sind, bedarf der Erbe bezw. Verlassenschaftskurator der Genehmigung des Verlassenschaftsgerichtes. Mietverträge kann der Nachlaßverwalter auf ortsübliche Zeit wohl selbst abschließen, so wie er auch berechtigt ist, Verträge zur Kündigung zu bringen. Zum Eingehen länger dauernder Verträge benötigt er die Zustimmung des Verlassenschaftsgerichtes. Die Befugnisse des Nachlaßverwalters sind im § 145 P. nicht erschöpfend aufgezählt. So ist er gewiß berechtigt, um dringende Zahlungen zu leisten, z. B. zum Fortbetriebe des Geschäftes, für andringende Gläubiger, soweit deren Befriedigung zulässig erscheint, oder um die Kosten des Verlassenschaftsverfahrens zu decken, mit Zustimmung des Verlassenschaftsgerichtes Darlehen aufzunehmen und hierfür Nachlaßobjekte zu belasten (vgl. auch GUNF. 989), ebenso Sparkassebücher zu realisieren usw.

Nimmt der Erbe eine Veräußerung von Verlassenschaftsobjekten ohne die erforderliche Zustimmung des Verlassenschaftsgerichtes vor, so ist die Veräußerung für den Nachlaß und die daran Beteiligten wirkungslos (vgl. GUNF. 137). Die Frage, inwiefern der Erbe etwa nach der Einantwortung des Verlasses zur Erfüllung gezwungen werden kann, ist davon natürlich unabhängig.

Sind am Verlasse Erben beteiligt, deren Rechte das Gericht von amtswegen wahrzunehmen hat, so soll die Veräußerung von Verlassenschaftsobjekten „in der Regel" durch öffentliche Versteigerung erfolgen, um Garantien zu schaffen, daß tatsächlich ein hinreichender Preis erzielt wird. Freihändiger Verkauf soll also nur aus besonderen Gründen stattfinden und erheischt naturgemäß eine ganz besonders gewissenhafte Prüfung der Angemessenheit und Zweckmäßigkeit des Geschäftes (GUNF. 228).

Streit herrscht nur über die Frage, ob eine solche Veräußerung nur der Genehmigung des Verlassenschaftsgerichtes oder auch der des etwa davon verschiedenen Pflegeschaftsgerichtes bedarf; dann käme auch die nach § 109 Abs. 2 JN. erforderliche Genehmigung des übergeordneten Gerichtshofes in Betracht. Der JME. v. 18. September 1857 Zl. 20886 stellt sich auf diesen Standpunkt und ebenso der Oberste Gerichtshof in seinen Entscheidungen GU. 2858 und 3482; (erstere Entscheidung allerdings nur bezüglich jener Geschäfte, die nicht als dringliche unter § 145 P. zu subsumieren seien); ebenso Schuster (Kommentar zu § 145 P.). Der Oberste Gerichtshof hat aber später diesen Standpunkt wieder verlassen und die (allerdings unzulänglich begründete) Entscheidung vom 31. Dezember 1873 Zl. 11570 (vgl. GU. 5195), welche in der entgegengesetzten Richtung erging und vom Erfordernisse der Genehmigung Abstand nimmt, in das Judikatenbuch unter **85** eingetragen. (Siehe auch Randa, Eigentumsrecht S. 339 Anm. 4.) Die Entscheidung GU. 4504 nimmt für die Bestellung eines Pfandrechtes oder einer Servitut auf dem Gute eines Pflegebefohlenen während der Verlassenschaftsabhandlung von einer Genehmigung des übergeordneten Gerichtshofes ebenfalls Abstand.

III. Nicht als Überlassung der Verwaltung, sondern als teilweise Vorwegnahme der Einantwortung stellt sich der Vorgang nach § 145 Abs. 2 P. dar, durch den dem Erben die volle Disposition über einzelne Vermögensobjekte überlassen wird, daher das Gesetz die Voraussetzung hierfür festlegt, daß der Erbe sein „unbeschränktes ausschließliches" Erbrecht neben seiner Handlungsfähigkeiten „klar" auszuweisen hat, ferner daß die Gebühren und die Erfüllung des letzten Willen hinlänglich gesichert erscheinen, soweit nicht die Beteiligten von einer solchen Sicherstellung ihrer Ansprüche absehen. (Vgl. auch Schuster, S. 252 f.)

IV. Der Erbe ist in seiner Eigenschaft als Verwalter des Nachlaßvermögens rechnungspflichtig (GUNF. 5564).

§ 33. **Fortsetzung. Die Vertretung des Nachlasses in Prozessen.**

§ 811 des ABGB. wird vielfach in der Richtung ausgelegt, daß die Gläubiger des Erblassers von dem Zeitpunkte der Erbserklärung an ihre Ansprüche gegen den Erben zu verfolgen haben. Diese Auslegung wird unterstützt durch das Hofdekret vom 19. Jänner 1790 JGS. 1094; dasselbe bestimmte: „sobald aber die Erbserklärung vorliegt, hat sich der Kläger wider die erklärten Erben selbst zu wenden . . . .". Die Praxis spricht daher zum großen Teile dem Erben mit der Erbserklärung bezw. mit ihrer Annahme bei Gericht die Passivlegitimation zur Vertretung des Nachlasses zu. Diese Auffassung steht aber im Widerspruch mit den Grundsätzen, welche das Verlassenschaftspatent hinsichtlich der Zulässigkeit der Erbserklärung, ihrer Annahme bei Gericht und der Konsequenzen dieser Annahme zum Ausdrucke bringt.

Es wurde schon darauf hingewiesen, daß das Gericht nunmehr nach dem Verlassenschaftspatent jede in der vorgeschriebenen Form eingebrachte Erbserklärung anzunehmen hat, und es hiefür nicht des Nachweises des Erbrechtstitels bedarf, daß das Gesetz aber die Übertragung der Nachlaßverwaltung von dem entsprechenden Nachweise des Erbrechtstitels ausdrücklich abhängig macht. Es wäre nun inkonsequent, wenn der Gesetzgeber, der für die Nachlaßverwaltung und für die rechtsgeschäftliche Vertretung des Nachlasses das Erfordernis einer entsprechendenden Dartuung des Erbrechtstitels verlangt, dem Erben so weitgehende Dispositionen, wie sie das Prozeßführungsrecht ermöglicht, auf Grund der bloßen Erbserklärung einräumen würde. Auch kämen noch die Schwierigkeiten dazu, welche sich bei widersprechenden Erbserklärungen für die Fixierung der Beklagtenrolle ergeben würden, speziell aber dann, wenn nach der Einleitung des Prozesses neue Erbserklärungen einlangen.

§ 156 ZPO. begnügt sich für den Eintritt der Rechtsnachfolge nach einer verstorbenen Prozeßpartei jedenfalls nicht mit der bloßen Erbserklärung. Er verlangt vielmehr eine „genügende Bescheinigung der behaupteten Rechtsnachfolge".

Diese Erwägungen führen dazu, die Frage der Passivlegitimation im Prozesse mit dem Prozeßführungsrechte bezüglich der Aktivprozesse in Verbindung zu bringen. Dieses Prozeßführungsrecht ist aber regelmäßig ein mit der Nachlaßverwaltung verbundenes. (§§ 129, 145 P.) Der scheinbare Gegensatz dieses Ergebnisses zur Fassung des § 811 ABGB. erklärt sich wohl dadurch, daß § 811 ABGB. nicht den Zweck hat, die Frage der Passivlegitimation des Erben zur Entscheidung zu bringen. Das Gesetz will hier vielmehr die Zulässigkeit der Bestellung eines Kurators zum Zwecke der Führung dieser Prozesse aussprechen. Für das bürgerliche Gesetzbuch ergab sich das Bedürfnis, die Übertragung der Nachlaßverwaltung ausdrücklich zur Voraussetzung für die Passivlegitimation zu erheben, nicht in dem Maße, wie für den heutigen Rechtszustand. Denn § 799 ABGB. verlangte bereits für die Erbserklärung den Ausweis des Erbrechtstitels. Nun wurde schon darauf hingewiesen, daß dem Erben, der seinen Erbrechtstitel entsprechend dartut, die Verwaltung des Nachlaßvermögens zu übertragen ist und daß das Gericht von amtswegen auf diese Einleitung der Nachlaßverwaltung hinzuwirken hat. Damit entfiel für den Regelfall eine wesentliche zeitliche Differenz zwischen Erbserklärung und Übertragung der Nachlaßverwaltung. Es war nur eine gewisse Ungenauigkeit, wenn der Gesetzgeber in § 811 ABGB. statt von der Übertragung der Nachlaßverwaltung nur von der Erbserklärung sprach und so scheinbar sein Prinzip, daß Verwaltungs- und Vertretungsakte des Erben von der Übertragung der Nachlaßverwaltung abhängig sind, für die Passivprozesse nicht zur Geltung brachte. Da nun das Verlassenschaftspatent die Erbserklärung von jedem Ausweise des Erbrechtstitels befreit und daher die Übertragung der Nachlaßverwaltung an weitere Voraussetzungen bindet, so bedarf es jetzt wohl einer besonderen Hervorhebung der sich daraus ergebenden Konsequenz, daß nunmehr auch die im Verlassenschaftspatente naturgemäß nicht ausdrücklich erwähnte Prozeßlegitimation für Passivprozesse dem Erben nicht mit Erbserklärung zukommen kann, daß vielmehr auch sie eine Prüfung des Erbrechtstitels voraussetzt. Diese Prüfung wird gewiß am zweckmäßigsten dem Verlassenschaftsgericht überlassen und findet ihren Ausdruck eben in der Einräumung der Nachlaßverwaltung. Weist der Erbe seinen Erbrechtstitel nicht aus (siehe S. 68) und ist auch ein Verlassenschaftskurator noch nicht bestellt, so kann der Gläubiger die Bestellung eines Kurators ad hoc erwirken.

Vgl. des näheren, insbesondere auch hinsichtlich der Fassung des Klagebegehrens sowie hinsichtlich der Parallele zwischen dem Vorgang des deutschen bürgerlichen Gesetzbuches und dem des österreichischen Rechtes meine Ausführungen in der Festschrift zum 60. Geburtstage von Franz Klein (S. 119 ff. und die dort bezogene Literatur, ferner Touaillon, Gellers ZB. Bd. 30, S. 201 ff.

Als gesetzliche Vertreter sind die Erben in dem für den Nachlaß geführten Prozeß als Parteien nach § 373 ZPO. einzuvernehmen.

§ 34. Testamentsvollstrecker und „Abhandlungspfleger".

I. Die Stellung, welche das österreichische Recht dem Testamentsvollstrecker einräumt, ist mit Rücksicht auf seine prinzipielle Auffassung über die gerichtliche Einflußnahme auf das Verlassenschaftsverfahren eine wesentlich beschränkte. Die eigentliche Durchführung des Testamentes liegt in der Hand des Gerichtes. § 816 ABGB. bestimmt zwar, daß der Testamentsvollstrecker verpflichtet ist, entweder als ein „Machthaber" die Anordnungen des Erblassers selbst zu vollziehen, oder den saumseligen Erben zur Vollziehung derselben anzuhalten. Nun hat das Gericht die Erfüllung der Testamentsbestimmungen von amtswegen wahrzunehmen, daher das Verlassenschaftspatent sich in dieser Richtung darauf beschränkt, zu bestimmen, daß der Testamentsexekutor von seiner Bestellung von amtswegen zu verständigen ist (§ 80) und daß die Testamentserfüllungs-Ausweise vom Erben und dem etwa bestellten Testamentsexekutor gemeinschaftlich zu liefern sind, wodurch demselben allerdings eine weitgehende Prüfungsmöglichkeit in dieser Richtung gewährt ist. Auch die Nachlaßverwaltung kommt dem Testamentsvollstrecker nicht ipso iure kraft seiner Stellung zu, daher auch nicht die Prozeßvertretung des Nachlasses. (Vgl. auch GU. 9871, 15108.) Hierzu bedarf es einer besonderen richterlichen Verfügung und wenn auch das Gericht gewiß zweckmäßigerweise bei der Bestellung des Verlassenschaftskurators einem eventuell bestellten Testamentsvollstrecker den Vorrang gewährt, so kommt doch zu bedenken, daß auf die Verwaltung des Nachlasses primär der Erbe einen Anspruch hat (§ 810 ABGB.) und daß es zur Bestellung eines Verlassenschaftskurators nur kommt, wenn ein Hindernis für die Übertragung der Nachlaßverwaltung an den Erben vorliegt. Der Testamentsvollstrecker kann aber nicht nur zum Nachlaßverwalter (§ 80), sondern auch in den Fällen das § 77 P. zum Kurator für die dort bezeichneten Personen bestellt werden (§ 80).

Wenn so auch das Gesetz mit Rücksicht auf seinen prinzipiellen Standpunkt über die Gerichts-cura im Verlassenschaftsverfahren die Aufgabe des Testamentsexekutors wesentlich beschränkt hat, so muß ihm doch innerhalb dieser Grenzen die Möglichkeit gewährt werden, die Intentionen des Erblassers zur Durchsetzung zu bringen. Er wird daher allen wichtigeren Tagsatzungen und sonstigen Amtshandlungen beizuziehen sein. Für die Inventur schreibt dies § 95 P. ausdrücklich vor. Er hat ferner jederzeit das Recht zur Antragstellung und ist gewiß auch befugt, Rechtsmittel einzubringen.

So spricht dem Testamentsvollstrecker die E. GUNF. 2145 die Legitimation zum Rekurse gegen die Annahme einer Erbserklärung zu (vgl. auch GU. 13659).

Das Amt des Testamentsvollstreckers endet mit dem Nachlaßverfahren nicht, da er ja auch die Einhaltung jener Testamentsbestimmungen, welche noch später aktuell werden können, zu überwachen hat, daher auch die Entscheidung vom 23. März 1899, Z. 3602 Not. Z. 1901 No. 10 seine Einvernehmung über einen nach der Einantwortung gestellten Antrag auf Ausfolgung einer Substitutionsmasse verfügt.

Über die Stellung des Testamentsvollstreckers vgl. auch Unger, Verlassenschaftsabhandlung, S. 84, 85, 140, Erbrecht, § 27 (S. 121); Randa, Erwerb der Erbschaft, S. 77 f.; Pfaff-Krainz-Ehrenzweig, § 532; Alfred Schulz, Treuhänder im geltenden bg. Recht, Iherg. Jahrb. 43 B., S. 1 ff.

II. In der Praxis findet man vielfach die testamentarische Bestellung eines „Abhandlungspflegers“. Soweit damit die Funktion eines Testamentsvollstreckers gemeint ist, sind für den Abhandlungspfleger ohne weiteres die Normen über den Testamentsvollstrecker anzuwenden. Vielfach wird aber mit dieser Bestellung die Absicht verbunden, über die Einräumung der Befugnisse des Testamentsvollstreckers hinauszugehen. Es ist nun mit Recht darauf hingewiesen worden, daß die Funktion eines Abhandlungspflegers weder im bürgerlichen Gesetzbuch noch im Verlassenschaftspatente vorgesehen ist und daß nach den Grundsätzen des österreichischen Verlassenschaftsrechtes die Abhandlungspflege Sache des Gerichtes ist. Der testamentarisch bestellte „Abhandlungspfleger“ könnte seine Befugnisse lediglich auf die Einsetzung durch den Erblasser stützen; das Verlassenschaftsverfahren hat aber rein objektiven Zwecken zu dienen. Es zeigt sich das deutlich, wenn geprüft werden soll, ob das Testament überhaupt gültig, ob nicht Pflichtteilsberechtigte gegenüber dem Testamente zu schützen sind und wenn die Interessen von Gläubigern wahrgenommen werden. Diese Objektivierung des Zweckes der Verlassenschaftsabhandlung würde mit der Übertragung derselben an eine vom Erblasser bestellte Persönlichkeit im Widerspruche stehen. Soweit es sich um die Nachlaß**verwaltung** handelt, hat § 810 ABGB., welcher dem Erben ein Recht auf die Einräumung dieser Verwaltung gewährt, zugunsten eines Abhandlungspflegers keine Ausnahme statuiert, noch den Fall vorgesehen, daß dem Erben in der Durchführung dieser Verwaltung ein Vertreter oktroyiert wird.

Pfaff-Krainz-Ehrenzweig vertritt allerdings die Meinung, (§ 532, Anm. 10) daß der Erblasser testamentarisch einen Nachlaßverwalter bestellen kann, allein die von ihm bezogenen §§ 149 und 197 ABGB. beziehen sich nicht auf die Nachlaßverwaltung, sondern haben vielmehr davon verschiedene Tatbestände vor Augen. Eine Norm, welche das Gericht an einen solchen Vorschlag des Erblassers binden würde, ist weder im bürgerlichen Gesetzbuch noch im Verlassenschaftspatent vorgesehen. Aus § 80 P. ergibt sich vielmehr, daß das Gericht auch nicht hinsichtlich der Person des Testamentsvollstreckers bei der Auswahl des Nachlaßverwalters gebunden ist. Vgl. auch die E. GU. 2076, welche den Erben vorgehen läßt, wenn auch der Erblasser verfügte, der Testamentsvollstrecker solle sich in den Besitz der Erbschaft setzen. Die E. meint, hier sei nur an die Zeit bis zum Antritt des Erben gedacht.

Die Entscheidung der zweiten Instanz im Rechtsfalle GUNF. 4838 will für die Bestellung eines Abhandlungspflegers die Grundsätze des bürgerlichen Gesetzbuches (§ 709) über den Auftrag angewendet wissen. Allein es ist kaum anzunehmen, daß der Bestellung einer Person zum Nachlaßpfleger die Absicht oder das Bewußtsein innewohnt, dadurch eine auflösende Bedingung für die Erbseinsetzung zu schaffen.

Die Spruchpraxis hat hingegen, trotz der obangeführten, der Einrichtung entgegenstehenden Bedenken die Institution des „Abhandlungspflegers" in einer Reihe von Entscheidungen anerkannt und legt sie meistens dahin aus, daß der Abhandlungspfleger die Eingaben des Erben mitzufertigen hat. Während die Entscheidung GUNF. 2145 bestimmt, daß die Einbringung der Gebührenausweise dem Abhandlungspfleger zukommt, der sie dem Erben zur Mitfertigung zu übersenden habe, schaltet die obenerwähnte Entscheidung GUNF. 4838 jene Akte, die nur dem Erben persönlich vorbehalten bleiben, von den Funktionen des Abhandlungspflegers aus und erwähnt dabei insbesondere die Erbserklärung, die Einbringung des eidesstättischen Vermögensbekenntnisses und der Gebührenausweise.

Bezüglich der Zulässigkeit der Bestellung eines „Abhandlungspflegers" vgl. Lenhoff, Jur.Bl. 1913, S. 328 und Pfaff-Krainz-Ehrenzweig a. a. O., sowie die dort weiters verzeichnete Literatur und Spruchpraxis.

§ 35. Die verfahrensrechtliche Stellung der Verlassenschaftsgläubiger.

Vgl. Unger, Verlassenschaftsabhandlung, S. 85 f., 146 ff., Erbrecht §§ 41, 42, 85; Harras von Harrasowsky, S. 31 ff.; Chorinsky, S. 202 ff.; Feldner, Ger.Z. 1891 Nr. 17 ff.; Pfaff-Krainz-Ehrenzweig, §§ 514 ff.; Anders, Grundriß S. 181; Hofmann, Zur Lehre vom beneficium inventarii und von der separatio bonorum, Grünhut 1881, S. 555 ff.; Fischer-Colbrie, Not.Z. 1908, S. 17.

I. Die Stellung der Verlassenschaftsgläubiger ergibt sich aus dem Prinzip des österreichischen Rechtes, daß der Nachlaß in erster Linie der Befriedigung der Gläubiger verstrickt ist. Das Patent hat in der Frage, inwieweit das Interesse der Gläubiger des Erblassers im Verlassenschaftsverfahren wahrzunehmen ist, einen Mittelweg eingeschlagen. In mancher Richtung werden diese Interessen schon von amtswegen wahrgenommen, vielfach aber erst auf Antrag der Beteiligten. So hat schon der Gerichtskommissär bei der Todfallsaufnahme zu prüfen, ob nicht etwa ein das Vermögen übersteigender Schuldenstand wahrscheinlich ist. (§ 39 P.) Im bejahenden Falle ist von amtswegen die Versiegelung vorzunehmen. (§ 43 P.) Wenn der Nachlaß voraussichtlich nur die dringendsten Verlassenschaftsschulden deckt, ist eventuell das Verfahren zur Durchführung der iure crediti Einantwortung einzuleiten. (Vgl. darüber S. 55 f. des Grundrisses.) Die Konkurseröffnung findet nicht von amtswegen, sondern nur auf Antrag des Erben oder des Verlassenschaftskurators statt, welcher Antrag allerdings der Genehmigung des Verlassenschaftsgerichtes bedarf.

II. Die Gläubiger haben das Recht, zur Sicherung ihrer Ansprüche die separatio bonorum zu begehren, um einer Vereinigung des Nachlaßvermögens mit dem Vermögen des Erben vorzubeugen, vor allem aber auch um die Übernahme oder Fortführung der Nachlaßverwaltung durch den Erben zu verhindern. Da die Eigenschaft als Gläubiger in diesen Fällen die Grundlage für das Begehren zur Absonderung des Nachlaßvermögens bildet, wird in der Praxis die Dartuung einer Forderung verlangt (so GU. 5040, GUNF. 2870, siehe auch GUNF. 1123). Die Bescheinigung einer Gefahr wird jedoch nicht gefordert (siehe GUNF. 1123, 1249); man begnügt sich mit subjektiver Besorgnis. Allerdings ist der Antrag dann zweifellos abzulehnen, wenn die Sachlage auch eine solche subjektive Besorgnis als ausgeschlossen erscheinen läßt (GUNF. 1249), also insbesondere wenn der Gläubiger hinlänglich sichergestellt erscheint. Der Umstand jedoch, daß sich im Verlasse Immobilien befinden, genügt nicht zur Dartuung des Mangels einer Gefahr, da ja einerseits auch Immobilien während des Verlassenschaftsverfahrens belastet und veräußert werden können (siehe S. 69), anderseits die Gefahr eben auch in der auf Grund der Einantwortung durchzuführenden bücherlichen Eintragung des Erben liegt (vgl. auch GUNF. 1249, 1378).

Das Ansuchen um die Absonderung des Nachlasses hat in formeller Beziehung eventuell die Versiegelung des Nachlasses zur Folge, ferner die Errichtung des Inventars und die Bestellung eines Separations-Kurators, auf den die Verwaltung des Nachlasses übergeht. Der Erbe kann durch die Sicherstellung des Gläubigers, der die Absonderung erwirkt hat, ihre Aufhebung herbeiführen (vgl. auch GUNF. 61). Nach der Einantwortung des Nachlasses erscheint die Absonderung nicht mehr möglich (§ 811 ABGB., Unger, S. 150; GUNF. 320. S. aber Touaillon, Z.Bl. a. a. O., S. 214). Es wird die Ansicht vertreten, daß die Bewilligung der separatio bonorum der Einantwortung nicht im Wege steht, wenn nur die Sicherungsmaßregeln vorher durchgeführt werden (vgl. Pfaff-Krainz-Ehrenzweig, § 516 und die dort Anmerkung 10, Zitierten). Allein es entsteht die Schwierigkeit, wie die Einantwortung unter solchen Verhältnissen durchgeführt werden sollte. Sie verleiht doch dem Erben zum Beispiel bezüglich der Immobilien das Recht, das Gut zu veräußern, zu belasten usw. Auch durch die Einleitung einer besonderen Verwaltung wäre der Zweck der Güterabsonderung nach der bücherlichen Eintragung des Erben nicht mehr erreichbar, da diese Verwaltung juristische Dispositionen hinsichtlich des Gutes nicht ausschließt. Meines Erachtens ist daher die Nachlaßabsonderung vor der Einantwortung durchzuführen und die Einantwortung wird — gerade so wie bei der iure crediti Einantwortung und beim Konkurse — dann entfallen, wenn nach der Befriedigung der Gläubiger kein Vermögen übrig bleibt. (Siehe auch Steinlechner, Schwebendes Erbrecht II, S. 129.) Es ist kein Anlaß, hier den Unterschied zwischen der Beendigung des Nachlaßverfahrens durch Konkurseröffnung und der durch Aufzehrung des Vermögens infolge außerkonkursmäßiger Befriedigung der Gläubiger zu machen.

Doch kann die Einantwortung natürlich durch die Sicherstellung der Gläubiger, welche die Absonderung verlangt haben, ermöglicht werden, da dann die Absonderung aufzuheben ist.

Die separatio bonorum bildet kein Hindernis für die Veräußerung der durch sie getroffenen Vermögensobjekte mit gerichtlicher Genehmigung. Sie bezieht sich dann auf den an die Stelle des Objektes tretenden Erlös.

III. Der Erbe, bezw. der Verlassenschaftskurator sind bei Überschuldung des Nachlasses verpflichtet, darauf zu sehen, daß keiner der Gläubiger vorzugsweise Befriedigung findet, dem nicht auch im Konkurs ein Vorzugsrecht zukommt. Hierin treffen sie dieselben Pflichten wie sonst den Schuldner. Um den Schuldenstand kennen zu lernen, ist dem Erben und dem Verlassenschaftskurator die Möglichkeit gegeben, die Verlassenschaftsgläubiger zur Anmeldung ihrer Forderungen zu nötigen. Dem dient die „Einberufung der Gläubiger" (§§ 813 ff. ABGB., §§ 133 ff. P.).

Die Gläubiger werden durch Edikt aufgefordert, ihre Ansprüche bei der unter einem angeordneten Tagsatzung mündlich oder vor der Tagsatzung durch Schriftsatz anzumelden, widrigenfalls den nicht durch ein Pfandrecht versicherten Gläubigern an der Verlassenschaft, wenn sie durch die Bezahlung der angemeldeten Forderungen erschöpft würde, kein weiterer Zuspruch zustünde (§ 814 ABGB.).

Das Edikt zur Einberufung der Verlassenschaftsgläubiger kann mit dem Edikt zur Einberufung der Erben verbunden werden.

Zur Tagfahrt sind auch die Erben, eventuell der Verlassenschaftskurator zu laden, und ist, wenn dieselben es verlangen, im bezirksgerichtlichen Verfahren die Tagsatzung auch dazu zu verwenden, die Forderungen tunlichst ins Klare zu setzen. Der Erbe (Verlassenschaftskurator) hat sich über jede Post zu äußern und zwar soweit ein Vorrangsrecht in Anspruch genommen wird, wohl auch über dieses. Ist eine Forderung bestritten, so ist tunlichst eine Vermittelung zu versuchen. Bleibt die Post bestritten, so ist der Gläubiger auf den Prozeßweg zu verweisen. Jedenfalls muß bei der Verteilung auch auf solche Gläubiger Rücksicht genommen werden und ist der Richter wohl, um eine Klärung der Situation zu beschleunigen, kraft § 2, Z. 9 P. berechtigt, eine Frist zur Klageerhebung zu setzen, nach deren fruchtlosem Ablaufe auf die Forderung nicht weiter Rücksicht genommen wird.

Die Einberufung der Verlassenschaftsgläubiger gibt dem Erben das Recht, jene Gläubiger, welche sich rechtzeitig melden, im außerstreitigen Liquidierungsverfahren nach Maßgabe jener Rangsordnung, die ihnen im Konkurse zukäme, zu befriedigen. Forderungen, welche der dritten Klasse der Konkursgläubiger entsprechen, sind also bei Unzulänglichkeit der Masse verhältnismäßig zu befriedigen, vorausgesetzt natürlich, daß die Vorzugsrechte gedeckt sind. Gläubiger, welche verspätet anmelden, kommen nur nach Maßgabe des erübrigenden Vermögens zum Zuge (§ 814 ABGB.).

IV. Die Gläubigereinberufung kann nur dann zum Ziele führen, wenn den Gläubigern die Möglichkeit genommen ist, sich inzwischen durch Exekutionsmaßregeln einen Vorrang zu sichern. (Siehe auch Ofner, GH. 1897 Nr. 46 S. 543, Pollak, Zivilprozeßrecht S. 449, Neumann, Kommentar zu § 42 Zl. 6 EO.) Es müßte vorerst der Erbe oder der Verlassenschaftskurator, um dies zu verhindern, die Konkurseröffnung verlangen. § 813 ABGB. gibt dem Erben bereits das Recht, bis zum Ablaufe der Ediktalfrist mit der Befriedigung der Gläubiger innezuhalten. Es erscheint sehr zweifelhaft, ob unter solchen Umständen während dieser Zeit ein Gläubiger überhaupt befugt ist, die Forderung gerichtlich geltend zu machen, um ein Leistungsurteil mit Exekutionsandrohung zu erwirken. Jedenfalls erscheint eine Exekution ausgeschlossen (siehe auch Unger, Erbrecht S. 179). Der Oberste Gerichtshof hat allerdings in seiner in das Judikatenbuch unter Nr. 20 eingetragenen Entscheidung vom 9. Juli 1872 (siehe Pfaff-Krainz-Ehrenzweig § 515) den Grundsatz aufgestellt, daß die Einleitung des Einberufungsverfahrens die Gläubiger weder an der Geltendmachung ihrer Forderung im Prozesse noch an der Exekution hindere. Allein diese Entscheidung läßt sich, ebensowenig wie die Entscheidung GUNF. 1576 mit dem Text des § 813 ABGB. in Einklang bringen.

Vgl. auch Pfaff-Krainz-Ehrenzweig, § 515; Sperl, Succession S. 161; Feldner, a. a. O., S. 153; A. M. Schuster, S. 237.

Die Exekutionsordnung hat zu dieser Frage selbständig Stellung genommen indem sie die Einberufung der Verlassenschaftsgläubiger zu einem Grund für die Aufschiebung der Exekution erhebt: § 42, Z. 6 EO. Die Regelung des Gegenstandes in der Exekutionsordnung ist jedoch noch kein zwingender Beleg dafür, daß die Prozeßführung unbeschränkt zulässig erscheint, da es sich ja um Urteile handeln kann, die schon vor der Einleitung der Gläubigerkonvokation ergangen sind. Die Fragebeantwortungen des Justizministeriums zum § 42 Z. 6 EO. haben sich auf den Standpunkt gestellt, daß der Erbe bezw. der Verlassenschaftskurator nicht berechtigt ist, ganz allgemein die Aufschiebung aller Exekutionen zu verlangen, sondern daß es für jede einzelne Zwangsvollstreckung eines besonderen Antrages bedarf. Die Aufschiebung kann aber nur dann ihren Zweck voll erfüllen, wenn sie alle Gläubiger verhindert, die Einleitung des Verfahrens zur Einberufung der Gläubiger durch die Erzielung eines vorrangbegründenden Zwangsvollstreckungsaktes auszunützen (vgl. auch Ofner, a. a. O. und Tilsch, S. 189). Das hat aber zur Voraussetzung, daß der Aufschiebungsantrag schon jene Akte verhindert, welche prioritätsbegründend wirken, also die Vornahme der Pfändung, die bücherliche Anmerkung der Zwangsverwaltung oder Zwangsversteigerung usw. Es müßte also der Erbe bezw. Verlassenschaftskurator bezüglich jeder drohenden Exekution bei dem zu ihrer Bewilligung berufenen Gerichte um Aufschub ansuchen können, um zu verhindern, daß es zu solchen Akten, wie zur Bewilligung und bücherlichen Anmerkung der Zwangsversteigerung oder Zwangsverwaltung kommt. Wenn das Grundbuchsgericht selbst die Exekution zu bewilligen hat, so darf dann, falls es später infolge der Vereitelung des Einberufungsverfahrens noch zur Konkurseröffnung kommt, nicht der Rang dieses Gesuches irgendwelche Bedeutung für die Stellung des Gläubigers im Konkursverfahren haben. Sollte es hingegen später zur Durchführung der Exekution kommen, da der Konkurs nicht eröffnet wird, so müßte für den Rang entscheidend werden der Zeitpunkt der Wiederaufnahme der Exekution.

Die Tendenzen, welche das bürgerliche Gesetzbuch und die Exekutionsordnung in der obangeführten Richtung verfolgen, können nur erreicht werden, wenn auch die Exekution zur Sicherstellung in gleicher Weise aufgeschoben werden kann.

AM. Pfaff-Krainz-Ehrenzweig, § 515. GUNF. 1396, 1438. Allein der Zweck des Einberufungsverfahrens besteht ja nicht nur in der Verhinderung von Verwertungsakten des Zwangsvollstreckungsverfahrens; die Tendenz, die Ausnützung des Einberufungsverfahrens zu ranggründenden Akten der einzelnen Gläubiger zu verhindern, ist aber vereitelt, wenn man vor der Exekution zur Sicherstellung Halt macht. Es liegt vielmehr gewissermaßen eine Vorwegnahme einer der Wirkungen der eventuellen späteren Konkurseröffnung vor, ähnlich wie man bei einem Vorkonkurs vorgehen müßte.

§ 813 ABGB. stellt sich gewissermaßen dar als ein gesetzliches Moratorium. § 42, Z. 6 ist nur eine Durchführungsvorschrift, die nicht den Zweck verfolgt, die Norm des § 813, die in dieser Richtung nicht nur eine verfahrensrechtliche, sondern primär eine materiell-rechtliche Vorschrift ist, einzuschränken. Die Befugnis, mit den Zahlungen innezuhalten, muß dem Erben eingeräumt werden, da er sich ja sonst der Bevorzugung einzelner Gläubiger als einer eventuell Ersatzpflicht begründenden Handlung schuldig machen würde. Dies gilt aber gleichzeitig für Zahlungen wie für die Exekutionsführung. § 815 ABGB. erklärt daher auch den Erben für persönlich haftbar, wenn er Gläubiger durch die voreilige Befriedigung andere Gläubiger schädigt. Das muß naturgemäß auch für die Exekution gelten, da das in fraudem legis agere sonst direkt begünstigt wäre.

Der Zweck des § 813 ABGB. kann aber nur erfüllt werden, wenn man die Bewilligung der Aufschiebung nicht von dem vorhergehenden Erlag einer Sicherungsleistung durch den Erben bezw. den Verlassenschaftskurator abhängig macht.

Bezüglich jener Rechte, die im Konkursverfahren als Absonderungsrechte erscheinen und daher trotz der Konkurseröffnung durch Prozeßführung und Zwangsvollstreckung unbeschränkt verfolgt werden können, gilt Gleiches sinngemäß auch für die Zeit des Einberufungsverfahrens, daher Zwangsvollstreckungsakte, welche die Realisierung dieser Absonderungsrechte zum Gegenstande haben, der Aufschiebung nicht zugänglich sind.

Bezüglich dieser Absonderungsrechte vgl. Rudolf Pollak, Konkursrecht S. 259 ff. A. Rintelen, Konkursrecht S. 217 ff. Vgl. auch die Entscheidungen vom 23. Jänner 1900, Z. 573, Fellner-Ohmeyer, Spruchpraxis, S. 72, welche allerdings nicht deutlich erkennen läßt, ob es sich um die Realisierung eines Pfandrechts handelt.

Unterläßt der Erbe die rechtzeitige Einberufung der Gläubiger oder befriedigt er sogleich einzelne Gläubiger, ohne auf die Forderungen der anderen Gläubiger Rücksicht zu nehmen, so begründet dies die persönliche Haftung des Erben, wenn und insoweit dieser Vorgang für andere Gläubiger Nachteile hervorruft. Er haftet den anderen Gläubigern trotz der bedingten Erbserklärung persönlich, also mit seinem ganzen Vermögen für jenen Ausfall, der sie dadurch trifft, daß das Verlassenschaftsvermögen nicht nach jener Ordnung, die der Stellung der Gläubiger im Konkursverfahren entsprechen würde, zu ihrer Befriedigung verwendet worden ist.

Über die obligatorische Einberufung der Gläubiger einer Militärperson, welche gegen das Militärärar im Rückstande ist, vgl. § 134 P. und das Hofdekret vom 31. Dezember 1801, JGS. 549. Hinsichtlich der Einberufung der Gläubiger eines an das Ausland abzutretenden Nachlasses vgl. § 24 dieses Grundrisses.

Ist die Anmeldungsfrist verstrichen, so hat der Erbe bzw. der Verlassenschaftskurator zu prüfen, ob und inwieweit der Nachlaß hinreicht, die angemeldeten Forderungen zu decken. Die Gläubiger sind in jenem Range zu befriedigen, welcher ihnen nach den Normen der Konkursordnung zukommen würde.

§ 36. Die rechtliche Stellung der Pflichtteilsberechtigten.

Unger, Verlassenschaftsabhandlung, S. 143 f., System § 85; Chorinsky, S. 212; Schuster, Kommentar, S. 278; Pfaff-Krainz-Ehrenzweig, § 527, S. 687 ff.; Anders, S. 123 ff.

I. Für die Pflichtteilsberechtigten wird von amtswegen nur insoweit vorgesorgt, als sie unter dem besonderen Schutze der Gesetze stehen.

Die Fürsorge setzt in dieser Richtung schon bei der Todfallsaufnahme ein, indem der Gerichtskommissär bei derselben zu erheben hat, ob Pflegebefohlene als Pflichtteilsberechtigte in Betracht kommen und bejahenden Falls für den gerichtlichen Erlag eines zur Deckung dieser Ansprüche hinreichenden Teiles dazu geeigneter Verlassenschaftsgegenstände zu sorgen hat (§ 49 P.). Ferner ist für einen Pflegebefohlenen, der pflichtteilsberechtigt ist, eventuell ein Kurator zu bestellen, oder dafür zu sorgen, daß der Vater oder der für ihn bestellte Vormund einschreitet. Die Beteiligung von pflegebefohlenen Pflichtteilsberechtigten begründet die obligatorische Errichtung des Inventars, um eine objektive Basis für die Berechnung des Pflichtteils zu erhalten.

Bestehen Zweifel, ob ein Pflegebefohlener seinen Pflichtteil voll erhalten hat, so ist die Einantwortung davon abhängig zu machen, daß der Erbe ausweist (§ 162 P.), daß der Pflichtteil in einer den Normen des bürgerlichen Rechtes (§ 783 ff. ABGB.) entsprechenden Weise gedeckt und sichergestellt erscheint. Zeigt sich, daß der Pflichtteilsanspruch verletzt ist, so hat das Verlassenschaftsgericht die Einantwortung des Nachlasses so lange zu verweigern, bis der Pflichtteilsanspruch nach seiner Ansicht im entsprechenden Ausmaße sichergestellt ist. Die Kognition des Verlassenschaftsgerichtes hat sich auf diese Frage zu beschränken. Das Verlassenschaftsgericht ist aber nicht etwa, (wie die Entscheidung GUNF. 1559 meint), berechtigt — wenn auch unter Vorbehalt des Rechtsweges — selbst die Befreiung des dem Pflichtteile entsprechenden Betrages von einer den Pflichtteil überschreitenden Substitution auszusprechen. Die Frage ist im Prozeßwege zu lösen. Der gesetzliche Vertreter des Pflegebefohlenen, also zum Beispiel sein Vormund, hätte den fideikommissarischen Erben, beziehungsweise den Substitutionskurator zu klagen. Das Verlassenschaftsgericht ist an das in diesem Prozesse ergehende Erkenntnis gebunden. Doch kann auch der umgekehrte Weg beschritten werden, wenn der fideikommissarische Erbe zum Beispiel die Einleitung des Prozesses durch den gesetzlichen Vertreter des Noterben nicht abwarten will.

Die Sicherstellung pflichtteilsberechtigter Noterben kann durch entgegenstehende Verfügung des Erblassers nicht ausgeschlossen werden.

II. Für Noterben, welche nicht unter dem besonderen Schutze der Gesetze stehen, ist von amtswegen keinerlei Vorkehrung zu treffen. Sie haben aber das Recht, unter allen Umständen die Errichtung des Inventars (§ 804), ferner die separatio bonorum dann zu begehren (§ 812 ABGB.), wenn sie nicht bereits anderweitig (z. B. durch gerichtlichen Erlag) gesichert erscheinen.

Die Entscheidung GU. 12315 will den Pflichtteilsberechtigten das Absonderungsrecht nicht zuerkennen, wenn über das Vermögen des Erben der Konkurs eröffnet wird. In dieser Allgemeinheit ist die Entscheidung nicht zutreffend, denn der Konkursmasseverwalter hat nicht die Aufgabe, die besonderen Interessen der Pflichtteilsberechtigten wahrzunehmen und der Konkurs als solcher verhindert nicht die Vereinigung des Vermögens (vgl. auch Pfaff-Krainz-Ehrenzweig, § 527, Anm. 14).

Das Pflichtteilsrecht eignet sich naturgemäß nicht zur Ausübung durch Erbserklärung (GU. 13659). Eine von Pflichtteilsberechtigten eingebrachte Erbserklärung, aus der sich klar ergibt, daß es sich nur um die Geltendmachung des Pflichtteilsrechtes handelt, ist zurückzustellen.

§ 37. Die Stellung der Legatare.

Vgl. Unger, Verlassenschaftsabhandlung, S. 136 ff.; Chorinsky, S. 203 f.; Randa, Erwerb der Erbschaft, S. 84 f.; Gogg, Not.Z. 1914, S. 68 f.; Pfaff-Krainz-Ehrenzweig § 524 und die weitere dort verzeichnete Literatur.

I. Auch für Legatare wird von amtswegen nur dann besondere Vorsorge getroffen, wenn es sich um gewisse privilegierte Legate handelt; sonst gilt im allgemeinen der Grundsatz, daß der Erbe, um die Einantwortung zu erlangen, die Verständigung der Legatare nachzuweisen hat, ohne daß die Verständigung oder dieser Nachweis an irgendwelche Formerfordernisse geknüpft wäre. Die Notwendigkeit einer Verständigung entfällt, wenn die angebliche letztwillige Verfügung offenkundig so formwidrig ist, daß ihr nicht mehr der Charakter einer letztwilligen Verfügung zuerkannt werden kann (vgl. GUNF. 5666). In dem Verfahren bei nachträglich aufgefundenen letztwilligen Erklärungen nach § 180 P. erfolgt die Verständigung der Legatare von amtswegen.

Ferner hat jeder Vermächtnisnehmer das Recht, die separatio bonorum zu begehren, welcher Antrag allerdings auch hier durch anderweitige Sicherung oder durch die Befriedigung des Antragstellers abgewehrt werden kann.

II. In gewissen Fällen können Legatare die Sicherstellung (§ 161 P.) ihrer Ansprüche verlangen; dann nämlich, wenn das Legat wegen der noch nicht verstrichenen Frist des § 685 ABGB. oder wegen einer letzwillig bestimmten Befristung oder Bedingung noch nicht fällig erscheint, oder wenn es in fortlaufenden jährlichen Zahlungen besteht. Im letzteren Falle ist ein entsprechendes Deckungskapital sicherzustellen (GUNF 219). Dies gilt auch dann, wenn der Gegenstand der wiederkehrenden Leistungen nicht auf Geld lautet (GUNF. 4504). Die Geltendmachung des Sicherungsanspruches bildet bis zu seiner Erfüllung ein Hindernis für die Einantwortung. Darüber ist im Verlassenschaftsverfahren zu entscheiden (A. M. Pfaff-Krainz-Ehrenzweig, § 524, Anm. 3). Auch diese Entscheidung präjudiziert natürlich nicht der definitiven Lösung der Frage des Bestandes des Legates im Prozeßwege (GUNF. 4504, siehe auch Ott, S. 95).

§ 688 ABGB gewährt einen Anspruch auf Sicherstellung auch in jenen Fällen, in welchen sonst „ein Gläubiger von einem Schuldner Sicherstellung zu fordern berechtigt ist". Über diesen Sicherstellungsanspruch ist wohl nicht im offiziosen Wege zu entscheiden (vgl. auch GUNF. 841 und Gogg, a. a. O.).

III. Als privilegierte Legate erscheinen:

1) Die frommen und gemeinnützigen Vermächtnisse, speziell die im § 159 P. namentlich angeführten Legate. Die Entscheidung GUNF 1031 will dieses Privileg nur inländischen Legataren zuerkennen. Ob ein Legat sich als ein „frommes" bzw. gemeinnütziges darstellt, ist, soweit es sich nur um die Sicherstellungsfrage handelt, im offiziosen Verfahren zu entscheiden (vgl. GUNF. 1031 und GU. 15 629).

Unrichtig ist die Entscheidung GU. 14 788, wenn sie, ohne sich über diese Eigenschaft des Legates zu entscheiden, die Sicherstellung verordnet.

2) Die Legate an Minderjährige, an Personen, deren Aufenthalt unbekannt ist oder an sonstige Pflegebefohlene, ferner das Legat zugunsten einer noch ungewissen Person. Der Legatar noch unbekannten Aufenthaltes ist von der zu seinen Gunsten erfolgten Sicherstellung durch Edikt zu verständigen.

Nach § 158 P. ist Sicherstellung ferner obligatorisch bei Nachvermächtnissen und jenen Verfügungen, welche denselben nach §§ 707 ABGB. gleichgestellt sind, ferner beim Legate des Fruchtgenusses an der ganzen Erbschaft oder an einem Teile derselben.

Da der bedingt erbserklärte Erbe nur bis zur Höhe des Nachlasses haftet, so kann auch von ihm nur Sicherstellung mit den Kräften des Nachlasses verlangt werden (GUNF. 1090, 2276). In den Fällen, in welchen ein gesetzlicher Sicherstellungsanspruch gegeben ist, kann der Erblasser durch seine Verfügung die Sicherstellung ausdrücklich ausschließen.

Vgl. diesbezüglich die Erörterungen über die Sicherstellung der Substitution (S. 80).

IV. Erscheint der Bestand des Legates bestritten, so ist darüber im ordentlichen Rechtswege zu entscheiden. Es wurde schon darauf hingewiesen, daß die Verfügung des Verlassenschaftsgerichtes hinsichtlich der Sicherstellung diesem Rechtsstreite nicht präjudiziert. Hat das Gericht dem Erben die Sicherstellung im Verfahren außer Streitsachen aufgetragen, so kann auch er gegen den Legatar die Klage auf Feststellung des Nichtbestandes der Legatsforderung erheben.

Die Frage, wer den Klageweg zu beschreiten hat, wird wohl am zweckmäßigsten, trotz der Entscheidung GUNF. 807, durch die analoge Heranziehung der §§ 125 ff. P. entschieden. Ist das Legat in einer formell einwandfreien letztwilligen Verfügung angeordnet, welche nach der bisherigen Aktenlage durch eine spätere nicht aufgehoben erscheint, so ist es nicht Sache des Legatars (wie GUNF. 807 meint), den Prozeßweg zu betreten. Das Gericht hat vielmehr die Einantwortung ohne vorhergehende Sicherstellung zu verweigern. Will der Erbe diese nicht leisten, so muß er den Rechtsweg betreten. Gibt jedoch die letztwillige Verfügung ihrem Inhalte oder ihrer Form nach begründeten Anlaß zu Bedenken, dann ist dem Legatar eine Frist zur Einbringung der Klage zu geben, nach deren fruchtlosem Ablaufe mit der Einantwortung ohne Rücksicht auf die Sicherstellung dieses Legates vorzugehen ist. Wegen eines Legates, das zweifellos ungültig ist, kann jedoch wohl die Einantwortung überhaupt nicht aufgehalten werden.

V. Die Spruchpraxis des Obersten Gerichtshofes scheint (GUNF. 1503, vgl. auch GUNF. 2276) auf dem Standpunkte zu stehen, daß die Sicherstellung der Legate im *Wege der freiwilligen Gerichtsbarkeit* durch *Zwangsmittel*, wie Geldstrafen, Exekution, erzwungen werden kann, während das Verlassenschaftspatent nur davon spricht, daß die Einantwortung von dem Nachweise der Sicherstellung abhängig zu machen ist, so daß es streitig bleibt, ob eine vorher begehrte Sicherstellung im Prozeßwege oder im Rechtsfürsorgeverfahren verfolgt werden kann. Insofern allerdings könnte unter allen Umständen indirekt ein Zwang ausgeübt werden, als das Gericht nach § 149 f. P. die Überreichung der Abhandlungsausweise zu betreiben hat.

VI. Was die *Realisierung des Legates* anbelangt, so hat das Abhandlungsgericht, wenn den Gegenstand des Legates ein unbewegliches Gut oder ein sich auf ein solches beziehendes bücherliches Recht bildet, nach § 178 P. die Bestätigung zur bücherlichen Umschreibung zu erteilen. Doch stehen die Entscheidungen GUNF. 3048 und 5301 auf dem Standpunkte, daß die Bestätigung nicht vor der Einantwortung erteilt werden darf und zwar auch dann nicht (5301), wenn der Erblasser die unverzügliche Erfüllung des Legates angeordnet hatte. Nun ist es gewiß richtig, daß das Vermögen des Erblassers in erster Linie seinen Gläubigern verstrickt erscheint und daß daran auch der Erblasser nichts ändern kann. Anderseits steht aber das Gesetz nicht auf dem Standpunkte, daß in jenen Fällen, in welchen zweifellos zu Besorgnissen kein Anlaß gegeben ist, die Legate vom verfahrenstechnischen Standpunkte aus erst mit der Einantwortung geleistet werden können. Ganz abgesehen von den Normen des bürgerlichen Rechtes über die Fälligkeit der Legate, welche im Verlaßvermögen vorhandene Objekte zum Gegenstande haben, legt § 129 P. dem Verlassenschaftskurator die Pflicht auf, die Vermächtnisnehmer wie die Gläubiger zu befriedigen, sobald dies „mit Sicherheit geschehen kann". Es ist nun nicht abzusehen, warum hier ein Unterschied zwischen beweglichem und unbeweglichem Vermögen gemacht werden soll. Auch die systematische Stellung des § 178 P. liefert keinen Beweis gegen diese Auffassung, umsomehr als § 178 in einem Gegensatz zur Einantwortung an den Erben steht und die Leistung an die Vermächtnisnehmer gleich mit der Erfüllung von Veräußerungsgeschäften der Verlaßmasse behandelt, die gewiß in jedem Stadium geschlossen und durchgeführt werden können. Der Umstand, daß die Gläubiger nach § 812 ABGB. die Absonderung des Vermögens bis zur Einantwortung verlangen können, bildet keinen Beweis gegen die hier vertretene Auffassung, da § 812 hier nur die Tendenz verfolgt, die äußerste Grenze für das Separationsbegehren zu ziehen. Damit ist aber nicht gesagt, daß vorher keinerlei Verfügungen zulässig sind, deren Durchführung die Absonderung des Nachlasses berühren könnte. § 145 Abs. 2 P. beweist vielmehr die Unzulänglichkeit dieses Argumentes.

VII. *Wird erst nach der Einantwortung des Nachlasses eine letztwillige Verfügung gefunden*, so ist der darin bedachte Legatar nicht berechtigt, von dem Gerichte, welches die Verlassenschaftsabhandlung geführt hat, die Wiederaufnahme des Verlassenschaftsverfahrens, etwa zum Zwecke der Erteilung einer Bestätigung nach § 178 P. zu verlangen, es bleibt ihm vielmehr nach § 180 P. nur vorbehalten, seine Ansprüche im Klagewege zu verfolgen (GUNF. 2019).

§ 38. Die rechtliche Stellung der Nacherben im Verlassenschaftsverfahren.

Vgl. Unger, S. 138f.: derselbe, Erbrecht, S. 213; Randa, S. 89f.; Pfaff-Hofmann und Stubenrauch zu § 608; Pfaff-Krainz-Ehrenzweig, § 504; Lutwak, Gellers Z.Bl., 25 Bd., S. 936; Anders, Grundriß, S. 84 und die dort verzeichnete Literatur.

I. Für die Nacherben wird im weiteren Maße von amtswegen gesorgt als für die Legatare. So ist im Falle der Anordnung einer Substitution nach § 92 Z. 3 P. von amtswegen ein Inventar zu errichten und zwar auch dann, wenn der Nacherbe nicht unter dem besonderen Schutze der Gesetze steht. Die Kosten der Inventur hat nach § 111 P. der Fiduziar zu tragen.

Auch hat das Gericht von amtswegen für die Sicherstellung von Substitutionen zu sorgen. Bezieht sich die Substitution auf Immobilien oder bücherliche Rechte, so ist sie grundbücherlich durchzuführen.

Vgl. hierzu Pfaff-Hofmann, S. 249, Stepancič, Ger. Z. 1906, S. 214 f., Pfaff-Krainz-Ehrenzweig, § 504, Anm. 20.

Hat die Substitution Kapitalien oder sonstige Fahrnisse zum Gegenstande, so schreibt das Gesetz gerichtliche Deponierung vor. Wenn § 158 P. „pupillarmäßige" Sicherstellung verlangt, so soll das nicht bedeuten, daß das Vermögen in pupillarsichere Werte umgewandelt werden muß. Die vorhandenen Wertpapiere können bleiben (GU. 15, 113), wenn keine Bedenken vorliegen. Andere Gesichtspunkte kommen natürlich bei Neuanlagen zur Anwendung. Fahrnisse, deren Benutzung in ihrem Gebrauche besteht, sind dem Fiduziar gegen Sicherstellung auszufolgen (vgl. GUNF. 921, Grünwald, Not. Z. 1878, Hofer, Not. Z. 1895, S. 253 ff.. Siehe aber Lutwak, S. 1023).

Von der Sicherstellung des Substitutionsvermögens ist abzusehen, wenn die — dispositionsfähigen — Nacherben darauf verzichten; ferner dann, wenn der Erblasser die Sicherstellung, wenn auch nur mittelbar, erlassen hatte. Die Entscheidung GU. 16077 glaubt allerdings, daß eine solche Verfügung nicht zu beachten ist, wenn der Fideikommissar minderjährig ist. In solchen Fällen habe unter allen Umständen Sicherstellung zu erfolgen. Die Entscheidung verkennt aber, daß die Frage mit der Anlegung von Mündelgeld nichts zu tun hat. Es handelt sich hier nur um das in dieser Richtung der freien Disposition des Erblassers unterworfene Verhältnis zu dem Fideikommissar und Fiduziar. § 158 P. macht auch keinerlei Einschränkung, wenn er dem Erblasser das Recht gibt, die Sicherstellung der Substitution zu erlassen.

Vgl. auch den Aufsatz Not.Z. 1897, S. 279 und Pfaff-Krainz-Ehrenzweig, § 504.

II. Für die durch die fideikommissarische Substitution berufene, noch nicht geborene Nachkommenschaft ist ein Substitutionskurator zu bestellen, und zwar auch dann, wenn die Eltern leben und handlungsfähig sind (vgl. GUNF. 5491).

Nach § 173 P. sind die Vorschriften der §§ 165 ff. P. über die Erbteilung und den Endausweis über den Stand der reinen Verlassenschaft, so weit es der Natur der Sache nach tunlich erscheint, auch bei Substitutionen anzuwenden.

Die Einantwortungsurkunde hat, wenn eine Substitution angeordnet ist (§ 174, Z. 3), die Person des Berechtigten, den Eintritt des Substitutionsfalles und den Erbteil, auf den sich die Substitution bezieht, tunlichst genau anzugeben.

III. Bestritten ist, ob und inwiefern der fideikommissarische Erbe eine Erbserklärung einzubringen hat. Das Gesetz spricht sich darüber nicht aus. Es ist wohl anzunehmen, daß auch eine schon nach dem Tode des Testators eingebrachte Erbserklärung anzunehmen ist. Tritt der Substitutionsfall ein, so wird es nicht unter allen Umständen einer Erbserklärung und eines ergänzenden Verlassenschaftsverfahrens bedürfen, um so mehr als ja die Einantwortungsurkunde nach dem Testator bereits auszusprechen hat, an wen das Substitutionsvermögen bei Eintritt des Substitutionsfalles auszufolgen ist und worin es besteht. Es liegt daher wohl die Analogie der Erbschaftsklage nach § 823 ABGB. nahe. Der Erbe ist berechtigt, die Ausfolgung des Vermögens unmittelbar vom Vorerben bzw. dessen Erben zu begehren. § 26 des Patentes bestimmt, daß das Substitutionsvermögen von dem frei vererblichen Vermögen des Vorerben streng abzusondern ist. In der Regel werden sich jedoch, speziell wenn eine Sicherstellung der Substitution erfolgt ist, gerichtliche Verfügungen zur Aufhebung der Sicherstellungsmaßregeln (z. B. grundbücherliche Löschungen) notwendig erweisen. Diese Akte kommen nicht etwa dem Gerichte zu, welches den Verlaß über das frei vererbliche Vermögen des Fiduziars abhandelt, sondern dem Gerichte, welches die Verlassenschaft nach dem Tode des Testators durchzuführen hatte, denn der Fideikommissar ist nicht Erbe des Fiduziars, sondern der Erbe dieses Testators (vgl. auch GUNF. 5520). Der Akt des Nachlaßgerichtes wird einfach fortgesetzt. In manchen Fällen werden allerdings auch die Bestimmungen über die Erbserklärung beim Eintritte des Substitutionsfalles Bedeutung erlangen. Wenn beispielsweise der Nacherbe mit der Übernahme des Substitutionsvermögens säumig ist, so erscheint das Gericht gewiß befugt, in solchen Fällen, in welchen der Erbe seinen Willen, das Substitutionsvermögen zu übernehmen, noch in keiner Weise kundgegeben hat, an ihn eine Aufforderung zur Einbringung der Erbserklärung zu richten und eine Frist hierfür zu bestimmen, deren Nichteinhaltung zur Folge hat, daß das Substitutionsvermögen so behandelt wird, als hätte der Nacherbe den Nachlaß nicht angenommen. Ob diesem dann die Klage nach § 823 ABGB. während der Verjährungszeit gewahrt bleibt, hängt von der Entscheidung der S. 60 ventilierten Streitfrage ab.

Die Spruchpraxis ist schwankend. Mehrere Entscheidungen schließen eine Erbserklärung nach dem Tode des Testators unter allen Umständen aus, so die Entscheidung vom 9. Januar 1889, Z. 137, Ger.Z. 1889, S. 175, ferner GUNF. 5491. Kopetzky, Zeitschrift für österreichische Rechtsgelehrsamkeit, 1835 I, S. 248 ff. vertritt die Meinung, daß der Substitut keiner Erbserklärung bedarf. Ebenso Pfaff-Hofmann, II, S. 250 f., welche allerdings der Ansicht sind, daß der Nacherbe schon im Verlasse nach dem Testator eine Erbserklärung einbringen könne, obwohl eine Nötigung hierfür nicht bestehe (vgl. auch Steinlechner, Schwebendes Erbrecht II, S. 125 ff.). Nach dem Tode des Vorerben sei eine Verlassenschaftsabhandlung nicht erforderlich. Pfaff-Krainz-Ehrenzweig betrachtet eine Erbserklärung nach dem Tode des Vorerben für notwendig. So auch Lutwak, S. 1002, und die Entscheidung vom 9. Januar 1889, Z. 137. Ger. Zeit. 1889, S. 175. Siehe auch Anders, Grundriß, S. 75.

IV. Die Grundsätze über die Substitution sind — falls nicht eine ausdrückliche Verfügung dem entgegensteht — auch sinngemäß anzuwenden für die Fälle des § 707 ABGB. und für die Erbfolge von Personen, die noch nicht geboren sind oder noch nicht als geboren angesehen werden können (vgl. § 707 ABGB. und die §§ 158, 174, Z. 3 P.).

Siehe auch den J.-M.-E. vom 27. Dezember 1907, Z. 30996, mitgeteilt bei Friedländer (zu § 174) und Not. Z. 1908, S. 79.

§ 39. Die Einantwortung des Nachlasses.

I. Sie darf erst erfolgen, wenn der Erbe dem Gericht nicht nur sein Erbrecht ausgewiesen, sondern auch die Erfüllung aller ihm nach dem Gesetz oder der letzten Willenserklärung des Verstorbenen obliegenden Verpflichtungen dargetan hat, soweit deren Erfüllung in tatsächlicher und rechtlicher Beziehung möglich ist.

Der Umstand, daß einer der Miterben noch nicht geboren ist, bildet nicht — wie die Entscheidung GUNF. 2963 meint — notwendig ein Hindernis für die Einantwortung, da, wie schon ausgeführt, in solchen Fällen die Grundsätze über die Substitution anzuwenden sind.

Der Erbe muß zur Erlangung der Einantwortung beweisen:

1. Die Zahlung oder Sicherstellung der verschiedenen von der Verlassenschaft zu entrichtenden Gebühren (siehe auch GUNF. 100). Die Bemessung dieser Gebühren erfolgt an der Hand der vom Erben zu erbringenden Ausweise und zwar bei Aufnahme eines Inventars auf Grund der Ergebnisse der Inventur, sonst auf Grund des vom Erben einzubringenden eidesstättischen Vermögensbekenntnisses (siehe darüber § 114 P.). Bezüglich der Überprüfung der Nachlaßausweisung vergleiche § 12 des Gesetzes vom 18. Juni 1901, RGBl. Nr. 74. An die Wertbemessung des Inventars sind die Gebührenbemessungsämter nicht gebunden.

2. Bei Personen, welche mit dem Staatsschatze in Verrechnung gestanden haben, bedarf es der Zustimmung der betreffenden Behörde.

Gibt diese Behörde ihre Zustimmung nicht, so können die Erben zur Dartuung des Nichtbestandes einer Forderung die negative Feststellungsklage erheben (vgl. das Hofdekret vom 6. März 1789, JGS. 984 und Art. XXXVIII EG. zur ZPO.).

3. Der Erbe hat Punkt für Punkt die Erfüllung aller letztwilligen Anordnungen des Erblassers darzutun und zwar insbesondere die Verständigung aller Legatare, die Bezahlung oder Sicherstellung der privilegierten Legate, ferner jener sonstigen Legate, bezüglich welcher nach dem Verlassenschaftspatente Sicherstellung begehrt werden konnte und begehrt wurde, die Sicherstellung eventueller Substitutionen und der diesen gleich gehaltenen Verfügungen, ferner im Zweifel die volle Deckung des Pflichtteils Pflegebefohlener. Eventuell kommt noch in Betracht der Legatreduktionsausweis nach § 163 P.

Hatte der Erblasser z. B. letztwillig die Errichtung oder die Sorge für die Erhaltung eines besonderen Grabdenkmales verfügt, so ist auch die Erfüllung einer solchen Anordnung nachzuweisen: vgl. GU. 15 849 (siehe auch GU. 15 775). Die Betreibung der Erfüllung dieser Pflicht obliegt dem Gerichte, eventuell auch dem Testamentsvollstrecker, der geeignete Anträge zu stellen hat. Über die Frage, welches Denkmal entsprechend erscheint, hat das Verlassenschaftsgericht im offiziosen Wege zu entscheiden.

II. Das Gericht hat auf die Beendigung des Verlassenschaftsverfahrens und die Einbringung der diesbezüglichen Ausweise von amtswegen zu dringen. Die Verfassung derselben soll bei kleinen Verlässen tunlichst im Zuge der in Einem durchzuführenden Abhandlung amtlich erfolgen (§ 151 P.). Eine besondere Tagfahrt soll nur angeordnet werden, wenn diese erforderlich erscheint. Bei Gerichtshöfen haben die Parteien die Abhandlungsausweise schriftlich einzubringen und ist ihnen hierzu eine angemessene Frist zu bestimmen (§ 150 P.). Doch kann dieser Vorgang auch bei größeren bezirksgerichtlichen Verlässen gewählt werden.

Bezüglich der Verlässe nach Landleuten verfolgt jedoch das Gesetz die Tendenz, daß die Anforderung schriftlicher Ausweise, soweit die Parteien es nicht selbst verlangen, tunlichst vermieden werde (§ 152 P.).

Ist ein Vollstrecker des letzten Willens bestellt, so hat er die Testamentserfüllungsausweise gemeinsam mit dem Erben zu erstatten.

III. Die Einantwortungsurkunde muß notwendig enthalten (vgl. dazu auch Néméthy, Bemerkungen zum Formular 39):

1. Den Namen und Vornamen des Erblassers und den Todestag;
2. den Namen und Vornamen der einzelnen Erben, den Rechtstitel, auf Grund dessen die Einantwortung erfolgt, die Art der Erbserklärung und bei Beteiligung mehrerer Erben das quotenmäßige Verhältnis ihrer Beteiligung, eventuell mit Berufung auf die etwa vor der Einantwortung bereits vorgenommene Erbteilung;
3. bei pflegebefohlenen Erben die Hervorhebung dieses Verhältnisses;
4. Alle Beschränkungen hinsichtlich des Bezuges der Früchte oder der Disposition über die Substanz (Fideikommiß-, Lehen-, Substitutionsband). Bei Substitutionen ist der Substitut genau zu bezeichnen.

Vgl. auch das amtliche Formular bei Friedländer, S. 280; ferner Néméthy a. a. O.

IV. Mit der Einantwortung entfällt eine eventuelle Nachlaßverwaltung; die Einantwortung gibt dem Erben den Besitz und die Legitimation zur Verwaltung des erblasserischen Vermögens im eigenen Namen. Die Prozeßlegitimation kommt ihm nicht mehr als Vertreter, sondern im eigenen Namen zu. Die Einantwortung und ihre Durchführung stellen sich als die regelmäßige Beendigung des Nachlaßverfahrens dar. Besondere Normen für ihre Durchführung sind noch gegeben, wenn es sich um Immobilien und bücherliche Rechte handelt. Vgl. § 177 P. und § 2 des Ges. v. 23. Mai 1883, RGBl. Nr. 82. Vgl. darüber Pfersche in der III. Abteilung des I. Bandes des Grundrisses S. 31.

Die Entscheidung GU. 15 759 **(JB. 134)** betont, daß die bücherlichen Eintragungen, welche nach § 2 des Gesetzes vom 23. Mai 1883 von Amts wegen zu bewirken sind, dingliche Rechte ohne Unterschied zum Gegenstande haben, also keineswegs nur solche dingliche Rechte, welche die Grundlage der Grundsteuerpflicht bilden.

VI. In Durchführung der Einantwortung bzw. nach Beendigung der Erbteilung hat das Verlassenschaftsgericht bei Pflegebefohlenen, wenn es zugleich Pupillar- oder Kuratelsbehörde ist, dafür zu sorgen, daß das Vermögen in entsprechende Verwahrung und Verwaltung übernommen wird. Erscheint das Verlassenschaftsgericht nicht zugleich als Pflegschaftsgericht, so hat es die Pflegschaftsbehörde von der erfolgten Einantwortung zu verständigen und jene Vermögensobjekte, die sich zum gerichtlichen Erlage eignen, zu überweisen. Auch sind in allen Fällen die nötigen bücherlichen Eintragungen zu erwirken.

Über den Einfluß der etwa schon vorgenommenen Erbteilung auf den Inhalt der Einantwortungsurkunde vgl. Ofner, Not.Z. 1909, S. 313 f.: Die Einantwortungsurkunde habe auf die während des Verlassenschaftsverfahrens erfolgten Rechtsänderungen Rücksicht zu nehmen. Jedenfalls aber müsse aus ihr hervorgehen, wer sich zu Erben erklärt hat und ob die Erbserklärung eine bedingte oder unbedingte war. Vgl. dazu auch Némethy a. a. O.

Über die materiellrechtliche Bedeutung der Einantwortung vgl. insbesondere Unger, Erbrecht, § 40; Randa, Erwerb der Erbschaft, S. 92 ff.; Strohal, Eigentum an Immobilien, S. 95; Steinlechner, Schwebendes Erbrecht; Pfaff-Hofmann II, S. 41, 53; Chorinsky, Verlassenschaftsabhandlung, S. 164; Stubenrauch zu § 819; Pfaff-Krainz-Ehrenzweig, § 480; Anders, Grundriß, § 50, S. 65 ff.; Touaillon a. a. O., Bd. 30, S. 100 ff.

§ 40. Erbteilung und Endausweis.

I. Die Erbteilung kann vor wie nach der Einantwortung erfolgen. In der Regel können sich die Miterben ohne Mitwirkung des Verlassenschaftsgerichtes auseinandersetzen. Im Streitfalle kann die Erbteilung von jedem Miterben im Prozeßwege erzwungen werden.

Im Zuge des Verlassenschaftsverfahrens und zwar unter der Mitwirkung des Verlassenschaftsgerichtes muß die Erbteilung dann stattfinden, wenn als Miterben Rechtssubjekte in Betracht kommen, die unter dem besonderen Schutze der Gesetze stehen, also Minderjährige und Kuranden (§ 165), ferner die „Armen, eine Stiftung, Gemeinde, Kirche, öffentliche Anstalt oder der Staatsschatz" (§ 173), oder wenn es sich um Lehen, Fideikommiß- und Substitutionserbschaften handelt. Die Erbteilung findet so auch dann statt, wenn der Erbe selbst handlungsfähig war, wenn aber während des Verlassenschaftsverfahrens infolge seines Todes Minderjährige an seine Stelle getreten sind (vgl. GlU. 3532).

Die Erbteilung kann aber auch bei ausschließlicher Beteiligung anderer Personen gerichtlich erfolgen, wenn die Erben darum ansuchen.

Die Erbteilung wird bei einer zu diesem Zwecke angeordneten Tagsatzung vorgenommen; doch können die Parteien dem Gerichte bei dieser Tagsatzung einen fertigen Teilungsentwurf zur Bestätigung vorlegen.

II. Für den Inhalt des Teilungsplanes (vgl. auch Némethy zu Form. Nr. 33, 34) sind in erster Linie entscheidend die Verfügungen des Erblassers, soweit dieselben nicht mit zwingenden Rechtsnormen im Widerspruche stehen. Daneben enthält § 167 P. für die Berechnung der Erbschaft und die Durchführung der Teilung Bestimmungen. Der Nachlaß ist nach jenem Werte einzusetzen, den er am Todestage des Erblassers hatte. Maßgebend dafür ist das Inventar. Dazu ist dann die seither erfolgte Vermehrung oder Verminderung auszuweisen; ferner der Betrag der Schulden und Lasten anzugeben. Sind Güter und Fahrnisse aus dem Verlasse verkauft worden, so ist der Verkaufspreis in Anschlag zu bringen. Bezüglich des Wertes unverkaufter Güter und Fahrnisse ist von Bedeutung, ob dieselben den Erben gemeinschaftlich zufallen und zwar nach Verhältnis ihrer Erbteile. In diesem Falle kann auch die Ermittlung des Wertes nach dem Inventar erfolgen und zwar auch dann, wenn demselben eine bei einer früheren Gelegenheit vorgenommene Schätzung oder der bei einer früheren Besitzveränderung erzielte Kaufpreis oder die Wertermittlung nach den Steuern zugrunde gelegt worden ist. Wird aber bei der Verteilung des Nachlaßvermögens ein anderer Weg eingeschlagen, indem die einzelnen Verlaßobjekte den Erben nicht verhältnismäßig zugewiesen werden, ist in allen Fällen, wo dies im Interesse Pflegebefohlener notwendig erscheint oder wo es von einem anderen, wenn auch nicht pflegebefohlenen Miterben gefordert wird, der Wert durch eine zu diesem Zwecke vorgenommene gerichtliche Schätzung zu ermitteln. Zu dieser Schätzung sind die Interessenten zu laden.

Auf Grund dieser Ermittelungen ist der Stand des reinen Erbschaftsvermögens und der einzelnen Bestandteile desselben festzustellen. Sonach erfolgt die Berechnung der Größe der einzelnen Erbteile und eine Verzeichnung der Gegenstände, die auf die einzelnen Beteiligten entfallen sollen.

Bezüglich der Erbteilung bei Zugrundelegung des Anerbenrechtes vgl. Némethy, Anhang zu Nr. 33.

III. Bei der Beteiligung Pflegebefohlener bedarf die Erbteilung neben der verlassenschaftsbehördlichen Genehmigung dann noch der Genehmigung der etwa davon verschiedenen Vormundschaftsbehörde, „wenn bei der Erbteilung in Rücksicht der Übernahme unbeweglicher Güter oder in anderen wichtigen Punkten von der Anordnung des Gesetzes oder des Erblassers durch besondere Übereinkunft abgegangen oder über zweifelhafte Rechte ein Vergleich geschlossen" werden soll (§ 27 P.). Insbesondere hat die Vormundschafts- oder Kuratelsbehörde auch darüber zu entscheiden, ob eine Naturalteilung vorzunehmen ist (§ 168 Abs. 2).

Die über die Teilung errichtete Urkunde ist nach ihrer Bestätigung bei Gericht aufzubewahren, die Parteien haben das Recht auf Erteilung beglaubigter Abschriften.

Aus dem Teilungsplane und seiner gerichtlichen Erledigung muß sich insbesondere auch genau ergeben, welche Vermögensbestandteile den einzelnen Pflegebefohlenen aus dem Nachlasse zukommen, damit so für die Einleitung des Vormundschafts- oder Kuratelsverfahren eine geeignete Basis gegeben ist.

IV. Erscheint im Verlasse nur ein Erbe und ist dieser pflegebefohlen oder gehört er unter die im § 173 P. angeführten privilegierten Rechtssubjekte, so vertritt in dieser Richtung der Endausweis nach § 172 P. die Berechnung und Verzeichnung des sich aus dem Verlasse ergebenden Vermögens.

§ 41. Nachträgliche Auffindung von Nachlaßvermögen.

I. Die nachträgliche Auffindung von Vermögensobjekten, die zum Nachlasse des Verstorbenen gehörten, hat nicht die Einleitung einer neuen Verlassenschaftsabhandlung zur Folge, sondern nur ein Verfahren, das sich als ein ergänzendes an die Verlassenschaftsabhandlung anschließt. Es bleibt auch das bisher mit der Sache befaßte Gericht für dieses ergänzende Verfahren kompetent. Die Grundsätze, welche für das frühere Nachlaßverfahren anzuwenden waren, kommen auch für die Nachtragsverhandlung zur Anwendung. Es findet also dort, wo dies schon im früheren Verfahren notwendig war, die Verhängung der Sperre und die Aufnahme des Inventars statt, oder es kommt zur Ergänzung des früher aufgenommenen Inventars. Einer neuen Erbserklärung bedarf es in der Regel nicht. Doch sind die Erben von der Auffindung des Vermögens zu verständigen.

Erben, die im früheren Verfahren mit ihren Erbserklärungen präkludiert waren, sind es wohl auch für dieses ergänzende Verfahren.

Die Entscheidung GUNF. 1749 ist allerdings der Meinung, daß in den Fällen, in welchen die Nichtbeteiligung am früheren Verfahren ausdrücklich mit dem damaligen Stande des Vermögens begründet war und sich nur auf dieses Vermögen beziehen sollte, der nachträglichen Einbringung einer Erbserklärung bei derart veränderten Verhältnissen nichts im Wege stehe.

Jene Vorkehrungen, welche nur wegen der Beteiligung von Rechtssubjekten angeordnet wurden, die unter dem besonderen Schutze der Gesetze stehen (z. B. die Inventur usw.), können entfallen, wenn die hierfür maßgebenden Verhältnisse sich inzwischen geändert haben; (z. B. der Minderjährige hat inzwischen das 24. Lebensjahr erreicht). Anderseits kann sich auch umgekehrt die Notwendigkeit neuer Sicherungsakte aus einer Änderung der persönlichen Verhältnisse hinsichtlich eines der Miterben, Pflichtteilsberechtigten oder Legatare ergeben (z. B. Kuratelsverhängung). Ebenso ist bezüglich dieses neu aufgefundenen Vermögens bis zu seiner Einantwortung die separatio bonorum auch dann zulässig (GUNF. 1021), wenn im früheren Verfahren eine solche nicht angesucht war.

Welche Verfügungen sich noch als notwendig ergeben, richtet sich nach den konkreten Verhältnissen. Wird zum Beispiel eine bücherlich sichergestellte Forderung entdeckt, die bisher noch auf den Namen des Erblassers lautete, bedarf es in der Regel lediglich der — in Ergänzung der Einantwortungsurkunde ergehenden — Umschreibungsbewilligung, soweit es sich um einen Alleinerben handelt und die Abwicklung des Nachlasses eine glatte war.

II. Naturgemäß wird das neuaufgefundene Vermögen auch eine entsprechende Ergänzung des Verfahrens bezüglich der Gebührenbemessung zur Folge haben. Es bedarf daher entweder einer Ergänzung des Inventars oder des eidesstättischen Vermögensbekenntnisses, der Nachweisungen und einer Nachtragsvorschreibung. Die Bezahlung oder Sicherstellung dieser Gebühren bildet dann eine Voraussetzung der Übertragung des neu aufgefundenen Vermögens an den Erben.

III. In diesem Verhältnisse zwischen dem früheren und dem Nachtragsverfahren kann insofern eine Verschiebung eintreten, als der frühere Verlaß armutshalber abgetan, durch iure crediti Einantwortung erledigt (GUNF. 3702) oder durch Konkurseröffnung beendet wurde. In solchen Fällen liegt das Schwergewicht der Nachlaßabhandlung meistens im Nachtragsverfahren, an dem sich die früher nicht vollbefriedigten Gläubiger mit dem Reste ihrer Forderung beteiligen können. Es kann in solchen Fällen auch zu einer nachträglichen Erbserklärung kommen. (GU. 3702, vgl. auch § 26 dieses Grundrisses.)

Wurde das frühere Verfahren infolge Konkurseröffnung eingestellt, so ist bei Entdeckung neuen Vermögens primär das Verfahren zur Erlassung der Nachtragsverteilung nach § 190 KO. einzuleiten; die Verlassenschaftsabhandlung ist nur insoweit wieder aufzunehmen, als sich noch ein Überschuß ergeben sollte.

IV. Nach § 179 P. ist auch dann vorzugehen, wenn das nachträglich aufgefundene Vermögen im Auslande gelegen ist und die Erwartung besteht, daß seine Auslieferung erzielt werden kann. (Vgl. GUNF. 786.)

§ 42. Nachträgliche Auffindung einer letzten Willenserklärung.

I. Sie hat weder die Einleitung einer neuen Abhandlung, noch die Wiederaufnahme des früheren Verfahrens zur Folge. Das Gericht, welches mit der Abwicklung des Verlasses befaßt war, hat sich auf die Kundmachung der neu aufgefundenen letzten Willenserklärung des Erblassers zu beschränken und dieselbe dann zu den Akten zu nehmen. Die Zeugen einer etwaigen mündlichen letztwilligen Verfügung sind gerichtlich einzuvernehmen. Aus dem Zwecke des Verfahrens nach § 180 P. und seinen im Gesetze festgesetzten Voraussetzungen ergibt sich, daß die Einvernehmung der Zeugen unzulässig erscheint, wenn der Partei, welche um dieselbe ansucht, das Vorhandensein des mündlichen Testaments schon zur Zeit der Anhängigkeit des früheren Verfahrens bekannt war. (GUNF. 4228.)

Die Interessenten, welche aus der neu aufgefundenen Willenserklärung Rechte erwerben könnten, also auch Legatare, sind von amtswegen von der Auffindung der letzten Willenserklärung zu verständigen, soweit sie nicht schon deren Kundmachung beigewohnt haben. Sie erhalten auf ihr Verlangen nicht nur Einsicht in die letztwillige Erklärung, sondern auch eine Abschrift derselben oder des Protokolls über die Vernehmung der Zeugen des mündlichen Testamentes.

Zu einer Erbserklärung oder zu weiteren Schritten des Verlassenschaftsverfahrens kommt es nicht. Daher ist auch von der Vornahme einer Inventur abzusehen. Die in der neu aufgefundenen letzten Willenserklärung Bedachten haben daher nur das Recht, ihre Ansprüche gegen die Besitzer des erblasserischen Vermögens im Prozeßwege zu verfolgen, also regelmäßig gegen den Erben und eventuelle Legatare eines früheren Testaments.

Über die materiell-rechtliche Frage vgl. Unger, § 52; Pfaff-Krainz-Ehrenzweig, § 537; Anders, § 64.

Zur neuerlichen Verlassenschaftsabhandlung oder zur Wiederaufnahme des früheren Verfahrens kommt es auch dann nicht, wenn sich nachträglich die Ungültigkeit des Testamentes ergibt, welches die Grundlage des früheren Verfahrens und der in seiner Erledigung ergehenden Einantwortung bildete. Auch hier ist die Rechtssache im Prozeßwege ohne Wiederaufnahme des außerstreitigen Verfahrens zu erledigen. (Vgl. GUNF. 200.)

Die Grundsätze des § 180 kommen auch dann zur Anwendung, wenn die neu aufgefundene letzte Willenserklärung nicht etwa in einem Testament, sondern in einer anderen letztwilligen Verfügung, z. B. in einem Kodizill oder in einem Erbvertrage besteht. (Vgl. GUNF. 2019.) Der Umstand, daß der Nachlaß auf Grund der Ergebnisse des früheren Verfahrens an den Fiskus ausgeliefert war, bildet kein Hindernis für die Kundmachung der letzten Willenserklärung und die im § 180 P. vorgesehenen Verständigungen. (GUNF. 85.)

§ 43. Die formelle Behandlung des erblosen Nachlasses.

Vgl. Meisel, die Art. „Heimfälligkeiten" und „Kaduzität" im österreichischen Staatswörterbuch; Unger, Erbrecht, S. 383; Pfaff-Hofmann, II, S. 772 ff.; Stubenrauch zu § 760; Pfaff-Krainz-Ehrenzweig, § 491; Landauer, Grünhut, XXVIII. Bd., S. 16 ff.; Beisser, Jur.Bl. 1892, Nr. 10; Boschan, Geller 1887, S. 331 ff.; Mayrhofer, Not.Z. 1888, S. 192 ff.; Derblich, Not.Z. 1896, S. 135 ff.; Hofer, Not.Z. 1899, Nr. 9 ff.; Kral, Not.Z. 1901, S. 404 f.; Schuster-Bonnot, Kommentar zu §§ 128 ff.; Anders, Grundriß des Erbrechtes, S. 95 f.; Touaillon, Geller, 26. Bd., S. 977 ff.

I. Es ist bestritten, welche formellen Voraussetzungen dafür gegeben sein müssen, damit der erblose Nachlaß dem Fiskus überlassen werden kann. Das Verlassenschaftspatent scheint von der Voraussetzung auszugehen, daß der fruchtlose Ablauf der nach § 128 erfolgten Einberufung der unbekannten Erben abzuwarten ist, daß es also immer der Erlassung eines Ediktes und der Bestellung eines Kurators bedarf. Anderseits wird wieder die Meinung vertreten (vgl. insbesondere Boschan und Meisel a. a. O.), daß es dieser Garantien in jenen Fällen nicht bedarf, in welchen bereits zur Zeit der Todfallsaufnahme zweifellos feststeht, daß Erben nicht vorhanden sein können; zum Beispiel, wenn ein uneheliches Kind nach dem Ableben der Mutter im Kindesalter stirbt.

Zur Abtretung des Nachlasses an den Fiskus kann es übrigens auch dann kommen, wenn Erbserklärungen vorliegen; z. B. wenn sie sich auf ein ungültiges Testament stützen.

Voraussetzung der Überantwortung des Nachlasses an den Fiskus ist nicht eine Erbsklärung desselben; eine solche erscheint unzulässig, da sich das Sukzessionsrecht des Fiskus nicht als ein Erbrecht darstellt (vgl. auch die Entscheidung **Jud.B. 138,** GUNF. 80, ferner GUNF. 1499); doch kann der Nachlaß dem Fiskus nur auf sein Verlangen ausgefolgt werden (vgl. GUNF. 2038 und 3705; A. M. Touaillon a. a. O.).

II. Bestritten ist ferner die Frage, wie im Falle eines Streites die Prozeßrollen zu verteilen sind. Richtig ist hier wohl die analoge Heranziehung der im § 126 P. zum Ausdrucke gebrachten Grundsätze, sodaß die Finanzprokuratur nicht als Kläger aufzutreten hätte, wenn der einzige Erbe, der sich meldet, nur einen seiner äußeren Form nach schon bedenklichen Titel auszuweisen vermag.

AM. Pfaff-Krainz-Ehrenzweig a. a. O. und die Entscheidung GUNF. 1499. Dagegen Meisel, Art. Kaduzität, S. 3. Vgl. auch die weitere dort verzeichnete Spruchpraxis.

Die Übernahme des erblosen Nachlasses durch den Fiskus in Ausübung seines Heimfallrechtes findet ohne formelle Einantwortung statt. Doch kann der Fiskus innerhalb der allgemeinen Verjährungszeit mit der Erbschaftsklage nach § 823 ABGB. belangt werden. (Vgl. auch § 128 P. Siehe auch Hofdekret vom 12. Oktober 1835, J.G.S. Nr. 90.)

III. Bestritten ist die formelle Stellung des Fiskus im Verlassenschaftsverfahren, bevor es zur Kadukerklärung des Nachlasses gekommen ist. Der Oberste Gerichtshof hat in seinen Entscheidungen GUNF. 2521 und 1499 die Ingerenznahme der Finanzprokuratur auf die Verlassenschaftsabhandlung davon abhängig gemacht, daß der Nachlaß bereits als erblos erklärt sei. Dem ist aber entgegen zu halten, daß der Fiskus in jenen Fällen, in welchen nach der Aktenlage die Voraussetzungen für eine eventuelle Kadukerklärung des Nachlasses gegeben erscheinen, die formelle Möglichkeit zur Veranlassung aller jener Verfahrensvoraussetzungen haben muß, von welchen die Kadukerklärung abhängig erscheint. Der Fiskus kann ferner die Einberufung der Verlassenschaftsgläubiger nach 813 ABGB. verlangen. (S. JME. vom 7. Juli 1851, Z. 7628.) Auch bestimmt § 92 Z. 2 P., daß von amtswegen das Inventar aufzunehmen ist, wenn die Erbschaft dem Staate zufällt.

Die E. vom 13. Oktober 1909 ZP. I 541/9 (Mitteilungen für den Finanzprok. D. X, Nr. 37) anerkennt hingegen das Rekursrecht der Finanzprokuratur gegen die Bemessung der Kosten des Kurators, die E. GUNF. 2905 das Rekursrecht der Finanzprokuratur in einem für die Kaduzität präjudiziellen Verfahren zur Todeserklärung. Vgl. zur Frage auch Touaillon, S. 984.

IV. Sollte sich der Fiskus weigern, den Nachlaß zu übernehmen, so hat der Nachverwalter, soweit es nicht zur Konkurseröffnung kommt, die Realisierung und Verteilung des Nachlaßvermögens durchzuführen. Ein eventueller Überschuß wird im Depositenamt erlegt und wird das Depot, falls sich niemand findet, der auf den Nachlaß Anspruch erhebt, seinerzeit als unbehobenes Deposit nach neuerlicher besonderer Ediktalzitation dem Fiskus ausgeliefert. (Vgl. S. 148; siehe auch Pfaff-Krainz-Ehrenzweig § 491 Anm. 11.)

Aus dem Obausgeführten ergibt sich schon, daß die Entscheidung GUNF. 3705 insofern nicht zutreffend erscheint, als sie ausspricht, daß das Nachlaßverfahren eingestellt werden muß, sobald feststeht, daß der Fiskus den Verlaß nicht übernimmt.

Über das Heimfallsrecht der Städte Wien und Prag vgl. Meisel und Pfaff-Krain-Ehrenzweig a. a. O. und die dort angeführte Literatur.

Zweiter Abschnitt.

Fürsorge für schutzbedürftige Personen.

Bezüglich der Literatur vgl. die eingehende Anführung in der 5. Abteilung des 1. Bandes des Grundrisses: Anders, Familienrecht, 2. Aufl., S. IX und die nachstehend bezogenen Abhandlungen. Dazu noch Krasnopolski-Kafka, Österreichisches Familienrecht 1911; Flieder, Právník 1911, S. 293 ff.

§ 44. **Allgemeines.**

Der „besondere Schutz der Gesetze“, welcher schutzbedürftigen Personen zuteil werden kann, äußert sich in den verschiedensten Formen. In Betracht kommt vor allem die Vormundschaft. Im Zusammenhange damit steht der Schutz, den das Gesetz jenen in ihrer Handlungsfähigkeit beschränkten Personen zukommen läßt, deren Vater noch lebt. Naturgemäß tritt hier die Initiative der Behörde zurück. Aber die Fürsorgepflicht besteht und sie kommt zur vollen Entfaltung, wenn sich ein Konfliktsfall oder sonst ein besonderes Bedürfnis ergibt, diesen Schutz zur Geltung zu bringen. Er äußert sich nicht nur in persönlicher, sondern auch in vermögensrechtlicher Beziehung. Im allgemeinen werden für das sich in dieser Richtung ergebende Verfahren die Grundsätze des formellen Vormundschaftsrechtes analog zur Anwendung zu kommen haben (vgl. auch S. 104).

Neben dem Vormundschaftsrechte nimmt eine nicht minder bedeutsame Rolle das Kuratelsrecht ein. Dahin gehört vor allem der Schutz der noch nicht Geborenen, der Verschwender, der Schwachsinnigen, Geisteskranken und Abwesenden, sowie der unbekannten Teilnehmer eines Geschäftes; so wird ein Kurator bestellt für die Besitzer von Teilschuldverschreibungen und fundierten Schuldverschreibungen, welche die gemeinsamen Rechte nicht abgesondert geltend machen können (vgl. § 57).

Die Fürsorge für die unter dem besonderen Schutze der Gesetze Stehenden, speziell die Kinderfürsorge hat in der letzten Zeit eine namhafte Entwicklung erfahren, insbesondere sei hier auf die reiche Literatur über die Kinderfürsorge hingewiesen, die bahnbrechend gewirkt hat (Reicher, Baernreither, Janisch u. a.). Die Bedeutung dieser

Fürsorge speziell auch in bezug auf das persönliche Moment, das früher vielfach vernachlässigt war und das Interesse des Staates daran wird immer deutlicher erkannt und führt zu einer Heranziehung weiter Kreise in den Dienst dieser segensreichen Tätigkeit.

Vgl. die eingehende Darstellung dieser Bestrebungen, speziell auch des Entwurfes des Gesetzes über die Fürsorgeentziehung und der Normen des Entwurfes der Novelle zum ABGB., und der sich darauf beziehenden Literatur bei Anders im 1. Band, 5. Abteilung, dieses Grundrisses (Familienrecht). Im folgenden sind daher diesbezüglich nur die wichtigsten Momente skizziert, soweit sie hier einschlägig sind.

Auch das Bestreben, das Entmündigungsrecht einer entsprechenden Regelung zuzuführen, hat zu einem wiederholt umgearbeiteten Entwurfe geführt, der bis heute seine parlamentarische Erledigung nicht gefunden hat.

Die Literatur diesbezüglich bei Anders a. a. O., 2. Aufl. S. X. (Siehe auch S. 110 dieses Grundrisses.)

§ 45. Die Zuständigkeit im persönlichen Rechtsfürsorgeverfahren.

I. Die Kompetenz zur Ausübung der Vormundschaft und der Kuratel kommt in sachlicher Beziehung regelmäßig den Bezirksgerichten zu. Dieselben haben zu den im § 109 Abs. 2 JN. angeführten Beschlüssen die Genehmigung des Gerichtshofes erster Instanz einzuholen.

II. Ausnahmsweise sind für das Verfahren erster Instanz die Landes- oder Kreisgerichte zuständig; dann nämlich, wenn Mündel und Pflegebefohlene landtäfliche Güter oder aus dem Gemeindeverbande ausgeschiedene Gutsgebiete besitzen oder wenn sich wenigstens im Nachlaß ihrer Eltern solche Güter befinden. Im Gegensatz zum § 29 JN. wird diese Zuständigkeit auch durch nachträglichen Erwerb solcher Güter neu begründet. Es erfolgt daher in solchen Fällen die Abtretung der beim Bezirksgerichte anhängigen Vormundschaft oder Kuratel an den Gerichtshof. Für den umgekehrten Fall erleidet jedoch § 29 JN. mangels einer ausdrücklichen Bestimmung keine Ausnahme, daher die Veräußerung der kompetenzbegründenden Vermögensobjekte zu einer Veränderung hinsichtlich der Zuständigkeit nicht führt (siehe auch die Fragebeantwortungen zu § 110 JN.).

Ein Landes- oder Kreisgericht kann auch durch Delegation nach § 31 JN. für die Führung vormundschafts- oder kuratelsbehördlicher Geschäfte kompetent werden.

Gerichtshofkompetenz findet sich aber im Kuratels- und Vormundschaftsverfahren auch dann, wenn nach der kais. V. vom 21. Dezember 1855 RGBl. Nr. 2 ex 1856 und Art. VIII, Zl. 2 EG. zur JN. die Handelsgerichte Wien und Prag oder das Handels- und Seegericht in Triest zur Führung der Kuratel oder Vormundschaft berufen erscheinen. Diese Zuständigkeit ist gegeben, wenn es sich um die Vormundschaft oder Kuratel von Personen handelt, welche im Gebiete der Stadt, in der das Handelsgericht seinen Sitz hat, oder in einer ihrer Vorstädte wohnhaft und bei diesen Handelsgerichten protokolliert sind. Für die offenen Gesellschafter trifft die Kompetenz auch dann zu, wenn sie nicht am selben Orte ihren Wohnsitz haben. Die erwähnten Gerichte sind auch berufen zur Führung der Vormundschafts- oder Kuratelgeschäfte bezüglich der minderjährigen Kinder, welche solche Personen hinterlassen, insolange dieselben mit ihrem Pupillarvermögen bei der Handels- oder Fabrikunternehmung beteiligt sind.

Vgl. Petschek, Ger.Z. 1897, Nr. 16; Neumann, Kommentar, 3. Aufl., S. 19.

III. Die örtliche Kompetenz richtet sich nach dem allgemeinen Gerichtsstande des Pflegebefohlenen. (Vgl. darüber Schrutka, in der I. Abteilung des II. B. des Grundrisses.) Maßgebend ist der Zeitpunkt des Anhängigwerdens des Vormundschafts- oder Kuratelsverfahrens. Für uneheliche Kinder, die von österreichischen Staatsangehörigen, die im Auslande keinen Wohnsitz haben, im Auslande geboren worden sind, ist nach § 28 JN. vom Obersten Gerichtshof ein Gericht als Vormundschaftsgericht zu bestellen. (Siehe auch die Mitteilungen im JMVBl. 1902, Stück III.) § 67 JN. kann mit Rücksicht auf seine sachliche Beschränkung auf die dort angeführten Verbindlichkeiten nicht zur Anwendung kommen. (Siehe auch Hauke, Ger.-Z. S. 1910 Nr. 13, S. 102.)

IV. Was sonst das **Verhältnis zum Auslande** anbelangt, so kommt hier die Norm des § 183 P. und der JME. vom 10. Oktober 1860, Z. 14939 in Betracht. (Siehe auch Art. VIII, Z. 3 des EG. zur JN.) Darnach gilt das Nationalitätsprinzip insofern, als grundsätzlich bezüglich der Ausländer sowohl die Vormundschafts- als auch die Kuratelsgerichtsbarkeit der Behörden des betreffenden Auslandes anerkannt wird und hinsichtlich der österreichischen Staatsangehörigen, die im Auslande wohnen, die Kompetenz der österreichischen Gerichte aufrecht erhalten bleibt, wenn auch der Vorgang nach § 111 JN. eingeschlagen werden kann. (Siehe darüber S. 13 f. und die dort verzeichnete Literatur.) Doch kommt den österreichischen Gerichten den Ausländern gegenüber eine ergänzende und subsidiäre Verfügungsgewalt in dringenden Fällen und auch sonst dann und für solange zu, als die betreffende ausländische Behörde die Kompetenz nicht für sich in Anspruch nimmt.

§ 183 P. behandelt den Fall, daß ein Ausländer ein in Österreich befindliches minderjähriges Kind zurückläßt. Hier muß das österreichische Gericht demselben für solange einen Vormund bestellen, bis die zuständige ausländische Behörde eine andere Verfügung trifft. Hat das Kind die Altersgrenze seines Heimatlandes bereits erreicht, so entfällt die Fürsorge des österreichischen Gerichtes auch dann, wenn das Kind nach österreichischem Rechte noch als minderjährig erscheinen würde (GU. 14272).

Zu den Befugnissen, welche den österreichischen Gerichten nach § 183 P. zustehen, gehören eventuell auch die Verlängerung der Vormundschaft (GUNF. 1834), Verfügungen über die Erziehung der Kinder usw. Die Norm des § 183 P. ist aber sinngemäß auch auf den Fall erweiternd auszudehnen, wenn das Kind eines Ausländers noch zu dessen Lebzeiten des Schutzes der Gerichte bedarf, z. B. wegen Mißhandlungen, denen es von Seite seines Vaters ausgesetzt ist. Eine Erweiterung muß ferner in der Richtung eintreten, daß auch Personen, die die Altersgrenze überschritten haben, dort, wo sich ein Schutzbedürfnis ergibt, der gerichtlichen Fürsorge teilhaftig werden. So kann daher auch über Ausländer die Kuratel verhängt werden. Auch diese Verfügung wirkt nur solange, als die ausländische Behörde die Pflegschaft nicht für sich in Anspruch nimmt (vgl. JME. vom 10. Oktober 1860, Z. 14939 und die Entscheidung GU. 12609).

Das Gutachten des OGH. vom 12. Juli 1898, Z. 288 präs. (mitgeteilt im JMVBl. 1898, S. 194) ist der Meinung, daß eine provisorische Kuratel, welche für einen Geisteskranken aufgestellt wird, der sich nur vorübergehend im Inlande aufhält, dessen Dispositionsfähigkeit nicht berührt, so daß sie als Kuratel im Sinne der §§ 21 und 269 ABGB. aufzufassen sei. Die Entscheidung übersieht aber, daß damit einer der wichtigsten Zwecke der Kuratelverhängung in solchen Fällen vereitelt wird, und sich auch in der Richtung die größten Komplikationen ergeben, wenn der Kurand durch seine den Verfügungen des Kurators nachfolgenden Dispositionen einen Gegensatz schafft.

Aus den vorstehend entwickelten Grundsätzen ergibt sich, daß die österreichischen Gerichte — von dringenden Verfügungen abgesehen — sich jeder Ingerenz hinsichtlich ausländischer Staatsbürger zu enthalten haben, insoweit die ausländische Behörde die Fürsorge für den Pflegebefohlenen ausübt (GUNF. 1874), daß sie aber anderseits die Vormundschaft zu übernehmen haben, sobald die ausländische Behörde — ohne daß der Grund der Fürsorge wegfällt — ihre Tätigkeit einstellt (vgl. auch die im JMVBl. 1900, S. 254 mitgeteilte Entscheidung).

Bemerkt sei noch, daß die Reziprozität in solchen Fällen keinerlei Voraussetzung für das Einschreiten österreichischer Behörden oder für die Überlassung der Pflegschaft für Ausländer an die ausländischen Behörden bildet (siehe auch den obenzitierten JME. vom 10. Oktober 1860).

Für die Führung der Vormundschaft oder Kuratel durch das österreichische Gericht über Ausländer ist in formeller Beziehung österreichisches Recht anzuwenden. (Vgl. GUNF. 224), daher auch die im § 109 Abs. 2, JN. angeführten Verfügungen der Genehmigung des übergeordneten Gerichtshofes bedürfen.

Vgl. zu § 183 P. auch **Janisch**, Not.Z. 1908, S. 129; vgl. ferner **Eisinger**, Not.Z. 1910, S. 399 ff.

Die **Haager Vereinbarungen** vom 12. Juni 1902 zur Regelung der Vormundschaft über Minderjährige und die Entmündignng sind von Österreich noch nicht ratifiziert.

§ 46. Die Vormundschaft, ihre Einleitung.

I. Die Einleitung des Vormundschaftsverfahrens erfolgt von amtswegen. Der formelle Anlaß hierzu wird regelmäßig der Tod des ehelichen Vaters des Kindes oder sonst dessen Geburt sein. Im ersteren Falle wird sich die Vormundschaft aus dem Verlassenschaftsverfahren heraus ergeben und bietet ja schon das Verlassenschaftsverfahren selbst Anlaß zur Bestellung eines gesetzlichen Vertreters und auch sonst zum Einschreiten des Vormundschaftsgerichtes. So hat der mit der Todfallsaufnahme betraute Gerichtskommissär schon Erkundigungen darüber einzuziehen, ob der Verstorbene Vormundschaften und Kuratelen versehen hat, ob er etwa Kinder hinterläßt, für welche ein Vormund oder ein Kurator zu bestellen ist. Gleichzeitig sind Erhebungen zu pflegen, wer zur Übernahme der Vormundschaft oder Kuratel berufen erscheint und wen die etwa überlebende Witwe zum Mitvormunde vorschlägt. § 76 P. betont neuerlich, daß für diejenigen Pflegebefohlenen, die eines gesetzlichen Vertreters entbehren, die Bestellung eines solchen zu veranlassen ist. Einen Anlaß zur Bestellung des Vormundes bietet auch der Verlust der väterlichen Gewalt bzw. ihre Entziehung (§§ 176 ff. ABGB.). Daneben besteht noch, um die Bestellung des Vormundes auf alle Fälle sicherzustellen, die Pflicht der Verwandten eines Pflegebefohlenen und aller anderen „mit ihm in nahem Verhältnisse stehenden Personen" dem zuständigen Gerichte die Voraussetzungen für die Bestellung eines Vormundes zur Anzeige zu bringen. „Auch die politischen Obrigkeiten, die weltlichen und geistlichen Vorsteher der Gemeinden müssen achten, daß das Gericht hiervon benachrichtigt werde." Für die Schulbehörden ist diese Verpflichtung durch die Verordnung des Ministeriums für Kultus und Unterricht vom 29. Mai 1905 RGBl. 159 (§ 40 Abs. 3) ausgesprochen.

II. Das Gericht hat in erster Linie zu prüfen, wer im einzelnen Falle nach dem Willen des Verstorbenen oder in Ermangelung einer solchen Erklärung nach dem Gesetze zur Vormundschaft berufen erscheint. Verlaufen diese Erhebungen negativ, so muß das Gericht selbst die Person des Vormundes bestimmen, wobei es „mit Rücksicht auf die Fähigkeit, Stand, Vermögen und Ansässigkeit" der in Betracht gezogenen Personen seine Entscheidung zu treffen hat. Das Hofdekret vom 23. Juni 1821, JGS. 1771 schärft dem Gerichte ein, hierbei „unter strengster Verantwortung mit der größten Vorsicht und Gewissenhaftigkeit" vorzugehen. Das Gericht wird sich bei der Auswahl des Vormundes in erster Linie mit den Angehörigen des Pflegebefohlenen, eventuell mit bestehenden Waisenräten ins Einvernehmen setzen. Vgl. im übrigen auch die JMV. vom 16. Januar 1902, JMVBl. Nr. 4: Das Vormundschaftsgericht soll auch trachten, gemeinsame religiöse Standes- oder wirtschaftliche Interessen für den Schutz der Pflegebefohlenen und ihre Erziehung nutzbar zu machen. Der bestellte Vormund ist sogleich anzuweisen, daß er die Vormundschaft übernehme (§ 195 ABGB.).

III. Hält sich der ernannte Vormund nicht für geeignet, oder will er gesetzliche Entschuldigungsgründe geltend machen, die ihn von der Pflicht zur Übernahme der Vormundschaft (§ 200 ABGB.) befreien, so hat er diese Einwendungen innerhalb einer Frist von 14 Tagen vorzubringen. Die Frist beginnt von dem Zeitpunkte zu laufen, in dem ihm die gerichtliche Bestellung zum Vormunde bekannt wurde. Für die Erledigung dieser Einwendungen ist das Vormundschaftsgericht zuständig. Hat der zum Vormund Bestellte hingegen einen anderen ordentlichen Gerichtsstand, so sind die Einwendungen bei „seiner persönlichen Gerichtsstelle" vorzubringen, da dieses Gericht am besten in der Lage ist, die vorgebrachten Gründe zu begutachten. Die Einwendungen sind mit diesem Gutachten sohin dem Vormundschaftsgerichte, dem die Entscheidung überlassen bleibt, zu übersenden.

Soweit es sich um die Geltendmachung bloßer Entschuldigungsgründe handelt, erscheint die Frist des § 201 ABGB. als eine Präklusivfrist (siehe auch Pfaff-Krainz-Ehrenzweig § 469). Die Unfähigkeit des Vormundes ist hingegen vom Gerichte in jeder Lage des Verfahrens von amtswegen wahrzunehmen (§ 254 ABGB.), daher auch ihre Geltendmachung durch die Partei selbst nicht durch den Ablauf der Frist des § 201 präkludiert erscheint. Doch hat die Versäumnis die Haftung für den Ersatz des dadurch verursachten Schadens zur Folge (§ 202 ABGB.).

Von den Einwendungen nach § 201 ABGB. ist der Antrag des Vormundes auf nachträgliche Enthebung nach §§ 257 f. ABGB. zu unterscheiden. Er ist nicht befristet. Daneben kommt noch der Antrag der Verwandten auf Geltendmachung ihres näheren Rechtes nach § 259 ABGB. in Betracht.

Vgl. auch Leopold Pfaff: Die potioris nominatio, 1902, insbesondere S. 44 ff.

IV. Jeder Vormund, mit Ausnahme des Großvaters, der Mutter und der Großmutter muß mittels Handschlag die Angelobung leisten: daß er den Minderjährigen zur Rechtschaffenheit, Gottesfurcht und Tugend anführen, daß er ihn dem Stande gemäß als einen brauchbaren Bürger erziehen, vor Gericht und außer demselben vertreten, das Vermögen getreulich und rechtmäßig verwalten und sich in allem nach Vorschrift der Gesetze verhalten wolle (§ 205 ABGB.). Die Angelobung erfolgt vor Gericht, kann aber auch vom Gemeindevorsteher vorgenommen werden (§ 17 der Instruktion vom 28. Juni 1850 RGBl. Nr. 256 für die Gemeindevorsteher in den ihnen übertragenen gerichtlichen Amtshandlungen.). Der Vormund erhält sohin das zu seiner Legitimation dienende Bestellungsdekret. Beim Großvater, der Mutter oder Großmutter erfolgt statt der Angelobung eine entsprechende Einschaltung in das Bestellungsdekret (§ 206 ABGB.).

Über die Angelobung vgl. Sternberg, Ger.H. 1911, Nr. 29.

V. Das Gericht hat über sämtliche, bei ihm anhängige Vormundschaften ein Waisenbuch zu führen. In dieses Buch sind der Vorname und der Familienname sowie das Alter des Minderjährigen einzutragen, ferner sind alle wichtigeren Momente, die sich bei der Übernahme der Vormundschaft, während derselben oder bei ihrer Beendigung ergeben, in das Waisenbuch einzutragen, so daß dasselbe einen entsprechenden Überblick über die Vormundschaft zu bieten geeignet ist. Es soll daher im Waisenbuch auch auf alle Belege, die in Betracht kommen, hingewiesen werden, „damit sowohl das Gericht selbst als in der Folge die volljährig gewordenen Waisen, alles, was ihnen zu wissen nützlich ist, in beglaubigter Form einsehen können". Die Eintragungen müssen sich nicht nur auf die vermögensrechtlichen Verhältnisse, sondern auch auf die persönliche Seite der Vormundschaft erstrecken, z. B. die Anmerkung, welche Schule der Pflegebefohlene besucht, die Anmerkung des Eintrittes der Legitimation usw.

Vgl. auch § 238 GO. Nach dem Entwurf der Novelle zum ABGB. entfällt das Waisenbuch in seiner gegenwärtigen Gestalt. Es bleibt der Justizverwaltung vorbehalten als Ersatz für das Waisenbuch geeignete Vorkehrungen zu treffen.

§ 47. Die rechtliche Stellung des Vormundes.

I. Der vom Gericht bestellte Vormund ist zur Übernahme der Vormundschaft, zur Ablegung des Gelöbnisses und zur Durchführung der ihm obliegenden Aufgaben, soweit er nicht Entschuldigungsgründe geltend machen kann und innerhalb der Frist des § 201 seine Enthebung beantragt, verpflichtet und zur Erfüllung dieser Pflichten erforderlichenfalls zu zwingen (§ 19 P.). Die Verweigerung der Übernahme des Amtes oder der Durchführung der damit verbundenen Aufgaben begründet seine Pflicht zum Ersatze des Schadens und der etwa sonst dadurch hervorgerufenen Kosten (§ 19).

Auch der Umstand, daß der Vormund durch die Verfügung des verstorbenen Vaters oder durch das Gesetz bestimmt wurde, also einen Anspruch auf die Bestellung zum Vormunde hat, ändert nichts an seiner rechtlichen Stellung. Das Schwergewicht der Vormundschaft liegt in der gerichtlichen Tätigkeit und der Vormund erscheint nur als das Organ dieser gerichtlichen Fürsorgetätigkeit. Daraus ergibt sich die wichtige Konsequenz, daß der Vormund nicht nur der Aufsicht des Gerichtes untersteht und von diesem unter den gesetzlichen, noch erörterten Voraussetzungen enthoben werden kann, sondern daß er auch an die gerichtlichen Weisungen gebunden ist und zwar derart, daß er auch bei jenen Rechtshandlungen, die er an sich wegen ihrer Einfachheit ohne gerichtliche Genehmigung vorzunehmen befugt wäre, dann, wenn das Gericht aus besonderen Gründen ihm Anweisungen zu erteilen für gut befindet, an diese Anweisungen gebunden ist.

Der Vormund hat darum seine Funktionen in der Regel erst auszuüben nach der gerichtlichen Bestellung, auch wenn schon vorher feststeht, daß er ein ausschließliches Recht auf die Bestellung hat. Nur ausnahmsweise tritt der Vormund schon vor seiner formellen Bestellung in Aktion, so, wenn ihm nach § 47 P. mit Rücksicht auf seine künftige Bestellung zum Vormunde Verlassenschaftsgegenstände zur Verwahrung übergeben werden. Gewisse Schritte des präsumtiven Vormundes werden sich auch dann vor seiner Bestellung als notwendig erweisen, wenn das Gericht z. B. den Anspruch des gesetzlich berufenen Vormundes nicht anerkennt und einen anderen Vormund bestellt. Hier hat der Vormund gewiß das Recht zum Rekurse gegen die unter Verletzung seines Anspruches erfolgte Bestellung des Vormundes. Mit diesem Rekurse übt er aber nicht schon die Funktion eines Vormundes aus, er erscheint nicht als gesetzlicher Vertreter, sondern er übt eigenes Recht aus.

II. Der Wirkungskreis und die Pflichten des Vormundes sind durch die Aufgaben und den Zweck der Vormundschaft bestimmt. Ihm obliegt sowohl die Obsorge für die Erziehung wie für das Vermögen des Kindes. Auch wenn die Kinder bei der Mutter erzogen werden, hat der Vormund bzw. Mitvormund über die Erziehung der Kinder zu wachen, wahrgenommene Beschwerden beim Vormundschaftsgerichte zur Anzeige zu bringen, eventuell dafür zu sorgen, daß das Kind anderweitig in Erziehung gegeben werde.

Hinsichtlich der Vermögensverwaltung ist die Tätigkeit des Vormundes insofern wesentlich beschränkt, als der Grundsatz besteht, daß das Vermögen des Minderjährigen, soweit es dazu geeignet erscheint, gerichtlich zu erlegen ist. Vom Bargelde soll nur so viel in den Händen des Vormundes verbleiben, als zur Erziehung der Waisen und zum ordentlichen Betriebe der Wirtschaft und wohl auch zum Betriebe des etwa für die Pflegebefohlenen geführten Geschäftes nötig erscheint (vgl. § 230 ABGB.). Der Vormund bedarf zu allen Geschäften, „welche nicht zu dem ordentlichen Geschäftsbetriebe gehören und welche von größerer Wichtigkeit sind“, der gerichtlichen Genehmigung bei sonstiger Ungültigkeit des Geschäftes. Selbst zur Empfangnahme von Kapitalien, die an den Minderjährigen zu bezahlen sind, hat sich der Vormund mit einer besonderen gerichtlichen Bewilligung auszuweisen, widrigenfalls das Geld bei Gericht zu erlegen ist (§ 234 ABGB.). Bei der Erteilung dieser Bewilligung hat das Gericht mit der größten Vorsicht vorzugehen. In zweifelhaften Fällen ist unmittelbarer gerichtlicher Erlag anzuordnen.

Der Vormund hat für eine entsprechende Anlage des Mündelvermögens, aber auch für die hinlängliche Sicherstellung desselben zu sorgen. Vermögensanlagen, die bedenklich erscheinen, sind in eine andere Anlageform umzuändern, also zweifelhafte Schuldforderungen einzuziehen (§ 236 ABGB.).

Als eine der wichtigsten Pflichten des Vormundes erscheint die Rechnungslegung (vgl. § 52 des Grundrisses). Damit ist auch ein Bericht über die persönliche Fürsorge und die persönlichen Verhältnisse des Mündels zu verbinden.

III. Der Vormund haftet nach § 228 des ABGB. für die Aufmerksamkeit „eines redlichen und fleißigen Hausvaters“. Das Verschulden anderer Personen hat er nur insofern zu vertreten, als er wissentlich unfähige Personen anstellt oder beibehält. Er haftet aber auch in allen Fällen dafür, daß er bei schuldhafter Verletzung der Vermögensrechte des Minderjährigen durch solche Angestellte rechtzeitig die dem Pflegebefohlenen erwachsenden Schadenersatzansprüche zur Geltung bringt (§ 264 ABGB.).

IV. Das Vormundschaftsgericht ist berechtigt, den Vormund, der seine Pflichten nicht erfüllt, zu entheben (§ 19 P.), und zwar auch dann, wenn der Vormund durch eine Verfügung des verstorbenen Vaters oder durch das Gesetz berufen war. § 254 führt als Fälle amtlicher Entlassung an, daß der Vormund zu entheben ist, „wenn er die Vormundschaft pflichtwidrig verwaltet, wenn er als unfähig erkannt wird; oder wenn sich in Ansehung seiner solche Bedenklichkeiten äußern, welche ihn kraft des Gesetzes von Übernehmung der Vormundschaft ausgeschlossen haben würden“. Der Vormund ist jedoch vor seiner Enthebung einzuvernehmen und hat das Recht, gegen die Enthebung Rechtsmittel zu ergreifen.

Zur Beschwerdeführung gegen den Vormund und seine Geschäftsführung ist der Pflegebefohlene selbst berufen, ebenso seine Verwandten. Mit Rücksicht auf das hier im gesteigerten Maße zur Geltung kommende Offizialprinzip hat jedoch das Gericht auch die von wem immer kommende Anzeige wegen eventueller Pflichtverletzungen des Vormundes zum Gegenstande der Amtshandlung zu machen (§ 217 ABGB.).

IV. Mit Rücksicht auf den wesentlich beschränkten Einfluß, der dem Vormund hinsichtlich der Vermögensverwaltung zusteht, hat das Bürgerliche Gesetzbuch von einer Verpflichtung zur Kautionsleistung im allgemeinen abgesehen (§ 237). Nur dann kann ihm der Erlag einer Kaution aufgetragen werden, wenn er die ihn gesetzlich hinsichtlich der Sicherung des Vermögens des Pflegebefohlenen oder hinsichtlich der Rechnungslegung treffenden Pflichten vernachlässigt.

Nach § 44 Konkursordnung steht dem Pflegebefohlenen hinsichtlich der Ersätze aus dem Grunde der pflichtwidrigen Verwaltung des Vermögens durch den Vater, Vormund oder Kurator ein gesetzliches Vorzugsrecht im Konkurse und zwar durch Einreihung in die zweite Klasse der Konkursgläubiger zu.

V. Der Vormund hat ein Recht nicht nur auf Ersatz der Auslagen, sondern auch auf Belohnung. § 266 ABGB. bestimmt, daß dem emsigen Vormund eine solche Belohnung „aus den in Ersparung kommenden Einkünften" jährlich zugesprochen werden kann, doch darf diese Belohnung nie mehr als 5 Prozent der reinen Einkünfte und im Gesamtbetrage nie mehr als 8000 Kronen jährlich betragen. Ist aber das Vermögen des Pflegebefohlenen so gering, daß keine Ersparung zu erzielen war, so kann dem Vormund, wenn er das Vermögen unvermindert erhalten oder dem Minderjährigen eine anständige Versorgung verschafft hat, wenigstens am Ende der Vormundschaft eine den Umständen angemessene Belohnung erteilt werden. Hat der Vormund dem Pflegebefohlenen gewisse Dienste geleistet, bezüglich deren auch durch die erforderliche Inanspruchnahme der Dienste Anderer (GUNF. 1332.) dem Pupillen Auslagen verursacht worden wären (z. B. als Arzt, Advokat), so gebührt dem Vormund ein Honorar dafür und zwar nicht als „Belohnung" im Sinne der §§ 266 ff. ABGB., sondern als Ersatz von Barauslagen (vgl. auch § 1835 Deutsches BGB.).

Hinsichtlich der Belohnung des Vormundes vgl. Sperl, Ger.H. 1893, Nr. 3 ff. und Pfaff-Krainz-Ehrenzweig, § 473.

VI. Der Vormund ist im Vormundschaftsverfahren jederzeit berechtigt, Anträge zu stellen und Rechtsmittel zu ergreifen. § 268 ABGB. weist ihn an, zuerst Vorstellung zu erheben. Wenn der Vormund im Verfahren vernommen wird, ist auseinanderzuhalten, ob er lediglich als Auskunftsperson zur Beweisführung über vergangene Tatsachen vernommen wird oder ob er um seine Ansicht befragt wird. Doch kann in beiden Fällen gegen ihn zur Abgabe einer Aussage Zwang geübt werden (§ 19 P.). § 2 Zl. 4 und 5 und § 193 Abs. 2 P. weisen das Gericht an, den Vormund in allen wichtigeren Angelegenheiten einzuvernehmen. Die Unterlassung seiner Einvernehmung gibt ihm ein Beschwerderecht und bildet unter Umständen einen Grund zur Anfechtung der ohne Einvernehmung erlassenen Verfügung.

VII. Die Kompetenz des Vormundschaftsgerichts findet insofern eine Erweiterung hinsichtlich der persönlichen Verhältnisse des Vormundes, als Ansprüche des Mündels gegen den Vormund oder dessen Erben aus der Vermögensverwaltung des Vormundes, wie sonstige Differenzen aus der Rechnungslegung selbst, vor Erledigung der Schlußrechnung beim Vormundschaftsgerichte im offiziosen Weg zu erledigen sind (§ 216 P., GUNF. 3953). Doch kann auch hier § 2 Zahl 7 P. Anwendung finden. Für den Pflegebefohlenen ist eventuell ein Kollisionskurator zu bestellen.

VIII. Bei der Bestellung mehrerer Vormünder ist zu unterscheiden, ob von ihnen die Vormundschaft gemeinsam zu führen ist oder ob eine Teilung der Funktionen in der Richtung erfolgt, daß der eine Vormund als geschäftsführender Vormund, der andere Vormund nur als Ehrenvormund fungiert (vgl. des näheren Anders, Grundriß, S. 115). In ersterem Falle äußert sich diese Scheidung im Wirkungskreise der Vormünder darin, daß nach außen hin jeder für das ihm zugewiesene Tätigkeitsgebiet vertretungsberechtigt erscheint. Doch kann das Vormundschaftsgericht zu seiner Information auch in den Angelegenheiten, in welchen es sich nur um den Wirkungskreis eines der Mitvormünder handelt, die anderen um ihre Meinung befragen; ebenso sind die anderen Mitvormünder auch zur Beschwerdeführung gegen die Tätigkeit eines der Mitvormünder beim Vormundschaftsgerichte berechtigt. In jenen Fällen, in welchen mehreren Vormündern gemeinsam das Vertretungsrecht zukommt, bedarf es zwar nach außen ihres gemeinsamen Mitwirkens zum Zustandekommen des Rechtsgeschäftes, nach innen aber ist wohl jeder einzelne zur Antragstellung oder zur Beschwerdeführung beim Vormundschaftsgerichte befugt. Ebenso kann wohl der eine der Mitvormünder die Enthebung des anderen beantragen. Obligatorisch ist die Bestellung eines Mitvormundes, wenn die Mutter oder die Großmutter die Vormundschaft führt (§ 211 ABGB.).

Von der Bestellung mehrerer Vormünder zu unterscheiden ist die Ernennung eines Kurators für ein durch Verfügung des Erblassers der Verwaltung des Vormundes entzogenes Vermögen oder nach § 225 ABGB. für ein in einer anderen Provinz liegendes Gut. Diese Kuratel erstreckt sich nur auf dieses Vermögen.

Mit Unrecht bestreitet GUNF. 4331 dem Mitvormund das Recht zum Rekurs gegen einen Beschluß der zweiten Instanz, welches dem Rekurs der Mutter des Pflegebefohlenen Folge gegeben hat. Wenn die Entscheidung sich darauf beruft, die Mutter sei die gesetzliche Vertreterin des Pupillen, so übersieht sie den Unterschied zwischen der Vertretung nach außen und dem rein internen Vormundschaftsverfahren, dessen Ergebnis erst für das Verhältnis nach außen maßgebend wird.

§ 48. Die Aufgaben des Vormundschaftsgerichtes.

A. Persönliche Fürsorge für den Pflegebefohlenen.

I. Die persönliche Seite der Vormundschaft wurde vielfach zu wenig beachtet. Das äußerte sich besonders bei jenen Pflegebefohlenen, welche kein Vermögen hatten und von diesem Gesichtspunkte aus keinerlei Anlaß zu gerichtlichen Amtshandlungen boten. Erst die JMV. vom 10. November 1893, JMVBl. Nr. 31 wies die Gerichte auf die Bedeutung dieser Funktion hin und verlangte strenge Einhaltung der sich auf die persönliche Fürsorge beziehenden Pflichten der Vormundschaftsbehörde.

Bei dieser persönlichen Fürsorge sind die Gerichte naturgemäß auf die Mithilfe einer Reihe anderer Faktoren angewiesen, so vor allem der Gemeinden, der Seelsorger und der Schulen. (Vgl. auch die V. des Ministeriums für Kultus und Unterricht vom 29. September 1905 RGBl. 159 und die JMV. vom 18. Oktober 1905 JMVBl. Nr. 19.) Eine besondere Bedeutung haben in dieser Richtung die Waisenräte und Gemeindewaisenräte. Es wird auch immer mehr und mehr die Notwendigkeit eines unmittelbaren Kontaktes der mit der Fürsorge der Pflegebefohlenen betrauten Organe mit den Schutzbedürftigen erkannt. Dem dient auch die Institution der Waisenpflegerinnen zur Unterstützung der Waisenräte. (Vgl. JME. vom 9. Jänner 1908, Z. 94/8; Janisch, Not. Z. 1910, S. 265; siehe auch § 41 des III. Entwurfes der Novelle zum BGB.) Die Aufgaben, die sich dieser persönlichen Fürsorge eröffnen, sind bei der großen Zahl der in Betracht kommenden Gefahrenfälle unendlich mannigfaltig. So zum Beispiel die Fürsorge in der Richtung der Bekämpfung des Mädchenhandels, Verhinderung der Zuführung Minderjähriger zur Prostitution, Fürsorge hinsichtlich der Auslandsreisen junger Mädchen usw. (vgl. JMV. vom 17. Juni 1911, JMVBl. 32).

Der Entwurf der Novelle zum ABGB. schafft als besonderes Organ zur Vermittlung zwischen Gericht und Vormundschaft und zur besseren Überwachung der Waisenpflege und der Fürsorge für Kuranden die Institution des „Vormundschaftsrates": derselbe ist zusammenzusetzen aus den Vertretern der gesetzlich anerkannten Kirchen und Religionsgesellschaften, der Schule und der beteiligten Gemeinden (Gutsgebiete), ferner sonst aus Personen, „die im Besitze genügender Kenntnis der örtlichen Verhältnisse ein nachhaltiges Interesse für die Frage der Jugendfürsorge betätigen und imstande sind, die mit den Aufgaben des Vormundschaftsrates verknüpften Arbeiten auf sich zu nehmen. Hierbei ist namentlich auch auf die Angehörigen von Vereinigungen oder Institutionen Rücksicht zu nehmen, die der Waisenpflege oder anderen Zweigen des Jugendschutzes gewidmet sind" (§ 53 des III. E.)

Die Aufgabe des Vormundschaftsrates, dessen Mitglieder zur Verschwiegenheit verpflichtet sind, ist es vor allem (§ 42), dem Gerichte „für die Einleitung und Führung der Pflegschaftsgeschäfte wichtige Tatsachen mitzuteilen, das Gericht bei der Überwachung der Vormünder und Kuratoren zu unterstützen und ihm Mängel und Pflichtwidrigkeiten, die er dabei wahrnimmt und durch Belehrung und Ermahnung nicht zu beseitigen vermag, anzuzeigen."

Der Vormundschaftsrat kann sich zum Zweck der Durchführung seiner Aufgaben mit öffentlichen Körperschaften, Anstalten und Vereinen in Verbindung setzen und für bestimmte Geschäfte oder bestimmte Gruppen von Geschäften Waisenpfleger oder Waisenpflegerinnen bestellen. Damit ist in höchst zweckmäßiger Weise eine entsprechende Benützung der schon heute weitentwickelten Jugendfürsorgeorganisationen und ein Zusammenarbeiten der amtlichen Organe mit ihren Funktionären vorgesehen (siehe auch oben § 53 E.).

II. Einen besonderen Zweig des Vormundschaftsrechtes bildet die Fürsorge bei vorhandener oder drohender Verwahrlosung Pflegebefohlener. Gegenwärtig bietet § 16 Abs. 2 des Gesetzes vom 24. Mai 1885, RGBl. Nr. 90 dem Verlassenschaftsgerichte die Möglichkeit auf Antrag des gesetzlichen Vertreters als Erziehungsmaßregel die Abgabe des Jugendlichen in eine Besserungsanstalt zu veranlassen. (Vgl. dazu JMV. vom 7. Mai 1903, Nr. 14 und JME. vom 31. Oktober 1903, Zl. 21076 JMVBl. 1903 S. 256.) Der in dieser Vorschrift wurzelnde Gedanke soll jetzt durch den Entwurf des Gesetzes über die Fürsorgeerziehung weiter ausgestaltet werden. Die Strafgerichte sind nach der JMV. vom 23. Juli 1904, Nr. 13 JMV. Bl. verpflichtet, dem zuständigen Vormundschaftsgerichte von der Bestrafung Minderjähriger Mitteilung zu machen; die Gerichtshöfe und die Strafanstalten haben, wenn Minderjährige wegen Verbrechen oder Vergehen verurteilt wurden, die Vormundschaftsbehörde von der bevorstehenden Entlassung einen Monat vorher Mitteilung zu machen. Das Gericht ist sohin verpflichtet, die nötigen Vorkehrungen zu treffen.

III. Die Vormundschaftsbehörde hat aber ihre Tätigkeit nicht auf diese Fälle besonderer Schutzbedürftigkeit zu beschränken, sondern sich auch sonst hinsichtlich der persönlichen Verhältnisse des Minderjährigen im laufenden zu erhalten (vgl. auch § 185 P.). Nach § 218 ABGB. ist allerdings die Person des Pflegebefohlenen in erster Linie der Mutter anzuvertrauen, allein wenn das Beste des Kindes eine andere Verfügung heischt, so ist diese zu treffen. Das Kind ist daher der Mutter, wenn zum Beispiel der Lebenswandel derselben für das Kind eine Gefahr bildet, abzunehmen und anderweitig in Erziehung zu geben. Auch in dieser Richtung ist nicht nur auf Anzeigen des Vormundes oder naher Verwandter, sondern auf jede von wo immer herrührende Anzeige Rücksicht zu nehmen.

Von besonderer Bedeutung ist es, daß das Gericht auch von Amts wegen Erhebungen pflegt, ob das Kind in entsprechender Pflege ist und nicht etwa Mißhandlungen ausgesetzt ist. Das Kind ist daher tunlichst in angemessenen Intervallen allein zu befragen. Kommt das Kind zur Erziehung in einen anderen Gerichtssprengel, ist vom Vormundschaftsgericht das kompetente Gericht um diese Aufsicht zu ersuchen.

Wenn der Pflegebefohlene den Anordnungen seiner Mutter oder des Vormundes, die in seinem Interesse ergehen, Widerstand leistet, so hat die Vormundschaft einzuschreiten (§ 217 ABGB.).

Hinsichtlich der religiösen Erziehung und des Unterrichtes der Kinder kommt abgesehen von der allgemeinen Aufsicht der Gerichte über die Erziehung des Kindes die Intervention und Entscheidungsgewalt der politischen Behörden zur Geltung.

Von Wichtigkeit ist auch die Mitwirkung der Gerichte hinsichtlich der Berufswahl Pflegebefohlener. Die Berufswahl ist der Genehmigung der Vormundschaftsbehörde zu unterbreiten und hat die Vormundschaftsbehörde auch sonst von amtswegen zu kontrollieren, daß der Pflegebefohlene nicht einem ihm nachteiligen Erwerbe zugeführt werde.

IV. Zur persönlichen Fürsorge gehört schließlich auch die Mitwirkung des Gerichtes an der Beschaffung des Unterhaltes für den Pflegebefohlenen. Das Vormundschaftsgericht hat die Unterhaltskosten im Sinne der §§ 219 und 220 ABGB. zu bestimmen. Falls der Pflegebefohlene mittellos ist, hat das Gericht dafür zu sorgen, daß jene Personen, die dazu gesetzlich verpflichtet sind, diesen Unterhalt leisten; soweit solche nicht vorhanden sind, ist auf die übrigen Verwandten im Sinne des § 221 ABGB. Einfluß zu nehmen.

Die Alimentationspflicht ehelicher Verwandter ist im Verfahren außer Streitsachen festzustellen und zwar auch nach dem Tode des Vaters. (Vgl. bezüglich der Großeltern GUNF. 4406. Das nähere vgl. im § 64 dieses Grundrisses.)

V. Bestritten ist die Frage der Zuständigkeit für den Ausspruch über das Ausmaß der Alimentationspflicht des unehelichen Vaters, der die Vaterschaft anerkannt hat. Es wird vielfach behauptet, daß in diesen Fällen die Höhe der Alimentation im Verfahren außer Streitsachen festzusetzen sei. Hierfür fehlt aber eine gesetzliche Handhabe, umsomehr als diese Auffassung mit § 49 Zl. 2 JN. im Widerspruch steht. Die hier bekämpfte Auffassung bietet auch den Nachteil, daß die Exekutionstitel des Verfahrens außer Streitsachen im Auslande nicht in dem Maße durchzusetzen sind, wie die im Prozeßweg erlassenen Erkenntnisse.

Die Entscheidungen GUNF. 3784 und 1983, sowie die Entscheidung vom 22. September 1903, Zl. 13258, Not.Z. 1903, S. 351 sprechen sich ebenfalls für die Zuständigkeit des Prozeßweges aus. Siehe in der Frage auch Albert Ehrenzweig, Not.Z. 1909, S. 332 und Hantsch, Ger.Z. 1914, S. 74.

Der neue Rechtshilfevertrag mit Ungarn soll allerdings auch die Vollstreckbarkeit der Erkenntnisse des Vormundschaftsgerichtes aussprechen.

§ 25 des dritten Entwurfes zum ABGB. läßt bei Anerkenntnis der Vaterschaft die Festsetzung der Höhe der Alimentation im Verfahren außer Streitsachen vornehmen, soweit diese Entscheidung nicht von der Ermittlung streitiger Tatsachen abhängig ist, die im Verfahren außer Streitsachen nicht vorgenommen werden könnte.

Einen in mehrfacher Richtung interessanten Rechtsfall haben die Tagesblätter (vgl. Grazer Tagespost vom 7. März 1914) mitgeteilt: Ein achtjähriges Kind war von seiner Mutter zu einer ihr bekannten Familie nach Wien in Pflege gegeben worden, nachdem ihr Plan, das Kind um 2000 K. zu verkaufen, gescheitert war. Das Kind wurde von den Pflegeeltern unentgeltlich in liebevollster Weise gepflegt, und war dem Ehepaar in zärtlichster Weise zugetan. Trotzdem faßten die unehelichen Eltern des Kindes einen anderen Plan. Mit Zustimmung des Vormundes stellten sie bei dem als Pflegschaftsgericht fungierenden Bezirksgericht den Antrag, das Kind den gegenwärtigen Pflegeeltern abzunehmen und es einem Kaufmann in Villach zu übergeben, mit der Begründung, daß dieser das Kind unentgeltlich pflegen nnd erziehen wolle und sich verpflichte, es, sobald er das Alter von 50 Jahren erreicht haben werde, zu adoptieren. Die Pflegeeltern legten gegen den Vorgang Verwahrung ein und auch das Kind erklärte dem Richter, eher sterben zu wollen, als die Pflegeeltern zu verlassen. Trotz dieser Erklärung des Kindes und der Pflegeeltern und obwohl der Kaufmann in Villach das Kind überhaupt nicht kannte, fällte das Bezirksgericht die Entscheidung, daß das Kind dem Kaufmann in Pflege und Erziehung übergeben werde. Die Entscheidung wurde damit begründet, daß sich dem Kinde nunmehr eine entsprechende Zukunft biete. Das Kind sollte nunmehr den Pflegeeltern zwangsweise abgenommen werden. Die Kleine warf sich vor dem Fremden auf die Knie und rief laut weinend: „Lassen Sie mich hier, ich werde Sie nie liebhaben." Trotzdem wurde die zwangsweise Abnahme des Kindes durchgeführt, indem das Kind auf eine Tragbahre geschnallt und im Rettungswagen auf das Polizeikommissariat gebracht wurde, wo der neue Pflegevater mit dem Vormunde und den leiblichen Eltern des Kindes dasselbe erwartete. Das herzzerreißende Schreien des Kindes bewegte den Polizeikommissar derart, daß er die weitere Vollstreckung des gerichtlichen Beschlusses sistierte, das Kind den Pflegeeltern zurückgab und sich um die Widerrufung des gerichtlichen Auftrages bemühte. Das Landesgericht Wien hob denn auch den Beschluß des Bezirksgerichtes mit der Begründung auf, daß das Kind gegenwärtig sehr gut aufgehoben und glücklich sei und daß der neue Pflegevater das Kind überhaupt noch nicht persönlich gekannt habe und ordnete über die im Rekurse aufgestellte Behauptung, daß er bereits einmal ein Kind in Pflege hatte und das Pflegschaftsverhältnis wieder löste, Erhebungen an. Auf den gleichen Standpunkt stellte sich sohin die Entscheidung des Obersten Gerichtshofes.

Der Rechtsfall ist in mehrfacher Beziehung von Interesse. Einerseits war in diesem Verfahren zweifellos der persönliche Widerspruch des Kindes, wenn es auch erst acht Jahre alt war, in Erwägung zu ziehen. Das scheint zwar auch das Gericht erster Instanz getan zu haben, allein mit Rücksicht darauf, daß hier ein Gegensatz zwischen der Auffassung des Gerichtes und des Vormundes einerseits und dem zumindest berücksichtigungswerten Verlangen des Kindes bestand, wäre billigerweise die Entscheidung der zweiten Instanz zu erwirken gewesen, sei es durch Rekurs der entsprechend zu belehrenden Pflegeeltern, sei es durch Bestellung eines Kurators. Denn mit Rücksicht auf das hier in weitem Maße zur Geltung kommende Offizialprinzip kommt hier auch der Rekurs der Pflegeeltern in Betracht. Da nicht anzunehmen ist, daß das Bezirksgericht den so wichtigen Beschluß vor Eintritt der Rechtskraft vollziehen ließ (§ 12 P.), so hätten wir es bei dem sohin der Initiative des Polizeikommissars zu verdankenden Rechtsmittel an das Landesgericht mit einem verspäteten Rekurse zu tun. In Rechtssachen, wie den vorliegenden, wäre auch ein verspäteter Rekurs anzunehmen, da der Beschluß, in wessen Erziehung ein Kind übergeht, nicht Rechte verleihen soll, sondern lediglich den Zweck hat, das Beste für das Kind zu erzielen. Befremdend wirkt in der Darstellung des Rechtsfalles, daß dem Vormundschaftsgerichte im Wege einer Nachtragseingabe bekanntgegeben wurde, daß der von den leiblichen Eltern vorgeschlagene Pflegevater gar nicht mehr Kaufmann in Villach sei. Man habe ihn in Salzburg, dann in der Schweiz gesehen, und ziehe er gegenwärtig in Frankreich als Reisender umher. Es ist wohl anzunehmen, daß diese Umstände erst nach der Entscheidung des Bezirksgerichtes eingetreten sind, da das Vormundschaftsgericht doch auch von dem seinerseits vertretenen Standpunkte aus die Pflicht hatte, sowohl die persönlichen Verhältnisse wie die Vermögenslage des in Vorschlag gebrachten Pflegevaters und zukünftigen Adoptivvaters eingehenden Erhebungen zu unterziehen.

§ 49. B. Vermögensrechtliche Fürsorge. Sicherstellung des Vermögens.

Die Sicherstellung des Vermögens Pflegebefohlener knüpft in der Regel an ein Verlassenschaftsverfahren an. So begründet bekanntlich die Teilnahme pflegebefohlener Erben und Pflichtteilsberechtigter am Nachlaß die obligatorische Aufnahme des Inventars (§ 92 P.), unter Umständen auch die Vornahme der Sperre (§§ 42 ff. P.). Ebenso hat die Beteiligung minderjähriger Miterben die Notwendigkeit einer gerichtlichen Erbteilung zur Folge. Nach § 172 P. ist, wenn auch nur ein einziger Erbe am Verlasse beteiligt war und derselbe pflegebefohlen ist, ein endlicher Ausweis über den reinen Aktivstand des Nachlasses als Grundlage für die künftige Führung der Vormundschafts- oder Kuratelsrechnung zu verfassen und der verlaßgerichtlichen Überprüfung und Genehmigung zu unterziehen. Die Handlungsunfähigkeit von Erben ist in der Einantwortungsurkunde ausdrücklich zu vermerken und sind nach § 176 P. die nötigen Vorkehrungen dafür zu treffen, daß die depositenämtliche Verwahrung des Vermögens des Pflegebefohlenen durch das kompetente Gericht veranlaßt wird. Ebenso ist die Handlungsunfähigkeit im Grundbuche anzumerken usw.

Von den Normen des Vormundschaftsrechtes, die sich auf die Sicherung des Vermögens Minderjähriger beziehen, kommen vor allem die §§ 222 ff. ABGB. in Betracht. Darnach hat das Gericht das Vermögen des Minderjährigen zu erforschen und es durch Sperre, Inventur und Schätzung sicherzustellen (§ 222). Die Sperre bezieht sich nur insofern auf die Gerätschaften, als dies zur Sicherstellung notwendig erscheint (§ 223 ABGB.).

Die Inventur hat den Zweck, ein genaues Verzeichnis des dem Pflegebefohlenen gehörigen Vermögens zu geben. Das Inventar wird in der Regel anknüpfen an die einschlägigen Akten des Verlassenschaftsverfahrens. Das Vermögen ist ferner einer Schätzung zu unterziehen (vgl. §§ 224 ff.). Bei unbeweglichem Vermögen kommt hierbei die Realgerichtsbarkeit zur Geltung (vgl. §§ 225, 226 ABGB. und § 117 JN.). Juwelen, andere Kostbarkeiten, Wertpapiere und Schuldbriefe sind wie alle wichtigen Urkunden in gerichtliche Verwahrung zu nehmen (§ 229 ABGB.).

Hinsichtlich der Zulässigkeit der Deponierung von Wertpapieren bei der österreichisch-ungarischen Bank, der Landesbank des Königreiches Böhmen und der Postsparkasse vgl. § 80 dieses Grundrisses.

Bargeld darf nur insoferne in den Händen des Vormundes bleiben, als dies zur Erziehung des Pflegebefohlenen, zum ordentlichen Betriebe der Wirtschaft und wohl auch des Geschäftes für die nächste Zeit nötig ist (§ 230).

Für jene Kapitalien, die gefährdet erscheinen, hat der Vormund ihre Sicherstellung zu verlangen, eventuell sie einzuziehen (§ 236). Von dem Erfordernisse gesetzmäßiger Sicherheit wird abgesehen, wenn es sich um ein Kapital handelt, das die Eltern des Minderjährigen diesem schulden, wenn den Eltern die Zurückbezahlung des Kapitals oder die Veräußerung des unbeweglichen Gutes bezw. Gewerbes schwer fallen würde und der Minderjährige voraussichtlich nicht der Gefahr eines Verlustes ausgesetzt ist (vgl. § 236 ABGB.). Daneben trifft § 199 P. noch Sondernormen für die Übernahme eines gesetzlich unteilbaren Gutes.

Bezüglich des Vermögens, welches dem Minderjährigen bei der Einleitung des Vormundschaftsverfahrens oder während desselben durch Erbschaft oder auf ähnliche Weise zufällt, gelten jedoch nicht notwendig die strengen Vorschriften, die das Gesetz für die Neuanlage hinsichtlich des Mündelvermögens trifft. (Vgl. § 50 dieses Grundrisses.) Es ist daher nicht etwa notwendig, daß die Wertpapiere, welche dem Mündel zufallen, sogleich veräußert werden, wenn sie nicht gesetzlich zu pupillarsicheren Wertpapieren erhoben erscheinen. Es kommen hier vielmehr die Grundsätze des § 202 Abs. 2 des Patentes zur Geltung.

§ 50. Fortsetzung: Die Anlage und Verwaltung des Pupillarvermögens.

I. Das Gericht hat nicht nur für die Sicherung des Vermögens des Pflegebefohlenen, sondern auch für dessen entsprechende Anlage zu sorgen. So bestimmt § 193 P., daß das Gericht wie der Vormund dafür verantwortlich sind, daß die Barschaft des Mündels möglichst fruchtbringend angelegt wird.

§ 230 ABGB. bestimmt, daß das Bargeld, soweit es nicht für den Haushalt, die Erziehung oder den Betrieb der Wirtschaft notwendig erscheint, zur Tilgung der etwa vorhandenen Schulden „oder zu einem anderen vorteilhaften Gebrauche" zu verwenden ist. Dazu kommt dann noch der Erlös des veräußerten beweglichen Vermögens. Nach § 231 ABGB. ist nämlich das bewegliche Vermögen, soweit es weder zum Gebrauche des Pflegebefohlenen erforderlich ist, noch als Andenken der Familie erscheint, noch nach Anordnung des Vaters aufzubewahren ist, oder auf andere Art vorteilhaft verwendet werden kann, im allgemeinen öffentlich feilzubieten (vgl. im übrigen § 231 ABGB.). Unbewegliches Vermögen hingegen darf nur „im Notfalle oder zum offenbaren Vorteile des Minderjährigen" veräußert werden, und zwar mit Genehmigung des Vormundschaftsgerichtes. Die Form der Veräußerung ist die öffentliche Versteigerung. Nur „aus wichtigen Gründen" kann eine Veräußerung aus freier Hand bewilligt werden. Die Genehmigung der Veräußerung bedarf, falls sie vom Bezirksgerichte erteilt wird, zu ihrer Wirksamkeit der Bestätigung durch den übergeordneten Gerichtshof erster Instanz (§ 109 JN.).

II. Das Gesetz hat eingehende Normen getroffen über die verschiedenen Formen, in denen die Anlage jenes Mündelvermögens zu erfolgen hat, bezüglich dessen sich während des Vormundschaftsverfahrens ein Anlagebedürfnis ergibt (z. B. durch Rückzahlung von Kapitalien, Veräußerung von Mobilien oder Immobilien). Regelmäßig wird die Anlage auf Grund der Anträge des Vormundes erfolgen, doch hat das Gericht eventuell selbst die Initiative zu ergreifen und den Vormund zu belehren.

Die zulässigen Formen der Anlage von Mündelvermögen sind in § 194 P. angeführt. Danach kommt in Betracht:

1. Der Ankauf unbeweglicher Güter. Die Genehmigung des Vertrages setzt eine eingehende Schätzung des Gutes unter Zugrundelegung einer entsprechenden Rentabilitätsberechnung voraus. Dabei ist auch zu prüfen, ob sich das Gut für den durch die Vormundschaft bedingten Wirtschaftsbetrieb eignet.

2. Darlehen an Privatpersonen gegen „pupillarmäßige" Sicherstellung auf Immobilien. Für die Gewährung und Sicherstellung dieser Darlehen trifft das Bürgerliche Gesetzbuch im § 1374 sowie das Verlassenschaftspatent in den §§ 195 ff. eingehende Normen.

3. Durch Ankauf von „pupillarsicheren" Wertpapieren. Dahin gehören vor allem die Staatsschuldverschreibungen, aber auch eine Reihe anderer, durch besondere Normen mit dieser Eigenschaft ausgestattete Papiere.

Vgl. darüber Friedländer in der Manzschen Gesetzesausgabe zu § 194 P.

4. Einlagen bei Sparkassen und bei der k. k. Postsparkasse. Der Höchstbetrag für die Anlage bei den mit öffentlicher Genehmigung bestehenden österreichischen Sparkassen ist durch das Gesetz vom 15. September 1909, RGBl. Nr. 198 nunmehr mit 3000 Kronen festgesetzt. Auf die Einlage von Geldern für Pflegebefohlene bei der Postsparkasse finden die im Sparverkehr dieses Amtes geltenden Vorschriften mit den Ergänzungen und Abänderungen des Gesetzes vom 15. September 1909 Anwendung.

Zur bequemeren Einhebung der Zinsen dient jetzt das durch die JMV. vom 24. Februar 1882, Z. 19545 geregelte Verfahren, mittels der mit einer Legitimationskarte versehenen Zinsenbücher, sowie die laut JMV. vom 16. Juni 1895, Z. 12290 JMVBl. Nr. 13 eventuell zulässige Ausfolgung entsprechend vinkulierter Bücher, falls die Statuten der Sparkasse in dieser Richtung Vorsorge treffen.

Der im § 194 Zl. 5 angeführte Monte civico commerciale in Triest wurde auf Grund der Genehmigung des Ministeriums des Innern vom 26. Juni 1875, Zl. 3631, in eine Sparkasse mit dem Namen Cassa di risparmio Triestina umgewandelt. Die bezeichnete Anstalt ist sonach vermöge ihrer Statuten unter die mit öffentlicher Genehmigung bestehenden Sparkassen zu subsumieren.

5. In Ländern, in welchen die sogenannten „kumulativen Waisenkassen" bestehen, Einlagen in dieselben (vgl. insbesondere kaiserl. Verordnung vom 9. November

1858, RGBl. Nr. 205 und die Verordnung vom 24. Juni 1859, RGBl. Nr. 123). In diese Kassen fließen alle für Pflegebefohlene eingehenden Barschaften, wenn sie nicht abgesondert anzulegen sind. Die Gelder der gemeinschaftlichen Waisenkassen sind fruchtbringend auf Hypotheken bei gesetzlicher Sicherheit anzulegen, soweit diese nicht zu erlangen, auf andere gesetzliche Weise zu verwerten.

Die Waisenkassen desselben Oberlandesgerichtes können sich gegenseitig durch Darlehen aushelfen, falls bei der einen Mangel, bei der anderen Überschuß an Bargeld vorhanden ist (V. vom 28. November 1883, Z. 19529, und vom 8. Mai 1887, VBl. Nr. 18).

Die Einlagen in die kumulativen Waisenkassen unterliegen hinsichtlich ihrer Höhe keiner Beschränkung.

Staatspapiere eines Minderjährigen, welche einer Verlosung unterliegen und dadurch einen Gewinn erwarten lassen, dürfen, sofern nicht ein Notfall oder ein offenbarer Vorteil des Pupillen es erfordert, nicht veräußert werden (§ 201 P.).

Die für den Pflegebefohlenen erworbenen Sparkassebücher und Wertpapiere sind, soweit nicht erstere infolge der Vinkulierung dem Vormund belassen werden können, gerade so wie jenes Vermögen, das dem Pflegebefohlenen im Zeitpunkte des Beginns der Vormundschaft gehört, zu verwahren, ebenso Schuldscheine und andere wichtige Urkunden über Rechtsgeschäfte (vgl. S. 97).

§ 51. **Gerichtliche Mitwirkung bei Rechtsgeschäften.**

I. Das bürgerliche Recht regelt die Grenze, innerhalb welcher der Pflegebefohlene selbständig handeln kann, bestimmt, wann er sich nur unter Mitwirkung des Vormundes verpflichten darf, und wann diese Mitwirkung des Vormundes einer Genehmigung des Vormundschaftsgerichtes unterliegt (siehe darüber Anders, Grundriß des Familienrechtes, § 82).

Das Vormundschaftsgericht kann den seiner Mitwirkung unterliegenden Vertrag im vorhinein genehmigen und dann den Vormund und den Pflegebefohlenen zum Abschluß ermächtigen (z. B. den Pflegebefohlenen bei der Eheschließung); regelmäßig wird der im übrigen bereits abgeschlossene Akt der Genehmigung zugeführt. In allen Fällen hat das Vormundschaftsgericht nicht nur die juristische Korrektheit des Vertrages, sondern auch dessen Zweckmäßigkeit und zwar diese nur vom Standpunkte des Interesses des Pflegebefohlenen zu prüfen. Das Gericht hat sich bei Genehmigung des Rechtsgeschäftes speziell vor Augen zu halten, daß die Wirkung des Rechtsgeschäftes tunlichst auf die Dauer der Vormundschaft beschränkt werde. Dies gilt insbesondere für Miet-, Pacht- und Gesellschaftsverträge, sowie für die Anlage von Kapitalien (vgl. des näheren §§ 188 und 189 P.).

Auch die Genehmigung der Prozeßführung ist im Verfahren außer Streitsachen zu erwirken. Das Gericht hat dabei jedenfalls darauf zu sehen, daß aussichtslose Prozesse vermieden werden; eventuell ist die Genehmigung zu verweigern. Von ganz besonderer Bedeutung ist die Mitwirkung der Gerichte beim Abschlusse von Alimentationsvergleichen. Es sind hier alle Verhältnisse der Beteiligten eingehend zu prüfen, um die Höhe der Alimentation im entsprechenden Umfange festzustellen.

Das Oberlandesgerichts-Präsidium Wien hat, angeregt durch die Materialien des ersten österreichischen Kinderschutz-Kongresses, hinsichtlich der Geltendmachung von Alimentationsansprüchen für uneheliche Kinder Erhebungen gepflogen und auf Grund der Ergebnisse dieser Erhebungen einen bemerkenswerten und wertvollen Erlaß herausgegeben, der auch über den Sprengel dieses Gerichtes hinaus Beachtung verdient. Der Erlaß ist mitgeteilt im JMVBl. 1907 (S. 181) und auch abgedruckt in der Gesetzesausgabe von Friedländer zu § 187. Er verweist insbesondere auch darauf, daß bei vergleichsweiser Erledigung der Alimentationsfrage ein Vorbehalt wegen Geltendmachung weiterer Ansprüche für den Fall einer Änderung der Vermögensverhältnisse von größter Bedeutung ist.

Eingehende Normen trifft das Gesetz für die Mitwirkung der Vormundschaftsbehörde bei der Verehelichung eines Minderjährigen. Die Zustimmung zur Verehelichung setzt eingehende Erhebungen über das Vermögen und die Einkünfte, über die persönlichen Eigenschaften und Verhältnisse des künftigen Ehegatten voraus. Das Gericht hat tunlichst einen unmittelbaren Eindruck darüber zu gewinnen, ob es der freie, wohlüberlegte und unbeeinflußte Entschluß des Pflegebefohlenen ist, diese Ehe einzugehen. Die Befragung des Minderjährigen in dieser Richtung hat daher in Abwesenheit des Vormundes und des künftigen Ehegatten zu geschehen. Auch setzt die Zustimmung zum Abschlusse der Ehe die Feststellung der Ehepakten und die Erfüllung aller jener Bedingungen voraus, welche das Gericht im Interesse des Pflegebefohlenen festzusetzen findet.

Der Beschluß, welcher über das Ansuchen um die Genehmigung der Verehelichung ergeht und die Zustimmung erteilt, hat genau Namen und Vornamen der Brautleute zu enthalten; außerdem ist der Vormund, bzw. die Vormünderin und der Mitvormund genau anzuführen und anzugeben, ob sie ihre Einwilligung zur Verehelichung erteilt haben. Wenn die Genehmigung zum Eingehen der Ehe von der ersten Instanz mit Zustimmung des Vormundes erteilt wurde, kann die Ehe sogleich geschlossen werden, andernfalls ist die Rechtskraft des Beschlusses abzuwarten (vgl. im übrigen § 191 P.).

II. Die Erwirkung der vormundschaftsbehördlichen Genehmigung zum Abschlusse von Verträgen Pflegebefohlener stellt sich als ein rein interner Vorgang des Vormundschaftsverfahrens dar. Daher gewährt auch der Eintritt der formellen Rechtskraft dieses Beschlusses dem Gegenkontrahenten noch keinerlei Rechte, so lange ihm die Genehmigung nicht mitgeteilt wurde.

Die Entscheidung GUNF. 4523 spricht daher die Widerruflichkeit der dem Gegenkontrahenten nicht zugestellten Genehmigung durch das Vormundschaftsgericht aus.

Hinsichtlich der Legitimation zum Rekurse gegen diese Genehmigung vgl. Eisinger, Not.Z. 1908, S. 381 und S. 34 dieses Grundrisses.

Zur Verhinderung einer Schädigung des Pflegebefohlenen oder zur Wiedergutmachung des ihm anläßlich einer solchen Vertragserrichtung zugefügten Schadens kommen neben den ordentlichen Rechtsmitteln des Fürsorgeverfahrens noch die Haftung des Vormundes und die Syndikatshaftung des Gerichtes zur Geltung.

III. Die Entscheidung GUNF. 5027 erklärt es für zulässig, daß ein zu Lebzeiten eines Kindes geschlossener Vertrag auch nach seinem Tode noch wirksam gerichtlich genehmigt werde.

§ 52. **Die Rechnungslegung.**

I. Die Verpflichtung des Vormundes zur Rechnungslegung ist im allgemeinen offiziöser Natur. Das Gericht hat auf die Einhaltung dieser Verpflichtung von amtswegen zu sehen und die Termine zur Rechnungslegung in Evidenz zu halten (§ 264 GO.). Die Rechnungslegung wird eventuell von amtswegen erzwungen (§ 19 P.).

Dieses offiziose Moment in der Rechnungslegung hat auch zur Folge, daß der Erblasser den Vormund oder den sonst für das dem Pflegebefohlenen hinterlassene Vermögen bestellten Verwalter nur insofern wirksam von der Rechnungslegung befreien kann, als es sich um ein Vermögen handelt, das weder als Pflichtteil noch als Erfüllung der Alimentationspflicht in Betracht kommen kann. Doch wird das Vormundschaftsgericht auch trotz einer solchen Befreiung, wenn besondere Bedenken vorliegen, einen Ausweis über die Vermögensverwaltung verlangen können. Das *Vormundschaftsgericht* kann den Vormund von der Rechnungslegung nur dispensieren, wenn das Einkommen des Pflegebefohlenen die Auslagen für den Unterhalt und die Erziehung des Minderjährigen wahrscheinlich nicht übersteigt. Doch kann weder eine solche Verfügung des Erblassers noch die Anordnung des Vormundschaftsgerichtes den Vormund davon befreien, daß er sich über das „in der Inventur aufgenommene Hauptvermögen und Kapital" ausweise (vgl. dazu das Hofdekret vom 3. Februar 1826, JGS. Nr. 2158).

Die offiziöse Behandlung der Verpflichtung zur Rechnungslegung (siehe auch GUNF. 3953) findet naturgemäß ihre Begrenzung in der Beendigung der Handlungsunfähigkeit, daher der großjährig Gewordene den Vormund von der Legung der Schlußrechnung befreien kann. Während die Streitigkeiten, die zur Zeit der Anhängigkeit der Vormundschaft hinsichtlich der Vermögensverwaltung mit dem Vormunde entstehen, der Entscheidung des Vormundschaftsgerichtes im Rechtsfürsorgeverfahren unterliegen, gleichgültig, ob sie gegen den Vormund selbst oder dessen Erben erhoben werden (vgl. darüber GUNF. 3953), tritt nach Beendigung der Vormundschaft an die Stelle des Rechtsfürsorgeverfahrens zur Entscheidung über Konfliktsfälle auch wegen der Rechnung der Prozeßweg (§ 216 P., vgl. auch § 53 des Grundrisses).

II. Die Rechnung ist alljährlich zu legen und zwar spätestens zwei Monate nach dem Ablaufe des Rechnungsjahres. Findet während des Jahres eine Enthebung des Vormundes oder die Beendigung der Vormundschaft statt, so erstreckt sich die Rechnungslegung auf den betreffenden Teil des Jahres.

Fungiert ein Gerichtshof als Vormundschaftsgericht, so hat der Vormund die Rechnung in der Regel außergerichtlich zu verfassen und dem Vormundschaftsgerichte schriftlich vorzulegen. Dieser Weg ist auch in der Regel in bezirksgerichtlichen Vormundschaftssachen einzuschlagen. Wenn jedoch hier die Rechnung nur in wenigen Empfangs- und Ausgabeposten besteht, so ist zur Abnahme der Rechnung eine Tagsatzung anzuordnen, welcher der Vormund und eventuell auch die nächsten Verwandten des Minderjährigen beizuziehen sind. Die Rechnung wird dann bei der Tagsatzung mit den Belegen zu Protokoll genommen (§ 203 P.).

Bei einer Mehrheit von Pflegebefohlenen kann für sämtliche eine Rechnung gelegt werden, soweit es sich nicht um Sondervermögen der einzelnen Pflegebefohlenen handelt.

Bei einer Mehrheit von Vormündern haben sämtliche geschäftsführende Vormünder die Rechnung zu legen, soweit sich nicht aus einer Aufteilung der Vormundschaft nach Geschäftskreisen Modifikationen ergeben.

III. Die Rechnung muß zuerst den Stand des dem Pflegebefohlenen gehörigen Vermögens zu Beginn des Rechnungsjahres ausweisen (§ 204), sodann die Änderungen an dem Stammvermögen, die Einkünfte und Ausgaben der Rechnungszeit. Sohin ist der sich mit Ende des Rechnungsjahres ergebende Reinbetrag des Vermögens zu berechnen und anzugeben, worin die einzelnen Bestandteile des Vermögens bestehen, wie sie angelegt und sichergestellt sind.

Der Vormund hat die Rechnung auch mit den nötigen Belegen zu versehen, durch welche die einzelnen Posten bescheinigt werden. Inwieweit eine solche Bescheinigung erforderlich ist, bleibt dem Ermessen des Gerichtes überlassen.

Für den Fall, als zum Vermögen des Pflegebefohlenen eine Fabrik oder ein kaufmännischer Betrieb gehören, enthält § 206 P. Sondernormen. § 239 ABGB. schärft dem Gerichte die Geheimhaltung der Rechnungsabschlüsse ein.

Über die Vormundschaftsrechnung vgl. A. R. Franz, Die Vermögensverwaltersrechnung, S. 1 ff., 84 ff.

IV. Die Vormundschaftsrechnung ist dazu zu benutzen, um dem Gerichte auch über die persönlichen Verhältnisse des Pflegebefohlenen Bericht zu erstatten (vgl. 238 ABGB). Dieser Bericht über die persönlichen Verhältnisse ist auch dann, wenn die Rechnungslegung entfällt, zu verlangen und zwar je nach Maßgabe der einschlägigen Verhältnisse in angemessenen Intervallen. Das Gericht darf sich eben nicht auf konkrete Anlässe beschränken, um sich zu informieren, sondern hat sich auch sonst über die persönlichen Verhältnisse des Pflegebefohlenen, seine Erziehung, Ausbildung in einem Beruf usw. ständig im laufenden zu halten.

V. Das Gericht hat die Vormundschaftsrechnung einer eingehenden Prüfung zu unterziehen. In einfachen Fällen wird diese Prüfung vom Richter selbst vorgenommen. Sie kann auch einem Notare übertragen werden (vgl. § 183 der Not.O. vom 21. Mai 1855). Gerichtshöfe, bei denen eigene Rechnungsbeamte angestellt sind, haben sich zur Prüfung der Rechnungen deren Hilfe zu bedienen. Soweit solche nicht verfügbar sind, können für schwierige Rechnungen, deren Beurteilung besondere Fachkenntnisse erfordern, ein oder zwei Sachverständige bestellt werden. Doch soll die Prüfung von Rechnungen tunlichst den nahen Verwandten des Mündels übertragen werden, soweit dieselben dazu geeignet sind und am Gerichtsorte (oder wohl auch in dessen Nähe) wohnen. Während anderen Rechnungssachverständigen ein Honorar für ihre Mühewaltung zugesprochen werden kann, haben die Angehörigen des Pflegebefohlenen die Revision unentgeltlich zu besorgen. Doch enthebt die Beiziehung von Sachverständigen und der von denselben erstattete Bericht das Gericht nicht von der Verpflichtung, auch selbst die Rechnung zu prüfen (§ 210 P.).

Bei der Prüfung der Rechnung ist vor allem darauf zu sehen, ob das Stammvermögen richtig angesetzt ist. Diese Prüfung wird insbesondere durch Heranziehung des Inventars und anderer Gerichtsakten sowie der eventuell vorhergehenden Rechnung erfolgen. Dann sind die einzelnen Posten an der Hand der beigebrachten Belege zu prüfen und die Schlußziffern nachzurechnen. Bei der Revision der Ausgaben hat das Gericht vor allem auf die Erziehung und die persönlichen Eigenschaften des Pflegebefohlenen sowie auf den Stand des Vermögens und alle übrigen Verhältnisse Rücksicht zu nehmen und geringfügige Beanständigungen, deren Erledigung nur mit unverhältnismäßigen Kosten und Zeitverlust verbunden wäre, zu unterlassen (§ 211 P.).

Das Gericht hat aber die Prüfung der Vormundschaftsrechnungen auch zu einer sachlichen Prüfung sowohl der Geschäftsführung, als auch der Anlage und Sicherstellung des Mündelvermögens zu verwenden, Bedenken, die sich in dieser Richtung ergeben, geltend zu machen und Abhilfe zu veranlassen. Dabei ist insbesonders darauf zu sehen, ob der Vormund nicht etwa selbständig Geschäfte abgeschlossen hat, deren Genehmigung dem Vormundschaftsgerichte vorbehalten bleibt. In solchen Fällen ist eventuell die Rückgängigmachung des etwa nachteiligen Geschäftes durchzuführen. Auch kann das Gericht die Erledigung der gelegten Rechnung benützen, um dem Vormund Anweisungen hinsichtlich der Vermögensverwaltung auch in jenen Fragen zu geben, die sonst der selbständigen Entschließung des Vormundes vorbehalten sind.

Bei der Erledigung der Vormundschaftsrechnung hat das Gericht aber auch auf den Bericht einzugehen, den der Vormund hinsichtlich der persönlichen Verhältnisse des Pflegebefohlenen erstattet hat, eventuell weitere Aufklärungen zu verlangen, insbesonders auch hinsichtlich der Erziehung und Ausbildung des Pflegebefohlenen, sowie des von ihm ausgeübten Berufes und eventuell erforderliche Anweisungen zu geben.

Findet das Gericht die Rechnung für mangelhaft oder bedarf sie sonst Ergänzungen oder Aufklärungen, so hat das Gericht die nötigen Aufträge unter der Bestimmung einer angemessenen Frist zu erlassen (§ 212 P.). Doch können auch anderweitig Erhebungen gepflogen werden. Die Erstattung dieser Aufklärungen oder Ergänzungen durch den Vormund ist erforderlichenfalls zu erzwingen. Es können dem säumigen Vormund auch Präklusionsfolgen nach § 213 P. treffen, die unter Umständen seine Heranziehung zum Ersatze des sich aus der Vermögensverwaltung für den Pflegebefohlenen ergebenden, von ihm nicht aufgeklärten Fehlbetrages zur Folge haben. Die endliche Erledigung der Rechnung erfolgt durch Dekret (vgl. darüber § 214 P.).

VI. Die vom Vormunde gelegten Rechnungen sind mit den Beilagen dem Vormundschaftsakte anzuschließen und gerichtlich zu verwahren. Nach eingetretener Großjährigkeit und Erledigung der Schlußrechnung sind dem früheren Pflegebefohlenen auf sein Verlangen sämtliche Rechnungen samt Beilagen auszufolgen (vgl. des Näheren § 215 P.).

§ 53. Beendigung der Vormundschaft.

I. Von der Beendigung der Vormundschaft zu unterscheiden ist die bloße Enthebung des Vormundes (vgl. §§ 254 f. ABGB.). Die Enthebung des Vormundes hat tunlichst mit Ablauf des Rechnungsjahres zu erfolgen (§ 261 ABGB.). Der enthobene Vormund hat längstens innerhalb zweier Monate dem Gerichte seine Schlußrechnung zu übergeben. Nach Prüfung und Genehmigung derselben ist ihm, falls er sich nichts hat zu Schulden kommen lassen, eine Urkunde „über die redlich und ordentlich geführte Verwaltung seines Amtes“ auszufertigen. Es präjudiziert die Ausstellung dieser Urkunde in keiner Weise der Geltendmachung von Ersatzansprüchen aus einer später entdeckten arglistigen Handlung. Doch können wohl auch sonst Ersatzansprüche geltend gemacht werden, die sich nicht unmittelbar auf die Rechnungslegung selbst beziehen. Ebenso kann wohl auf Umstände, welche in der Rechnung vergessen worden sind oder bezüglich deren sonst ein Verstoß unterlaufen ist, später zurückgegriffen werden (§ 242 ABGB.). Auch Streitigkeiten mit dem enthobenen Vormunde gehören, wenn die Vormundschaft noch andauert und die Schlußrechnung noch nicht erledigt ist, in das Verfahren außer Streitsachen. Denn die Erledigung der Schlußrechnung und die Erteilung des Absolutoriums an den Vormund unterliegt eben der Kognition der Vormundschaftsbehörde (vgl. auch GUNF. 3953).

II. Ist die Vormundschaft beendet, so ist das dem Pflegebefohlenen gehörige Vermögen auszufolgen, soweit dem nicht im einzelnen Falle besondere Hindernisse entgegenstehen; zum Beispiel eine Substitution. Für die Schlußrechnung des Vormundes gelten hier dieselben Normen, wie im Falle seiner, während der Anhängung der Vormundschaft erfolgten Enthebung.

Der eigenberechtigte Gewordene hat innerhalb dreier Monate nach Erlangung der Eigenberechtigung um die Ausfolgung des in der Waisenkasse befindlichen Vermögens anzusuchen („Waisenkasse" ist im § 217 P. im weiteren Sinne zu nehmen). Für den Fall der Nichteinhaltung dieser Frist verfügt § 217 P., daß der nunmehr Eigenberechtigte vom Gerichte unter Bestimmung einer Frist zu eigenen Händen zur Übernahme mit dem aufzufordern sei, daß nach fruchtlosem Ablaufe der Frist das Vermögen aus der Waisenkasse an die Depositenkasse abgegeben würde. Es erlischt dann die Pflicht des Gerichtes für die Einziehung der Zinsen und die Anlegung barer Gelder zu sorgen. Privatschuldscheine, die nicht selbst als Wertträger erscheinen, sind nach fruchtlosem Ablaufe der Frist an die Registratur abzugeben. Für diese Präklusionsfolge muß die Frist jedoch mindestens sechs Monate betragen. (AHE. vom 20. Juli 1859, MV. vom 15. August 1859, RGBl. Nr. 154.)

Kann die erwähnte Aufforderung dem bisher Pflegebefohlenen nicht zugestellt werden, so insbesonders wenn der Adressat unbekannten Aufenthaltes ist, entfallen diese Präklusionsfolgen und darf dann eine Änderung in der Verwaltung und Verwahrung des Vermögens nicht vorgenammen werden. An die Stelle des Rechtsfürsorgeverfahrens wegen mangelnder Eigenberechtigung tritt jetzt die besondere Rechtsfürsorge wegen Abwesenheit.

Bemerkt sei schließlich noch, daß das Vormundschaftsgericht von amtswegen die Löschung der Anmerkung der Minderjährigkeit im Grundbuche zu veranlassen hat (vgl. auch die Mitteilung im JMVBl. 1906, S. 158).

Für die Ausfolgung an Militärpersonen vom Feldwebel abwärts, die im aktiven Dienste stehen, kommt noch die Vorschrift des § 218 P. in Betracht. (Vgl. Plenarbeschluß des OGH. vom 6. Oktober 1891, Zl. 10024, JMVBl. 1891, S. 179 f)

III. Der mit der Erreichung der Altersgrenze verbundene Eintritt der Handlungsfähigkeit kann durch die Verhängung der Fortdauer der Vormundschaft verhindert werden (vgl. § 251 ABGB.). Für das Verfahren hierüber kommen die Grundsätze über die Kuratelverhängung entsprechend zur Anwendung. Soll die Vormundschaft durch Gewährung der Altersnachsicht nach § 252 ABGB. vor Erreichung des 24. Lebensjahres beendet werden, so bedarf der Beschluß zwar nicht der Zustimmung, wohl aber der Einvernehmung des Vormundes. Wird dem Pflegebefohlenen der Betrieb einer Handlung oder eines Gewerbes von der dazu berufenen Behörde gestattet, so wird er dadurch großjährig. Doch kommt auch hierfür die Mitwirkung der Vormundschaftsbehörde in Betracht. Nach dem JME. vom 19. März 1860 Zl. 2712 wird der bisher Pflegebefohlene großjährig, wenn ihm vom Vormunde und der Vormundschaftsbehörde die Bewilligung zur Anmeldung eines freien oder zum Betriebe eines konzessionierten Gewerbes erteilt wird. (Vgl. hierzu Kulisch, Gewerberecht 2. Aufl. S. 291 ff. und die dort verzeichnete weitere Literatur.)

§ 54. Berufsvormundschaft.

Die Literatur der letzten Zeit hat in bemerkenswerter Weise den Wert der Berufsvormundschaft betont und auch in der Praxis hat man mit derselben nach den von zuständiger Seite gemachten Mitteilungen größtenteils die besten Erfahrungen gemacht. Die Berufsvormundschaft bietet den Vorteil, daß die pflichtmäßige Ausübung einer großen Anzahl von Vormundschaften durch hierzu entsprechend geschulte Personen eine intensivere Führung derselben und vor allem eine bessere Kenntnis der in Betracht kommenden einschlägigen Verhältnisse eine entsprechende Fürsorge und Geltendmachung der Rechte des Pflegebefohlenen fördert.

In Österreich ist die Berufsvormundschaft als Anstaltsvormundschaft insofern gesetzlich anerkannt, als nach dem Hofdekrete vom 17. August 1822, JGS. 1888 die Waisen- und Findelhausdirektion für die unter ihrer Obsorge stehenden Kinder die Stelle des Vormundes vertritt. Wenn ein Vormund für das Kind bereits vor seinem Eintritte bestellt ist, so ruhen dessen vormundschaftliche Funktionen für die Dauer des Aufenthaltes des Pflegebefohlenen in der Anstalt, soweit sie sich auf die Erziehung beziehen. (§ 3 des Hofdekretes.) Die Direktion der Anstalt kann nicht nur geringe Beträge, die diese Kinder erwerben, aufbewahren, sondern auch Vermögen bis zum Betrage von 500 fl. - K. M. (also 1050 Kronen) verwalten. (Hofdekret vom 8. Juli 1843 JGS. 722.)

Uneheliche oder Findelkinder unterstehen für die Dauer der Versorgung durch die Anstalt dem Gerichtsstande der Anstalt, auch wenn sie außerhalb der Anstalt untergebracht sind. Beim Austritte des Kindes aus der Anstalt ist ein Vormund zu bestellen. Hierfür sowie zur Führung der Vormundschaft ist maßgebend der Gerichtsstand der unehelichen Mutter. Ist derselbe unbekannt und bei Findelkindern ist zuständig das Bezirksgericht, in dessen Sprengel das Kind zur Zeit der Bestellung des Vormundes seinen Aufenthalt hat. (JME. vom 21. August 1856, RGBl. Nr. 150 und Art. VI Zl. 6 des EG. zur JN.)

Vgl. auch Hauke, Ger.Z. 1910, Nr. 13, S. 102, und die Entscheidung vom 5. November 1907, Jur.Bl. 1908, S. 432.

Eine wertvolle Einrichtung ist die auf Initiative Reichers in Graz begründete und dann noch an anderen Orten eingeführte Einrichtung der Rechtsschutzabteilung solcher Anstalten. Sie bietet besondere Vorteile hinsichtlich der Geltendmachung der Alimentationsansprüche. Aus dem Hofdekrete vom 17. August 1822 folgt die Legitimation der Rechtsschutzabteilung der als Vormund fungierenden Direktion zur Klageführung gegen den unehelichen Vater und sie ist auch anerkannt durch die Entscheidung GUNF. 4550. (vgl. auch Albert Ehrenzweig, Not. Z. 1909 S. 331 ff., A. M. GUNF. 1036).

Der Entwurf der Novelle zum ABGB. erweitert die Anstaltsvormundschaft (§§ 61—64 des III. E.) und stellt auch die „Generalvormundschaft" auf gesetzliche Grundlagen: Falls kein anderer geeigneter Vormund zur Verfügung steht, kann die Vormundschaft „einem besonderen staatlichen Organe oder einem geeigneten Organe der öffentlichen Verwaltung" übertragen werden. Die Übertragung kann auf einzelne Funktionen des Vormundes beschränkt werden. Die nähere Durchführung soll dem Verordnungswege vorbehalten bleiben (§ 65 E.).

§ 55. Fürsorgeverfahren für Kinder in väterlicher Gewalt.

I. Naturgemäß tritt die Initiative des Gerichtes hier im Verhältnisse zur Vormundschaft zurück. Ein wesentlicher Gegensatz liegt ja schon darin, daß der Vater hinsichtlich der Fürsorge für seine Kinder kraft eigenen Rechtes handelt, nicht als bloßes Organ des Gerichtes. Doch kommen auch hier öffentliche Interessen in Betracht, die sich auf die Erziehung des Kindes und die Erhaltung eines ihm eventuell zukommenden Vermögens beziehen. Bei einem Konflikte zwischen den Interessen und Wünschen des Vaters und den Interessen des Kindes haben daher die letzteren den Vorzug. Denn der Vater darf seine väterliche Gewalt nur in der Richtung gebrauchen, in welcher es den objektiv beurteilten Interessen des Kindes entspricht. Das Fürsorgemoment, welches dem Gedanken der väterlichen Gewalt innewohnt, äußert sich ja gerade darin, daß die väterliche Gewalt, sobald ihre Ausübung vernachlässigt oder mißbraucht wird, durch das Gericht abzuerkennen ist. Die Rechtsfürsorgetätigkeit des Gerichtes ist jedoch nicht auf die Fälle eines besonderen Konfliktes beschränkt. Sie hat sich auch sonst zu äußern. Das Maß dieser Initiative ist allerdings bestritten. § 152 ABGB. bestimmt, es sei hinsichtlich der Verpflichtungen der unter väterlicher Gewalt stehenden Kinder „überhaupt dasjenige anzuwenden, was ..... über die verbindlichen Handlungen der unter Vormundschaft stehenden Minderjährigen bestimmt wird". Darnach würde auch der Vater in den Fällen des § 233 ABGB. zum Abschlusse von Rechtsgeschäften der gerichtlichen Genehmigung bedürfen. Diese Konsequenz zieht mit Recht auch eine Reihe von Entscheidungen, so GUNF. 5029 und 5065 (A. M. GUNF. 3124).

Vgl. auch Pfaff-Krainz-Ehrenzweig, § 458; Anders, S. 80; Krasnopolski-Kafka IV, S. 251; Bernfeld, Ger.Z. 1910, S. 217 f., legt das Schwergewicht darauf, ob es sich um Rechtsgeschäfte hinsichtlich des Stammvermögens des Pflegebefohlenen handelt.

Aber nicht nur der Abschluß von Verträgen des Pflegebefohlenen kann den Anlaß für ein gerichtliches Verfahren bilden, sondern auch sonst ein Vermögenserwerb des unter väterlicher Gewalt stehenden Pflegebefohlenen. Die Entscheidung vom 16. Jänner 1912, R. I 30/12 Not. Z. 1912 S. 177 steht auf dem Standpunkte, daß je nach Umständen des einzelnen Falles eventuell auch der Vater verpflichtet sei, das Vermögen des Minderjährigen gerichtlich zu erlegen. Wer § 152 ABGB. in dem oben angedeuteten strengeren Sinne auslegt, wird wohl analog auch eine allgemeine Verpflichtung zur Sicherstellung des Vermögens der unter väterlicher Gewalt stehenden Personen annehmen müssen. Dafür spricht auch § 150 ABGB., wenn er es als eine Ausnahme behandelt, daß dem Vater der dort bezeichnete Überschuß zur freiwilligen Verwendung überlassen bleibt.

Der Vater ist auch verpflichtet, über das seiner Verwaltung unterstehende Vermögen des Pflegebefohlenen Rechnung zu legen, soweit die Einkünfte nach Abzug der Erziehungskosten einen Überschuß ergeben. Der Überschuß ist, wofern er nicht zu gering erscheint, entsprechend anzulegen (§ 150 ABGB.).

In Beziehung auf die persönliche Fürsorge sind die Befugnisse des Vaters insofern weitere als die des Vormundes, als seine Zustimmung zur Gültigkeit der Eheschließung des Pflegebefohlenen und wohl auch zur Adoption genügt (vgl. § 181 ABGB.). Nur dann, wenn er seine Zustimmung verweigert, wird dieselbe eventuell durch die Genehmigung des Gerichtes ersetzt (§ 52 ABGB.). Das Bedürfnis nach einem Einschreiten des Gerichtes kann sich auch dann ergeben, wenn das Gericht nach erreichter Mündigkeit mit der ihm von seinem Vater bestimmten Berufsart nicht einverstanden ist und nach § 148 ABGB. beim Gerichte Abhilfe verlangt. Das Gericht hat dann mit Rücksicht auf den Stand und das Vermögen des Vaters zu entscheiden, dabei aber auch seine Einwendungen in Erwägung zu ziehen.

Der Vater kann die Hilfe des Gerichtes in Anspruch nehmen, wenn das Kind seinen Befehlen nicht nachkommt, und wenn es eventuell einer gewaltsamen Durchführung von Erziehungsmaßregeln bedarf. So kann insbesondere auch auf Antrag des Vaters mit gerichtlicher Genehmigung die Abgabe eines Pflegebefohlenen an eine Besserungsanstalt erfolgen (vgl. S. 95 dieses Grundrisses).

Die in der Ger.Z. 1913, Nr. 22, mitgeteilte Entscheidung des Landesgerichtes Wien als Rekursgericht läßt die Abgabe eines Minderjährigen in die Besserungsanstalt als „angemessene Verfügung" nach § 178 ABGB. auch gegen den Willen des Vaters zu.

II. Die Mitwirkung des Gerichtes bei der Gestaltung des Rechtsverhältnisses zwischen Vater und Kind kommt auch in Betracht, wenn es sich handelt um die ausdrückliche Entlassung aus der väterlichen Gewalt oder um die Verlängerung derselben. Beides bedarf der gerichtlichen Genehmigung. Das Gericht hat in erstem Falle auch zu prüfen, ob der Pflegebefohlene in der Lage ist, seine Angelegenheiten selbst zu führen. Es ergeht über die Entlassung aus der väterlichen Gewalt ein Beschluß, dessen Wirkungen mit der Zustellung an den bisher Pflegebefohlenen eintreten (§ 266 P.). Die Verlängerung der väterlichen Gewalt setzt ein Ansuchen des Vaters und eine eingehende Prüfung der vom Vater hierfür angeführten Gründe voraus (§ 173 ABGB.). Der Beschluß bedarf, wenn er vom Bezirksgericht erlassen worden ist, der Genehmigung des übergeordneten Gerichtshofes (§ 109 Abs. 2 JN.). Er ist kundzumachen und es erfolgt die Verständigung des Notars, in dessen Bezirk sich der Fall ereignet hat. (§ 184 P. Hinsichtlich des Inhaltes der Kundmachung vgl. JMV. vom 14. Dezember 1885, JMVBl. Nr. 83, abgedruckt bei Friedländer zu § 184 P.)

III. Im besonderen Maße äußert sich aber die Fürsorge der Gerichte für Kinder, die unter väterlicher Gewalt stehen, dann, wenn der Vater die väterliche Gewalt mißbraucht oder das Kind durch die Nichtausübung der väterlichen Gewalt Schaden leidet und Gefahren ausgesetzt ist. (Vgl. §§ 177 und 178 ABGB.) Anzeigeberechtigt ist hier nicht nur das Kind selbst und die nächsten Verwandten, sondern jedermann. Insbesondere die verschiedenen Organisationen des Kinderschutzes erscheinen legitimiert, hier die richterliche Hilfe in Anspruch zu nehmen. Das Gericht hat alle einlangenden Anzeigen anzunehmen und zum Gegenstande eingehender und sorgfältiger Erhebungen zu machen. Es muß insbesondere dem Kinde Gelegenheit gegeben werden, seine Aussagen unabhängig und ohne Einflußnahme des Vaters bei Gericht unmittelbar abzulegen. § 178 gibt dem Gericht eine weitgehende Machtbefugnis, indem es ihm gestattet, „die den Umständen angemessene Verfügung zu treffen". Solche Verfügungen können in einer definitiven oder provisorischen (GUNF. 5268) Entziehung der väterlichen Gewalt und Bestellung eines Vormundes bestehen. Das Gericht kann das Kind dem Vater abnehmen und es anderweitig in Erziehung geben; z. B. in dem Fall eines die Erziehung gefährdenden Verhaltens des Vaters, wegen Trunksucht, roher Behandlung von Frau und Kindern oder dadurch, daß er im Konkubinat lebt, so GUNF. 2023; es ist dann für die Erhaltung des Kindes durch Alimentationsauftrag zu sorgen (hinsichtlich der Alimentationspflicht vgl. § 64 dieses Grundrisses).

Die Entscheidung GUNF. 4027 spricht dem Gerichte das Recht zu, auf Verlangen dritter Personen die Kinder eines in seiner Erziehungspflicht säumigen Vaters zurechtzuweisen.

IV. Als ein besonderer Fall richterlicher Intervention auf dem Gebiete des Elternrechtes erscheint die Entgegennahme des Widerspruches gegen die Vaterschaft nach § 156 ABGB. Vgl. auch die Entscheidungen GUNF. 5592 und 2563. Doch sind diese Entscheidungen insofern unrichtig, als sie von der Meinung ausgehen, daß das Verfahren nach § 156 nicht die Beiziehung eines für das Kind zu bestellenden Kurators voraussetzt. Mit Rücksicht auf die Tragweite dieser Erklärung und mit Rücksicht darauf, daß unter Umständen gegen ihre gerichtliche Annahme Rechtsmittel zu erheben sind, hat das Gericht wohl unter allen Umständen einen Kurator ad hoc zu bestellen.

Auch ist ja eventuell die Einleitung eines Prozesses auf Feststellung der Vaterschaft durch den Kurator zu veranlassen.

Die E. GU. 3692 gestattet die Anmerkung des nach § 156 ABGB. erhobenen Widerspruches in das Taufbuch und die Eintragung, daß durch den Widerspruch die rechtliche Vermutung der unehelichen Geburt Platz greife (§§ 155, 156 ABGB.).

Zweifelhaft erscheint, ob die Erklärung beim Bezirksgerichte oder beim Gerichtshofe abzugeben ist. § 50 Zl. 1 JN. bestimmt allerdings, daß Streitigkeiten über die Anerkennung oder Bestreitung der ehelichen Abstammung vor die Gerichtshöfe gehören. Allein das Gesetz hat hier mit Rücksicht auf die systematische Stellung des § 50 P. wohl Prozeßsachen vor Augen.

Vgl. auch Eisinger, Not.Z. 1909, S. 22; Krasnopolski-Kafka, S. 219 und die dort verzeichnete Literatur.

V. Das Verhältnis zwischen Vater und Kind kann auch nach Eintritt der Handlungsfähigkeit des Kindes Anlaß zu gerichtlicher Tätigkeit im Rechtsfürsorgeverfahren geben; so wenn z. B. die mangelnde Zustimmung des Vaters zur Adoption durch richterlichen Ausspruch ersetzt werden soll (§ 181 ABGB.), ferner bei der Legitimation. Die Zuständigkeit des Rechtsfürsorgeverfahrens für die Alimentationsfrage zwischen Eltern und großjährigen Kindern ist hingegen bestritten (vgl. § 64 des Grundrisses).

§ 56. Kuratelsverfahren.

I. Neben den bereits erörterten allgemeinen Normen über die Zuständigkeit zur Anordnung und zur Führung der Kuratel (vgl. § 45 dieses Grundrisses) kommen noch eine Reihe von Spezialnormen in Betracht. So zum Beispiel § 2 des Gesetzes vom 24. April 1874, RGBl. Nr. 49, § 3 des Gesetzes vom 24. April 1874, RGBl. Nr. 48 ferner § 77 P. § 112 JN. enthält eine subsidiäre Anordnung, wonach mangels einer Spezialnorm für die Bestellung eines Kurators das Bezirksgericht kompetent ist, bei welchem die ansuchende Partei zur Zeit des Ansuchens ihren allgemeinen Gerichtsstand in Streitsachen hat.

II. Die Fälle, in welchen eine Kuratel zu verhängen ist, sind mannigfaltiger Natur sowie auch der Kreis der Aufgaben und des Vertretungsrechtes des Kurators, je nach dem Anlasse und dem Zwecke seiner Bestellung ein verschiedener ist. Die wichtigsten Fälle sind die der Kuratel für Geisteskranke oder Schwachsinnige und für gerichtlich erklärte Verschwender. In diesem Falle ist das Vertretungsrecht des Kurators am weitgehendsten. Weitere Fälle der Kuratel ergeben sich, und zwar für einzelne Fälle, wenn es sich handelt um eine Kuratel für Abwesende (§ 276 ABGB.), sei es, daß der Abwesende, der keinen Vertreter zurückgelassen hat, durch seine Abwesenheit in seinen Rechten gefährdet würde, sei es, daß es sich um die Interessen eines anderen handelt, der Rechtshandlungen gegen den Abwesenden wirksam vornehmen will. Ein Kuratelsfall ergibt sich ferner, wenn der Minderjährige Immobilien in einer anderen Provinz besitzt (§ 225 ABGB.), sowie für das Vermögen desjenigen, der feierliche Ordensgelübde ablegt, wenn mit der Ablegung der Ordensgelübde der Verlust der freien Verwaltung des Vermögens verbunden ist. In diesen beiden Fällen handelt es sich nur um eine Kuratel für Vermögen oder einzelne Vermögensobjekte. Die Kuratel nach § 182 P. bezieht sich auf das Vermögen, worüber der die Ordensgelübde Ablegende nicht unter Lebenden verfügt hat. Auch der Posteritätskurator nach § 630 ABGB. und der Kurator für die zur fideikommissarischen Substitution berufene, noch nicht geborene Nachkommenschaft (§ 177 P.) ist nur Vermögenskurator und zwar hinsichtlich bestimmter Vermögensobjekte (vgl. auch § 274 ABGB.). Die Bestellung eines gemeinsamen Kurators zur Vertretung der Besitzer von Teilschuldverschreibungen oder von fundierten Schuldverschreibungen wird noch abgesondert besprochen. Es handelt sich dabei um einen Fall der Bestellung eines Kurators für die dem Gerichte zur Zeit der Bestellung noch unbekannten Teilnehmer an einem Geschäfte. Wichtig ist auch der Fall des Kollisionskurators: Der gesetzliche Vertreter ist im einzelnen Falle verhindert, die Vertretung eines Pflegebefohlenen zu führen; zum Beispiel: Die Mutter hat den Vater zum Alleinerben eingesetzt. Hier hat das Vormundschaftsgericht einen Kurator zur Wahrung des Pflichtteilsrechtes des Kindes zu bestellen. Analoges gilt, wenn zwei Pflegebefohlene desselben Vormundes oder Kurators oder zwei Kinder desselben Vaters einen Rechtsstreit untereinander zu führen haben. Hier darf der gesetzliche Vertreter keinen seiner Pflegebefohlenen vertreten. Gleiches gilt, wenn zwischen solchen Personen Rechtsgeschäfte abzuschließen sind. Der Nachlaßkurator erscheint lediglich als Vertreter des Nachlaßvermögens ohne Rücksicht auf die zu demselben berufene Person.

Die Bestellung des Kurators setzt eine von amtswegen erfolgende Prüfung des Tatbestandes voraus, der die Ernennung des Kurators gesetzlich begründet.

III. Eingehende Erhebungen sind zu pflegen, wenn es sich um die Entmündigung handelt, also um Verhängung der Kuratel wegen Geisteskrankheit, Schwachsinn oder wegen Verschwendung.

Die Bestellung eines Kurators für Taubstumme erscheint nicht als Entmündigung, soweit der Taubstumme seine Geschäfte selbst zu verwalten fähig ist (§ 275 ABGB.), denn die Ernennung des Kurators kann dann gegen den Willen des Taubstummen nicht erfolgen, und sie beschränkt auch nicht seine Handlungsfähigkeit.

III. Während die Normen über die Entmündigung nach deutschem Rechte in der Zivilprozeßordnung enthalten sind, und die Anfechtung des Beschlusses, der die Entmündigung ausspricht oder den auf die Aufhebung der Entmündigung gerichteten Antrag ablehnt, im Klagewege erfolgt, gelten für das österreichische Recht im Entmündigungsverfahren durchwegs die Normen des Patentes vom 9. August 1854.

Den Anstoß zur Einleitung des Entmündigungsverfahrens bietet meistens ein Antrag, allein der Antrag bildet nicht die Voraussetzung für die Einleitung des Verfahrens. Es genügt, daß das Gericht, aus welchem Anlaß immer, Kenntnis von Tatsachen erhält, welche die Verhängung der Kuratel begründen. Dies gilt auch für die Verschwendungskuratel, obwohl § 273 ABGB. von einer „vorgekommenen Anzeige" spricht. Allein der Ausdruck Anzeige ist hier nicht identisch mit Antrag, daher auch die Zurücknahme einer solchen etwa von privater Seite erfolgten Anzeige durch die Partei kein Hindernis für das Gericht bildet, die Kuratel zu verhängen.

Vgl. auch die Entscheidung GUNF. 5120. Während die Entscheidung des OGH. die Begriffe „Anzeige" und „Antrag" nicht klar auseinanderhält, ist das Erkenntnis der zweiten Instanz zutreffend begründet.

Die Einleitung des Entmündigungsverfahrens ist unter Umständen auch in der Richtung von Bedeutung, daß Vorsorge dafür getroffen wird, den Geisteskranken einer entsprechenden Anstalt zu überweisen und anderseits, daß bei einer vor Einleitung des Entmündigungsverfahrens erfolgten Überweisung des Geisteskranken an eine Anstalt das Gericht das Zutreffen der Voraussetzungen hierfür nachträglich prüft. Die Verordnung des M. d. J. vom 14. Mai 1874 RGBl. Nr. 71 (vgl. bei Friedländer, § 184) verfügt daher, daß der leitende Arzt einer Irrenanstalt von der erfolgten Aufnahme eines Kranken dem für die Anstalt örtlich zuständigen Gerichtshofe erster Instanz innerhalb 24 Stunden die Anzeige mit dem Ersuchen um Empfangsbestätigung zu machen hat. Die Anzeige entfällt nur dann, wenn außer Zweifel steht, daß der Kranke sich noch unter väterlicher Gewalt befindet. In diesem Falle ist dem Gerichtshofe seinerzeit die Erreichung des 24. Lebensjahres mit näherer Angabe der einschlägigen persönlichen Verhältnisse des Kranken mitzuteilen. Gleiches gilt, wenn Umstände eintreten, welche eine Änderung in der Person des gesetzlichen Vertreters zur Folge haben, soweit diese Verhältnisse nicht ohnehin dem zuständigen Vormundschafts- oder Kuratelsgerichte bekannt sein müssen. Der Gerichtshof ist auch von der Entlassung geheilter Kranken, die unter Kuratel stehen, zu verständigen.

IV. Das Gericht hat hinsichtlich der die Einleitung des Entmündigungsverfahrens begründenden Tatbestände eingehende Erhebungen zu pflegen und alle für die Entscheidung maßgebenden Umstände von amtswegen zu erheben. Der Richter darf sich nicht etwa darauf beschränken, die Frage seiner Zuständigkeit sowie die Vermögens- und Familienverhältnisse des zu Entmündigenden zu ermitteln und etwa alles übrige den Gerichtsärzten überlassen. Es sind vielmehr die Angehörigen und auch sonstige Personen, mit denen der zu Entmündigende in der letzten Zeit verkehrt hat, einzuvernehmen, eventuell sind Erhebungen durch die Sicherheitsbehörde zu pflegen. Es gilt für die Ermittlung des Tatbestandes das Untersuchungsprinzip; der Parteiendisposition ist keinerlei Spielraum gewährt; auch wenn der etwa der Verschwendung Bezichtigte die seine Entmündigung begründenden Tatsachen zugibt, sind Erhebungen zu pflegen. Beim Verdachte der Geisteskrankheit kann das Gericht eventuell für die Zeit des Kuratelverfahrens die Aufnahme des zu Entmündigenden in eine Anstalt vorschreiben, um ihn besser beobachten zu lassen.

Das Gericht kann sogleich nach Einleitung des Entmündigungsverfahrens provisorische Vorkehrungen treffen, z. B. ein Bankdepot sperren oder einen einstweiligen Kurator bestellen, der dringliche Verfügungen für den zu Entmündigenden vornimmt, aber auch seine Interessen im Entmündigungsverfahren selbst wahrnehmen soll. Doch kann sich der zu Entmündigende im Verfahren auch durch einen Bevollmächtigten vertreten lassen, welcher den Tagsatzungen in der Angelegenheit beizuziehen ist (siehe auch § 10 dieses Grundrisses und die E. vom 9. Januar 1906, Právník 1906, S. 238).

Vgl. Némethy, Ger.Z. 1903, S. 11 und Pfaff-Krainz-Ehrenzweig, § 478.

Nach § 1906 des deutschen BGB. kann ein Volljähriger, dessen Entmündigung beantragt ist, wenn eine erhebliche Gefährdung seiner Person oder seines Vermögens zu befürchten ist, für die Dauer des Verfahrens „unter vorläufige Vormundschaft" gestellt werden.

Als einstweilige Vorkehrung kommt eventuell auch die Anmerkung des Entmündigungsverfahrens im Grundbuche in Betracht (vgl. GUNF. 4866).

Für die Auswahl der Person des Kurators, für die Vorzugsrechte und Befreiungsgründe sowie betreffs ihrer Geltendmachung kommen sinngemäß die Grundsätze des Vormundschaftsrechtes zur Anwendung (vgl. § 46 dieses Grundrisses). Es ist daher wohl auch anzunehmen, daß in formeller Beziehung die Bestimmung des § 201 ABGB. heranzuziehen ist. Wo es sich um die Durchführung von Rechtssachen handelt, empfiehlt sich die Ernennung von Advokaten zu Kuratoren und es soll dabei nach dem Hofdekret vom 18. Juli 1800 JGS. 503 eine tunlichst gleichmäßige Verteilung unter den vertrauenswürdigen Advokaten stattfinden. Auch für das Vertretungsrecht des Kurators kommen innerhalb seines Wirkungskreises die Grundsätze des Vormundschaftsrechtes zur Anwendung (§ 282 ABGB.). Die Rechtshandlungen des Kurators bedürfen daher bezüglich aller jener Geschäfte, welche nicht zu dem ordentlichen Wirtschaftsbetriebe gehören und welche von größerer Wichtigkeit sind, der kuratelsbehördlichen Genehmigung (§ 233 ABGB.).

Es bedürfen daher auch gerichtliche Vergleiche, Anerkenntnisse und Verzichterklärungen der gemäß der §§ 116—121 ZPO. bestellten Kuratoren für abwesende Prozeßparteien der gerichtlichen Genehmigung. Vgl. die Plenissimarentscheidung vom 12. Juni 1907, Jud.B. **180**, GUNF. 3808.

Das Kuratelsgericht hat dafür zu sorgen, daß der Kurand, durch die während der Kuratel abgeschlossenen Geschäfte nicht über die voraussichtliche Zeit der Kuratel hinaus belastet wird. Es ist daher insbesondere bei Abwesenden darauf zu sehen, daß sie nach ihrer Rückkehr in der Disposition über ihr Vermögen durch die inzwischen getroffenen Verfügungen nicht beschränkt sind.

Der Beschluß, welcher die Verhängung der Kuratel wegen Geisteskrankheit, Geistesschwäche oder Verschwendung ausspricht, ist sogleich öffentlich kundzumachen (vgl. § 172, 251, 273 ABGB.). Der Notar des Bezirkes ist abgesondert davon zu verständigen (§ 184 P.). Mit Rücksicht darauf, daß der Notar innerhalb des Gerichtshofsprengels berechtigt ist, Urkunden zu errichten, empfiehlt sich die Verständigung der Notare des Gerichtshofsprengels.

Vgl. hinsichtlich der Edikte auch die JMV. vom 14. Dezember 1885, JMVBl. Nr. 83 und vom 25. Mai 1896, Z. 10617, JMVBl. Nr. 15.

Wenn sich der zu Entmündigende zur Zeit des Entmündigungsverfahrens noch unter väterlicher Gewalt oder Vormundschaft befand, so erfolgt statt der Verhängung der Kuratel die Verlängerung der väterlichen Gewalt oder der Vormundschaft.

Bezüglich der Kosten des Verfahrens zur Verhängung der Kuratel und der Führung der Kuratel vergleiche § 12 dieses Grundrisses.

Dieselben Grundsätze wie für die Verhängung der Kuratel gelten auch für einen eventuellen Antrag auf Aufhebung der Kuratel. Auch hier sind die Tatbestände, die in Betracht kommen, gleichgültig, ob sie von einer der Parteien behauptet und unter Beweis gestellt werden, von amtswegen zu erforschen.

Der Beschluß, welcher die Verhängung oder Aufhebung der Kuratel wegen Geisteskrankheit, Geistesschwäche oder wegen Verschwendung, ferner die Verlängerung der väterlichen Gewalt oder Vormundschaft bewilligt oder verweigert, bedarf der Genehmigung des übergeordneten Gerichtshofes (§ 109 JN. Vgl. § 7 dieses Grundrisses.).

Auch die Regierungsvorlage zum neuen Entmündigungsgesetz hält prinzipiell an der Heranziehung der subsidiären Normen des Patentes vom 9. August 1854 fest (§ 62 des Entw. von 1909). Für Beweisaufnahmen, für die Herbeischaffung von Urkunden, Augenscheinsgegenständen und Auskunftsachen gelten subsidiär die Normen der Zivilprozeßordnung mit der Modifikation, daß die Gerichte in allen Fällen von Amts wegen vorgehen können und es keines Beweisbeschlusses bedarf. Auch für die über den „Widerspruch" angeordnete mündliche Verhandlung und die auf Grund derselben ergehenden Beschlüsse gelten die Bestimmungen der ZPO.

Hinsichtlich der Zuständigkeit spricht der Entwurf die regelmäßige Kompetenz der Bezirksgerichte aus und zwar entscheidet in örtlicher Beziehung der ständige Aufenthaltsort der zu entmündigenden Person (§ 15). Wenn die zu entmündigende Partei während des Entmündigungsverfahrens ihren ständigen Aufenthalt wechselt, so kann die Verhandlung und Entscheidung dem Bezirksgerichte des neuen Aufenthaltsortes übertragen werden, sofern dies zur Vermeidung von erheblichen Kosten oder einer wesentlichen Erschwerung des Verfahrens notwendig ist. Diese Übertragung der Zuständigkeit bedarf nur dann der Genehmigung des übergeordneten Gerichtshofes, wenn das um die Übernahme angerufene Gericht dieselbe ablehnt. Für einen **Ausländer**, der im Inlande seinen ständigen Aufenthalt hat, können nach § 16 E. bis zur Entscheidung der zuständigen Behörde des Heimatstaates alle zum Schutze seiner Person und seines Vermögens erforderlichen Maßnahmen getroffen und kann auch ein vorläufiger Kurator bestellt werden.

Die Entmündigung wegen Geisteskrankheit oder Geistesschwäche wird von Amtswegen oder auf Antrag ausgesprochen; die Entmündigung aus anderen Gründen setzt immer einen Antrag voraus. Doch ist diese Bestimmung dadurch modifiziert, daß in diesen Fällen auch der Vorsteher der Aufenthalts- und der Heimatsgemeinde, der Vorsteher des zur Armenversorgung berufenen Verbandes oder der sonst zur Armenpflege berufenen öffentlichen Organisation antragsberechtigt erscheint.

Der zu Entmündigende kann zur Wahrung seiner Rechte und Interessen im Verfahren einen Vertrauensmann zur Stellung von Anträgen usw. benennen.

Die Entscheidung über die Entmündigung erfolgt durch Beschluß. Wenn es sich um eine Entmündigung wegen gewohnheitsmäßigen Mißbrauches von Alkohol oder von Nervengiften handelt, kann die endgültige Beschlußfassung über den Entmündigungsantrag unter Bestimmung einer Bewährungsfrist von einem Jahre aufgeschoben werden.

Der Beschluß, welcher auf Entmündigung lautet, oder der den Antrag auf Aufhebung der Entmündigung ablehnt, kann nach §§ 40 und 60 des Entwurfes durch „**Widerspruch**" angefochten werden. Zur Entscheidung ist kompetent das Landes- oder Kreisgericht, in dessen Sprengel das in erster Instanz fungierende Bezirksgericht gelegen ist. Über den Widerspruch wird mündliche Verhandlung vor dem Gerichtshofe anberaumt, der Senat ist durch den Vorsitzenden, zwei rechtsgelehrte Richter und zwei Schöffen besetzt.

Eingehende Normen sind auch hinsichtlich der Anhaltung in einer **geschlossenen** Anstalt getroffen (§§ 20 ff.), ferner hinsichtlich der **Kosten** des Entmündigungsverfahrens (vgl. § 44 des Entwurfes). Von Interesse ist dabei die Verbindung der Kostenersatzfrage mit der Unterhaltungspflicht (vgl. § 66 des Entwurfes).

Die Literatur des Entmündigungsrechtes ist in materieller wie in formeller Richtung bereits in der 5. Abteilung des I. Bandes des Grundrisses angeführt. (**Anders**, Familienrecht, IX und X. — Das Entmündigungsrecht von **Sternberg** ist inzwischen in 2. erweiterter Auflage 1913 erschienen. Vgl. dort auch außer der weiteren Literatur den Referentenentwurf, die Beschlüsse des Subkomitees und des Justizausschusses des Abgeordnetenhauses.)

§ 57. Fortsetzung. Der Kurator für unbekannte Teilnehmer eines Geschäftes.

I.. In einer Reihe von Fällen ist eine Kuratel aus dem Grunde vorgeschrieben, weil der Gesetzgeber nur eine einheitliche Vertretung gewisser gemeinsamer Rechte zuläßt, ähnlich wie nach § 314, Abs. 2 EO. bei der Überweisung zur Einziehung ein Kurator bestellt werden muß, wenn sich die Gläubiger nicht über einen gemeinsamen Bevollmächtigten einigen können. Solche Kuratoren sind:

1. Der nach dem Gesetze vom 24. April 1874, RGBl. Nr. 49 bestellte Kurator zur gemeinsamen Vertretung der Rechte der Besitzer von auf den Inhaber lautenden oder durch Indossament übertragbaren **Teilschuldverschreibungen**.

Nach § 1 dieses Gesetzes hat das Gericht für die jeweiligen Besitzer solcher Teilschuldverschreibungen einen gemeinsamen Kurator zu bestellen, sobald sich ergibt, daß die Rechte der Besitzer dieser Wertpapiere wegen des Mangels einer gemeinsamen Vertretung gefährdet erscheinen, insbesondere im Falle der Eröffnung des Konkurses über das Vermögen des aus den Teilschuldverschreibungen Verpflichteten; so z. B., wenn der ursprüngliche Verlosungsplan ohne Rücksicht darauf, ob es vertragsmäßig zulässig erscheint oder nicht, geändert wird (vgl. GUNF. 781).

Zur Bestellung des gemeinsamen Kurators erscheint das Handelsgericht kompetent, bei dem die Firma des Schuldners eingetragen erscheint. Ist die Firma nicht in das Register eines Handelsgerichtes eingetragen, so ist der Gerichtshof erster Instanz zuständig, in dessen Sprengel die Teilschuldverschreibungen ausgestellt wurden. Erscheint der Ort der Ausstellung nicht genannt, oder liegt er nicht im Inlande, so ist zur Bestellung des Kurators der Gerichtshof berufen, in dessen Sprengel sich der im Inlande gelegene Zahlungsort befindet (vgl. § 2 des Gesetzes).

Der zur Bestellung des gemeinsamen Kurators zuständige Gerichtshof ist auch zu allen Funktionen berufen, welche der Kuratelsbehörde zukommen. Es bleibt ihm überlassen, sich in jenen Fällen, in welchen die Teilschuldverschreibungen von einer unter besonderer staatlicher Aufsicht stehenden Unternehmung ausgestellt wurden, sich mit der Aufsichtsbehörde oder deren abgeordnetem Kommissär ins Einvernehmen zu setzen.

Die Bestellung eines gemeinsamen Kurators kann jeder Beteiligte beantragen, eventuell auch das Organ, welches die staatliche Aufsicht über das Unternehmen ausübt.

Das Gesuch um Bestellung des Kurators hat die Tatsachen, welche den Antrag begründen und den Zweck der Kuratelsbestellung anzuführen. Geht der Antrag vom Besitzer einer Teilschuldverschreibung aus, so hat dieser seine Legitimation zum Einschreiten, sei es durch Vorweisung der Teilschuldverschreibung selbst, sei es einer Urkunde über deren Verwahrung bei einer öffentlichen Behörde oder einer unter staatlicher Aufsicht stehenden Anstalt auszuweisen.

Das Gericht kann die Bestellung des Kurators, wenn der Antrag nur von dem Besitzer einer Teilschuldverschreibung ausgeht, von der Leistung einer angemessenen Sicherheit für die sich daraus ergebenden Kosten abhängig machen. Der Beschluß, der den Kurator bestellt, hat den Anlaß und den Zweck der Bestellung zum Ausdrucke zu bringen.

Die Ernennung eines Kurators kann auch von einer Partei beantragt werden, welche sonst in der Geltendmachung ihrer Rechte gehemmt wäre. Die Stellung des Antrages ist hier auch bei dem Gerichte zulässig, welches in der Rechtssache, für welche die Bestellung des Kurators benötigt wird, zuständig ist. Doch hat der Gesuchsteller das nach § 2 des Gesetzes vom 24. April 1874, RGBl. Nr. 49 kompetente Gericht namhaft zu machen, damit die Entscheidung dieses Gerichtes über die Bestellung des Kurators eingeholt werden kann (§ 4 des G.). Einen der wichtigsten Fälle der Bestellung eines solchen Kurators wird die Verständigung von der Vornahme bücherlicher Eintragungen bilden. So ist nach der Entscheidung vom 27. September 1892 GU. 14 399 Adler-Clemens 1677 (Sp.R. **155**) über das Ansuchen um gänzliche oder teilweise Löschung des für die Besitzer von Teilschuldverschreibungen eingetragenen Pfandrechtes ein Kurator zum Zwecke der Zustellung der Löschungsbewilligung zu bestellen und zwar von amtswegen. Die Zustellung an den Regierungskommissär genügt nicht, da er nicht als Vertreter der Gläubiger erscheint (vgl. übrigens auch Art. XXIV des EG. zur EO.).

Das Gericht, welches den Kurator bestellt, hat die Bestellung des Kurators, seinen Namen, den Anlaß und Zweck der Bestellung regelmäßig durch Edikt kundzumachen und das Edikt zu veröffentlichen (vgl. darüber § 5 des G.).

Die Kosten der Kuratel sind von dem aus der Teilschuldverschreibung Verpflichteten zu bestreiten. Soweit es sich um Prozesse handelt, kommen die Grundsätze der Zivil-Prozeß-Ordnung zur Anwendung. Die grundloserweise veranlaßte Bestellung eines Kurators verpflichtet den Besitzer von Teilschuldverschreibungen, welcher den Antrag gestellt hat, zum Kostenersatze an den Verpflichteten (§ 6 des G.).

Der Kurator untersteht der Aufsicht des Gerichtes, welches ihn bestellt hat; dasselbe ist auch berufen, ihn, falls er seine Pflichten vernachlässigt, zu entheben. Die Besitzer der einzelnen Teilschuldverschreibungen haben das Recht, Wahrnehmungen, welche die Eignung oder Vertrauenswürdigkeit des gemeinsamen Kurators bezweifeln lassen, dem Gerichte mitzuteilen. Dasselbe Recht hat das öffentliche Organ, welches die Aufsicht über eine Unternehmung, die Teilschuldverschreibungen ausgibt, zu führen hat.

Besondere Grundsätze gelten für die bücherliche Behandlung der Hypothekarrechte, die für auf Inhaber lautende oder durch Indossament übertragbare Teilschuldverschreibungen eingeräumt sind (vgl. §§ 11 f. des G.).

Als Sondernorm für eine Kuratelbestellung gehört hierher auch § 49 des Gesetzes vom 19. Mai 1874 RRBl. Nr. 70.

2. Der Kurator für Besitzer fundierter Schuldverschreibungen.

a) Nach dem Gesetze vom 24. April 1874 RGBl. Nr. 48 hat das Gericht, welches die Exekution auf ein Vermögensobjekt einer Anstalt bewilligt, welche berechtigt ist, unter staatlicher Aufsicht Pfandbriefe auszustellen, den Regierungskommissär von amtswegen zu verständigen. Diesem obliegt es, neben der eventuell zu erwirkenden Einschränkung der Exekution bei Gefährdung der Rechte der Besitzer der Pfandbriefe die Bestellung eines gemeinsamen Kurators zur Vertretung dieser Besitzer bei dem hierzu zuständigen Gerichte zu erwirken. Wird über das Vermögen einer solchen Anstalt der Konkurs eröffnet, so hat das Konkursgericht einen solchen Kurator von amtswegen zu bestellen.

Neben dieser von amtswegen vorgenommenen bzw. vom Regierungskommissär veranlaßten Bestellung des Kurators hat jede Partei, deren Rechte durch den Mangel einer Vertretung der Pfandbriefbesitzer in ihrer Geltendmachung gehemmt sind, das Recht, die Ernennung des gemeinsamen Kurators zu begehren.

Auf die Ernennung dieser Kuratoren und ihre Stellung finden die Bestimmungen sinngemäße Anwendung, welche in Ansehung der gemeinsamen Kuratoren zur Vertretung der Besitzer von Teilschuldverschreibungen, die auf den Inhaber lauten oder durch Indossament übertragbar sind, gelten. Hinsichtlich der Pfandbriefe besteht im Gegensatze zu den Teilschuldverschreibungen kein einheitliches Debitum; jeder Pfandbrief repräsentiert vielmehr ein selbständiges Forderungsrecht, aber für alle Pfandbriefe zusammen haftet das statutenmäßig zur vorzugsweisen Befriedigung der Gläubiger vorhandene Vermögen und der Anspruch auf diese vorzugsweise Befriedigung ist ein gemeinschaftliches Recht der Pfandbriefbesitzer. Der Wirkungskreis des Kurators besteht daher in der Wahrung dieses Rechtes auf vorzugsweise Befriedigung.

b) Die Bestimmungen des Gesetzes vom 24. April 1874, RGBl. Nr. 48 finden Anwendung für die nach Art. VII des Gesetzes vom 31. Dezember 1894 RGBl. Nr. 2 ex 1895 (über Bahnen niederer Ordnung) emittierten fundierten Schuldverschreibungen, ferner

c) nach § 1 des Gesetzes vom 27. Dezember 1905, RGBl. Nr. 213 auch Anwendung auf die von Banken ausgegebenen, auf Inhaber lautenden oder durch Indossament übertragbaren Schuldverschreibungen, welche die Hinweisung auf eine vorzugsweise Deckung (Fundierung) enthalten (Kommunal-, Eisenbahn-, Meliorations-, Industriekredit-Schuldverschreibungen usw.).

II. Die obligatorische Vertretung der Besitzer von Partialschuldverschreibungen und der fundierten Schuldverschreibungen durch den gemeinsamen Kurator beruht in einer weitgehenden Beschränkung der einzelnen Gläubiger in der Ausübung ihrer Rechte (vgl. § 9 des Gesetzes vom 24. April 1878, RGBl. Nr. 49). Es ergibt sich daher trotz des Erfordernisses der kuratelsbehördlichen Prüfung und Genehmigung aller wichtigen Rechtshandlungen des Kurators das Bedürfnis, den — bei der Einleitung des Verfahrens noch unbekannten Besitzern dieser Wertpapiere — die Möglichkeit einer gewissen Ingerenz auf die Ausübung dieses Vertretungsrechtes zu geben, um dem Gerichte Anhaltspunkte für die Beurteilung der Zweckmäßigkeit der vom Kurator beabsichtigten Akte zu liefern und eventuell Bedenken gegen die Geschäftsführung und die Vertrauenswürdigkeit des Kurators zur Geltung zu bringen. Diesen Erwägungen hat das Gesetz vom 5. Dezember 1877, RGBl. Nr. 111 Rechnung getragen, indem es — ähnlich wie bei der Konkursgläubigerschaft — eine gewisse Organisation der durch den Kurator vertretenen Parteien bildet, die sich in der Versammlung aller Berechtigten unter Bestellung eines Ausschusses von Vertrauensmännern äußert. Neben diesen in der Versammlung, gemeinsam mit den anderen dabei erscheinenden Besitzern der Wertpapiere, oder durch den Ausschuß der Vertrauensmänner ausgeübten Befugnissen der Besitzer der Wertpapiere, haben dieselben noch gewisse Individualrechte. Natürlich äußern sich diese Rechte nur im Verfahren, so in der Ergreifung von Rechtsmitteln (§ 16 des Gesetzes). Nach außen fungiert hinsichtlich der Vertretung der gemeinsamen Rechte nur der Kurator.

Die Mitwirkung der Versammlung der Obligationäre oder Pfandbriefbesitzer hat für das Gericht konsultative Bedeutung (vgl. auch GUNF. 4757). Im Gegensatze zum Konkurse sind das Gericht und der Kurator in keinem Stadium des Verfahrens an die Beschlüsse der Versammlung gebunden.

III. Eine Versammlung aller durch den Kurator vertretenen Besitzer von Wertpapieren ist dann einzuberufen, wenn der Kurator Rechtshandlungen vorzunehmen hat, welche wegen ihrer Wichtigkeit der kuratelsbehördlichen Genehmigung bedürfen. Der Zweck der Einberufung ist die Einvernehmung der Gläubiger und die Wahl von drei Vertrauensmännern und drei Ersatzmännern.

Die Versammlung wird vom Kuratelsgericht mittels Edikt einberufen (vgl. darüber §§ 2 ff. des Gesetzes vom 15. September 1877). Die Tagfahrt findet unter Leitung eines Mitgliedes des Kuratelsgerichtes statt. Nach dem Aufrufe der Sache sind die Namen der erschienenen Besitzer bezw. ihrer Bevollmächtigten, der Nominalbetrag der den Einzelnen gehörigen Wertpapiere sowie die Form der Bescheinigung des Besitzes der Wertpapiere und der Nachweis der eventuellen Bevollmächtigung im Protokolle festzustellen.

Der Kurator hat bei der Tagfahrt eine Darstellung der Sachlage zu geben. Die einzelnen bei der Tagfahrt erschienenen Besitzer von Wertpapieren haben das Recht, ihre Ansicht über die vom Kurator gegebene Darstellung der Sachlage und die zur Abstimmung zu bringenden Anträge zu äußern. Bei Meinungsverschiedenheiten hat der Leiter der Verhandlung die Streitpunkte in einer zur Abstimmung geeigneten Weise zu formulieren. Das Ergebnis der schon vorgenommenen Abstimmung ist zu protokollieren.

Hierauf erfolgt die Wahl der Vertrauensmänner und ihrer Ersatzmänner. Zur Wahl bedarf es der absoluten Mehrheit der Stimmen, welche nach dem Nominalbetrage der den Abstimmenden gehörigen Wertpapiere berechnet wird. Den Gewählten ist von dem mit der Leitung der Tagfahrt betrauten Mitgliede des Gerichtes eine Bestätigung über die erfolgte Wahl zu erteilen.

Über die Wählbarkeit und die Erledigung von Reklamationen und Bedenken gegen die Wahl vgl. §§ 10 und 11 des Gesetzes.

IV. Die Vertrauensmänner haben sich durch mündlichen Verkehr mit dem gemeinsamen Kurator und erforderlichenfalls durch Einsicht in die Akten hinsichtlich der Geschäfte des Kurators auf dem laufenden zu halten und denselben mit ihrem zu Rat unterstützen. Sie haben auch das Recht und die Pflicht, Bedenken hinsichtlich der Eignung oder Vertrauenswürdigkeit des gemeinsamen Kurators dem Kuratelsgerichte mitzuteilen. Der Kurator ist verpflichtet, nicht nur bei allen wesentlicheren Geschäften die Vertrauensmänner einzuvernehmen, sondern sich auch dem Kuratelsgerichte gegenüber bei dem Ansuchen um die Genehmigung zur Vornahme seiner Rechtshandlungen über die Äußerungen der Vertrauensmänner auszuweisen. Ist es ihm nicht möglich, sämtliche Vertrauensmänner zu erreichen, so kann sich das Kuratelsgericht mit der Äußerung wenigstens zweier Vertrauensmänner bezw. Ersatzmänner begnügen. Das Kuratelsgericht ist übrigens auch berechtigt, die Vertrauensmänner selbst einzuvernehmen. Es hat die von ihm erlassenen Entscheidungen neben ihrer eventuellen ediktalen Kundmachung (§ 16 des Ges.) nicht nur dem Kurator, sondern auch den Vertrauensmännern zuzustellen; dieselben sind berufen, dagegen Rechtsmittel zu ergreifen. Die Legitimation zum Einschreiten, daher auch zur Erhebung des Rekurses steht im Falle von Meinungsverschiedenheiten den Vertrauensmännern einzeln zu und bedarf keines Mehrheitsbeschlusses. (Vgl. § 14 des Ges.)

Die Befugnis der Vertrauensmänner und der Ersatzmänner erlischt mit der Beendigung der Kuratel (vgl. § 14).

Die vom Kuratelsgerichte gefällte Entscheidung, welche dem Einschreiten des Kurators um Erteilung einer Genehmigung ganz oder teilweise stattgibt, ist nach § 16 des Gesetzes durch Edikt kundzumachen und kann, abgesehen von der Rekurslegitimation der Vertrauensmänner auch von den einzelnen Besitzern der Wertpapiere durch Rekurs angefochten werden (vgl. des Näheren § 16 des Gesetzes).

Vgl. Krasnopolski, Prag.Jur.VJSchr. 1885, S. 1 ff.; Frankl, ebendort, S. 21 ff.; derselbe, Prag.Jur.VJSchr. 1892, S. 55 ff. und Zeitschr. für HR. 46 B., S. 347 ff; Pavlicek, Jur.Bl. 1891, Nr. 1 ff.; derselbe, Das Pfandbriefrecht, Wien 1895; Anders, Familienrecht, S. 306 ff., Grundriß, S. 139; Randa, Handelsrecht II, S. 65 ff.; Pollitzer, Handelsrecht, S. 477 ff.; Reinitz, Ger.H. 1876, S. 558 ff.; Langer, Ger.H. 1885, Nr. 4, S. 31 ff.; Hoppen, Ger.H. 1876, S. 533 ff.; Benies, Jur.Bl. 1890, S. 98 ff.; Landauer, Hypothekenrecht, S. 148 ff.; Pfaff-Krainz-Ehrenzweig, die §§ 282, 478; Krasnopolski-Kafka IV, S. 349 ff. Vgl. ferner die Diskussion in der Wiener Juristischen Gesellschaft (Jur.Bl. 1877, Nr. 5 u. 6, S. 52 ff.).

Dritter Abschnitt.

Sonstige familienrechtliche Verfügungen.

§ 58. Allgemeines.

Es entspricht der besonderen Natur der familienrechtlichen Beziehungen zu dem öffentlichen Interesse, welches hinsichtlich ihrer Wahrung und ihres Schutzes besteht, daß die Lösung der sich aus ihnen ergebenden Fragen vielfach auch dann dem Rechtsfürsorgeverfahren zugewiesen ist, wenn sie streitiger Natur sind. Nur dort, wo es sich um die Entscheidung so wichtiger Fragen handelt, wie im Eheprozesse oder im Prozesse über die eheliche Abstammung werden auch diese Rechtsverhältnisse dem Prozeßwege zugewiesen. Aber das Verfahren ist, um Garantien für die Wahrheitsfindung zu erhalten und das Ergebnis unabhängig von dem, isolierten Interessen zuströmenden Parteiwillen zu gestalten, vielfach so geregelt, daß auch das streitige Eheverfahren durch die wesentliche Vertiefung des Offizialprinzips mancherlei Berührungspunkte mit dem Verfahren außer Streitsachen hat. Diese Verwandtschaft hat in der Literatur dahin Ausdruck gefunden, daß beispielsweise Pollak ihm überhaupt den Charakter des Prozeßverfahrens streitig machen will mit der Begründung, daß der Eheprozeß seinem Wesen nach sich eigentlich als der freiwilligen Gerichtsbarkeit zugehörig darstelle.

Eine Reihe von Verfügungen, die hier in Betracht kommen, sind bereits im Zusammenhange mit den im vorstehenden behandelten Materien erörtert worden. Im Nachstehenden mögen noch einige wichtigere Fälle Darstellung finden.

§ 59. Die einverständliche Scheidung von Tisch und Bett und die Wiedervereinigung geschiedener Ehegatten.

I. Kompetent erscheint nach § 114 JN. das Bezirksgericht, bei welchem der Ehemann seinen allgemeinen Gerichtsstand hat.

Die Einleitung des Verfahrens setzt einen von beiden Teilen gestellten Antrag voraus. Wenn die Ehegatten demselben nicht das Zeugnis des Seelsorgers über die fruchtlose Vornahme der Versöhnungsversuche beilegen, so hat das Gericht sie zur Vornahme der Versöhnungsversuche vorzuladen. Während für die Vornahme des Versöhnungsversuches durch den Seelsorger in zeitlicher Beziehung keinerlei Bestimmungen getroffen sind, hat das Gericht, falls die drei Versöhnungsversuche vor Gericht erfolgen, dieselben in Zwischenräumen von je 8 Tagen vorzunehmen.

Die Ehegatten haben bei den Versöhnungsversuchen persönlich zu erscheinen. Es wird zwar kein unmittelbarer Zwang in dieser Richtung geübt, allein das Nichterscheinen hat die Abweisung des Scheidungsbegehrens zur Folge. Die Praxis läßt jedoch aus besonders wichtigen Gründen Versöhnungsversuche mit jedem der Gatten abgesondert durch einen ersuchten Richter einzeln vornehmen (vgl. auch GUNF. 524). Die Entscheidung GU. 15 229 gestattet bei Verschollenheit des einen Ehegatten, daß der Versöhnungsversuch durch einen Curator absentis vorgenommen werde.

Nach fruchtloser Vornahme der Versöhnungsversuche hat das Gericht den Scheidungswillen der Parteien neuerlich zu erheben, ferner sie zu befragen, ob sie sich hinsichtlich des Vermögens und der Unterhaltungsfrage geeinigt haben. Es genügt in der Regel, die bejahende Antwort der Gatten, welche im Protokolle zu vermerken ist. Besondere Normen gelten, falls pflegebefohlene Kinder vorhanden sind (vgl. § 64).

§ 8 des Hofdekretes vom 23. August 1819, JGS. Nr. 1595 bestimmt, daß bei der einverständlichen Scheidung kein Vorbehalt weiterer rechtlicher Verhandlung über den Unterhalt der Ehegatten und Kinder, die Auseinandersetzung des Vermögens oder anderer gegenseitiger Ansprüche der Eheleute zuläßig sei; mithin dürfe, insofern nicht beide Teile über alle diese Gegenstände vollständig und unbedingt ausgeglichen sind, „der Scheidung nur durch rechtliches Erkenntnis aus den in dem § 109 ABGB.

vorkommenden Gründen stattgegeben werden" (vgl. auch § 7 der MV. vom 9. Dezember 1897, RGBl. Nr. 283). Daraus ergibt sich, daß das Gericht, falls es besondere Bedenken hat, wohl auch berechtigt ist, die Wahrheit der Parteibehauptungen von Amtswegen zu prüfen.

Der Ausspruch über die Scheidung ergeht durch Beschluß.

Die Entscheidung GUNF. 1397 spricht im Scheidungserkenntnisse ausdrücklich die Zulässigkeit der Wiedervereinigung aus und macht die Parteien darauf aufmerksam, daß sie eine solche eventuelle Wiedervereinigung bei dem ordentlichen Gerichte anzuzeigen haben.

Die Gültigkeit des Scheidungsverfahrens hängt bei pflegebefohlenen Ehegatten nicht von der Mitwirkung ihrer gesetzlichen Vertreter ab, doch sollen dieselben nach der Ordnungsvorschrift des § 5 des Hofdekretes vom 23. August 1819 dem Verfahren beigezogen werden. Für die Gültigkeit der sich auf die vermögensrechtlichen Fragen beziehenden Vereinbarungen gelten die allgemeinen Grundsätze über die Handlungsfähigkeit.

II. Die Wiedervereinigung geschiedener Ehegatten.

Sie ist vom Standpunkte der Zuständigkeit begünstigt, indem die geschiedenen Ehegatten die Wahl haben, die Anzeige bei dem Gerichte, welches die Scheidung ausgesprochen hat, einzubringen oder bei dem Bezirksgerichte, in dessen Sprengel sich der gemeinsame Wohnsitz der Ehegatten zur Zeit der Anzeige befindet. Doch ist bei Anrufung des letztgenannten Gerichtsstandes in der Anzeige das Gericht ausdrücklich zu bezeichnen, welches die Scheidung ausgesprochen hat, damit die Verständigung desselben erfolgen kann.

Für die Anzeige bestehen keinerlei Formerfordernisse. Sie kann durch Schriftsatz oder zu Protokoll erstattet werden, doch muß sie von beiden Ehegatten erstattet werden (vgl. GUNF. 1928). Die Wirksamkeit der Anzeige hängt nicht von einer ausdrücklichen Kenntnisnahme durch das Gericht ab.

Es ist bestritten, ob die Anzeige für die sich an die Wiedervereinigung knüpfenden Folgen konstitutive Bedeutung habe. Die Beantwortung der Frage hat auch in der Richtung Bedeutung, ob es bei einer neuerlichen Scheidung wieder eines gerichtlichen Verfahrens bedarf. Der Oberste Gerichtshof hat in einer Reihe von Entscheidungen (vgl. GU. 12006, GUNF. 1928, 3100, 5052) den, mit Rücksicht auf die Fassung des § 110 ABGB. wohl richtigen Standpunkt eingenommen, daß die gerichtliche Anzeige obligatorisch ist und daß die bloß tatsächliche Wiedervereinigung keinerlei Einfluß auf die bei der Scheidung getroffenen Verfügungen und Vereinbarungen hat. Daraus ergibt sich dann bei bloß tatsächlicher Wiedervereinigung die Unstatthaftigkeit einer neuerlichen Scheidung und eines Verfahrens behufs Zuerkennung des abgesonderten Wohnortes und des Unterhaltes (vgl. GUNF. 5052). Sondernormen bietet das Hofdekret vom 15. Juni 1855, JGS. Nr. 39 für die Frage der Ehelichkeit der Kinder.

AM. hinsichtlich der Auslegung des § 110 ABGB. Neumann-Ettenreich, Ger.Z. 1895, Nr. 20; Worel, Ger.H. 1906, S. 27 f.; Stubenrauch I, S. 187; Pfaff-Krainz-Ehrenzweig, mit der Beschränkung, daß es sich um eine dauernde Wiedervereinigung handeln muß. Krasnopolski-Kafka IV, S. 123 und GU. 15949 und GUNF. 31. Siehe aber Bartsch, S. 456.

§ 60. Einverständliche Trennung von Judenehen.

I. Die einverständliche Trennung von Judenehen erfolgt im Verfahren außer Streitsachen. Kompetent ist auch hier das Bezirksgericht, bei welchem der Ehemann seinen allgemeinen Gerichtsstand hat. (§ 114 JN.) Voraussetzung ist die Erfolglosigkeit dreier Versöhnungsversuche. Die Versöhnungsversuche müssen vor dem Rabbiner vorgenommen werden.

Vgl. auch GUNF. 153; ferner Rittner, Eherecht, S. 353; Bartsch, Ger.Verf. in Ehesachen, S. 213; Pollak, S. 673; Kafka, Ger.H. 1910, S. 231; Krasnopolski-Kafka IV, S. 138; Pfaff-Krainz-Ehrenzweig, § 431.

Ist einer der Ehegatten zum Christentum übergetreten, so hat zuerst der kompetente christliche Seelsorger dem christlich gewordenen Eheteil die geeigneten Ermahnungen zu machen, wobei es ihm auch unbenommen bleibt, den jüdisch gebliebenen Eheteil zu laden und falls er freiwillig seiner Einladung Folge leistet, ihm die gleichen Ermahnungen zu machen (vgl. das Hofdekret vom 10. August 1821, JGS. 1789).

Mit dem Zeugnisse über die fruchtlose Vornahme der Versöhnungsversuche haben sich die Ehegatten an das kompetente Gericht zu wenden. Dieses hat den Trennungswillen durch die Vernehmung der Ehegatten zu erheben. Ist einer der Ehegatten wahnsinnig, so ist nach der Entscheidung GU. 13184 die Abgabe der Erklärung durch den Kurator zulässig. (Vgl. hingegen die Entscheidung GU. 14659, welches diesen Vorgang bezüglich des verschollenen Ehegatten nicht zulassen will.) Wenn das Gericht die Hoffnung hegt, daß es noch zu einer Wiedervereinigung der Ehegatten kommt, so soll es das Ansuchen derselben auf ein oder zwei Monate zurückweisen, eventuell nach Analogie des § 115 ABGB. zuerst die einstweilige Scheidung aussprechen. Besteht keine Hoffnung in dieser Hinsicht oder ist die gegebene Frist fruchtlos verstrichen, so hat das Bezirksgericht durch Beschluß auszusprechen, daß der Mann befugt ist, der Frau den Scheidebrief zu übergeben. (Vgl. § 134 ABGB.) Sohin ist eine Tagsatzung zum Vollzuge anzuordnen; doch sind die Ehegatten vor dem Vollzuge neuerlich zu befragen, ob sie den Scheidebrief mit freier Einwilligung zu geben und zu nehmen entschlossen sind. Nach der Übergabe des Scheidebriefes ergeht ein Beschluß, der den damit eingetretenen Vollzug der Trennung ausspricht.

Inwieweit bei der Übergabe des Scheidebriefes die Vertretung eines Ehegatten stattfinden kann, ist bestritten. (Vgl. z. B. verneinend: GU. 14659, a. M. GU. 13977, 13184 u. a. die diese Vertretung zulassen.) Die Hofdekrete vom 11. Juni 1813, JGS. 1053 und vom 19. Mai 1827 JGS. 2277 (vgl. Gesetzausgabe von Schey zu § 134 ABGB.) bestimmen, daß die Übergabe und Übernahme des Scheidebriefes in der Regel nicht durch einen Bevollmächtigten geschehen darf, es wäre denn, daß ein Teil zur christlichen Religion übergetreten ist, doch habe auch in diesem Falle der christlich gewordene Ehegatte einen Israeliten zum Bevollmächtigten zu bestellen und die Vollmacht unter entsprechender Rücksichtnahme sowohl auf die Vorschriften seiner Religion sowie der des jüdisch gebliebenen Eheteiles einzurichten.

§ 61. Verfügungen wegen der Kinder geschiedener oder getrennter Ehegatten.

I. Es wurde schon darauf hingewiesen, daß die einverständliche Scheidung davon abhängig ist, daß die Ehegatten auch eine Vereinbarung hinsichtlich des Unterhaltes und der Erziehung der pflegebefohlenen Kinder treffen. Diese Vereinbarung bedarf bezüglich der pflegebefohlenen Kinder in allen Fällen der gerichtlichen Genehmigung. Das Gericht, welches die Scheidung ausspricht, hat wohl mit Rücksicht auf § 8 des Hofdekretes vom 23. August 1819 den Ausspruch der Scheidung von der vorherigen Genehmigung der Vereinbarung der Ehegatten abhängig zu machen. (A. M. Entscheidung GUNF. 1397; siehe aber GU. 13606.)

II. Bei der nicht einverständlichen Scheidung oder bei der Trennung der Ehe hat das Gericht, dem die Fürsorge für das Kind nach den gewöhnlichen Kompetenzgrundsätzen zukommt, von amtswegen für die Regelung der Unterhaltungsfrage wie der Erziehung zu sorgen. Nach § 142 ABGB. gilt dabei als Regel, daß Kinder männlichen Geschlechtes bis zum zurückgelegten vierten, weiblichen Geschlechtes bis zum zurückgelegten siebenten Lebensjahre von der Mutter gepflegt und erzogen werden. Doch können erhebliche Gründe im Einzelfalle ein Abweichen von dieser Regel zur Folge haben; speziell wenn die Gründe, die den Anlaß zur Scheidung oder Trennung gegeben haben, eine andere Lösung als im Interesse des Kindes gelegen nötig erscheinen lassen. Anderseits folgt aus § 142 nicht, daß der Vater nach Ablauf des vierten bezw. siebenten Jahres einen Anspruch darauf hat, daß ihm sämtliche Kinder zugewiesen werden. § 142 regelt nur das Verhältnis für die erwähnte Altersstufe, für welche er der Mutter ein Vorrecht gewährt. Für die spätere Zeit hat das Gesetz eine besondere Normierung unterlassen, daher entscheidet nur das richterliche Ermessen nach den Verhältnissen des Einzelfalles. Für die Kosten des Unterhaltes hat in allen Fällen in erster Linie der Vater aufzukommen und ist ihm eventuell, unabhängig von dem Unterhalte an die Frau, auch eine Alimentationsleistung an die Kinder aufzuerlegen. Diese Beschlüsse sind vollstreckbar; auch § 372 EO. kommt hierbei zur Geltung.

Kommt es zu einer Vereinbarung unter den Ehegatten, so bedarf dieselbe, soweit sie sich auf pflegebefohlene Kinder bezieht, der Genehmigung des Gerichtes, welches dabei ausschließlich das Interesse des Kindes wahrzunehmen hat. Eine solche Vereinbarung gibt aber den Ehegatten im Verhältnis zu den Kindern kein absolutes Recht. Sowie richterliche Verfügungen, die sich auf die Erziehung der Kinder und deren Unterhalt beziehen, infolge Änderung der Verhältnisse — im Verfahren außer Streitsachen — abgeändert werden können, unabhängig von der Frage der Rechtskraft (vgl. auch § 18 dieses Grundrisses), so gilt das in diesem Falle auch für die Vereinbarungen der Ehegatten. (Vgl. auch GU. 10611, 15073 und 12174 und GUNF. 1397, 2273.)

Die Entscheidung GUNF. 2273 steht daher auch auf dem Standpunkte, daß ein Vergleich zwischen den Ehegatten hinsichtlich der Erziehung der Kinder keinen Exekutionstitel bildet.

Der Umstand, daß die Erziehung der Kinder einem der beiden Ehegatten anvertraut ist, nimmt dem anderen nicht das Recht, eventuelle Mängel in der Erziehung, die er wahrnimmt oder sonstige Beschwerden zur Kenntnis des Pflegschaftsgerichtes zu bringen.

III. Vielfach ergibt sich schon während der Anhängigkeit des Scheidungsprozesses das Bedürfnis nach Sicherungsmaßregeln im Interesse der Kinder. Dieselben sind zwar eventuell als einstweilige Verfügungen zu behandeln, aber soweit sie sich auf die Kinder beziehen, nicht vom Prozeßgerichte zu erlassen, sondern vom Gerichte, dem die Ausübung der freiwilligen Gerichtsbarkeit im einzelnen Falle zukommt. Es handelt sich in solchen Fällen eben nicht um die Sicherung des auf die Scheidung der Ehegatten gerichteten Prozeßzweckes oder die Regelung des einstweiligen Zustandes hinsichtlich des persönlichen Verhältnisses der Ehegatten, sondern um die Sicherung der Rechte der Kinder, bezüglich deren sowohl die vorläufige wie die definitive Regelung dem Verfahren außer Streitsachen obliegt. Ein Rechtsstreit darüber ist in allen Fällen ausgeschlossen (vgl. § 142 ABGB.).

§ 15 des (3.) Entwurfes der Novelle zum ABGB. bestimmt, daß § 142 ABGB. fortan zu lauten habe:

„Wenn bei Scheidung oder Trennung der Ehe die Ehegatten nicht mit Zustimmung des Gerichtes eine Vereinbarung über die Pflege und Erziehung der Kinder getroffen haben, so hat das Gericht unter Berücksichtigung der besonderen Verhältnisse des Falles mit Bedacht auf die Interessen der Kinder, auf Beruf, Persönlichkeit und Eigenschaften der Ehegatten und auf die Ursachen der Scheidung oder Trennung zu entscheiden, ob alle oder welche Kinder dem Vater oder der Mutter zu überlassen sind. Der andere Ehegatte behält dessen ungeachtet die Befugnis, mit dem Kinde persönlich zu verkehren. Das Gericht kann den Verkehr näher regeln. Die Kosten der Erziehung sind vom Vater zu tragen.

Bei geänderten Verhältnissen kann das Gericht ohne Rücksicht auf seine früheren Anordnungen oder die Vereinbarungen der Ehegatten die im Interesse der Kinder notwendigen neuen Anordnungen treffen."

§ 62. Festsetzung des Heiratsgutes und der Ausstattung.

Wenn die Eltern (oder die Großeltern) die Bestellung eines Heiratsgutes oder die Gewährung der Ausstattung (GUNF. 2826) verweigern, sei es, daß sie ihr Unvermögen hierzu behaupten, sei es, daß sie aus Gründen, die das Gericht nicht anerkennt, gegen die Eheschließung sind, so ist der Anspruch des Kindes im offiziosen Wege zu verfolgen (vgl. die §§ 1221, 1222, 1231 ABGB., vgl. auch GUNF. 764). Für die Zuständigkeit des Verfahrens außer Streitsachen ist es dabei gleichgültig, ob das Begehren vor oder nach Abschluß der Ehe gestellt wird (GUNF. 2428, 2966; **Sp.R. 178** u. a.).

Das Gericht hat über Ansuchen des Kindes die Eltern zu vernehmen und ihre Vermögensverhältnisse schonend zu erheben (z. B. auch durch Requisition der Akten des Steueramtes). Die Entscheidung erfolgt durch Beschluß. Der Beschluß des Gerichtes, welcher die Höhe des Heiratsgutes und der Ausstattung festsetzt, bildet einen Exekutionstitel. Die Zwangsvollstreckung erfolgt auf Betreiben des Kindes.

Die Entscheidung vom 4. November 1913, R. III 484/13, Ger.H. 1914 S. 43 erklärt es für zulässig, die Zahlung des Heiratsgutes ratenweise aufzuerlegen.

Die Entscheidung vom 5. Juli 1913, I, 110; Gellers Zentralblatt 1913, S. 834 spricht sich bei Geltendmachung eines vertragsmäßigen Dotationsversprechens für den ordentlichen Rechtsweg aus. Bezüglich des vertragsmäßigen Ausstattungsanspruches vgl. E. vom 13. September 1910, GZ. R. II 833/10, Právnik 1912, S. 373. (Vgl. hingegen die obzitierte E. vom 4. November 1913, R. III 484/13.)

§ 63. Die Kündigung der Vermögensverwaltung des Mannes durch die Frau.

§ 1238 ABGB. hat den Widerspruch der Gattin gegen die Verwaltung des Vermögens durch den Mann an keine bestimmten Formen gebunden. Es ist daher mangels einer ausdrücklichen Norm bestritten, ob dieser Widerspruch in Form einer gerichtlichen Kündigung erfolgen kann. Die Entscheidung GU. 12734, 12997 und GUNF. 3454 haben sich dafür ausgesprochen.

Vgl. hingegen Ott, Rechtsfürsorgeverfahren, S. 98; Pfaff-Krainz-Ehrenzweig, II. B., § 439, Anmerkung 2; Krasnopolski-Kafka, S. 99. A. M. Wellspacher, Das Vertrauen auf äußere Tatbestände im bürgerlichen Rechte, S. 262. Die Entscheidung GUNF. 4000 spricht sich zu der Frage nicht entschieden aus, sondern meint nur, daß die Zustellung der Kündigung „ein reiner Formalakt sei"; er habe „keine andere Bedeutung, als die auf einem anderen Wege bewirkte Behändigung der Kündigungserklärung".

Ein Bedürfnis für die Zulässigkeit gerichtlicher Aufkündigung kann nicht geleugnet werden. Allerdings findet sich im Gesetz kein Anhaltspunkt für gerichtliches Einschreiten, es wäre denn die allgemeine Tendenz, solche Fragen zwischen Gatten im Wege der freiwilligen Gerichtsbarkeit zu lösen.

Eine Ediktalkundmachung des Widerrufes der Vermögensverwaltung erscheint jedoch wohl unter allen Umständen ausgeschlossen. Vgl. auch GUNF. 3180, Kafka, Ger.H. 1910, S. 259, Pfaff-Krainz-Ehrenzweig a. a. O.

§ 64. Der Zuspruch der Alimentation an die Ehegattin und die ehelichen Kinder. Der Auftrag zur Wiederaufnahme bzw. Wiederkehr in die Hausgemeinschaft.

I. Es ist eine der bestrittensten Fragen des Alimentationsrechtes, inwiefern dem Alimentationsanspruch der ordentliche Rechtsweg verschlossen bleibt. Hinsichtlich der unehelichen Kinder wurde die Frage schon erörtert (vgl. § 48 dieses Grundrisses). Bezüglich der ehelichen Kinder ist wieder bestritten, ob ihre Alimentation für die Zeit ihrer Minderjährigkeit im Verfahren außer Streitsachen zu regeln ist, oder auch später. Während ersteres wohl unbestritten ist, behandelt beispielsweise die Entscheidung GUNF. 2270 die Alimentation großjähriger Kinder, auch wenn sie unter Kuratel stehen, als vor das Prozeßgericht gehörig (vgl. auch Anders, Grundriß S. 77). Allein, bedenkt man, daß auch die Entscheidung über Heiratsgut und Ausstattung ohne Rücksicht auf das Alter des Kindes mit Ausschluß des ordentlichen Rechtsweges erfolgt, so ist das wohl umsomehr auch für die Alimentationsfrage anzunehmen.

Vgl. auch Ott, S. 98; Krasnopolski-Kafka, S. 241, und die Entscheidung GUNF. 1107, 4658. Vgl. auch Sternberg, Not.Z. 1901, S. 115. Die E. vom 8. Oktober 1913, R. I 719, Geller 1913, S. 1038 spricht sich allgemein für das Verfahren außer Streitsachen aus. Allerdings läßt sich nicht erkennen, ob es sich im konkreten Fall um Minderjährige gehandelt hat.

Auch dem Großvater gegenüber erfolgt der Zuspruch der Alimentation wohl im außerstreitigen Verfahren. Vgl. GU. 3244, GUNF. 4406, AM. GUNF. 2270.

Wird die Alimentation provisorisch als einstweilige Verfügung zugesprochen, so ist auch zur Erlassung dieser Verfügung die Vormundschaftsbehörde kompetent.

Vgl. A. Rintelen, Einstweilige Verfügung, S. 289. Dazu Ott, S. 98.

II. Bestritten ist die Frage, in welcher Form der Alimentationsanspruch der Frau zu verfolgen ist. Die herrschende Meinung spricht sich für den Prozeßweg aus (vgl. auch Ott, S. 97, Pfaff-Krainz-Ehrenzweig, § 440 (A. M. Krainz) und Krasnopolski-Kafka S. 94, ferner GUNF. 1006, 2820 und — wohl auch unter gewissen Voraussetzungen — 3521.

Löhsl, Ger.Z. 1902, S. 276; 1903, S. 260, Anmerkung 42 ist der Meinung, daß das Verfahren außer Streitsachen Anwendung finde.

Der oberste Gerichtshof hat wiederholt den Zuspruch „provisorischer Alimentation" (in Verbindung mit der Bewilligung des „abgesonderten Wohnortes" oder mit dem Auftrage zur Rückkehr in die Hausgemeinschaft, eventuell auch in Verbindung mit dem Zuspruche von Alimenten an die Kinder) im Verfahren außer Streitsachen zugelassen (vgl. auch GUNF. 208, 3251 und Bettelheim, Not. Z. 1902, S. 396).

Die Entscheidung GUNF. 5170 steht auf dem Standpunkte, daß auch für den provisorischen Alimentationsanspruch einer (aus Verschulden des Mannes) bereits geschiedenen Frau das Verfahren außer Streitsachen zuständig sei.

Allein die Zuständigkeit für die „provisorische Alimentation" läßt sich nicht unabhängig von dem Zuspruche der definitiven Alimentation lösen. Steht man auf dem Standpunkte, daß die endgültige Regelung der Alimentationsfrage dem Prozeßverfahren vorbehalten ist, dann erscheint der Zuspruch provisorischer Alimentation nur eine der der rechtskräftigen Prozeßerledigung vorangehende einstweilige Verfügung; dann kommen aber auch für die Bewilligung der provisorischen Alimentation die Kompetenzgrundsätze des Sicherungsverfahrens (vgl. § 387 EO.) zur Anwendung (vgl. auch Krasnopolski-Kafka, S. 94 und GUNF. 1546). Analoges gilt für die Bewilligung des abgesonderten Wohnortes. Der Auftrag zur Wiederaufnahme der ehelichen Gemeinschaft ist wohl unter allen Umständen im Verfahren außer Streitsachen zu erledigen, soweit es sich nicht um die Regelung des provisorischen Zustandes während des Scheidungsprozesses dreht.

Die Entscheidung GUNF. 1177 spricht aus, daß die Bescheinigung einer Gefährdung der Gattin nicht eine Voraussetzung des Begehrens um Zuspruch der provisorischen Alimentation bilde.

§ 65. Das Verfahren nach § 6 des Einf.G. zum Handelsgesetzbuche.

Die nach Artikel 7 des Handelsgesetzbuches erforderliche Zustimmung des Ehemannes zum Betriebe eines Handelsgewerbes seitens seiner Ehegattin kann nach § 6 des Einf.G. zum HGB. durch den Ausspruch des Richters ersetzt werden. Zuständig ist wohl das Bezirksgericht des allgemeinen Gerichtsstandes des Gatten.

Die Frau kann den Antrag durch Schriftsatz oder protokollarisch einbringen. Formerfordernisse bestehen nicht. Die Verhandlung ist im Verfahren außer Streitsachen durchzuführen. Das Gericht hat amtlich zu erheben, ob der Handelsbetrieb der Frau eine Gefährdung der Rechte des Ehegatten herbeizuführen geeignet erscheint (vgl. auch Herrmann von Otavský, Sborník II, S. 189, Randa, Handelsrecht S. 72, Staub-Pisko, Art. 7, Ott, Grünhut, 30. Band, S. 318).

Heilinger, Ger.H. 1896, Nr. 23, S. 207 und Nr. 26, S. 231 ist der Meinung, daß Art. 7 durch die Gewerbeordnung aufgehoben wurde. Vgl. dagegen Freund, Ger.H. 1896, S. 216 und Kulisch, Gewerberecht I, 2. Aufl., S. 304.

§ 66. Mitwirkung bei der Legitimation.

Die Mitwirkung des Gerichtes bei der Legitimation kommt in mehrfacher Beziehung zur Geltung.

I. Die Mitwirkung bei der Legitimation durch nachfolgende Ehe zu Lebzeiten des Vaters (vgl. hierzu auch Schimm, Ger. Z. 1894, 291 f.).

Ist der Name des Vaters in den Geburtsmatriken noch nicht ersichtlich gemacht, so bedarf es einer Erklärung der Eltern. Diese kann abgegeben werden vor dem Matrikenführer, der die Geburtsmatriken führt, welcher sohin befugt ist, die Ergänzung in der Geburtsmatrikel selbst vorzunehmen. Sie kann aber auch erfolgen vor der politischen Bezirksbehörde, vor dem nach dem Wohnsitz und Religionsbekenntnis der Eltern in Betracht kommenden Matrikenführer oder vor dem Gerichte; in diesem Falle bedarf es zur Eintragung der eingetretenen Legitimation in die Matrikenbücher einer

Verfügung der politischen Landesbehörde als Matriken-Aufsichtsbehörde. Insoweit die Parteien die Erklärung vor Gericht abgeben, ist festzustellen und zu Protokoll zu nehmen: der Name der Parteien, Alter, Beschäftigung und Wohnort, die Erklärung des Vaters hinsichtlich der Paternität als auch das Begehren, daß sein Name in die Geburtsmatrikeln eingetragen werde, die Erklärung der Mutter über die Richtigkeit der Angaben des Mannes; die Parteien müssen, soweit sie dem Gericht nicht bekannt, Identitätszeugen beibringen. Vorgelegt muß ferner werden der Geburtsschein des Kindes und der Trauungsschein der Eltern (vgl. auch den Erlaß des Ministeriums des Innern vom 12. September 1868, Z. 3649 und vom 7. November 1884, Z. 12350 und das JMVBl. 1892, S. 74, den Erlaß vom 17. Juni 1907, Z. 7215 und die Mitteilungen im JMVBl. 1908, S. 45. Siehe auch Krasnopolski-Kafka, S. 233 und GUNF. 2283).

Gibt der Vater die Erklärungen vor der zuständigen Behörde nicht ab, so ist die Feststellung der Vaterschaft eventuell im Prozeßwege durchzuführen.

II. Nach Artikel XVI des EG. zur JN. ist die Vaterschaft zu einem unehelichen Kinde behufs Legitimation durch nachfolgende Ehe gemäß § 161 ABGB. nach dem Tode des angeblichen Vaters nach den Bestimmungen des Patentes vom 9. August 1854 RGBl. Nr. 208 festzustellen. Das gleiche gilt für die Feststellung der nachträglichen Behebung oder der schuldlosen Unwissenheit des Ehehindernisses behufs Legitimation des in der Ehe geborenen Kindes gemäß § 160 ABGB. Zuständig ist, wenn für die zu legitimierende Person bereits ein Vormund oder Kurator bestellt ist, die Vormundschafts- oder Kuratelsbehörde, sonst aber das Bezirksgericht, bei dem die zu legitimierende Person ihren allgemeinen Gerichtsstand in Streitsachen hat (§ 113, Abs. 2 JN.).

III. Mit dem Verfahren zur Legitimation durch landesfürstliche Begünstigung (§§ 263 ff. P.) befaßt sich eingehend der JME. vom 21. Februar 1913, Z. 5776/13 (vgl. Georg Neumann zu § 113 JN.). Es ist zu unterscheiden, ob das zu legitimierende Kind im Zeitpunkte der Einbringung des Ansuchens minderjährig oder schon großjährig ist. Im ersteren Falle hat das Pflegschaftsgericht sich zuerst dahin zu entscheiden, ob es die Bewilligung zum Ansuchen um die Legitimation erteilt. Das Gericht hat hierzu die nötigen Erhebungen zu pflegen, den bisherigen Vormund einzuvernehmen und diese Frage lediglich vom Standpunkte des Interesses des Pflegebefohlenen zu erledigen. Vgl. auch die Entscheidung vom 31. Oktober 1911, Z. R I 674/11 (Riehl, Spruchpraxis 1913, S. 132). Die Erteilung dieser Bewilligung oder die Verweigerung derselben bedarf der Genehmigung des übergeordneten Gerichtshofes (§ 109, Abs. 2 JN.). Wird die Bewilligung nicht erteilt, so ist das Gesuch ohne weiteres Eintreten in die Verhandlung über das Ansuchen abzuweisen. Doch steht den Beteiligten gegen diese Abweisung der Rekurs zu. Wenn das Gericht die Bewilligung zum Ansuchen hingegen erteilt, so werden nunmehr die näheren Erhebungen über die Zulässigkeit der Legitimation eingeleitet, also insbesondere die einschlägigen persönlichen Verhältnisse festgestellt, die Glaubwürdigkeit der Beteiligten sowie das Einverständnis der Personen, deren Zustimmung in Betracht kommt. Auch ist insbesondere klarzustellen, ob die Legitimation gewünscht wird, bloß um das Kind der Standesvorzüge des Vaters oder auch um es der Rechte am frei vererblichen Vermögen teilhaft zu machen. Hierauf werden die Akten im Dienstwege dem Justizministerium vorgelegt. Der Bericht des Bezirksgerichtes hat nach dem zitierten JME. eine Sachverhaltsdarstellung und eine mit Gründen versehene Äußerung zu enthalten, ob das Gesuch befürwortet wird oder nicht. Der Gerichtshof hat die Erhebungen zu prüfen, seine Äußerung beizufügen und sohin den Akt vorzulegen.

Die Allerhöchste Entschließung wird den Parteien durch das Gericht mitgeteilt, welches in erster Instanz mit der Sache befaßt war. Dasselbe hat dann auch die Anmerkung im Geburtsbuche zu veranlassen. Die Wirkungen der Allerhöchsten Entschließung treten mit dem Tage ihrer Erlassung in Kraft (§ 265 P.).

§ 67. Die Mitwirkung bei der Adoption.

I. Nach § 258 des Patentes war das Gesuch um die Genehmigung der Adoption beim Vormundschaftsgerichte einzubringen und dann mit den Erhebungen und dem Gutachten desselben dem Gerichtshofe erster Instanz zur Entscheidung vorzulegen. An dieser Zuständigkeit ist durch das Inkrafttreten der Jurisdiktionsnorm vom 1. August 1895, RGBl. Nr. 111 eine Änderung eingetreten. Nach § 113 JN. ist für die Kompetenz zur Einbringung des Ansuchens um die Adoption und zur Entscheidung über das Gesuch maßgebend, ob für die zu adoptierende Person „bereits ein Vormund oder Kurator bestellt ist.“ Ist dies der Fall, so wird die Vormundschafts- oder Kuratelsbehörde zuständig. Die Kompetenz des Gerichtshofes kommt für solche Fälle nach § 109 Abs. 2 JN. zur Geltung. In allen anderen Fällen ist für die Bewilligung der Adoption das Bezirksgericht zuständig, bei dem der Wahlvater oder die Wahlmutter ihren allgemeinen Gerichtsstand in Streitsachen haben. Doch hat auch dieses Gericht, falls die zu adoptierende Person minderjährig ist, und nicht unter väterlicher Gewalt steht, einen Kurator zu bestellen und für seinen Beschluß über die Adoption die Genehmigung des übergeordneten Gerichtshofes einzuholen. Der allgemeine Gerichtsstand der Wahleltern kommt auch dann zur Anwendung, wenn das zu adoptierende Kind unter väterlicher Gewalt steht. Doch bedarf es bei Zustimmung des Vaters der Mitwirkung des übergeordneten Gerichtshofes nicht, da sich aus § 181 ABGB. ergibt, daß für diese Fälle die pflegschaftsgerichtliche Genehmigung entfällt. (Siehe auch GUNF. 2622, Eisinger, Not. Z. 1908, S. 149, Anm. 56.)

Vgl. auch die Mitteilungen im JMVBl. 1904, S. 285, die Entscheidungen GUNF. 2659, 2622, 2419, ferner Georg Neumann, Kommentar zu § 113 und die dort weiter zitierte Literatur. Die Ansicht Lahrs, Ger.Z. 1901, S. 21, daß für den Fall der Eigenberechtigung der zu adoptierenden Person nur ihr allgemeiner Gerichtsstand in Betracht komme, findet in der Fassung des Gesetzes keine Grundlage. (Siehe auch Krasnopolski-Kafka IV, S. 288.) Gleiches gilt für die Entscheidung GUNF. 2899, wonach für die Adoption von Kindern, die unter väterlicher Gewalt stehen, der allgemeine Gerichtsstand des Vaters maßgebend sei.

Die Adoption eines Ausländers durch einen Inländer erfolgt ebenfalls durch das Bezirksgericht, bei dem der Wahlvater oder die Wahlmutter den allgemeinen Gerichtsstand hat. Doch hat das Gesuch, wenn die zu adoptierende Person pflegebefohlen ist, die Zustimmung ihrer kompetenten Pflegschaftsbehörde auszuweisen. Es entfällt demnach in solchen Fällen die Einholung der Genehmigung des übergeordneten Gerichtshofes nach § 109 JN., da diese Zustimmung eben nur für die Fälle inländischer Pflegschaftsgerichtsbarkeit erforderlich ist. Vgl. auch Georg Neumann, a. a. O. (A. M. hinsichtlich der Zulässigkeit dieser Adoption Ott, S. 127, der nur die Adoption eigenberechtigter Ausländer durch ein inländisches Gericht für zulässig erklärt.) Vgl. ferner JMVBl. 1906, S. 111.

Vgl. hinsichtlich des Verhältnisses zum Auslande auch Eisinger, Das österreichische internationale Privatrecht und der Adoptionsvertrag, Not.Z. 1908, S. 89 ff.

II. Das Gesuch um die Genehmigung des Adoptionsvertrages hat das Zutreffen der persönlichen Voraussetzungen des Adoptionsvertrages, die Einwilligung der Parteien und — und zwar auch bei großjährigen Kindern — die Zustimmung des etwa noch lebenden ehelichen Vaters des zu adoptierenden Kindes auszuweisen. Verweigert der Vater die Zustimmung ohne hinreichenden Grund, so kann sie eventuell durch gerichtlichen Beschluß ersetzt werden (§ 181 ABGB.) Auch hierfür kommt das Verfahren der freiwilligen Gerichtsbarkeit zur Anwendung (vgl. Ott, S. 89).

Hinsichtlich der vom Gerichte zu pflegenden Erhebungen vgl. auch eingehend Lahr, Ger.Z. 1901, S. 81 f. (zum Teil a. M. Albert Ehrenzweig, Ger.Z. 1908, S. 129).

Das Gericht hat insbesondere auch die Namensbildung einer Überprüfung zu unterziehen. So hat der oberste Gerichtshof in der in das Judikatenbuch unter **Nr. 171** eingetragenen Plenissimarentscheidung vom 10. Oktober 1905, Nr. 166 präs. (GUNF. 3178). Nachstehendes ausgesprochen: 1. Die Bildung des Namens der adoptierten Person und die Reihung des Namens des Adoptivparens und des Familiennamens des Wahlkindes bildet einen wesentlichen Bestandteil des Adoptionsvertrages. 2. Die Bestimmung des § 182 ABGB., daß die angenommene Person den Namen des Wahlvaters oder den Geschlechtsnamen der Wahlmutter erhält, zugleich aber ihren vorigen Familiennamen und den ihr etwa eigenen Familienadel beibehält, muß als eine Vorschrift zwingenden Rechtes auch bezüglich der Reihenfolge dieser beiden Namen angesehen werden. 3. Die angenommene Person hat an ihren Familiennamen den Namen des Adoptivparens anzufügen.

Wenn es sich um die Adoption pflegebefohlener Personen handelt, so ist nicht nur die gesetzliche Zulässigkeit und Erlaubtheit des Adoptionsvertrages zu prüfen, sondern auch der Frage nachzugehen, inwieweit die Adoption dem persönlichen Interesse des Pflegebefohlenen entspricht. Es bedarf in solchen Fällen daher auch eingehender Erhebungen hinsichtlich der persönlichen und eventuell auch der Vermögensverhältnisse des Pflegevaters, der Motive, die etwa bei der Adoption mitspielen (vgl. auch Lahr, a. a. O.).

III. Die Adoption ist mit der Genehmigung des Gerichtes (in den Fällen des § 109 Abs. 2 des Gerichtshofes erster Instanz) vollzogen. Diese Genehmigung hat konstitutive Bedeutung. (Vgl. auch Ott, S. 89,229, Krasnopolski-Kafka IV, S. 288.) Das Hofdekret vom 28. Juni 1837, JGS. 209 bestimmt daher, daß es genügt, wenn die Adoption zu Lebzeiten des Adoptierenden bestätigt wird, sie kann dann auch nach dessen Tode dem Gerichte zur Eintragung vorgelegt werden. Der Zeitpunkt der Zustellung und Eintragung bei Gericht ist also nicht maßgebend.

Die Adoptionsurkunde ist bei dem Gerichte, welches die Adoption ausgesprochen hat, in Verwahrung zu nehmen. Die Zustellung des Bescheides erfolgt an den Wahlvater oder an die Wahlmutter, ferner an das Wahlkind oder, falls dasselbe handlungsunfähig ist, an den Vater oder sonst den Vormund oder Kurator, eventuell an den für das Verfahren bestellten Kurator.

IV. Die Entscheidung GUNF. 2799 spricht der politischen Landesstelle die Legitimation zur Erhebung eines Rekurses gegen den Beschluß zu, der auf Genehmigung der Adoption ergeht, soweit es sich um die im Beschluß angeordnete Namensführung der Kinder handelt. Die Entscheidung vertritt die Ansicht, daß ein solcher Rekurs mit Rücksicht auf das öffentliche Interesse auch dann anzunehmen sei, wenn er nach Ablauf der Rekursfrist eingebracht sei. Dem ist aber entgegenzuhalten, daß die Frage, ob ein verspäteter Rekurs in solchen Fällen anzunehmen ist, zweifelhaft erscheint, da das Adoptivkind und die Adoptiveltern aus dem Adoptivbeschlusse Rechte erlangen. Allerdings wäre zu erwägen, ob eine Zustellung des Adoptivbeschlusses an die zur Beschwerde berufene Partei erfolgt ist. Ferner ist zu dieser Entscheidung zu bemerken, daß für die Legitimation zur Entscheidung solcher Rekurse wohl nur die Kompetenz der Finanzprokuratur in Betracht kommt, an die sich die Landesstelle zur Erhebung des Rekurses zu wenden hätte (vgl. auch § 2, III der Dienstesinstruktion für die Finanzprokuraturen).

V. Besondere Normen gelten für den Fall, als mit der Adoption auch der Adel der Wahleltern auf das Wahlkind übergehen soll (vgl. darüber § 261 P.).

VI. Die Mitwirkung des Gerichtes im Wege der freiwilligen Gerichtsbarkeit kann schließlich auch bei der Aufhebung der Adoption in Betracht kommen. Doch bedarf der Vertrag, der auf die Aufhebung des aus der Adoption entstehenden Rechtsverhältnisses gerichtet ist, nur dann der Mitwirkung des Gerichtes, wenn das Wahlkind minderjährig ist, oder wenn Wahlkind oder Adoptivvater inzwischen unter Kuratel gekommen sind (vgl. § 185 ABGB.). Siehe auch Pfaff-Krainz-Ehrenzweig, § 461 und Krasnopolski-Kafka, S. 291.

Vierter Abschnitt.

Aufgebotsverfahren.

§ 68. Allgemeines.

Vgl. auch Hausmeister, Grünhut XXXIX. Bd., S. 63 ff. und die dort weiters zitierte Literatur.

Das Aufgebotsverfahren hat vielfach beurkundende, vielfach rechtsgestaltende Funktion. Sein Zweck besteht im wesentlichen darin, festzustellen, ob nicht gewisse rechtserhebliche Tatsachen und damit die sich an sie anschließenden Rechtsfolgen eingetreten sind (z. B. Todeserklärung und Beweis des Todes), damit dann diese Rechtsfolgen zur Durchführung gebracht werden können (z. B. in dem sich an die Todeserklärung anschließenden Verlassenschaftsverfahren). Das Verfahren kann aber auch den Zweck verfolgen, die Voraussetzungen für den Eintritt einer Rechtsänderung selbst zu schaffen (z. B. die Amortisation einer Urkunde). Gemeinsam ist allen diesen Fällen, daß vor der Erlassung der mit diesen Wirkungen ausgestatteten Verfügung den dadurch voraussichtlich Betroffenen noch einmal Gelegenheit gegeben wird, ihre Rechte wahrzunehmen und daß sie dazu öffentlich aufgefordert werden, da eine persönliche Aufforderung nicht möglich erscheint. Verläuft die Frist fruchtlos, so treten durch obrigkeitlichen Ausspruch die an die Unterlassung der Parteien geknüpften Rechtsfolgen ein, und zwar regelmäßig auf besonderen weiteren Antrag. Die Konsequenzen des Nichthandels sind bald nur formelle, bald auch weitergehende materielle. Der Zweck des Aufforderungsverfahrens ist nicht primär darauf gerichtet, die Aufgeforderten zu schützen, sondern die Voraussetzungen dafür zu schaffen, daß zugunsten desjenigen, der das Verfahren einleitet, und auch anderer Beteiligter ein bestimmter rechtlicher Akt vollzogen oder eine zweifelhafte rechtliche Situation klargestellt werde.

Einzelfälle des Aufgebotsverfahrens auf dem Gebiete der freiwilligen Gerichtsbarkeit sind bereits im Zusammenhange mit den bisherigen Materien besprochen worden, so z. B. die Einberufung der Verlassenschaftsgläubiger; sie erfolgt nicht nur im Interesse des Erben, der damit seine Haftung begrenzt, und so seine rechtliche Situation klarstellt, sondern auch der schon bekannten Gläubiger, um ihre perzentuelle Befriedigung sicherzustellen, daher auch die Verpflichtung der Erben zur Einleitung des Verfahrens (§ 815 ABGB.). Die Versäumung der Frist hat die Konsequenz, daß die präkludierten Gläubiger, soweit ihnen kein Pfandrecht zusteht, nur nach Maßgabe des noch verbleibenden Vermögens befriedigt werden. Ein anderer Fall des Aufgebotsverfahrens ist die Einberufung der Erben. Die Versäumung der Aufgebotsfrist hat für sie die Folge, daß sie vom Verlassenschaftsverfahren ausgeschaltet werden und der Nachlaß den sonst erbserklärten Erben oder den Legataren (§ 726 ABGB), eventuell dem Fiskus ausgefolgt wird. Das Aufgebotsverfahren zum Zwecke der Heimfallserklärung alter Depositen wird im Zusammenhange mit dem Depositenwesen besprochen. (Vgl. § 80 dieses Grundrisses.) Das Aufgebotsverfahren im Grundbuchsrechte ist bereits im I. Band, 3. Abteilung (Pfersche, Sachenrecht) besprochen worden. Im Folgenden sei die Todeserklärung und der Beweis des Todes sowie die Amortisation von Urkunden eingehender erörtert.

§ 69. Beweis des Todes und die Todeserklärung.

I. Das Verfahren zur Führung des Beweises des Todes hat den Zweck, den Tod einer Person festzustellen, bezüglich welcher der Beweis durch Vorlage hierzu geeigneter öffentlicher Urkunden, also speziell des Totenscheines nicht erbracht werden kann, während andere Beweismittel, die diesem Zwecke dienen können, vorhanden sind. In anderen Fällen mangeln überhaupt die Beweismittel für den Tod einer Person und hat das bürgerliche Gesetzbuch durch Aufstellung entsprechender Rechtsvermutungen den sich daraus ergebenden Schwierigkeiten abzuhelfen gesucht. Während im deutschen Reiche das Aufgebotsverfahren zur Todeserklärung in der Zivilprozeßordnung geregelt ist, hat die österreichische Gesetzgebung in einem durch den Ringtheaterbrand veranlaßten Gesetz (Ges. vom 16. Februar 1883, RGBl. Nr. 20) ein besonderes außerstreitiges Verfahren, sowohl zur Führung des Beweises des Todes wie zur Durchführung der Todeserklärung normiert.

Vgl. auch Kaserer, Österreichische Gesetze mit Materialien, XXXIV; ferner Frühwald und Moyzisch, Die Amortisierung von Urkunden und die Todeserklärung, 2. Aufl., 1885, S. 60 f. Vgl. auch Strohal, Iherings Jahrbücher, XXX. Bd., S. 149; Pfaff-Krainz-Ehrenzweig, § 68.

II. Kompetent für die Einleitung des Verfahrens zur Führung des Beweises des Todes oder der Todeserklärung ist der Gerichtshof erster Instanz, in dessen Sprengel der Verstorbene seinen letzten Wohnsitz und in Ermangelung eines Wohnsitzes, seinen letzten Aufenthalt hatte (vgl. § 1 des Ges. und Art. VIII, Z. 7 EG. zur JN.).

Nach der Entscheidung GUNF. 1434 kann die Todeserklärung nicht eingeleitet werden für einen Ausländer, wenn er seinen letzten Wohnsitz nicht in Österreich hatte. Die Entscheidung GUNF. 1884 läßt hingegen das Verfahren zur Herstellung des Beweises des Todes sogar für einen Ausländer zu, der in Österreich keinen Wohnsitz hatte, sondern sich hier nur vorübergehend aufhielt.

Natürlich präjudiziert die Einleitung des Verfahrens im Inlande nicht dem Standpunkte, den das ausländische Gesetz hinsichtlich der Anerkennung des in Österreich ergangenen Erkenntnisses einnimmt. So bestimmt Art. IX des EG. zum DBGB.: Ein Verschollener kann im Inlande nach den deutschen Gesetzen für tot erklärt werden, wenn er beim Beginne der Verschollenheit ein Deutscher war (vgl. dazu auch die Mitteilungen im JMVBl. 1899 S. 404).

III. Legitimiert zum Ansuchen um die Einleitung des Verfahrens zur Führung des Beweises des Todes oder zur Todeserklärung ist jede Partei, welche ein rechtliches Interesse an der Herstellung dieses Beweises oder der Todeserklärung hat. Dahin gehören also vor allem die Erben des Verschollenen, der zurückgebliebene Gatte, der für den Fall des Todes des Vermißten zur Nachfolge in ein Vermögen berufene Substitut, für den Fall der Kaduzität auch der Fiskus (vgl. bezüglich der Legitimation des Fiskus die Entscheidungen GUNF. 2905, 5236).

Ein solches Interesse kann aber nicht dem Kurator eines Verschollenen zugebilligt werden. Vgl. GU. 14238.

IV. Verfahren zur Führung des Beweises des Todes.

Die Einleitung des Verfahrens erfolgt durch Gesuch. Der Gesuchsteller hat die näheren Umstände und die Beweismittel, durch welche der Beweis erbracht werden soll, genau anzuführen und den Antrag auf Durchführung des Verfahrens nach § 10 des Gesetzes zu stellen, sowie auf die Erlassung des gerichtlichen Ausspruches, daß der Beweis des Todes als erbracht angesehen werde.

Sind die formalen Voraussetzungen für die Einleitung des Verfahrens gegeben, so hat der Gerichtshof ein Edikt zu erlassen. In diesem sind die näheren Umstände des einzelnen Falles und die Aufforderung aufzunehmen, daß etwaige Nachrichten dem Gerichte oder dem unter einem aufzustellenden Kurator zugemittelt werden. Hierfür ist eine Frist zu bestimmen, die vom Gerichte je nach den Umständen des einzelnen Falles zu bemessen und kalendermäßig zu bestimmen ist. Doch muß die Frist so ausgemessen sein, daß vom Tage der dritten Einschaltung des Ediktes bis zu ihrem Ablaufe mindestens drei Monate verstreichen (§ 10 des Ges.). Das Edikt ist außer der mindestens dreimaligen Einschaltung in das Amtsblatt und dem Anschlage an der Gerichtstafel noch in anderen Zeitungen mitzuteilen.

Das Verfahren beruht auf dem Untersuchungsprinzipe. Es werden nicht nur die vom Gesuchsteller geführten Beweise aufgenommen, sondern es ist hinsichtlich der Frage, ob der Vermißte gestorben ist, materielle Wahrheit zu erforschen. Es sind daher auch Erhebungen zu pflegen, um eventuelle Tatsachen und Beweise, die für die Entscheidung in Betracht kommen, in Erfahrung zu bringen (vgl. GU. 11764). Diese

Erhebungen obliegen dem Gerichte und dem Kurator. Der Gesuchsteller hat hinsichtlich der Feststellung des Tatbestandes keinerlei Disposition.

Mit Rücksicht auf die Möglichkeit, daß neue Beweise auch noch im Verfahren entdeckt werden, erklärt die Entscheidung GUNF. 1015 es für unzulässig, das Gesuch um Einleitung des Beweises des Todes aus dem Grunde a limine abzuweisen, daß die vom Beweisführer vorgelegten Tatsachen und Beweismittel nicht hinreichend erscheinen. Aber der Anführung geeigneter Tatsachen und Beweise wird es immerhin bedürfen.

Das Gericht ist hinsichtlich der Aufnahme von Beweisen und die Wahl der Beweismittel nicht beschränkt. Die eidliche Vernehmung des Gesuchstellers zum Zwecke der Beweisführung ist ausdrücklich für zulässig erklärt (§ 3 des Ges.). Die Beweisaufnahme kann schon vor Ablauf der Ediktalfrist beginnen, doch sind alle bis zum Schlusse der Ediktalfrist mitgeteilten Beweismittel zu erledigen, soweit sie nicht irrelevant erscheinen.

Vor der Erlassung des Erkenntnisses sind die Parteien über die Ergebnisse der Beweisführung zu hören. Das Erkenntnis ergeht in Beschlußform und hat, falls das Gericht den Beweis des Todes als hergestellt betrachtet, diesen Ausspruch zu enthalten, ferner die Entscheidung, welcher Tag als Todestag festgestellt ist, beziehungsweise von welchem Tage erwiesen ist, „daß der Abwesende ihn nicht überlebt hat"; es ist dann dieser Tag als der Todestag anzusehen.

Für die Anfechtung des Erkenntnisses gelten die allgemeinen Grundsätze des Rechtsmittelverfahrens der freiwilligen Gerichtsbarkeit. Die Parteien können daher wohl in ihren Rechtsmitteln auch neue Tatsachen und Beweise vorbringen und ist, da aus dem ablehnenden Beschluß niemand Rechte erwirbt, eventuell auch ein verspäteter Rekurs des Gesuchstellers anzunehmen (GU. 10373.). Die höhere Instanz hat die Tat- und Rechtsfrage ohne Beschränkung zu prüfen (vgl. GUNF. 4516).

§ 4 des Gesetzes läßt auch eine Beweissicherung zu. Wenn zu besorgen ist, daß die Feststellung von Tatsachen bei längerem Aufschub unmöglich gemacht oder erheblich erschwert würde, so kann die Beweisaufnahme noch vor Einbringung des Antrages auf Einleitung des Verfahrens zum Beweise des Todes begehrt werden. Zuständig ist das Bezirksgericht, in dessen Sprengel die Beweisaufnahme vorzunehmen ist.

V. Die Todeserklärung.

Kann der Beweis des Todes nicht erbracht werden, liegen aber die Voraussetzungen des § 24 ABGB. vor, so kann um die Todeserklärung angesucht werden.

Auch für die Erledigung dieses Gesuches gilt das Untersuchungsprinzip. Es wird daher das Gericht auf gleiche Weise wie beim Ansuchen um die Führung des Todesbeweises, vorausgesetzt, daß die gesetzlichen Erfordernisse der Todeserklärung in einer für die Einleitung des weiteren Verfahrens ausreichenden Weise dargetan sind, ein Edikt erlassen. Dieses enthält die wesentlichen Umstände des einzelnen Falles und die Aufforderung, dem Gerichte oder dem unter einem bestellten Kurator Nachrichten über den Abwesenden zu geben (vgl. Némethy Nr. 151). Die Ediktalfrist beträgt ein Jahr. Der Tag, an dem die Frist endet, ist in dem Edikt kalendermäßig anzugeben und so zu bestimmen, daß die Frist nach der dritten Einschaltung des Ediktes in die amtliche Zeitung noch mindestens ein Jahr läuft. Das Edikt ist an der Gerichtstafel anzuschlagen und mindestens dreimal in die für amtliche Kundmachungen des Gerichtes bestimmte Zeitung einzuschalten. Doch können auch Einschaltungen in anderen Zeitungen angeordnet werden (§ 7).

Das Gesetz vom 16. Februar 1883 hat das Verfahren zur Todeserklärung insofern erleichtert, als das Gesuch schon ein Jahr vor Ablauf der im § 24 ABGB. bezeichneten Frist eingebracht werden kann, so daß die einjährige Ediktalfrist mit dem letzten Jahre der Frist des § 24 ABGB. gleichzeitig verläuft. Handelt es sich um ein auf § 24 Z. 3 ABGB. gestütztes Ansuchen um Todeserklärung, so kann das Gesuch sofort nach dem Eintritte des Ereignisses eingebracht werden, doch muß die Ediktalfrist in diesem Falle bis zum Ablaufe der nach § 24 Z. 3 ABGB. berechneten Frist ausgedehnt werden (vgl. die §§ 5 und 7 des Ges.).

Für die Beweiserhebung gelten die gleichen Grundsätze wie für den Beweis des Todes. Für den Beweis des Tatbestandes der Vermutungsgründe kommen die gewöhnlichen Beweisgrundsätze zur Anwendung; es gilt freie Beweiswürdigung. Auch die Interpretation des Begriffes Todesgefahr ist der freien richterlichen Überzeugung überlassen. Es entscheiden dabei ganz die Umstände des einzelnen Falles.

Vgl. zum Beispiel über die Frage, inwiefern seinerzeit geäußerte Selbstmordabsichten des Verschollenen als „Todesgefahr" in Betracht kommen können, die Entscheidungen GUNF. 1226, 2905 und 4516.

Erscheint der Beweis der Vermutungsgründe als erbracht, so ist das Gericht bei Vorhandensein der allgemeinen formellen Voraussetzungen des Verfahrens verpflichtet, die Todeserklärung auszusprechen, wenn die vorgenommenen Erhebungen nicht den Gegenbeweis erbracht haben.

Das Erkenntnis, welches die Todeserklärung ausspricht, ergeht über ein nach Ablauf der Ediktalfrist neuerlich zu stellendes Ansuchen. Der Bescheid, welcher dem Ansuchen Folge gibt, hat auch den Tag des vermuteten Todes anzugeben. Läßt sich der Todestag, beziehungsweise ein Tag, den der Abwesende nicht überlebt hat, nicht feststellen, so ist derjenige Tag als vermuteter Todestag zu bezeichnen, an welchem das Ende der Frist eingetreten ist, deren Ablauf nach § 24 ABGB. im einzelnen Falle die Vermutung des Todes begründet. Das Gericht ist hinsichtlich der Festsetzung des Todestages nicht an die Anträge der Parteien gebunden; vgl. GUNF. 2005. Diese Entscheidung steht auch auf dem Standpunkte, daß das Gericht berechtigt ist, wenn um Todeserklärung nach § 24 ABGB. Z. 3 angesucht ist, ihm aber hierfür die Voraussetzungen nicht gegeben erscheinen, die Todeserklärung nach § 24 Z. 2 auszusprechen, falls der Tatbestand dieser Vermutungsgründe bewiesen ist.

Das Erkenntnis ist in tatsächlicher und rechtlicher Beziehung zu begründen und zwar auch hinsichtlich der — nach den Grundsätzen des § 272 ZPO. vorgenommenen — Beweiswürdigung (vgl. hierzu Némethy, S. 249, Anm. 1).

Die Wirkung der Todeserklärung ist der Eintritt der Rechtsvermutung, daß der Verschollene verstorben ist; doch schließt auch die Rechtskraft der Todeserklärung den Beweis nicht aus, daß der Abwesende früher oder später gestorben oder daß er noch am Leben sei (vgl. auch § 278 ABGB.).

VI. Besondere Grundsätze gelten für das Verfahren, wenn mit der Todeserklärung auch der Ausspruch erfolgen soll, daß die Ehe des Verschollenen als aufgelöst zu betrachten sei (vgl. hierzu auch Bartsch, Ger. Verfahren in Ehesachen, S. 241 ff.).

Diese Todeserklärung, die sogenannte „feierliche Todeserklärung" hat zur Voraussetzung, daß außer dem Kurator auch ein Verteidiger des Ehebandes bestellt wird. § 112 ABGB. verlangt für die zu diesem Zweck erfolgende Todeserklärung den Beweis, daß die Abwesenheit des Verschollenen „mit solchen Umständen begleitet ist, welche keinen Grund zu Zweifeln übrig lassen, daß der Abwesende verstorben sei". Die Entscheidung, welche über das Begehren um den Ausspruch der Todeserklärung ergeht, hat den Antrag hinsichtlich des Erkenntnisses über die durch den Tod erfolgte Auflösung der Ehe ausdrücklich zu erledigen. Es ist denkbar, daß die Todeserklärung ausgesprochen wird, hingegen dieser Antrag wegen des Mangels der besonderen Voraussetzungen des § 112 ABGB. abgewiesen wird.

Gegen den Ausspruch, der die Ehe als aufgelöst erklärt, hat der Verteidiger des Ehebandes, der sich auch sonst am Verfahren und an der Sammlung des Verhandlungsstoffes mit Parteirechten beteiligt, den Rekurs zu ergreifen. Gleiches gilt, wenn dieser Ausspruch in Abänderung der Entscheidung der ersten Instanz erst von der zweiten Instanz gefällt wurde (§ 9).

Wird das Begehren auf Auflösung der Ehe nicht mit der Todeserklärung verbunden, so kann es zum Gegenstande eines besonderen Verfahrens gemacht werden, welches im übrigen nach den Bestimmungen des Gesetzes vom 16. Februar 1883 durchgeführt wird, sich aber auf den Ausspruch zu beschränken hat, daß die Ehe als aufgelöst zu betrachten sei (§ 9, Abs. 4 des P.).

Für die Kosten des Verteidigers des Ehebandes kommt jetzt § 1 des Gesetzes vom 2. Februar 1909, RGBl. Nr. 24 zur Geltung.

§ 70. Amortisation von Wertpapieren.

Vgl. Frühwald und Motzisch, Amortisation von Urkunden und Todeserklärung, 1885; Bezek, Not.Z. 1900, S. 49 ff.

I. Die Amortisation hat im wesentlichen den Zweck, in den Fällen, in welchen der Besitz eines Papieres zur Geltendmachung der Forderung unerläßlich ist, also im allgemeinen bei Wertpapieren der Partei, welche ein solches Papier verloren hat, die Möglichkeit zu bieten, ohne Aufhebung oder Änderung des objektiven Forderungsinhaltes die „Tötung" des Papiers und einen die Geltendmachung des Forderungsrechtes ermöglichenden Ersatz zu gewähren. Die Zulässigkeit dieses Verfahrens beinhaltet allerdings eine gewisse Gefahr, da es Betrügern möglich ist, Wertpapiere, die sie selbst nicht besitzen, durch die unwahre Behauptung des Verlustes zum Erlöschen zu bringen und sich das Forderungsrecht durch die Erlangung des Amortisationsdekretes zu erschleichen. Diese Gefahren sucht man tunlichst durch das Erfordernis der Bescheinigung des Rechtes des Gesuchstellers, durch eine gewisse Publizität des Verfahrens, die allerdings in der Praxis nicht weitgehende Garantien bietet und durch ein entsprechendes Ausmaß der Fristen auszugleichen.

Sowohl die Kompetenz wie die Bestimmung der Fristen und überhaupt das Verfahren zur Amortisation von Wertpapieren sind für die verschiedenen Arten von Papieren in einer Reihe verschiedener Rechtsquellen geregelt. Eine eingehende Zusammenstellung findet sich in der Gesetzesausgabe von Friedländer (Manzsche Gesetzesausgaben III. Band, 1. Abt., 14. Aufl. S. 286 ff.). Hier seien nur die wichtigsten Grundzüge hervorgehoben und die wichtigsten Papiere besprochen. Vor allem kommen als Rechtsquellen in Betracht neben § 115 JN. die §§ 201 ff. der Westgal. Ger.O. und das Hofdekret vom 15. März 1784 JGS. Nr. 262.

II. Einzelne Wertpapiere sind der Amortisation entzogen. So die von der österreichisch-ungarischen Bank ausgegebenen Banknoten. Ferner Talons (Anweisungen auf die neu auszustellenden Zinsenkoupons); für sie hat das Gesetz vom 2. Juli 1868, RGBl. Nr. 88 die Anwendung des Amortisationsverfahrens aufgehoben. Das Erlöschen des Talons wird nach diesem Gesetze entweder durch die Amortisation des Wertpapieres erwirkt, zu welchem der Talon gehört (vgl. die §§ 1, 2, 3 des Ges.), oder durch eine auf dem Wertpapier nach den §§ 4 bis 6 des Gesetzes durchgeführte Anmerkung. Bezüglich der Lotto-Einlagescheine spricht die Entscheidung GUNF. 4313 **(Sp.R. 190)** die Unzulässigkeit der Amortisation aus, mit der Begründung, daß der Zweck der Amortisation mit Rücksicht auf die Bestimmungen der §§ 15, 22 und 23 des Lotto-P. vom 13. März 1813 nicht erreichbar sei. Dazu komme, daß Einlagescheine, wenn innerhalb der Frist von drei Monaten, aus was immer für einer Ursache der auf sie entfallende Gewinn unbehoben blieb, gesetzlich von selbst für ungültig erklärt seien.

Vgl. hingegen die Entscheidung GUNF. 2813 und die Mitteilungen im JMVBl. 1891, S. 181 f.

Die Nichtigerklärung der Einlagebücher der Postsparkasse und die Anfertigung eines Duplikates erfolgt nach einem besonderen Verfahren durch das Postsparkassenamt selbst (vgl. Art. 14 des Ges. vom 28. Mai 1882, RGBl. Nr. 56). Das Verfahren beim Verluste von Pfandscheinen ist in der Min.-Verordnung vom 24. April 1885, RGBl. Nr. 49 (§§ 10, 11, 12) geregelt.

III. Zuständigkeit. Soweit nicht besondere Normen für die einzelnen Wertpapiere bestehen, kommt der Gerichtsstand des § 115, Abs. 4 JN. zur Anwendung. Zuständig ist für das Verfahren um die Erlassung des Erkenntnisses das Bezirksgericht, bei welchem die Partei, welche um die Amortisierung ansucht, zur Zeit dieses Ansuchens ihren allgemeinen Gerichtsstand in Streitsachen hat.

§ 115 JN. soll nach GUNF. 4718 auch zur Anwendung kommen für Ratenbriefe, die in Ungarn über Lose ausgestellt worden sind. Hingegen spricht die Entsch. vom 16. Oktober 1911 R II 645/11, Právník 1911, S. 741, die Unzuständigkeit österreichischer Gerichte für ausländische (ungarische) Wertpapiere auch für die Fälle aus, in welchen der Eigentümer Österreicher ist (§ 115 JN., §§ 1, 2 des Ges. vom 3. Mai 1868. RGBl. Nr. 36).

Sondernormen bestehen unter anderem für Staatsobligationen und die denselben gleichgestellten Kreditpapiere; kompetent ist jener Gerichtshof erster Instanz, an dessen Amtssitz die betreffenden Kreditbücher geführt werden (§ 115 JN.).

Um die Amortisation abhanden gekommener Wechsel, (Art. 73 WO.), sowie jener Urkunden, die hinsichtlich der Amortisation den Wechseln gleichgestellt sind, ist beim Handelsgerichte oder dem zur Ausübung der Handelsgerichtsbarkeit bestellten Senate des Kreis- oder Landesgerichtes des Zahlungsortes anzusuchen (§ 115, Abs. 2, JN. Art. 305, HGB. § 39 des Ges. vom 28. April 1889, RGBl. Nr. 64, Art. 78 der Statuten der österreichisch-ungarischen Bank und § 21 des Scheckgesetzes).

Die E. vom 5. November 1874, Z. 11737 (**SpR. 75**) steht auf dem Standpunkte, daß die Amortisierung von Urkunden, welche, abgesehen von der fehlenden Unterschrift des Ausstellers, den übrigen Erfordernissen eines Wechsels entsprechen, beim Handelsgerichte zu erfolgen habe (vgl. Friedländer a. a. O.).

Für Wertpapiere, welche von Privaten ausgegeben sind, enthält das Gesetz vom 3. Mai 1868, RGBl. Nr. 36 die Bestimmungen über die Zuständigkeit zur Amortisation.

Spezialnormen gelten ferner noch für die von der österreichisch-ungarischen Bank ausgestellten Urkunden, ferner für solche der österreichischen Kreditanstalt für Handel und Gewerbe usw. (vgl. des näheren bei Friedländer, a. a. O., bei Neumann, Kommentar zu § 115 JN.).

IV. Das Gesuch um die Einleitung des Amortisationsverfahrens hat die genaue Bezeichnung des Gesuchstellers, ferner des Papiers zu enthalten, die Mittel zur Bescheinigung des Rechtes des Gläubigers und das Begehren auf Einleitung des Amortisationsverfahrens. Das Gericht hat die Wahrheit der Gesuchsbehauptungen, soweit dies tunlich ist, von amtswegen zu erheben; dem dient auch die Einvernehmung des Schuldners. (Bei einer Aktiengesellschaft tritt an Stelle der Einvernehmung des Schuldners die Einvernehmung der Gesellschaft. Vgl. auch Némethy Nr. 155). Bei Staatspapieren aller Art hat die vor der Erlassung des Ediktes ergehende Anfrage in allen Fällen bei der Direktion der Staatsschulden zu erfolgen. Sie ergeht dahin, ob das betreffende Kreditpapier noch in den Kreditbüchern unter den angegebenen Merkmalen aushaftet. Eine verneinende Antwort hat die Abweisung des Gesuches zur Folge. Doch steht es der Partei frei, unter eventueller Berichtigung von Irrtümern oder Anführung neuer Daten das Gesuch neuerlich einzubringen.

Ergeben sich aus dem Inhalte des Gesuches und den eingeleiteten Erhebungen, insbesondere aus der Anfrage beim Schuldner keine Bedenken, so ist ein Edikt zu erlassen, welches neben den allgemeinen Angaben hinsichtlich der vom Gesuchsteller angegebenen Umstände und der Person des Gesuchstellers, der Bezeichnung des Gerichtes usw. die genaue Bezeichnung der Urkunde enthält und welches denjenigen, der diese Urkunde etwa in Händen haben soll, auffordert, das Papier innerhalb der Ediktalfrist vorzubringen (siehe S. 129), widrigenfalls die Urkunde für nichtig erklärt würde. Das Edikt ist durch Anschlag an der Gerichtstafel kundzumachen und dreimal in die Zeitungsblätter einzuschalten. Auch wird der Schuldner, bei dem angefragt wurde, von der Erlassung des Ediktes verständigt. Bei Staatsschuldverschreibungen erfolgt sowohl die Verständigung der Direktion als auch der Staatsschuldenkasse.

Die Ediktalfrist beträgt regelmäßig 1 Jahr, 6 Wochen und 3 Tage, doch ist sie vielfach bei den einzelnen Wertpapieren verschieden. So beträgt sie bei Wechseln und den gleich diesen zu amortisierenden Wertpapieren 45 Tage, beim Scheck 30 Tage, bei Sparkassenbüchern 6 Monate. Die Frist beginnt vom Tage des Ediktes zu laufen, bei Wechseln und denen ihnen gleichgestellten Papieren, soweit sie noch nicht fällig sind, vom Verfallstage an; der Verfallstag selbst wird noch nicht mitgerechnet. Bei allen Staatspapieren mit einer bestimmten Zahlungsfrist, die auf den Überbringer lauten und nicht vinkuliert sind und bei deren Koupons kann die Ediktalfrist keinesfalls vor Ablauf eines Jahres, 6 Wochen und 3 Tage von dem wirklichen Zahlungstage des Papieres an erlöschen. Besteht kein Kapitalsrückzahlungstermin oder ist ein solcher auf unbestimmte Zeit verschoben, so beträgt die Ediktalfrist 3 Jahre und zwar derart, daß sie keinesfalls enden kann vor Ablauf von 3 Jahren von dem Tage an, an welchem der letzte der mit der Obligation hinausgegebenen Interessenkoupons zur Zahlung fällig wird und somit die Hinausgabe neuer Koupons stattzufinden hat. Ergeht also das Edikt nach dem erwähnten Verfallstage und ist die Obligation noch nicht zur Behebung neuer Koupons zur Kasse gebracht, so läuft die dreijährige Frist vom Tage der Ausfertigung des Ediktes.

Nach fruchtlosem Ablaufe der Ediktalfrist ergeht das Amortisationsdekret und zwar nur auf neuerliches Ansuchen der Partei. Bei Staatspapieren, die auf den Überbringer lauten, muß vor der Erlassung des Amortisationserkenntnisses eine neuerliche Anfrage bei der Direktion der Staatsschulden erfolgen, wovon auch die Staatsschuldenkasse zu verständigen ist. Diese Anfrage hat die Wirkung, daß keine Veränderung mit dem Papiere mehr zugelassen wird.

Das Amortisationsdekret erklärt die bisher über das Forderungsrecht bestehende Urkunde für nichtig. Der Amortisationswerber ist nunmehr zur Geltendmachung der Forderung berechtigt. Bei Staatspapieren ist die Direktion der Staatsschulden von der erfolgten Amortisation unter Mitteilung des Datums und der Zahl der von ihr im Amortisationsverfahren erteilten Auskünfte und des Namens des Amortisationswerbers zu verständigen.

Für die Anfechtung des Amortisationsdekretes gelten die gewöhnlichen Grundsätze des Rechtsmittelverfahrens der freiwilligen Gerichtsbarkeit. Die Entscheidung GUNF. 5189 läßt hingegen auch eine Anfechtung im Prozeßwege zu.

V. Die Einleitung des Amortisationsverfahrens verhindert in der Regel nicht, daß die Forderung an den sich mit dem Papiere meldenden Gläubiger bezahlt wird. Um die Umschreibung des Papiers oder die Auszahlung der Zinsen oder des Kapitals zu verhindern, muß eventuell ein Verbot als Sicherungsmittel für die Zeit bis zur Erlassung des Amortisationsdekretes erwirkt werden (vgl. hierzu auch Min.Erl. vom 2. Juli 1859, RGBl. Nr. 120). Doch bedarf es hierzu eines besonderen Ansuchens (vgl. JME. vom 18. Februar 1858, Z. 2826). Bezüglich jener Papiere, bei welchen ein Verbot unzulässig erscheint, wie bei Staatsschuldverschreibungen, die auf den Inhaber lauten und nicht vinkuliert sind, und bei solchen ihnen gleichgestellten Privatschuldverschreibungen kann die Partei eventuell durch die beim Verdacht strafbarer Handlungen im Wege der polizeilichen oder strafgerichtlichen Behörden einzuleitende Invigilierung Abhilfe suchen. Vgl. auch Fin.-Min.-Erl. vom 11. August 1871, Z. 1414.

Siehe hierzu auch Frühwald und Moyzisch, S. 40 ff.

Bei der Amortisation von Schecks kann der Erfolg des Verfahrens eventuell durch ein als einstweilige Verfügung erlassenes Verbot der Einlösung des Schecks an den Bezogenen gesichert werden. Eine entgegen dem Verbote vorgenommene Einlösung des Schecks ist dem Antragsteller gegenüber wirkungslos.

Die Erlassung des Amortisationsdekretes hat, wie erwähnt, zur Voraussetzung, daß sich während der Amortisationszeit der Besitzer des Wertpapieres nicht meldet. Es entsteht nun die Frage, ob die bloße Anmeldung von Ansprüchen seitens einer Partei genügt, um die Einstellung des Amortisationsverfahrens zu erwirken. Die von Bezek a. a. O. zitierte Entscheidung des Obersten Gerichtshofes vom 12. Dezember 1899 vertritt diesen Standpunkt. Dem stehen aber gewichtige Bedenken entgegen (vgl. auch Bezek, a. a. O.). So verlangt § 202 der westgalizischen Gerichtsordnung, daß das Amortisationsdekret die Parteien aufzufordern hat, ihre Urkunde vorzubringen (vgl. auch Art. 73 Wechselordnung: „vorzulegen"). Aber abgesehen von dieser Fassung des Gesetzes sprechen auch allgemeine Erwägungen dafür, daß nicht die einfache Behauptung einer Partei zur Vereitelung des Verfahrens führen kann. Stellt sich doch das Amortisationsverfahren, wie schon die systematische Stellung des § 115 JN. beweist, als ein Verfahren außer Streitsachen dar, in dem das Gericht die Wahrheit der maßgebenden Umstände von amtswegen zu erforschen hat.

Besondere Bestimmungen kommen in Betracht beim Verlust von Losen der österreichischen Klassenlotterie:

Spieler, welche der Geschäftsstelle bei Erwerbung der Lose ihren Namen und ihre Adresse bekanntgegeben haben, erlangen im Falle des Verlustes ihrer Lose durch schriftliche Anzeige des Verlustes an die zuständige Geschäftsstelle, wenn das Erneuerungslos oder der Gewinn nicht bereits vor Eintreffen der Verlustanzeige an den Vorzeiger des Loses plangemäß ausgefolgt worden war, folgende Rechte:

a) Der Vorzeiger des als verloren gemeldeten Loses wird aufgefordert, seinen Namen und seine Adresse anzugeben; diese Daten werden dem Verlustanzeiger von der Geschäftsstelle brieflich zwecks Ermöglichung der Wahrung seiner Rechte mitgeteilt.

Die Verweigerung der erwähnten Angaben sowie offenkundig falsche Angaben haben zur Folge, daß ein auf das als verloren gemeldete Los entfallender Gewinn zu Gerichtshanden erlegt wird, während hinsichtlich eines Erneuerungsanspruches der Verlustanmelder als rechtmäßiger Besitzer des Klassenloses betrachtet wird.

Hat dagegen der Vorzeiger obige Angaben gemacht und sind diese nicht offenkundig falsch, so wird ihm das verlangte Erneuerungslos nach Erfüllung der planmäßigen Bedingungen ausgefolgt; ein Gewinn, welcher auf das vorgezeigte als verloren gemeldete Los entfiel, wird ihm jedoch nicht sofort, sondern erst nach einer Frist von 10 Wochen über neuerliches Anmelden ausgefolgt, vorausgesetzt, daß nicht inzwischen eine gerichtliche Verfügung einlangt; in letzterem Falle wird der Gewinn zu Gerichtshanden erlegt.

b) Wird das Verlustlos innerhalb der Erneuerungsfrist nicht vorgezeigt, so kann der Verlustanmelder den Erneuerungsanspruch bis zum Ende der Geschäftsstunden des fünften Tages vor Beginn der Ziehung bei der Geschäftsstelle geltend machen; einen auf das Verlustlos entfallenen Gewinn kann der Verlustanmelder in dem Falle, wenn das Los innerhalb der Verfallsfrist nicht vorgezeigt wurde, binnen einer an die Verfallfrist sich anschließenden einmonatlichen Frist (ohne Rücksicht auf die Höhe des Gewinnes) bei der Generaldirektion der Staatslotterien ansprechen, welche ihm denselben gegen gestempelte Quittung ausfolgen wird. Hierbei kann die gerichtliche oder notarielle Legalisierung der Unterschrift des Verlustanmelders auf der Quittung gefordert werden.

Besitzer von beschädigten Losen können unter Vorlage der Lose Anspruch erheben, daß ihnen die Rechte eines Verlustanmelders zugebilligt werden.

Fünfter Abschnitt.

Die Beurkundung von Rechtsverhältnissen im Verfahren außer Streitsachen.

§ 71. Allgemeines.

I. In der Sorge für eine geeignete Beurkundung der Rechtsverhältnisse der Parteien zeigt sich eine der wichtigsten Funktionen der Fürsorge auf dem Gebiete der freiwilligen Gerichtsbarkeit. In einer großen Zahl der Fälle hat die Beurkundung bloß Beweiszweck, häufig aber hat sie auch rechtsgestaltende Bedeutung, indem die Aufnahme gewisser Beurkundungsakte eine konstitutive Voraussetzung für das Entstehen von Rechtsverhältnissen bildet (z. B. der Notariatsakt für Ehepakten, für das Schenkungsversprechen ohne Übergabe) oder für die Geltendmachung gewisser Rechte (z. B. der Wechselprotest). Beim vollstreckbaren Notariatsakt und beim Mandatsverfahren ermöglicht die Beurkundung gewisse privilegierte Rechtsschutzformen.

Schon in den vorstehenden Abschnitten sind eine Reihe von Beurkundungsfällen erörtert worden. Im Folgenden soll ein kurzer Überblick über die sohin noch verbleibenden wichtigsten Fälle amtlicher Beurkundung im Verfahren außer Streitsachen gegeben werden. Eine große Rolle spielt im Urkundenwesen das Notariat. Ein Teil der Beurkundungstätigkeit ist ausschließlich den Notaren überlassen. Bezüglich eines großen Teiles konkurriert die Tätigkeit des Notars mit der des Gerichtes.

II. Die Fälle der offiziellen Beurkundung sind unendlich mannigfaltig. § 281 des P. sagt ganz allgemein, daß die Gerichte über aktenmäßig bei Gericht bekannte Tatsachen den Parteien auf ihr Ansuchen erforderlichenfalls Amtszeugnisse auszustellen haben. § 282 P. erklärt, daß das Justizministerium Zeugnisse über das geltende Recht für Rechtssachen, die im Ausland durchgeführt werden, auszufertigen hat. Nach der Notariatsordnung hat der Notar über alle tatsächlichen Vorgänge Beurkundungen vorzunehmen, welche sich in seiner Gegenwart abspielen und rechtliche Wirkungen hervorrufen sollen (vgl. § 88 NO.). Er hat ferner Lebenszeugnisse auszustellen (§ 81 NO.) Erklärungen zu beurkunden, welche eine Partei zum Zwecke der Erzielung rechtlicher Wirkungen an eine andere richtet (§ 83 ff. NO.) z. B. Aufkündungen. Ferner hat der Notar Beschlüsse von Generalversammlungen zu protokollieren (§ 87 NO.), den Zeitpunkt der Vorweisung von Urkunden festzustellen und den Wechselprotest aufzunehmen (§ 89 NO.). Wie bei der Aufnahme des Wechselprotestes konkurriert die Tätigkeit des Notars mit der des Gerichtes auch bei der Aufnahme letzter Willenserklärungen: letztwillige Anordnungen, welche vor zwei Notaren oder vor einem Notar und zwei Zeugen (vgl. § 67 NO.) mündlich errichtet oder schriftlich übergeben werden, sind — die Kompetenz der Notare und die Einhaltung der vorgeschriebenen Förmlichkeiten, insbesondere die Aufnahme eines Protokolls, vorausgesetzt — den gerichtlichen letztwilligen Anordnungen gleichzustellen (§ 70 ff. NO.).

Doch kann der Notar letztwillige Verfügungen auch in Form eines Notariatsaktes aufnehmen. Vgl. § 73 dieses Grundrisses.

Wird das Gericht zur Entgegennahme letztwilliger Erklärungen angerufen (§ 589 ABGB.), so müssen wenigstens zwei beeidete Gerichtspersonen fungieren, von denen einer an dem Ort der Aufnahme der Erklärung das Richteramt zusteht. Statt der zweiten Gerichtsperson können zwei Testamentszeugen beigezogen werden (vgl. die §§ 587 ff. ABGB. und Pfaff-Hofmann, Kommentar zu den §§ 587 ff.).

Minderjährige, welche das 18. Lebensjahr noch nicht zurückgelegt haben, können nur mündlich vor Gericht, oder nach § 70 NO. mündlich vor dem Notar testieren. Über den Vorgang ist ein Protokoll aufzunehmen (vgl. darüber § 569 ABGB.).

Zur gerichtlichen Aufnahme letztwilliger Anordnungen ist das Bezirksgericht kompetent (§ 121 JN.).

Besondere Bedeutung erlangt die beurkundende Tätigkeit der Organe der freiwilligen Gerichtsbarkeit bei der Legalisierung, Vidimierung, der Beglaubigung von Übersetzungen uud bei der Errichtung von Notariatsakten.

§ 72. Legalisierung, Vidimierung und Beglaubigung von Übersetzungen.

I. Die Legalisierung ist die Beglaubigung der Echtheit der Schrift oder der Unterschrift einer Originalurkunde. Zur Legalisierung sind neben den Notaren auch die Gerichte berufen. Kompetent hierzu ist das Bezirksgericht (§ 121 JN.). Den Beamten der Gerichtskanzlei kann die Ermächtigung zur Beglaubigung von Unterschriften vom Gerichtsvorsteher erteilt werden (vgl. § 56 Abs. 2 GOG., § 239 Abs. 4 GO.).

Ist die Person des Ausstellers dem Funktionär, der die Beurkundung vornimmt, nicht persönlich bekannt, so muß der gesetzlich genau vorgeschriebenene Identitätsbeweis gefordert werden. Er wird geführt durch die Beiziehung zweier vollkommen glaubwürdiger Zeugen, welche den Aussteller der Urkunde kennen. Die Identitätszeugen müssen mindestens ein Alter von 20 Jahren erreicht haben, dem Richter (Notar) persönlich bekannt sein und glaubwürdig erscheinen. Eine Frauensperson kann nur als zweiter Identitätszeuge beigezogen werden (§ 4 des Ges. vom 4. Juni 1882, RGBl. Nr. 67). Die Beiziehung eines zweiten Identitätszeugen kann aber ersetzt werden durch die Vorweisung eines zur Dartuung der Identität der Partei geeigneten unbedenklichen Legitimationspapieres, zum Beispiel eines Heimatscheines (vgl. § 5 des Leg.-Ges.). Die Legalisierungsklausel hat zu bestätigen, daß die Partei ihre Unterschrift vor dem beurkundenden Organe beigesetzt hat oder daß sie die Identität ihrer Unterschrift anerkannt hat.

Die Legalisierung ist natürlich kein Beleg für die Wahrheit des Inhaltes der Urkunde und die Gültigkeit des Rechtsgeschäftes. Doch hat das Justizministerium im JMVBl. 1902, S. 192 seine Ansicht dahin ausgesprochen, daß die Mitwirkung bei der Legalisierung der Unterschriften von Personen, von denen bekannt ist, daß sie wegen ihrer Minderjährigkeit oder aus anderen Gründen zu dem Rechtsgeschäfte unfähig sind, nach § 2 Zl. 2 des P. zu verweigern sei. Ferner hat der Oberste Gerichtshof in der Plenissimarentscheidung vom 29. September 1897 Zl. 296, **Jud.Buch 136,** JMVBl. 1897, Beilage Nr. 1370 (vgl. Reich, Handbuch S. 531 f.) entschieden, daß die Notare trotz der Norm des § 79 Abs. 2 NO. auch bei Legalisierungen die Vorschriften des § 34 NO. zu beobachten haben.

Ist das beurkundende Organ der Sprache, in der die Urkunde ausgestellt ist, nicht kundig, so ist nach § 285 P. ein Dolmetscher beizuziehen, welcher der Urkundsperson den wesentlichen Inhalt der Urkunde anzugeben hat.

Über die Legalisierung ist ein Protokoll aufzunehmen (vgl. auch § 82 NO.), welches bei der gerichtlichen Legalisierung durch die Eintragung in das Register für Beglaubigungen ersetzt werden kann (§ 239 GO.).

Soweit Urkunden im Auslande verwendet werden sollen, bedürfen sie regelmäßig, je nach der konkreten Lage der Sache noch weiterer Beglaubigung, eventuell im diplomatischen Wege (vgl. auch § 40 GOG. und JMV. vom 13. Februar 1854 RGBl. Nr. 40). Soweit besondere Vereinbarungen mit den einzelnen Staaten bestehen, kommen diese zur Geltung. So bedürfen zum Beispiel nach dem Legalisiervertrage mit dem Deutschen Reiche vom 25. Februar 1880 Urkunden, welche von Zivil- oder Militärgerichten in streitigen oder nicht streitigen bürgerlichen Angelegenheiten und in Strafsachen ausgestellt werden, wenn sie mit dem Amtssiegel versehen sind, keiner weiteren Beglaubigung. Die von Notaren angefertigten Urkunden bedürfen der gerichtlichen Beglaubigung. Diese ist als erfolgt anzusehen, wenn die Urkunde die Unterschrift und das Amtssiegel eines Gerichtes des Staates trägt, in welchem der Aussteller seinen amtlichen Wohnsitz hat. Wechselproteste, welche von Notaren, Gerichtsvollziehern oder Gerichtsschreibern ausgestellt und mit deren Amtssiegel versehen sind, bedürfen keiner weiteren Beglaubigung.

Vgl. auch die Gutachten von Eugen Josef und M. Reich zum 31. D. Jur.Tag.

Für Tirol (Art. X des Ges. vom 17. März 1897 RGBl. Nr. 77) und für Vorarlberg (Art. IV des Ges. vom 1. März 1900 RGBl. Nr. 44) kommt bei grundbücherlichen Eintragungen das Institut der „Legalisatoren" in Betracht. Sie sind beeidete Urkundsorgane, welche vom Oberlandesgerichtspräsidenten ernannt werden, der Aufsicht der Bezirksgerichte und der Disziplinargewalt des Präsidenten der Gerichtshöfe unterstehen.

II. Die Vidimierung von Abschriften.

Sie ist die Bestätigung, daß eine der Urkundsperson vorgelegte Kopie mit der dem beurkundenden Organe gleichzeitig vorgelegten Urschrift oder Abschrift übereinstimmt. So wie die Legalisierung nur einen Beweis für die Echtheit der Urkunde und der Unterschrift bildet, nicht aber für die Richtigkeit des Inhaltes der Urkunde, so bietet auch die Vidimierung keinerlei Beweis für die Echtheit des Originals oder die Richtigkeit seines Inhaltes. Allerdings sind Bedenken, die sich hinsichtlich der Echtheit oder Unverfälschtheit des Originals ergeben, in der Vidimierungsklausel festzustellen (vgl. § 284 P. und 77 NO.). Berufen zur Vidimierung sind die Notare (§ 77 JN.) und die Gerichte. Kompetent erscheinen die Bezirksgerichte (§ 121 JN.). Auch hier können, wie bei der Legalisierung Beamte der Gerichtskanzlei vom Gerichtsvorsteher ständig mit dieser Funktion betraut werden.

III. Beglaubigung von Übersetzungen.

Die Mitwirkung der Gerichte besteht hier in der Bestellung und Beeidigung von beglaubigten Übersetzern, ferner in der Führung der Verzeichnisse der beeideten Dolmetsche, der eventuellen Bemessung ihrer Gebühren, der Beglaubigung der Akte des Übersetzers.

Die Bestellung der Dolmetscher erfolgt über Vorschlag des Gerichtshofes erster Instanz durch das Oberlandesgericht (vgl. Hofdekret vom 22. Dezember 1835, JGS. 109, P. 2).

Notare sind kraft ihres Amtes zur Beglaubigung von Übersetzungen aus einer Landessprache in die andere berufen, wenn sie die Befugnis erhalten haben, in beiden Sprachen Notariatsurkunden aufzunehmen (vgl. des Näheren die §§ 287 ff. P. und 78 NO.).

§ 73. Die Errichtung von Notariatsakten.

I. Jeder Notariatsakt muß, um gültig zu sein, den Erfordernissen genügen, welche das bürgerliche Recht für das konkrete Rechtsgeschäft aufstellt; er muß aber auch, um als öffentliche Urkunde in Betracht zu kommen, den Normen über die Errichtung eines Notariatsaktes entsprechen.

Der Notar muß die Parteien persönlich und dem Namen nach selbst kennen. Andernfalls bedarf es des Identitätsbeweises. Wenn eine Partei den Notariatsakt durch einen Bevollmächtigten errichten lassen will, muß die Vollmacht gerichtlich oder notariell beglaubigt sein.

Der Aufnahme des Aktes sind in den Fällen des § 56 NO. obligatorisch zwei Akteszeugen, welche den Anforderungen des § 57 NO. entsprechen müssen oder ein zweiter Notar, beizuziehen. Wenn es sich um die Aufnahme einer letztwilligen Verfügung handelt, so können der Notar und die zugezogenen Aktszeugen, wenn sie die Eignung dazu besitzen, auch Zeugen des letzten Willens sein. Es entfällt die Zuziehung eines dritten Zeugen, wenn dem Akte zwei Notare zugezogen werden, und beide die gesetzliche Eignung als Zeugen des letzten Willens für den konkreten Fall besitzen. (Vgl. hierzu auch Pfaff-Hofmann, Kommentar II S. 186 f., Exkurse II S. 116 ff.)

Der Notariatsakt muß, um die Eigenschaft einer öffentlichen Urkunde zu erlangen, sämtlichen in § 68 NO. angeführten Erfordernissen entsprechen. Der Akt bedarf daher der Unterschrift der Parteien, sowie in den Fällen der obligatorischen Zuziehung von Zeugen, Vertrauenspersonen oder Dolmetschen, auch deren Unterschriften. Besondere Vorschriften bestehen für Notariatsakte, bei denen eine Partei blind (vgl. § 59 NO.), taub (vgl. § 60 NO.), stumm oder taubstumm (vgl. § 61 NO.) ist, wenn der Notariatsakt in einer Sprache aufgenommen werden soll, welche in dem Lande, wo sich der Amtssitz des Notars befindet, nicht üblich ist (§ 62 NO.), ferner wenn eine der Parteien der Sprache nicht kundig ist, in welcher der Notariatsakt aufgenommen wird (§ 63 NO.) oder wenn ein Zeuge die Sprache einer der Parteien oder des Aktes nicht kennt.

II. Hinsichtlich der persönlichen Verantwortlichkeit des Notars kommen für Notariatsakte vor allem die allgemeinen Normen der §§ 34 und 36 der Notariatsordnung in Betracht. Der Notar hat also die Mitwirkung bei der Errichtung des Notariatsaktes zu verweigern, wenn es sich um verbotene oder bedenkliche Geschäfte handelt, wenn die Fähigkeit oder die Berechtigung der Parteien zum Abschlusse des Geschäftes fehlt. Der Notar ist insbesondere verpflichtet, die Parteien über den Sinn und die Folgen des Notariatsaktes zu belehren und sich von ihrem ernstlichen und wahren Willen zu überzeugen, für möglichste Klarheit und Bestimmtheit der abgegebenen Erklärungen zu sorgen, den Notariatsakt den Parteien vor der Unterfertigung vorzulesen und sich zu vergewissern, daß der Akt in dieser Ausfertigung dem Willen der Parteien entspricht (vgl. auch § 52 NO.).

Insbesondere hat der Notar, wenn in den Notariatsakt Bestimmungen aufgenommen werden sollen, die entweder rechtlich wirkungslos sind oder zu einem Prozeß oder zur Übervorteilung eines der Kontrahenten führen könnte, die betreffende gefährdete Partei ausdrücklich auf die Konsequenzen dieser Bestimmung aufmerksam zu machen und diese Belehrung im Notariatsakte festzustellen (§ 53).

III. Eine besondere Form der Errichtung eines Notariatsaktes ist die im § 54 NO. vorgesehene (vgl. dazu Reich, Handbuch S. 518). Darnach können die Parteien die von ihnen zu errichtenden Urkunden selbst entwerfen, dieselben notariell bekräftigen und ist hierüber ein Notariatsakt aufzunehmen.

IV. Die Parteien können in die von ihren Angelegenheiten errichteten Notariatsakte jederzeit Einsicht nehmen, ferner je eine Ausfertigung verlangen; wegen eventueller wiederholter Ausfertigungen vgl. § 93 NO. Ferner sind ihnen auf ihren Wunsch jederzeit beglaubigte oder einfache Abschriften auszufertigen (§ 91 ff. NO.). Wegen der Einsichtnahme Dritter in den Notariatsakt vgl. § 95 NO.

Vgl. auch hierzu die S. 132 bezogene Literatur.

§ 74. Urkundenerneuerung.

Es handelt sich hier um eine Art Beweissicherung, die in den Formen des Verfahrens außer Streitsachen erfolgt. § 317 ZPO. gibt dem Inhaber einer Privaturkunde, die unleserlich oder schadhaft wird, das Recht, vom Aussteller der Urkunde zu begehren, daß dieselbe gerichtlich erneuert werde. Das gleiche Recht steht jedem anderen „Beteiligten" zu. Es wird also, soweit es sich um den Inhaber handelt, der Dartuung eines rechtlichen Interesses an der Erneuerung einer Urkunde bedürfen, um die Legitimation zur Antragstellung zu begründen.

Das Gericht hat über den Antrag Tagsatzung anzuordnen und hierzu alle Personen, für welche die Urkunde nach Lage der Sache zum Beweis dienen soll, zu laden.

Der Vorgang nach § 317 stellt sich jedoch nur als ein Versuch zur außerstreitigen Erneuerung der Urkunde dar. Erscheint eine Partei zur Tagsatzung nicht oder verweigert eine der erschienenen Parteien ihre Mitwirkung, so ist die Ausübung eines Zwanges gegen sie ausgeschlossen. Auch Versäumnisfolgen sind diesem Verfahren unbekannt. Dem Antragsteller bleibt es in einem solchen Falle nur vorbehalten, sein Ziel im Prozeßwege zu erreichen.

Die Kosten des außerstreitigen Verfahrens treffen den Gesuchsteller (vgl. auch Pollak, ZPR. I, S. 66; II, S. 689).

Sechster Abschnitt.

Außerstreitige Fideikommißgerichtsbarkeit.

§ 75. Die Errichtung des Fideikommisses. Zuständigkeit. Die Parteien des Fideikommißverfahrens.

I. Die außerstreitige Fideikommißgerichtsbarkeit kommt bezüglich der Fideikommisse, welche zur Zeit des Inkrafttretens der geltenden Jurisdiktionsnorm bereits errichtet waren, jenem Gerichtshofe zu, welcher bisher mit dieser Gerichtsbarkeit betraut war. Bezüglich der neu zu errichtenden Fideikommisse bestimmt § 116 JN., daß für die Zuständigkeit in erster Linie eventuelle Bestimmungen des gesetzlich genehmigten Fideikommißstatutes entscheidend sind. Soferne solche nicht getroffen werden, ist dasjenige Kreis- oder Landesgericht kompetent, bei welchem der Stifter des Fideikommisses zur Zeit seines Todes seinen allgemeinen Gerichtsstand hatte. Das Fideikommißgericht ist vor allem berufen, zur Durchführung der Verfügungen, die das Fideikommißvermögen seinem Zwecke sichern und zur Abhandlung der Fideikommißobjekte bei Todesfällen der Besitzer. Wenn das Fideikommiß durch den Tod des letzten Besitzers erlischt, hat zwar die Verlassenschaftsbehörde, welche das Allodialvermögen des Verstorbenen abhandelt, auch das bisherige Fideikommißvermögen einzubeziehen, die Erklärung jedoch, daß das Fideikommißband erloschen sei, steht auch für den Fall, als das Fideikommißgericht nicht zugleich Abhandlungsbehörde ist, dem Fideikommißgerichte zu (vgl. § 116, Abs. 2 JN.). Das Fideikommißgericht ist vor allem auch berufen zur Erteilung der Bewilligung zur Auflösung des Fideikommisses. Dem Fideikommißgerichte kommt ferner die kuratelsbehördliche Gerichtsbarkeit hinsichtlich der Tätigkeit des Fideikommißkurators zu.

§ 238, Abs. 2 P. bestimmt, daß die Schätzung des Fideikommißgutes zum Zwecke der Onerierung des Fideikommisses der Realinstanz obliegt. Gleiches gilt wohl auch für die Aufnahme des Inventars (A. M. die E. vom 30. Mai 1899, Zl. 3891, Právnik 1899 S. 677, Georg Neumann zu § 116 NO.).

Wenn es sich um die Verschuldung eines Fideikommisses in einem größeren Maße als dem durch die §§ 635 bis 637 ABGB. angegebenen handelt, ist zur Bewilligung der Verschuldung der Oberste Gerichtshof ausschließlich zuständig (Ges. vom 13. Juni 1868 RGBl. Nr. 61).

Der Gerichtshof hat über jedes Fideikommiß ein eigenes Protokoll zu führen, aus dem sich die wesentlichen Rechtsverhältnisse des Fideikommisses ergeben (vgl. § 255 P.). Überdies soll das Gericht ein diesem Protokolle gleichlautendes Hauptbuch über alle Fideikommisse führen. Es obliegt dem Referenten, für die erforderlichen Eintragungen in das Protokoll und das Hauptbuch zu sorgen.

Die Obergerichte und der Oberste Gerichtshof haben die Tätigkeit der Gerichtshöfe, welche die Fideikommißgerichtsbarkeit in erster Instanz ausüben, von amtswegen zu überwachen und im Falle wahrgenommener Mängel die entsprechenden Verfügungen zu treffen (vgl. § 256 P.).

II. Die Errichtung eines Fideikommisses hat die Erlassung eines besonderen Gesetzes zur Voraussetzung (Ges. vom 13. Juni 1868, RGBl. Nr. 61). Das Gesuch um die Genehmigung zur Errichtung eines Fideikommisses ist beim Ministerium des Innern einzubringen. Dasselbe hat die rechtlichen Voraussetzungen für die Errichtung des Fideikommisses zu prüfen. Ergibt sich in dieser Richtung ein Mangel, so kann dies die Abweisung des Gesuches zur Folge haben. Andernfalls wird das Ministerium eine Allerhöchste Entschließung darüber einholen, ob dem Reichsrate eine Regierungsvorlage zur Erlassung eines Gesetzes vorgelegt werde. Fällt die Allerhöchste Entschließung negativ aus, so unterbleibt die Regierungsvorlage, weil damit feststeht, daß es zu einem Gesetz nicht kommen kann (vgl. auch Pfaff-Hofmann, Exkurse, S. 217).

Dem Gesuch an das Ministerium muß das Original oder der Entwurf der Stiftungsurkunde beigelegt werden, sowie ein Verzeichnis des dem Fideikommiß zu widmenden Vermögens mit der Angabe des Wertes der einzelnen Vermögensobjekte.

Die Erlassung des das Fideikommiß genehmigenden Gesetzes stellt sich als ein in Form eines Gesetzes ergehender Verwaltungsakt dar. Die Errichtung des Fideikommisses ist vollzogen mit der Erlassung des Gesetzes und der Perfektion der Stiftungsurkunde. Die Stiftungsurkunde stellt sich als wesentlicher Bestandteil des Gesetzes dar. Das Ministerium, welchem in dem konkreten Gesetz der Vollzug überwiesen ist, hat dann zu prüfen, ob die sohin errichtete Stiftungsurkunde dem Gesetze entspricht (vgl. auch den JME. vom 24. Januar 1874, Z. 930, Ger.Z. 1874, S. 57). Bei Perfektion der Stiftung ist sogleich das Inventar zu errichten (vgl. darüber Pfaff-Hofmann, Kommentar S. 310).

Der Fideikommißbesitzer hat nach § 628 ABGB. das Recht, die Errichtung des Fideikommisses auch nach der Erlassung des Gesetzes zu widerrufen, solange noch niemand durch die Übergabe oder durch Vertrag ein Recht erworben hat. Der Wille wird als widerrufen angesehen, „wenn dem Erblasser ein männlicher ehelicher Erbe, der in dem Fideikommisse nicht begriffen ist, geboren wird."

Ergibt sich beim Tode des Stifters ein Abgang am Fideikommißvermögen oder eine Verminderung des Vermögens durch die davon zu bezahlenden Gebühren, durch die Ergänzung des Pflichtteiles der Noterben oder auf andere Weise, so hat das Gericht ein neues Inventar über das reine Fideikommißvermögen aufzunehmen (§ 223 P.).

III. Neben der Aufnahme des Inventars hat das Gesetz noch in anderer Weise für die Sicherung des Fideikommißvermögens sowie der Rechte der Anwärter Vorsorge zu treffen. Dahin gehört vor allem die Vorschrift, daß bei Immobilien und bücherlich sichergestellten Forderungen das Fideikommißband eingetragen werde (vgl. darüber Pfaff-Hofmann, Kommentar S. 311, Exkurse zu § 627, S. 218). Fideikommißgelder, Wertpapiere und andere wichtige Urkunden sind gerichtlich zu erlegen. Kostbarkeiten und Fahrnisse können dem Fideikommißbesitzer gegen Bestätigung überlassen bleiben. Für die Anlegung der Fideikommißkapitalien gelten die allgemeinen Grundsätze über die Anlegung von Pupillarvermögen. Das Gericht hat über die Anlegung eines Fideikommißkapitales immer den Kurator, und in wichtigeren Fällen auch die nächsten Anwärter zu vernehmen (§ 231); doch bedarf es nicht ihrer Zustimmung zu einem Antrage des Fideikommißbesitzers, wenn die gesetzmäßige Sicherheit unzweifelhaft erwiesen ist (vgl. § 231 P.). Darlehen, die aus Fideikommißvermögen gegeben werden, sind im Schuldscheine und in den öffentlichen Büchern als solche zu bezeichnen; Wertpapiere, die auf bestimmte Namen lauten, sind auf das Fideikommiß umzuschreiben. Auf Inhaber lautende Wertpapiere sind, soweit dies tunlich ist, zu vinkulieren (§ 232 P., JME. vom 6. August 1874, Z. 8661 an die Oberlandesgerichte Prag und Brünn, bei Friedländer zu § 232).

Falls der Fideikommißbesitzer das Fideikommißgut schädigt, z. B. durch übermäßige Ausnützung der Waldungen oder sonst durch üble Verwaltung, kann ihm nach Einvernehmung von Sachverständigen oder Aufnahme anderer hierzu geeigneter Beweise die Verwaltung abgenommen und für immer oder auf eine angemessene Zeit ein gerichtlicher Verwalter hierfür bestellt werden (§ 254, Abs. 2 P.).

III. Um eine entsprechende Aufsicht über das Fideikommißvermögen und die Erreichung des Zweckes des Fideikommisses sicherzustellen, anderseits auch zur Vertretung der Rechte der zur Nachfolge in das Fideikommiß berufenen Personen, hat das Fideikommißgericht einen Kurator zu bestellen. Derselbe erscheint nach § 630 ABGB. als Vertreter „des Fideikommisses und der Nachkommenschaft". Bei der Ernennung des Kurators ist tunlichst auf den Vorschlag der Fideikommißanwärter Bedacht zu nehmen. Bezüglich der persönlichen Eigenschaften des Kurators sind die Normen des bürgerlichen Gesetzbuches über Vormünder zu beobachten. Die Kuratel kann auch einem der Anwärter übertragen werden, jedoch nie einem Gläubiger oder Schuldner des Fideikommisses (§ 227 P.; vgl. auch § 193 ABGB). Der Fideikommißkurator ist in allen wichtigeren Fideikommißangelegenheiten einzuvernehmen (§ 229 P.; vgl. auch § 231 P.); er hat darauf zu sehen, daß der Fideikommißbesitzer das Fideikommißvermögen entsprechend verwaltet und es nicht schädigt; erforderlichenfalls ist es seine Pflicht, bei Gericht Bedenken zur Anzeige zu bringen und Sicherungsmaßregeln (z. B. die gerichtliche Verwaltung des Fideikommißgutes) zu verlangen (§ 254 P.). Der Kurator kann zum Verwalter bestellt werden (§ 254 P.). Insbesondere hat der Kurator auch darauf zu sehen, daß die Annuitäten und Zinsen der Fideikommißschulden (s. GUNF. 5152) und die Steuern bezahlt werden. Der Kurator hat auch — gemeinschaftlich mit den nächsten Anwärtern — an allen Prozessen teilzunehmen, die das Stammvermögen des Fideikommisses betreffen (§ 229 P.). Doch hängt seine Legitimation von der Mitwirkung der Anwärter nicht ab. Der Fideikommißkurator kann den Prozessen des Fideikommißbesitzers als Intervenient beitreten, er ist aber auch berechtigt, selbständig und unabhängig vom Fideikommißbesitzer Prozesse zu führen. Seine Teilnahme am Prozesse ist Voraussetzung für die Wirksamkeit des Urteils gegen die Rechtsnachfolger (vgl. auch Pfaff-Krainz-Ehrenzweig, § 197).

Die Kosten des Kurators und die übrigen Kuratelskosten sind nach 226 P. vom jeweiligen Fideikommißbesitzer zu tragen, soweit sie nicht bei der Abhandlung der Verlassenschaft des Fideikommißstifters entstehen und daher dem Fideikommiß zur Last fallen.

IV. Neben dem Fideikommißkurator kommt im Fideikommißverfahren auch den nächsten Anwärtern Parteienstellung zu. In gewissen Fällen ist das Gericht verpflichtet, außer dem Kurator alle ihm bekannten Anwärter zu vernehmen (siehe die §§ 634, 644 ABGB.). In anderen Fällen hat das Gericht je nach der Wichtigkeit der Sache nur die nächsten (so § 231 P.) oder einige der nächsten Anwärter (§ 229 P.) einzuvernehmen. Sie haben ein Vorschlagsrecht bezüglich der Ernennung des Fideikommißkurators, sie können den Antrag auf Erlassung von Aufträgen an diesen oder seine Enthebung erwirken, falls er sein Amt nachteilig führt, sie können Anzeige wegen schlechter Verwaltung des Fideikommißgutes erstatten und Abhilfe verlangen.

Auch sind die nächsten Anwärter, wie schon erwähnt, berechtigt, sich an den Prozessen über das Fideikommißvermögen neben dem Kurator zu beteiligen und dem von ihm eingeleiteten Prozesse als Nebenintervenienten beizutreten.

§ 76. Verfügungen in Ausübung der Fideikommißgerichtsbarkeit.

I. Im folgenden seien die wichtigsten Verfügungen mitgeteilt, die, abgesehen von den bereits erörterten, einen Anlaß zur Ausübung der außerstreitigen Fideikommißgerichtsbarkeit geben können. Das Gericht hat vor allem einzuschreiten beim Tode des jeweiligen Fideikommißbesitzers. Bei diesem Anlasse ist ein Inventar zu errichten (§ 92 Z. 4 P.). In demselben ist das wirklich vorhandene Fideikommißvermögen zu beschreiben und festzustellen, ob alle nach der letztwilligen Anordnung des Fideikommißstifters und nach den älteren Inventaren zu dem Fideikommisse gehörigen Güter und Fahrnisse vorhanden sind oder wieviel davon fehlt (§ 108 P.). Früchte oder Fahrnisse, die zum freivererblichen Vermögen des Fideikommißbesitzers gehören, sind auszuscheiden. Das Fideikommißinventar hat auch das Rechtsverhältnis festzustellen, welches sich nach der gegenseitigen Abrechnung zwischen dem Fideikommißvermögen und dem Allodialnachlaß des Verstorbenen ergibt, insbesondere hinsichtlich eventueller Ersatzleistungen wegen Vermehrung oder Verminderung des Stammvermögens, wegen des Bezuges von Früchten, der Bezahlung von Schulden und Zinsen usw. Diese Feststellungen haben auch dann zu erfolgen, wenn Allodial- und Fideikommißvermögen dem nämlichen Erben zufällt (vgl. §§ 224 und 225 P. und Pfaff-Krainz-Ehrenzweig, § 198).

Die Kosten der Errichtung des Fideikommißinventars hat der Nachfolger in das Fideikommiß zu bestreiten (§ 226).

II. Die Onerierung des Fideikommisses (vgl. auch Pfaff-Hofmann, Kommentar II, S. 347 ff., Exkurse II, 246 ff.

Das Maß und die Voraussetzungen für die Verpfändung des Fideikommißvermögens wurden bereits im I. Band, 3. Abteilung dieses Grundrisses besprochen (Pfersche, Sachenrecht, S. 109 f.). Die Legitimation zum Ansuchen um die gerichtliche Genehmigung der Onerierung kommt nur dem Besitzer des Fideikommisses zu, nicht seinen Gläubigern; anders wenn es sich nur um die grundbücherliche Durchführung der Verpfändung auf Grund einer dem Fideikommißbesitzer bereits erteilten Genehmigung handelt.

Das Gesuch muß eine genaue, den §§ 636 und 637 ABGB. entsprechende Berechnung des Fideikommiß-Dritt-Teiles enthalten. Das Gericht wird auf Grund des Gesuches regelmäßig den Kurator und die Anwärter einvernehmen. Bei größeren Belehnungen, die sich ja als wichtigere Fideikommißangelegenheiten darstellen, folgt die Verpflichtung zur Einvernehmung des Kurators und wenigstens einiger der nächsten Anwärter wohl schon aus § 229 P. Wenn es sich um die Verschuldung des Fideikommisses in größerem als den durch die §§ 635 bis 637 ABGB. zugelassenen Maße handelt, ist die Einvernehmung der Fideikommißkuratoren und aller bekannten Anwärter obligatorisch (Gesetz vom 13. Juni 1868, RGBl. Nr. 61).

Die nur für die Lebenszeit des Besitzers auf den Früchten des Fideikommißgutes lastenden Schulden sind bei der Berechnung des Fideikommiß-Dritt-Teiles nicht in Anschlag zu bringen (§ 243 P.). Eine Berücksichtigung dieser Schulden hat bei der Entscheidung über das Ansuchen nur insofern stattzufinden, als sie die vorgeschriebenen Rückzahlungen auf die Fideikommißschuld und die Berichtigung der Zinsen gefährden.

Der Bescheid, welcher über das Ansuchen ergeht und demselben Folge gibt, muß sowohl den Betrag der Schuld als die jährlichen Rückzahlungen in bestimmten Summen angeben. Bezieht sich die Belehnung auf mehrere Fideikommißgüter, so sind die Summen, welche die einzelnen Güter treffen, besonders festzustellen (§ 241 P.). Handelt es sich um ein Geldfideikommiß, so ist die der Onerierung entsprechende Behebung des Dritteils davon abhängig zu machen, daß die Zinsen der übrigen zwei Dritteile für die jährlichen Rückzahlungen auf die Fideikommißschuld verpfändet werden (§ 243, Abs. 3).

Da die Bewilligung der Onerierung auf Grundlage der zur Zeit der Bewilligung bestehenden Verhältnisse des Fideikommisses ergeht, so kann von ihr nicht mehr Gebrauch gemacht werden, wenn inzwischen eine neue Schuld auf das Fideikommiß oder die Früchte desselben versichert worden ist, gleichgültig ob es sich bezüglich der Früchte um eine freiwillige oder zwangsweise Pfandbegründung handelt. Es bedarf daher in solchen Fällen eines neuerlichen Ansuchens und einer neuerlichen, den geänderten Verhältnissen Rechnung tragenden Entscheidung. Die Bewilligung zur Onerierung verliert ferner ihre Wirksamkeit mit dem Tode des Fideikommißbesitzers, dem die Belehnung bewilligt wurde, wenn derselbe von der ihm erteilten Bewilligung noch keinen Gebrauch gemacht hatte (vgl. § 234 P.).

Die grundbücherliche Durchführung der Onerierung des Fideikommisses kann nur in Beziehung auf eine bestimmte Forderung und zwar auf Grund des für diese Forderung ausgestellten Schuldscheines erfolgen (§ 245 P.). Das Grundbuchsgesuch ist bei dem mit der außerstreitigen Fideikommißgerichtsbarkeit betrauten Gerichtshofe zu überreichen, welcher dasselbe sohin dem Grundbuchsgerichte überweist (§ 246 P.).

Hinsichtlich des Verhältnisses des Fideikommißbesitzers zu seinen Gläubigern vgl. § 242 P.

Die Rückzahlung der Fideikommißschuld und die Bezahlung der Zinsen ist zu überwachen (§§ 247, 251 P.). Das Gericht hat von Amtswegen darauf zu dringen, daß der Fideikommißbesitzer sich jährlich über die Fideikommißdepurationen ausweist (§§ 248 ff. P.). Die Ausweise sind eingehend zu prüfen. Bei Säumnis des Fideikommißbesitzers ist eventuell die gerichtliche Verwaltung des Fideikommißgutes einzuleiten (§§ 253, 254 P.). Diese Verwaltung hat zuerst für die Tilgung der Zinsen und Annuitäten der Fideikommißschuld zu sorgen und gehen dieselben bei dieser Verwaltung der Berücksichtigung persönlicher Gläubiger des Fideikommißbesitzers vor (vgl. auch GUNF. 5152). Entsteht über den Betrag der Rückstände des Fideikommißbesitzers ein Streit, so ist zuerst dessen gütliche Beilegung zu versuchen, bleibt dieselbe fruchtlos, so ist der Streit auf den Rechtsweg zu verweisen. Doch hat das Gericht von Amtswegen die Sicherstellung des streitigen Betrages anzuordnen und im Falle der Verzögerung durchzusetzen (§ 251 P.).

III. Verwandlung eines unbeweglichen Gutes in ein Geldfideikommiß, Vertauschung von Fideikommißgrundstücken mit anderen Grundstücken.

Diese Veränderungen unterliegen der Genehmigung des Fideikommißgerichtes. Für sie ist die Einvernehmung des Kurators und aller bekannten Anwärter immer obligatorisch (vgl. § 634 ABGB.). Die Entscheidung über die Genehmigung und die eventuelle Neuanlage des erzielten Erlöses als Fideikommißkapital erfolgt dann nach eingehender Erhebung und Würdigung aller in Betracht kommenden Verhältnisse (§§ 633, 634 ABGB.).

Der Wert des Fideikommißgutes ist im Falle der Vertauschung gerichtlich zu erheben. Handelt es sich um eine Veräußerung, so wird der Wert durch öffentliche Versteigerung bestimmt.

Der Oberste Gerichtshof hat im Gegensatze zur Fassung des § 637 ABGB. in der Begründung der Entscheidung GUNF. 4063 ausgesprochen, daß der Verkauf aus freier Hand zulässig sei, wenn „ganz besonders wichtige, im offenbaren Interesse des Fideikommisses selbst gelegene Gründe" vorliegen.

Die Frage, ob das Fideikommißgericht den Erwerb neuer Liegenschaften für ein Realfideikommiß nicht nur durch Tausch, sondern auch durch Ankauf bewilligen könne, hat der Oberste Gerichtshof in seiner Entscheidung GUNF. 2184 verneinend beantwortet. Nach der Ansicht der erwähnten Entscheidung bedarf es für solche Fälle eines Reichsgesetzes und zwar auch dann, wenn der dazu zu verwendende Kaufpreis aus früheren Veräußerungen von Fideikommißgrundstücken herrührt. Die E. betont zwar, daß als Tausch im Sinne des § 633 ABGB. gerade nicht notwendig nur Tauschverträge im Sinne des § 1045 ABGB. anzusehen seien, aber es müsse sich wenigstens um den Erwerb und die Veräußerung von Grundstücken beinahe gleichen Wertes handeln, welche annähernd in dieselbe Zeitperiode fallen und im wirtschaftlichen Sinne als Umtausch erscheinen. (Siehe auch Pfaff-Hofmann II, Kommentar S. 340.)

Die E. GUNF. 4720 gestattet nicht, daß für Meliorationen das Stammkapital angegriffen werde. Dieser Aufwand sei vielmehr durch Onerierung gegen entsprechende Rückzahlung zu tilgen.

IV. Die Auflösung des Fideikommisses. Sie ist zu unterscheiden von der ipso iure eintretenden Erlöschung des Fideikommisses nach § 645 ABGB. Im letzteren Fall handelt es sich um die Erhebungen und den sich als bloßes Feststellungserkenntnis darstellenden Ausspruch des Gerichtes, daß das Fideikommiß erloschen ist und um die Aufhebung der Sicherungsmaßregeln (z. B. der grundbücherlichen Eintragungen). Diese Erklärung bleibt immer der Fideikommißbehörde vorbehalten (§ 115 JN.).

Der auf die Auflösung des Fideikommisses lautende Ausspruch des Fideikommißgerichtes (§ 644 ABGB.) ist hingegen rechtsgestaltender Natur. Bei einem darauf gerichteten Antrag sind die Voraussetzungen des § 644 ABGB. von Amtswegen zu erheben und ist ein Edikt an alle Anwärter zu erlassen, sowie der Kurator der Nachkommenschaft einzuvernehmen. Die Zustimmung des Kurators ist nicht essentiell.

Sowohl der Beschluß, der die Erlöschung des Fideikommisses ausspricht, wie der auf seine Auflösung gerichtete ist anfechtbar. Rekursberechtigt ist insbesondere auch der Kurator.

Vgl. dazu Pfaff-Hofmann, Kommentar zu §§ 644, 645; Stubenrauch, ebendort und Pfaff-Krainz-Ehrenzweig, § 200.

Siebenter Abschnitt.

Sonstige Zweige der freiwilligen Gerichtsbarkeit.

§ 77. Grenzerneuerung.

Vgl. darüber eingehend Stubenrauch zu den §§ 850 ff.; Schwab, Festschrift zur Jahrhundertfeier des ABGB.; derselbe, Ger.Z. 1911 und die dort verzeichnete Literatur; ferner K. Flieder, Právník 1912, S. 1 ff.

I. Zuständig zur Vornahme des außerstreitigen Verfahrens zur Grenzerneuerung ist das Bezirksgericht, in dessen Sprengel sich die Sache befindet. Bezieht sich das Verfahren auf landtäfliche oder Lehensgüter oder auf aus dem Gemeindeverbande ausgeschiedene Gutsgebiete, so ist dasselbe dem örtlich zuständigen Kreis- oder Landesgerichte vorbehalten (§ 117 JN.).

II. Das bürgerliche Gesetzbuch unterscheidet zwei Fälle der Grenzerneuerung: einerseits den Tatbestand, daß die Grenzen so verletzt worden sind, daß sie unkennbar werden könnten (§ 850 ABGB.), und den Tatbestand, daß die Grenzen bereits unkenntlich geworden sind oder daß bei der Berichtigung der Markung ein Streit entsteht (§ 851 ABGB.). Es herrscht nun eine Kontroverse darüber, ob nur der erste Fall einen Gegenstand der freiwilligen Gerichtsbarkeit bildet, oder auch die anderen. Die Frage ist wohl hinsichtlich beider Fälle zu bejahen. Die ratio legis ist die gleiche.

Vgl. auch Pitreich, Ger.Z. 1888, Nr. 50, S. 395; Stubenrauch, a. a. O.; zum Teil a. M. Randa, Besitz, 4. Aufl., S. 254 f. Vgl. zur Frage auch Menger, System S. 24, Anm. 9; Flieder, a. a. O., S. 4.

Auf diesen Standpunkt hat sich auch die im Spruchrepertorium unter **Nr. 179** eingetragene Entscheidung des Obersten Gerichtshofes (GUNF. 2967) gestellt (vgl. auch GUNF. 969; a. M. GUNF. 342 und 1070).

Das Gericht hat zuerst zu prüfen, ob die allgemeinen Voraussetzungen für die Einleitung des Verfahrens gegeben sind, und wenn diese Frage bejaht wird, ist in die meritorische Verhandlung einzutreten. Es ist Tagsatzung an Ort und Stelle anzuordnen, wozu sämtliche Beteiligten zu laden sind. Eventuell kann auch die Prüfung der Voraussetzungen zur Einleitung des weiteren Verfahrens einer Tagsatzung an Ort und Stelle vorbehalten bleiben (vgl. auch die Not.Ztg. 1908, S. 246, mitgeteilte Entscheidung). Sohin werden die Grenzen erneuert und festgestellt, wenn es sich um ein Verfahren nach § 850 handelt. Im Verfahren nach § 851 hat das Gericht, wenn sich die Grenzen nicht mehr feststellen lassen und auch eine gütliche Einigung nicht erzielt werden kann, vor allem den letzten Besitzstand zu erheben und zu schützen. Geschützt wird auf diese Weise nur der echte Besitz (vgl. auch Randa, S. 259, Anm. 54 und Stubenrauch, a. a. O.).

Hinsichtlich des Vorgehens und der Entscheidung nach § 851 ist zum Teile anderer Meinung Pitreich a. a. O., welcher auch für dieses Verfahren § 853 ABGB. herangezogen wissen will. M. E. will § 853 nur die Lösung der Frage im Prozeßwege regeln. Vgl. auch Stubenrauch a. a. O.

Die Einleitung des Verfahrens nach § 850 und 851 setzt nicht etwa das Einverständnis der Beteiligten voraus. Erscheint einer der Geladenen nicht, so hat das zwar nicht die Versäumnisfolgen des Zivilprozeßrechtes zur Folge, doch hindert es die Feststellung der Entscheidungsgrundlagen des außerstreitigen Verfahrens nicht, der Sachverhalt ist vielmehr auch ohne Mitwirkung der säumigen Partei von amtswegen zu erheben und festzustellen (vgl. auch GU. 14925; GUNF. 969; a. M. GU. 12344; GUNF. 2082 und Stubenrauch a. a. O.).

Schwab, Festschrift S. 610, hält eventuell Zwang zum Erscheinen nach § 87 GOG. für zulässig.

Die Kosten sind in beiden Fällen von allen Teilen zu bestreiten, und zwar nach Maßgabe ihrer Grenzlinien. Die Auferlegung der Kosten erfolgt durch Beschluß. Bei Abweisung des Antrages sind die Kosten wohl dem Gesuchsteller aufzuerlegen, und zwar auch Ersatz an die anderen Parteien (Schwab a. a. O.).

Die Beschlüsse im Grenzerneuerungsverfahren sind sowohl in der Hauptsache wie hinsichtlich der Kosten Exekutionstitel.

Zu dem Verfahren nach §§ 850 und 851 ABGB. kann es natürlich nicht mehr kommen, wenn bereits ein Urteil über die Grenzfrage vorliegt und es sich nur um die Durchsetzung des Urteils handelt. Hier hat die Partei, zu deren Gunsten das Urteil ergangen ist, einfach um Exekution anzusuchen (GUNF. 4772).

Ferner ist die Eigentumsklage zu erheben, wenn eine Partei nur behauptet, daß ihr Eigentum bis zu einer bestimmten Grenze gehe.

§ 78. Mitwirkung freiwilliger Gerichtsbarkeit bei der Enteignung.

Vgl. Weyringer, Unmittelbarkeit und Mündlichkeit beim Schätzungs- und Enteignungsverfahren, Ger.Z. 1913, Nr. 43, S. 457 ff.

I. Hierzu gehört vor allem das gerichtliche Verfahren zur Errichtung von Notwegen (Ges. vom 7. Juli 1896, RGBl. Nr. 140) und die Mitwirkung bei der Feststellung der Entschädigung anläßlich der Enteignung zum Zwecke der Herstellung und des Betriebes von Eisenbahnen (Ges. vom 18. Februar 1878, RGBl. Nr. 30). Während im letzteren Falle nur die Entschädigungsfrage den Gegenstand der freiwilligen Gerichtsbarkeit bildet und diese Frage so in der Kompetenz trotz ihres inneren Zusammenhanges mit dem Enteignungserkenntnisse (vgl. Layer, Enteignungsrecht S. 458) von diesem losgelöst wird, obliegt bezüglich der Begründung von Notwegen dem Gerichte das ganze Verfahren, sowohl die Prüfung der Voraussetzungen für die Enteignung, der Ausspruch der Enteignung, als auch die Feststellung der Entschädigungssumme.

Für das eigentliche Enteignungsverfahren beim Bau von Eisenbahnen kann die Kompetenz der Gerichte dann und insoweit in Betracht kommen, als sich in diesem Verfahren die Notwendigkeit der Vertretung einer Partei durch einen Kurator ergibt. Der Kurator ist auf Ansuchen eines Beteiligten oder auf Einschreiten der Verwaltungsbehörde von dem zuständigen Gerichte zu bestellen.

II. Zuständig für das Verfahren zur Einräumung von Notwegen ist das Bezirksgericht, in dessen Sprengel sich die notleidende Liegenschaft befindet (§ 9 des Gesetzes).

Das Gesuch hat nebst den allgemeinen Erfordernissen des Schriftsatzes oder Antragsprotokolles die genaue Angabe der Art und der Richtung des beanspruchten Notweges zu enthalten. Insbesondere sind auch neben der Benennung des Namens, Standes und Wohnortes der in Betracht kommenden Eigentümer die Katastralnummern und Kulturgattungen, sowie die Bezeichnung der Grundbuchseinlagen der Liegenschaften anzuführen. Die Gründe für den Antrag sind bereits im Gesuche darzulegen. Für mehrere notleidende Liegenschaften kann ein einheitliches Gesuch eingebracht werden. Das Gesuch muß sich gegen den bücherlichen Eigentümer der Liegenschaften richten, bezüglich welcher ein Notweg beansprucht wird (vgl. auch die Entscheidung vom 28. November 1899, Zl. 1724, Not.Z. 1903, S. 230).

Die Notwegewerber haben das Gesuch in einer solchen Zahl von Exemplaren einzubringen, daß jeder Eigentümer der zu belastenden Grundstücke je ein Exemplar erhält, während eines bei Gericht zurückbleibt. Ein (stempelfreier) Schriftsatz ist ferner für die politische Bezirksbehörde einzubringen.

Das Gericht hat das Gesuch zuerst hinsichtlich der Eigentumsverhältnisse der in Betracht kommenden Liegenschaften mit dem Grundbuchstande zu vergleichen. Ergibt sich kein Hindernis, so ist eine Tagsatzung zur Verhandlung anzuordnen, zu welcher sämtliche Beteiligten vorzuladen sind. Die Zustellung erfolgt an die Eigentümer der zu belastenden Liegenschaften zu eigenen Handen (§ 11). Auch die politische Bezirksbehörde ist wegen der etwa in Betracht kommenden öffentlichen Rücksichten von der Tagsatzung zu verständigen. Das Gericht hat alle Erwägungen, die sich auf die Frage der Notwendigkeit des Weges, sowie auf dessen Gestaltung beziehen, an Ort und Stelle zu erheben. Gleiches gilt hinsichtlich der Feststellung der für die Entschädigung maßgebenden Verhältnisse. Der Tagsatzung sind zwei Sachverständige beizuziehen (vgl. darüber § 13 und 14 des Ges.). Nur in einfachen Fällen kann von der Vornahme eines Lokalaugenscheines Abstand genommen werden. Die für die Feststellung des Notweges und die Bemessung der Entschädigungssumme maßgebenden Verhältnisse sind bei der Verhandlung zur Erörterung zu stellen, auch dann, wenn die Sachverständigen etwa ihr Gutachten schriftlich abgeben, damit sich nicht später hinsichtlich dieses Gutachtens durch nachträgliche Geltendmachung erheblicher Tatbestände seitens der Parteien Weitläufigkeiten ergeben (vgl. auch Weyringer a. a. O.).

Der Richter hat in bezug auf die Frage, ob und inwieweit öffentliche Rücksichten gem. § 4 Abs. 3 des Ges. der Bestimmungen eines Notweges entgegenstehen die — für ihn bindende — Äußerung der zuständigen Verwaltungsbehörde einzuholen (vgl. § 9).

In der Verhandlung können die Erhebungen auch auf solche Liegenschaften erweitert werden, bezüglich welcher der Notweg in dem dem Verfahren zugrunde liegenden Gesuche nicht in Anspruch genommen wurde, wenn sich nachträglich deren Benützung als zur zweckentsprechenden Gestaltung des Notweges erforderlich darstellt. Eine solche Erweiterung des Verfahrens hat natürlich die Beiziehung der Eigentümer der nachträglich einbezogenen Liegenschaften zur Voraussetzung.

Die Entscheidung des Gerichtes erfolgt durch Beschluß (§ 15) und hat eine tunlichst genaue Darstellung des eingeräumten Notweges nötigenfalls unter Bezugnahme auf eine anzufertigende Situationsskizze zu enthalten. Die Entscheidung hat ferner den Ausspruch über die Entschädigung aufzunehmen. Die Leistungsfrist für die Bezahlung des Entschädigungsbetrages beträgt vier Wochen und beginnt erst nach Eintritt der Rechtskraft der Entscheidung zu laufen. Dem Verpflichteten kann auf sein Ansuchen vom Gerichte eine weitere Frist, und zwar bis zu drei Jahren vom Eintritte der Rechtskraft an gerechnet, gegen mittlerweilige Verzinsung und grundbücherliche Sicherstellung (§ 17) des Entschädigungsbetrages bewilligt werden (§ 15). In den Fällen des § 22 des Ges. ist der Betrag gerichtlich zu erlegen und seine Verteilung durch das Gericht vorzunehmen (vgl. § 22 Abs. 4).

Die Entscheidung ist den Parteien nach den Grundsätzen der Zustellung zu eigenen Händen zuzumitteln.

Die Rekursfrist beträgt vierzehn Tage. Der überreichte Rekurs wird jenen Gegnern des Beschwerdeführers zugestellt, deren Interessen durch die Beschwerde berührt werden. Sie haben das Recht, innerhalb 14 Tagen nach der Zustellung eine Äußerung über den Rekurs einzubringen. Gegen die Entscheidung des Gerichtes zweiter Instanz ist in allen Fällen (und zwar auch im Kostenpunkte: GUNF. 5379) der Rekurs an den Obersten Gerichtshof zulässig, wenn die Voraussetzungen des § 16 P. gegeben sind. Wenn für die Entscheidung des Rekurses die Frage, ob und inwieweit öffentliche Rücksichten der Benutzung eines bestimmten Grundstückes als Notweg entgegenstehen, maßgebend ist, so hat das Rekursgericht hierüber die Erklärung der dazu berufenen höheren Verwaltungsbehörde einzuholen. Diese Erklärung ist für das Gericht bindend. Soweit die Äußerung des hierfür zuständigen Ministeriums der Entscheidung zugrunde liegt, ist ein Rekurs gegen den Beschluß ausgeschlossen (§ 16 des Ges.).

Die Entscheidung GUNF. 3338 spricht sich dahin aus, daß in dem Verfahren zur Einräumung eines Notweges gegen den Beschluß eines Bezirksgerichtes, der nur eine Ergänzung des Verfahrens anordne, ein Revisions-Rekurs ausgeschlossen sei. In dieser allgemeinen Fassung geht die Entscheidung zu weit. Der Wortlaut des § 16 des Gesetzes ist für die Entscheidung nicht beweismachend.

Das Betreten des ordentlichen Rechtsweges ist sowohl zur Geltendmachung des Notweges wie auch zur Anfechtung der im Notwegeverfahren erlassenen richterlichen Beschlüsse ausgeschlossen. Die Entscheidung GUNF. 4026 will den ordentlichen Rechtsweg auch dann nicht zulassen, wenn in dem Notwegeverfahren die Behauptung aufgestellt wird, daß eine andere Vereinbarung, wie die Bestellung einer Servitut, schon vor der Einleitung des Verfahrens zustande gekommen sei.

Die Entscheidung über das Gesuch um Einräumung des Notweges hat auch den Ausspruch über die Kosten des Verfahrens aufzunehmen. Zur Tragung der Kosten ist der des Notweges bedürftige Grundeigentümer verpflichtet, soweit solche Kosten nicht durch ein ungerechtfertigtes Einschreiten einer Gegenpartei hervorgerufen wurden, oder, soweit es sich nicht nur um Kosten handelt, die durch die Intervention der Verwaltungsbehörden wegen Wahrung der öffentlichen Interessen erwachsen sind.

Die rechtskräftig gewordenen Beschlüsse des Notwegeverfahrens sind Exekutionstitel, sie sind nach dem Grundsatze der Exekutionsordnung vollstreckbar (§ 26).

Die grundbücherliche Durchführung des Notweges und eventuell auch (§ 17) des Pfandrechtes für den zuerkannten Entschädigungsbetrag erfolgt innerhalb vier Wochen nach eingetretener Rechtskraft der Entscheidung von amtswegen (vgl. § 17 des Ges.).

Hinsichtlich der eventuellen Erweiterung des Notweges vgl. § 23 des Gesetzes; bezüglich des Verfahrens zur Aufhebung des Notweges §§ 24 und 25, Nr. 3 des Gesetzes.

III. Entschädigungsverfahren bei der Expropriation zum Zwecke der Herstellung und des Betriebes von Eisenbahnen (Gesetz vom 18. Februar 1878, RGBl. Nr. 30).

Zur Feststellung der Entschädigung ist das Bezirksgericht zuständig, in dessen Sprengel die Enteignung zu vollziehen ist (§ 23 des Gesetzes und Art. VIII, Z. 4 des EG. zur JN.). Dies gilt auch für landtäfliche Güter (vgl. GUNF. 2524). Die Einleitung des Verfahrens erfolgt auf Ansuchen der Eisenbahnunternehmung. Der Enteignete ist berechtigt, die Einleitung des Verfahrens zu verlangen, wenn die Eisenbahnunternehmung nicht innerhalb eines Jahres nach Rechtskraft des Enteignungserkenntnisses das Gesuch einbringt (§ 23). Hinsichtlich sämtlicher in dem Sprengel einer Katastralgemeinde gelegenen Objekte kann das Begehren in einem Gesuche gestellt werden. Dem Ansuchen sind das Enteignungserkenntnis und die zur Feststellung der Identität der Objekte der Enteignung erforderlichen Behelfe beizulegen.

Das Gericht hat die Verhandlung an Ort und Stelle durchzuführen und hierzu außer den Parteien drei Sachverständige beizuziehen (vgl. darüber §§ 24 und 25 des Ges.). Die maßgebenden Verhältnisse sind bei der Verhandlung zur Erörterung zu bringen, um eine entsprechende Basis für das Gutachten der Sachverständigen zu bieten (Weyringer a. a. O., S. 457). Die Sachverständigen haben ihr Gutachten zu begründen und die Grundlagen ihrer Wertberechnung anzugeben. Wenn die Eisenbahnunternehmung und der Eigentümer sich über die zu leistende Entschädigung einigen, so ist diese Vereinbarung zu Protokoll zu nehmen, soweit die Voraussetzungen des § 22 des Gesetzes gegeben sind. Andernfalls kann die Protokollierung der Vereinbarung nur dann stattfinden, wenn der vereinbarte Betrag nicht hinter demjenigen zurückbleibt, welcher von den Sachverständigen angegeben wird oder welcher im Falle abweichender Gutachten sich als der Durchschnitt der von den Sachverständigen angegebenen Beträge darstellt. Eine mit Beobachtung dieser Bestimmungen protokollierte Vereinbarung hat die Wirkung eines gerichtlichen Vergleiches (vgl. § 29 des Ges.).

Das Gericht hat in seinem Beschlusse die Entschädigungsbeträge für die einzelnen Parteien einzeln zu bestimmen. Erstreckt sich die Entschädigung auch auf die Vergütung solcher Nachteile, welche dritte Personen erleiden, deren Ansprüche nicht aus dem für ein enteignetes Grundstück zu leistenden Ersatz zu befriedigen sind, so ist der auf die

Vergütung dieser Nachteile entfallende Betrag sowohl im Gutachten der Sachverständigen wie im gerichtlichen Beschlusse abgesondert anzugeben (vgl. § 25, Abs. 4 und § 30 des Ges.).

Die Entscheidung des Gerichtes ist durch Rekurs anfechtbar. Der Rekurs, der innerhalb 14 Tagen einzubringen ist, muß in doppelter Ausfertigung überreicht werden. Der Gegner, dem eine solche Ausfertigung zuzustellen ist, hat das Recht, binnen 14 Tagen eine Äußerung beim Gerichte erster Instanz zu überreichen. Die Entscheidung obliegt dem im Instanzenzuge übergeordneten Gerichtshof (vgl. § 16 dieses Grundrisses). Ein Rekurs gegen zwei gleichlautende Entscheidungen ist nach § 16 P. zulässig.

Das Betreten des Rechtsweges ist wie im Notwegeverfahren, so auch hier ausgeschlossen (§ 30 des Ges.), doch hat die Partei, welche der Meinung ist, daß die Entscheidung des Gerichtes auf unzulänglichen oder unrichtigen Erhebungen der tatsächlichen Verhältnisse beruht, das Recht, vor Ablauf der Rekursfrist bei dem Gerichte, welches die Erhebungen angeordnet hat, um die Vornahme eines Augenscheines anzusuchen.

In dem Gesuche sind die festzustellenden Tatsachen und Zustände genau anzugeben. Für die Durchführung dieses Augenscheins gelten die Grundsätze der Beweissicherung (vgl. §§ 384 ff. ZPO.; vgl. im übrigen § 31 des Ges.). Hinsichtlich der Leistung des Entschädigungsbetrages, der, wenn er in einem Kapitalsbetrage besteht, vor dem Vollzuge der Enteignung zu entrichten, sonst aber auf Verlangen nach § 10 sicherzustellen ist, vgl. §§ 33 und 34 des Ges.

Die Zustellung der im Enteignungsverfahren gefällten Erkenntnisse erfolgt nach den Grundsätzen, welche für die gerichtliche Zustellung zu eigenen Handen maßgebend sind.

Wenn die Ermittlung der Entschädigung nach § 9 des Ges. nicht im ersten Verfahren abschließend erfolgen kann, kommt es zu einer Wiederholung derselben.

Die Kosten des Verfahrens zur gerichtlichen Feststellung der Entschädigung sind wie die Kosten des Enteignungsverfahrens, soweit sie nicht durch ein ungerechtfertigtes Einschreiten einer Partei hervorgerufen wurden, von der Eisenbahnunternehmung zu bestreiten.

Das Verfahren nach dem Gesetze vom 18. Februar 1878 ist eventuell auch für die Feststellung der Entschädigung bei anderen Enteignungsfällen analog anzuwenden (vgl. dazu auch GUNF. 2524), soweit nicht im einzelnen Falle Sondernormen oder sonstige, für die analoge Anwendung näher liegende Bestimmungen bestehen (vgl. die Entscheidung GUAF. 5072).

§ 79. Gerichtliche Schätzung und Versteigerung im Verfahren außer Streitsachen.

I. Jedermann ist berechtigt, sowohl bezüglich seiner beweglichen wie unbeweglichen Vermögensobjekte die Schätzung oder Feilbietung im Wege der freiwilligen Gerichtsbarkeit anzusuchen. In gewissen Fällen ist die Vornahme einer Schätzung oder Versteigerung nach den Grundsätzen der freiwilligen Gerichtsbarkeit gesetzlich vorgesehen, so z. B. im § 147 P., §§ 231 und 232 ABGB., § 352 EO., ferner kann die Schätzung zum Zwecke der Gebührenbemessung nach § 272 P. erfolgen (vgl. GUNF. 5141 und die Entscheidung vom 23. Oktober 1912, R. II, 1846/12, Not. Z. 1913, S. 370).

II. Zur Vornahme der freiwilligen Schätzung und der Versteigerung von Immobilien ist nach § 117 JN. das Bezirksgericht kompetent, in dessen Sprengel das Gut liegt; handelt es sich um landtäfliche oder Lehensgüter, so kommt die Zuständigkeit des Kreis- oder Landesgerichtes zur Geltung (§ 117). Gleichgültig ist in allen Fällen, welches Gericht das Grundbuch führt (vgl. G. Neumann, zu § 117 JN. und die dort weiter angeführte Literatur). Für die Schätzung beweglicher Sachen ist das Bezirksgericht zuständig, in dessen Sprengel sie sich befinden (§ 268 P.). Gleiches gilt für die Feilbietung, alles, soweit keine Sondernorm in Betracht kommt. Bei Forderungen, die nicht pfandrechtlich versichert sind, entscheidet der Wohnsitz des Gläubigers; bei grundbücherlich sichergestellten Forderungen kann daneben auch die Realinstanz angerufen werden (§ 269 P.).

III. Für die Schätzung gibt das Verlassenschaftspatent nur spärliche Normen. Ihre Vornahme kann einem Notar, bei beweglichen Sachen auch dem Gemeindevorsteher übertragen werden. § 272 P. verweist bezüglich der Vornahme der Schätzung auch auf die Vorschriften der Prozeßordnung. Danach kämen die Bestimmungen der §§ 140 bis 144 EO. zur sinngemäßen Anwendung. Manches, was nur für die Sondernatur der exekutiven Schätzung Bedeutung hat, wie z. B. die besondere Feststellung des Wertes der einzelnen Dienstbarkeiten usw., entfällt (vgl. auch Schmid, Ger. Z. 1900, S. 261). Gleiches gilt für die sinngemäße Anwendbarkeit der Bestimmungen der Realschätzordnung, aus deren § 33 sich ja schon ergibt, daß sie für freiwillige Schätzungen allgemeine Geltung nicht beansprucht. Vgl. auch den JM.-Erl. vom 30. Juni 1900, Z. 11767 und die Entscheidung GUNF. 5141 (A.M.GUNF. 1343).

Besonderen Wert hat die Norm des § 273 P., wonach der Richter den Parteien keinerlei Einfluß auf die Wahl der Sachverständigen einräumen darf.

§ 274 P. betont, daß die auf Antrag des Eigentümers vorgenommene Schätzung dem Dritten, der der Schätzung nicht beigezogen ist, unter keinen Umständen präjudiziell sein kann.

Das Gericht hat die Ergebnisse der Schätzung nach den Grundsätzen der freien Beweiswürdigung zu überprüfen. Es ist auch berechtigt und verpflichtet, falls sich Bedenken gegen das Gutachten der Sachverständigen ergeben, andere Sachverständige beizuziehen.

IV. Die freiwillige Versteigerung setzt eine vorausgehende Schätzung des Versteigerungsobjektes nicht notwendig voraus. Für die Festsetzung der Versteigerungsbedingungen kommen die Grundsätze der Exekutionsordnung nicht zur Anwendung (vgl. auch die Entscheidung vom 23. Dezember 1884, Z. 14115, **Sp.R. 119**, GU. 103 ff., siehe auch GUNF. 2386). Die Versteigerungsbedingungen werden von dem Eigentümer festgesetzt, der um die Versteigerung ansucht. Bei Minderjährigen sind sie vormundschaftsbehördlich zu genehmigen (vgl. GUNF. 4032); wenn es sich um eine Versteigerung zur Auseinandersetzung des Miteigentums handelt, sind die Versteigerungsbedingungen schon durch das Prozeßgericht im Urteile festzustellen (vgl. Randa, Eigentumsrecht, S. 253, Gernerth, Ger.Z. 1899, Nr. 13, A. Rintelen, Exekution auf Sachen in fremder Gewahrsame und auf Leistungsansprüche S. 79, Anm. 73, ferner GUNF. 1665. A. M. Pfaff-Krainz-Ehrenzweig § 417, Schmid, Ger.Z. 1900, Nr. 31, und wohl auch GUNF. 2386).

Die Entscheidung GUNF. 1219 überläßt die im Urteile noch nicht gelösten Streitfragen der Entscheidung des Exekutionsgerichtes; siehe auch GUNF. 611.

Das Gericht hat besonders darauf zu sehen, daß die Versteigerungsbedingungen genau gefaßt und erlaubte sind. Bei Bewilligung der Versteigerung hat das Gericht ein Edikt nach den Bestimmungen der §§ 277 und 278 P. zu erlassen.

Die Versteigerung läßt die auf dem zu versteigernden Gute haftenden Rechte unberührt, daher auch die Personen, zu deren Gunsten diese Rechte haften, von der Versteigerung nicht zu verständigen sind (vgl. auch GUNF. 1377). Es findet daher auch kein Verfahren zur Verteilung des Erlöses statt. Der Erlös ist zur entsprechenden Verfügung durch das Gericht vom Gerichtskommissär zu erlegen.

§ 170, Z. 5 EO. ist bei der freiwilligen Versteigerung nicht anwendbar (vgl. GUNF. 4918). Eine Ausnahme von dem obangeführten Grundsatz könnte höchstens bezüglich des Vorkaufsrechtes in Betracht kommen. So ist die eingehends begründete Entscheidung GUNF. 3512 der Ansicht, daß der Vorverkaufsberechtigte nur besonders zu laden sei, durch sein Nichterscheinen kann er also eventuell um die Geltendmachung seines Rechtes kommen. Die Entscheidung GUNF. 2701 steht hingegen auf dem Standpunkt, daß dem Berechtigten auch der freiwilligen Versteigerung gegenüber die dreißigtägige Frist des § 1075 ABGB. zustehe. Schmid, Ger.Z. 1900, S. 263 will den Versteigerungstermin in solchen Fällen so angesetzt wissen, daß zwischen der

Verständigung des Vorkaufsberechtigten und dem Versteigerungstermin eine Frist von 30 Tagen liegt.

§ 272 beruft sich als subsidiäre Rechtsquelle für die freiwillige Versteigerung auf die Feilbietungsordnung vom 15. Juli 1786, JGS. 565; (vgl. auch das Hofkanzleidekret vom 14. September 1815, JGS. 101, sowie die Entscheidungen GUNF. 4573, 4590, 5141) und die Normen der Prozeßordnung, so daß auch hier die Bestimmungen der Exekutionsordnung subsidiär zur Anwendung gelangen, soweit eine sinngemäße Anwendung zulässig erscheint. So hat der Oberste Gerichtshof in zwei Fällen (GUNF. 1167, 1377) mit Rücksicht auf die Fassung des § 272 P. den Revisionsrekurs gegen zwei gleichlautende Beschlüsse für unzulässig erklärt.

V. Güter, welche dem Staate gehören, können durch die administrativen Behörden geschätzt und feilgeboten werden, doch können auch sonst bewegliche Sachen durch Gemeindeorgane geschätzt und versteigert werden.

Bezüglich der Kosten gilt der Grundsatz, daß der Gesuchsteller die Kosten der Schätzung und der Versteigerung zu tragen hat. Handelt es sich um eine Versteigerung zur Lösung des Miteigentumsrechtes, so sind nach der Entscheidung GUNF. 2617 die gemeinsamen Kosten des Verfahrens verhältnismäßig unter die Miteigentümer zu verteilen.

Bemerkt sei, daß eine öffentliche Versteigerung nur amtlich erfolgen darf; eine von Privaten vorgenommene Versteigerung ist als solche unwirksam (GUNF. 4573, 4590).

§ 80. Die gerichtliche Verwahrung und Verwaltung.

Vgl. insbesondere Coulon, Not.Z. 1901, S. 4 ff. (eingehend, auch mit Reformvorschlägen), ferner Czylarz, Grünhut VI, S. 65 ff.; Prettenhofer, Ger.Z. 1895, S. 125 ff.

I. Die gerichtliche Aufbewahrung von Werten erfolgt — soweit sich die Gegenstände hierzu eignen — entweder bei selbständigen Depositenämtern oder, wo solche nicht bestehen, bei den Steuerämtern. Doch untersteht nicht nur das Depositenamt, sondern auch das Steueramt in dieser Funktion den Verfügungen des Gerichtes und führt daher letzteres in dieser Eigenschaft die Bezeichnung: „K. k. Steuer- und gerichtliches Depositenamt". Es hat nur über gerichtlichen Auftrag Werte anzunehmen und auszufolgen.

Ein Rekursrecht gegen Verfügungen des Gerichtes steht dem Depositenamt nicht zu; vgl. den in der Not.Ztg. 1911, S. 109, mitgeteilten Rechtsfall.

Kraft besonderer Normen können Wertpapiere, welche nach den allgemeinen gesetzlichen Bestimmungen bei Gericht zu erlegen sind, statt bei Depositenämtern auf Ansuchen der Partei auch bei der Österreichisch-ungarischen Bank („Depositen-Abteilung der Hauptanstalt Wien") zur Aufbewahrung und Verwaltung erlegt werden: vgl. Art. 71 der Bankstatuten und die Min.-Verord. vom 21. Juni 1893, RGBl. Nr. 103. Die Verordnung bezieht sich nicht auf Erläge der Bank als Partei, ferner nicht auf strafgerichtliche Depositen und Depositen, welche dem Gebiete der streitigen Gerichtsbarkeit angehören oder die zur Sicherstellung oder Erfüllung einer Verbindlichkeit erlegt werden, ferner nicht auf Kautionen und Vadien. Gleiches gilt, soweit es sich um Deponierungen handelt, die in Böhmen zu erfolgen haben, für die Landesbank des Königreiches Böhmen (Gesetz vom 10. Mai 1909, RGBl. Nr. 77; vgl. auch JMV. vom 15. Dezember 1909, RGBl. Nr. 201). Ferner erscheint statt der gerichtlichen Deponierung noch zulässig die Aufbewahrung von Wertpapieren bei der Postsparkasse (vgl. das Gesetz vom 15. September 1909, RGBl. Nr. 198; JMV. vom 3. Januar 1911, JMVBl. Nr. 2). Doch bedarf die Wahl einer solchen Verwahrung die ausdrückliche Zustimmung der Partei (vgl. Entscheidung vom 22. Januar 1913, Not. Z. 1913, S. 128).

Als Rechtsquellen kommen für das Depositenwesen neben einer Reihe von besonderen Verordnungen in Betracht: für Österreich ob und unter der Enns, Salzburg, Böhmen, Mähren und Schlesien, Steiermark, Kärnten, Krain, die Küstenlande, Tirol und Vorarlberg die Verordnung vom 16. November 1850, RGBl. Nr. 448; für Galizien und die

Bukowina die Verordnung vom 28. Juli 1856, RGBl. Nr. 137 (für die Gerichte, bei denen sich kein Steueramt befindet, der JMErl. vom 10. Januar 1868, Z. 65); für Dalmatien die Verordnung vom 26. Februar 1875, RGBl. Nr. 18. Für die in Wien, Prag, Graz, Triest, Brünn und Lemberg errichteten besonderen Depositenämter bestehen jedoch besondere Instruktionen.

II. Jedes Depositenamt hat ein Depositenhauptbuch zu führen. Dasselbe ist nach „Massen" einzurichten. Jede Masse enthält ein Folium, in welches die einzelnen Empfänge und Ausfolgungen genau einzutragen sind. Sie hat eine eigene Verwahrungsnummer. Über alle Massen ist ein besonderes alphabetisches Verzeichnis (Index, Register) zu führen, in welches jede Masse mit Berufung auf die Folien des Hauptbuches einzutragen ist. Die Verbuchung im Depositenhauptbuch hat auf Grund des gerichtlichen Verwahrungs- und Ausfolgungsauftrages und an der Hand des Depositenjournals zu erfolgen (Verordnung vom 27. Mai 1902, JMVBl. Nr. 24, dazu Mitteilung im MVBl. 1906, S. 48). Nach der JMVdg. vom 2. Dezember 1913, JMVBl. Nr. 39, treten an die Stelle der Depositen-Hauptbücher für die massenweise Verrechnung der gerichtlichen Depositen bei den gerichtlichen Depositenämtern Depositen-Kontoblätter. Nach dieser Verordnung ist die neue Art der Kontoführung ehestens, spätestens aber mit 1. April 1914 in Kraft zu setzen. Die bestehenden Massen sind nicht auf einmal, sondern allmählich auf Blätter zu übertragen, und zwar derart, daß in einem Zeitraum von rund 5 Jahren, das ist längstens bis Ende 1918, auch bei Ämtern mit größerer Depositengebahrung die Hauptbücher vollständig durch Blätter ersetzt sind. Die Frist kann erforderlichenfalls erstreckt werden.

Außerdem hat jedes Depositenamt das Geschäftsprotokoll zu führen, in welches alle an das Depositenamt ergehenden Aufträge oder sonst an dasselbe einlangenden Eingaben einzutragen sind, soweit sie dem Steuer- als Depositenamt nicht mittels des gerichtlichen Anweisungsbuches zukommen. Dieses wird bei Gericht geführt. Es sind darin alle Erläge und alle Erfolglassungsaufträge zu bestätigen. Dazu kommen noch die Depositenjournale, in welche die depositenamtlichen Empfänge und Ausfolgungen in der Ordnung ihrer Reihenfolge einzutragen sind.

Bezüglich der einzelnen Massen können Anmerkungen und Vormerkungen gerichtlich bewilligt werden (vgl. darüber eingehend Coulon, a. a. O., S. 19 ff.). Der Auftrag des Gerichtes hierzu ist in das Geschäftsprotokoll des Depositenamtes einzutragen und sohin die Anmerkung oder Vormerkung, eventuell Zuschreibung im Depositenhauptbuch bei der betreffenden Masse wörtlich durchzuführen. Die Anmerkung im Depositenhauptbuch soll kurz gefaßt sein (siehe Erlaß des JM. vom 19. Juli 1909, Z. 21 342/9, JMVBl. S. 257). Auch ist hier die Zulässigkeit der Eintragung zu prüfen. Als solche Anmerkungen kommen z. B. in Betracht die Zession des Depots, die Verpfändung desselben.

Doch hat die Anmerkung einer vorgenommenen Verpfändung im Depositenhauptbuch nicht konstitutive Bedeutung. Vgl. A. Rintelen, Exekution auf Sachen in fremder Gewahrsame, S. 85, GUNF. 5305.

Das Depositenamt hat jedermann auf Verlangen die amtliche Ausfertigung eines Depotsauszuges zuzufertigen. Für die Herstellung von Abschriften der im Depositenamt erliegenden Urkunden bedarf es gerichtlicher Genehmigung. Die Einsicht in die Urkunden ist dem Erleger derselben jederzeit zu gestatten.

III. Was den Erlag von Werten zum Zweck ihrer Verwahrung beim Depositenamt anbelangt, so gelten im allgemeinen nachstehende Grundsätze:

Der Erlag erfolgt beim Depositenamt, aber mit einem an das Gericht adressierten, den Zweck der Verwahrung genau bezeichnenden Gesuche, eventuell unter Bezugnahme auf einen, dem Depositenamte gleichzeitig zukommenden, dem Erlage zugrunde liegenden Gerichtsakt. Das Ansuchen kann eventuell auch protokollarisch gestellt werden (vgl. auch Némethy, S. 173 ff.). Erscheint der Gegenstand zum Erlage geeignet, so nimmt ihn das Depositenamt bedingt in Empfang, nämlich vorbehaltlich der dem Gerichte zustehenden Entscheidung über die Zulässigkeit des Erlages. Der Hinterleger erhält einstweilen eine Bestätigung des Depositenamtes. Das Erlagsgesuch ist mit Beschleunigung an das Gericht zu leiten, welches dann erst über die Zulässigkeit des Erlages entscheidet und im bejahenden Falle den Verwahrungsauftrag erläßt. Derselbe muß die genaue Bezeichnung der einzelnen Objekte enthalten.

Bei der Entscheidung über die Zulässigkeit des Erlages ist insbesondere auch zu prüfen, ob es sich um Objekte handelt, für welche ein depositenamtlicher Erlag vorgesehen ist, ob es sich also z. B. wirklich um „Kostbarkeiten" handelt (§ 229 AGBG.). Siehe auch die JMV. vom 2. Februar 1913, JMVBl. Nr. 5.

Bemerkt sei, daß nach Art. XVIII des EG. zur JN. ein nach den Bestimmungen des bürgerlichen Rechtes gemachter gerichtlicher Erlag von keinem ordentlichen Gerichte aus dem Grunde der Unzuständigkeit zurückgewiesen werden kann. Vorausgesetzt ist dabei natürlich, daß es sich um ordentliche Gerichte handelt, welche über die für die Übernahme und Aufbewahrung gerichtlicher Depositen erforderlichen Einrichtungen verfügen. Daher kommt für den Erlag nicht in Betracht das Oberlandesgericht oder der Oberste Gerichtshof (vgl. die Fragebeantwortungen zu Art. XVIII des EG. zur JN.).

Die Ausfolgung von Depositen erfolgt ebenfalls nur auf Grund eines — die einzelnen Objekte genau anführenden — gerichtlichen Auftrages. Die Partei, an welche die Ausfolgung vorzunehmen ist — muß in dem Bescheide mit Namen, Charakter und genauer Adresse bezeichnet werden. Die Ausfolgung darf nur an die im Bescheide bezeichnete Person oder deren bereits im Erfolglassungsbescheide genannten Vertreter geschehen (vgl. auch GUNF. 3242); das Bevollmächtigungsverhältnis ist also vom Gerichte zu prüfen. Der Erfolglassungsbescheid ist so zu fassen, daß er von keinerlei der Beurteilung des Depositenamtes überlassenen Bedingungen abhängig gemacht wird.

Die Partei, welche die Behebung vornimmt, hat den Erfolglassungsbefehl in Urschrift mit ihrer Quittung vorzulegen. Ist die Partei dem Depositenamte nicht bekannt, so hat sie ihre Identität durch zwei dem Depositenamte bekannte, glaubwürdige Personen darzutun.

Zur periodischen Behebung kleiner Zinsenbeträge in Barem oder von Koupons können dem Bezugsberechtigten widerrufliche Legitimationsbescheide erteilt werden. (Vgl. die Verordnung vom 12. November 1900, RGBl. Nr. 194 [vgl. dazu Némethy, Formular 111]). Für die jeweilige Behebung von Sparkassenzinsen sind besondere Zinsbüchel zugelassen. Spezialnormen bestehen ferner für vinkulierte Sparkassebüchel.

Besondere Grundsätze gelten für den Verkehr mit Postsendungen und Überweisungen durch die Postsparkasse.

IV. Das Gericht hat die Pflicht, sich bei allen auf Depositen beziehenden Erledigungen genau über den Stand der Depositenmasse, aber auch des auf die Rechtssache sich beziehenden Aktes, eventuell auch des Waisenbuches, zu informieren. Das Depositenamt hat, falls es beim Vollzuge eines gerichtlichen Auftrages einen Anlaß zu einem Bedenken findet, mit dem Vollzuge innezuhalten, das Gericht zu verständigen und dessen neuerlichen Auftrag abzuwarten. Bei Gesuchen um Vormerkung, Verbot, Pfändung, Einantwortung, Zuschreibung und Erfolglassung hat das Gericht von amtswegen gleich nach dem Einlangen das Depositenamt zum Zwecke sofortiger Ersichtlichmachung des Gesuches bei der betreffenden Masse im Depositenhauptbuch zu verständigen.

V. Die gerichtliche Verwahrung begründet ein Rechtsverhältnis zwischen dem Staate und dem Erleger, eventuell auch dritten, vom Erlage verständigten Personen. Für dieses Rechtsverhältnis kommen vielfach publizistische Gesichtspunkte in Betracht, wie sich ja auch schon aus der allgemeinen Verpflichtung der Gerichte, die Verwahrung anzunehmen und die für die Parteien und öffentlichen Organe meistens bestehende Nötigung zum Erlag zeigt (vgl. auch Czylarz und Coulon a. a. O.). Für die Verwahrung sind regelmäßig besondere Gebühren zu entrichten (Zählgelder; siehe Kaiserl. Patent vom 26. Januar 1853, RGBl. Nr. 18). Nicht nur für das Verschulden der Richter, sondern auch der Beamten des Depositenamtes und des als solches funktionierenden

Steueramtes kommen die Normen des Syndikatsgesetzes vom 12. Juli 1872, RGBl. Nr. 112, zur Anwendung. Der Staat haftet als Bürge und Zahler (vgl. hierzu § 45 der Instruktion).

Der Umstand, daß etwa in Verlust geratene Wertpapiere einer Amortisation zugeführt werden, hindert nicht die Geltendmachung des Syndikatsanspruches, da das Amortisationsverfahren sich nicht als ein Rechtsmittel im Sinne des Syndikatsgesetzes darstellt. Wohl aber hat die Partei, die vom Staate oder von den schuldtragenden Beamten entschädigt wird, ihren Anspruch auf Einleitung des Amortisationsverfahrens dem Ärar, bzw. den Beamten bei der Ersatzleistung abzutreten (GUNF. 3242).

VI. Amortisierung alter Depositen.

Vgl. hierzu insbesondere Meisel, Artikel „Heimfälligkeiten" im österreichischen Staatswörterbuch; Pfaff-Hofmann, Kommentar II, S. 797 f.; Fux, Juristische Blätter 1902, Nr. 16 f. nnd Pfaff-Krainz-Ehrenzweig, § 217.

Für die Kadukerklärung alter Depositen besteht nach dem Hofdekret vom 30. Oktober 1802 JGS. Nr. 582 ein besonderes Amortisationsverfahren. Die Einleitung desselben hat zur Voraussetzung, daß die Depositen länger als 30 Jahre bei Gericht erliegen, ohne daß um ihre Ausfolgung angesucht wurde.

Die in das Judikatenbuch unter Nr. **165** eingetragene Entsch. vom 26. Jänner 1904 (GUNF. 2584) spricht aus, daß das Kaduzitätsverfahren auf Gelder, die in den kumulativen Waisenkassen angelegt sind, keine Anwendung findet. Vgl. hierzu jetzt den Vorgang nach der JMV. vom 23. Dezember 1913, JMVBl. Nr. 43. Die Entscheidung GUNF. 4664 will das Verfahren auch nicht angewendet haben, wenn der Eigentümer des Depots bekannt und nur unbekannten Aufenthaltes und für ihn ein curator absentis bestellt sei. Die Entscheidung scheint sich allerdings mit dem H.-D. vom 13. Februar 1837 (vgl. darüber später) nicht in Übereinstimmung bringen zu lassen, da dieses ausdrücklich vorschreibt, daß physische oder moralische Personen, von welchen oder für welche der Erlag gemacht wurde, von der Erlassung eines Ediktes abgesondert zu verständigen sind.

Die Einleitung des Amortisierungsverfahrens setzt voraus, daß von dem Zeitpunkte an, in welchem die Ausfolgung des Depots nach der konkreten Rechtslage möglich war, bereits 30 Jahre verstrichen sind. Daher können z. B. bei Geldern, welche für Minderjährige deponiert sind, die 30 Jahre erst vom Zeitpunkte der erreichten Großjährigkeit zu laufen beginnen. Ja die Entscheidung GUNF. 619 läßt bei ungeteilten Vermögensobjekten, die mehreren Pupillaren gemeinsam gehören, den Zeitpunkt maßgebend sein, in welchem der jüngste der Pflegebefohlenen die Eigenberechtigung erlangt (vgl. auch GUNF. 121). Um die zur Amortisation geeigneten Depots zu eruieren, haben die Steuer- und gerichtlichen Depositenämter von 5 zu 5 Jahren einen genauen Ausweis über die zu amortisierenden Wertpapiere zu verfassen (vgl. Fin. Min.-Erl. vom 22. Januar 1903, Z. 41 250 ex 1900).

Das Amortisationsverfahren wird eingeleitet durch ein entsprechend kundzumachendes Edikt, welches die Eigentümer der in Amortisation zu bringenden Depositen auffordert, innerhalb der Frist von 1 Jahr, 6 Wochen 3 Tagen sich zu melden und ihre Berechtigung auszuweisen. Das Edikt muß — bei sonstiger Ungültigkeit des Verfahrens — eine genaue Bezeichnung der zur Amortisation zu bringenden Depositenmasse enthalten, und zwar auch hinsichtlich der für den Einzelfall in Betracht kommenden Rechtssubjekte (vgl. GUNF. 1473). Das Edikt ist sämtlichen, dem Gerichte etwa bekannten Personen, von denen oder für welche der Erlag gemacht wurde, besonders bekanntzumachen (vgl. H.-D. vom 13. Februar 1837, JGS. 173), soweit sich dieselben aus den Akten erheben lassen.

Meldet sich eine Partei, welche Ansprüche auf das Depot geltend macht, so hat sie dieselben auszuweisen. Die beigebrachten Ausweise sind der Finanz-Prokuratur zur Äußerung mitzuteilen (vgl. auch Zirkul.V. vom 13. September 1820, JGS. 1701). Falls dieselbe die Anspruchsberechtigung der Partei bestreitet, ist darüber im Verfahren außer Streitsachen zu entscheiden (vgl. GUNF 1253, 4308, 1473, siehe aber GUNF. 319). Der Partei kann wohl zur Dartuung ihrer Berechtigung in dem über ihre Anmeldung eingebrachten Verfahren eine Fristerstreckung gewährt werden sowie auch das Gericht eine Ergänzung der von der Partei vorgebrachten Ausweise verlangen kann.

Siehe auch die Entscheidung GU. 8600 und die E. vom 30. Mai 1905, Riehl, Spruchpraxis 1906, S. 74; a. M. GUNF. 319; vgl. in der Frage auch Meisel a. a. O., S. 846; Fux, S. 198. Die Entscheidungen GU. 15 081 und GUNF. 4874 sind der Meinung, daß die Ediktalfrist sich nicht als Präklusivfrist darstelle, daher auch Anmeldungen anzunehmen seien, die nach Ablauf der Frist einlangen. Erst die ausdrückliche Kadukerklärung wirke in dieser Richtung entscheidend (vgl. auch Pfaff-Krainz-Ehrenzweig, § 217, und GUNF. 4373; A. M. Meisel, S. 845; Fux a. a. O., S. 145).

Eine Wiedereinsetzung gegen die Versäumung der Frist erscheint wohl ausgeschlossen. Sie steht im Widerspruch mit dem Zweck des Aufgebotsverfahrens.

Vgl. auch Ott, S. 254; Fux, S. 197; Meisel, S. 846; A. M. E. GU. 15803, die sich u. a. auf das Patent vom 1. Juli 1790, JGS. 31, und § 17 des Pat. stützen will.

Hinsichtlich der Amortisation geringfügiger Depositen vergleiche die Verordnung vom 2. Februar 1913, JMVBl. Nr. 5.

VII. Bezüglich jener Gegenstände, für welche nach den Normen des bürgerlichen Rechtes die Voraussetzungen für eine gerichtliche Verwahrung oder Verwaltung gegeben erscheinen, welche sich aber ihrer Beschaffenheit nach zu einer Deponierung beim Depositenamte nicht eignen, hat das Gericht für eine anderweitige Verwahrung bzw. für die Bestellung eines Verwalters Sorge zu tragen (vgl. § 1425 ABGB.).

Kompetent ist hierfür bei Immobilien das nach den Grundsätzen der außerstreitigen Realgerichtsbarkeit berufene Gericht (§ 117 JN.). Sowohl die Entscheidung der Frage, ob die Voraussetzungen für die Einleitung einer gerichtlichen Verwaltung gegeben sind, wie auch die Bestellung des Verwalters, seine Beaufsichtigung, die Erledigung von Beschwerden gegen sein Verhalten, auch seine Enthebung erfolgt im außerstreitigen Verfahren.

Zur Bestellung eines Verwalters durch das Gericht kann es auch kommen, wenn Miteigentümer über die Auswahl des gemeinschaftlichen Verwalters nach § 836 ABGB. infolge Stimmengleichheit zu keinem Ergebnisse kommen.

Vgl. hierzu Wieseltier, Not.Z. 1906, Nr. 35, und Albert Ehrenzweig, Not.Z. 1908, S. 351.

Obgleich die Bestellung des Verwalters hier ebenfalls im Verfahren außer Streitsachen erfolgt (vgl. auch GUNF. 127, 2224 und 2933), so liegt doch nicht eine gerichtliche Verwaltung vor. Der Verwalter erscheint vielmehr nur als der Mandatar der Miteigentümer. Das Gericht hat, soweit es sich nicht um eine — ebenfalls im Verfahren außer Streitsachen vorzunehmende (GUNF. 2933) — Verfügung nach § 835 ABGB. handelt, lediglich über einen eventuellen Antrag auf Enthebung des von ihm ernannten Verwalters zu entscheiden und erforderlichenfalls einen anderen Verwalter zu bestellen (vgl. auch die von Ehrenzweig a. a. O. mitgeteilte E. des OGH. vom 13. Mai 1908 GZ. R I 238/8).

Ähnlich erfolgt auch die Bestellung eines Verwahrers nach Art. 323, und 407 HGB. im Verfahren außer Streitsachen. (Vgl. auch die E. Adler Clemens 1825, und Pisko, Ger.H. 1900, S. 464.